독재자를 사랑한 여인들

디안 뒤크레 지음 | 허지은 옮김

문학세계사

옮긴이 · 허지은

연세대학교 졸업. 프랑스 파리 라 빌레트 국립건축학교에서 유학.
현재 전문 번역가로 활동하고 있음.
번역한 책으로는 『줄리아의 즐거운 인생』 『인생벌레 이야기』
『위로』 『손을 씻자』 『롱기누스의 창』 『아름다운 하루』
『왕자의 특권』 『겨울 여행』 『초콜릿을 만드는 여인들』
『태양의 노래』 『걷다』 『생명의 한 형태』 등이 있음.

독재자를 사랑한 여인들
디안 뒤크레 지음

•

초판 1쇄 발행일   2012년 12월 14일

•

옮긴이 · 허지은
펴낸이 · 김종해
펴낸곳 · 문학세계사

•

주소 · 서울시 마포구 신수로 59-1(121-110)
대표전화 · 702-1800 | 팩시밀리 · 702-0084
mail@msp21.co.kr | www.msp21.co.kr
트위터 : @munse_books
페이스북 : facebook.com/munsebooks
출판등록 · 제21-108호(1979.5.16)
값 16,000원

ISBN 978-89-7075-557-1   03900
ⓒ 문학세계사, 2012

Femmes de Dictateur 2

Diane Ducret

FEMMES DE DICTATEUR 2
by
Diane Ducret

독재자를 사랑한 여인들

* 차례

1. 피델 카스트로, 쿠바의 반항아

쿠바의 반항아 · 10

당신은 파리를 보고 싶어 했지만… 우리는 파리에 가지 않아 · 22 / 몬카다의 맹렬 여성 · 25
우편배달부는 벨을 한 번만 울렸어야 했다 · 29 / 새벽의 약속들 · 31

멕시코의 나이팅게일 · 40

멕시코 여인숙 · 41 / '체'의 여인 · 45 / 가장 친한 친구의 결혼식 · 48 / 교도소의 로큰롤 · 53
약자들의 연인 · 54

쿠바, 스파이들의 둥지 · 60

코드명 '노르마' · 61 / 독살스러운 여자 · 64 / 나를 사랑한 스파이 · 73
바다 한가운데, 첫눈에 반한 사람 · 75 / 치명적인 임무 · 82

아듀, 게바라 · 84

숨겨놓은 아내 · 89

2. 김정일, 수많은 '기쁨조'를 거느린 위대한 지도자

붉은 성모 · 94

별의 탄생 · 95 / 이야기보다 총쏘기를 즐기는 여자 · 99 / 큰 착각 · 104

여배우의 무도회 · 110

여배우의 열성팬 · 110 / 이념 속에서 · 113 / 계모의 성(城) · 121 / 아버지의 복수 · 125
킹콩 · 129

스타 무용수들의 전쟁 · 135

평양을 등진 일본인 요리사 · 144 / 평양은 파티 중 · 148 / 인생의 마지막 여자 · 152

욕망이라는 이름의 방탄 열차 · 159

3. 사담 후세인, 이라크의 카사노바

티그리트의 약혼녀 · 164

나의 사촌, 나의 하늘이여! · 165 / 탈파 외숙부의 울타리 · 168 / 댄디즘과 범 아랍주의 · 172

페미니스트 사담 · 176

사담과 그의 여인들 · 178

사담의 집무실에서 일어난 일 · 181 / 사담의 딸들 · 184 / 대통령의 부인 · 186

티크리티 가문의 사람들 · 188

적들 사이의 살인 · 192 / 아버지 사담 · 194 / 반항적인 아들 · 196

금발들의 전쟁은 일어나지 않을 것이다 · 199

모래와 함께 사라지다 · 203 / '사막의 폭풍' 작전 · 209 / 반항하는 여자 · 213 / 가족의 환상 · 218

그리스계 정부(情婦) · 221

토요일 밤의 열기 · 222 / 웃고 있는 콧수염 · 225

건널 수 없는 도랑 · 227

세 가지 은혜 · 229

사담 나라의 앨리스 · 233

4. 오사마 빈 라덴, 아내들의 전쟁과 평화

나지와여, 영원히 · 242

자신도 모르게 매력을 풍기는 남자 · 242 / 시리아에서의 바캉스 · 245 / 바다의 약혼녀 · 253

1979년 : 판도라의 상자 · 257

낯선 여자가 들어오다 · 268

유쾌한 가족의 이사 · 276 / ……그리고 나일강 위에 띄운 보트 · 282

칸다하르의 우물 파는 여인들 · 290

"오마르가 나를 살렸소." · 290 / 아내의 길 · 296 / 칸다하르는 축제의 도시가 아니었다 · 303

양 우리 안의 암 늑대 · 308

5. 호메이니, 이란의 완고한 낭만주의자

아몬드 꽃 같은 여인 · 318

가족 이야기 · 325

이빨 빠진 늙은 상어 · 333 / 사담 후세인, 위험한 이웃 · 339

파리에서의 바캉스 · 343

비밀의 여인과 시인 왕 · 349

남편의 뜻에 따라 · 354 / 전쟁 중인 가족 · 357 / 참 좋은 할아버지 · 359 / "여성 여러분, 그분은 여러분 덕분에 기뻐하십니다." · 361 / 사려 깊은 여인 · 363 / 남편을 잃고, 자식을 잃고 · 368

아가(雅歌) · 369

6. 슬로보단 밀로셰비치, 유고슬라비아의 악몽

슬로바가 미라를 만났을 때 · 374

가족 없는 미라 · 375 / 사랑의 시작 · 380 / 음울한 영세민용 아파트 · 385 / 원대한 희망 · 387 좌파의 세기… 그리고 여인들의 세기! · 392 / 쟁취 · 395

발칸의 안티고네 · 402

아내의 영향을 받는 남편 · 403 / 집안의 점쟁이 · 405 / 투르크의 수장 · 408 / 여자 대통령 · 414 두 사람을 위한 한 자리 · 419 / 총과 장미 · 424

몰락 · 432

우지카 가의 전투 · 434

□ 참고문헌 · 439
□ 옮긴이의 말 · 462

1

피델 카스트로,
여자들에 둘러싸인 쿠바의 반항아

아버지의 역할은 제대로 못해냈지만,
지도자의 역할만큼은 제대로 해주기를. 불쌍한 쿠바!
— 미르타 디아스 발라르트(카스트로의 아내)

쿠바의 반항아

1944년 산티아고데쿠바, 벨렌의 예수회 학교의 쉬는 시간, 복도에서 격한 말다툼이 벌어졌다.

"그 애를 만나지 마! 내가 금지하는 거야!"

"이것 봐, 나한테 그런 말을 할 수 있는 사람은 그 애의 아버지나 그 애뿐이야. 특히나 네가 할 말은 아니지!"[1]

더는 참을 수 없었다. 모욕을 당한 이상, 매운 맛을 보여주어야 했다. 사랑에 빠진 데다가 혈기마저 왕성한 피델은 그 자리에서 손을 봐 주기로 결심했다. 그러나 라이벌은 만만치 않은 상대였다. 보통 십대 청소년들의 싸움이라고 하기에는 거친 주먹질이 오간 후, 피델은 상대방에게 제압당해 버리고 말았다. 자신의 실패를 즐거워하는 친구들의 비웃음과 분노로 눈이 먼 그는 길길이 날뛰다가 어디서 났는지 권총을 손에 들고 고래고래 소리를 지르며 위협을 하기 시작했다. 오래 전부터 '엘 로코', 즉 '미친 놈'이라는 별명으로 불리는 피델이 아름다운 산 페드로 양에게 사랑을 고백한 라이벌에게 총을 겨누고 있는 장면을 목격한 어느 용감한 선생이 달려와 그를 바닥으로 내동댕이쳤다.

피델은 1926년, 스페인 갈레아스 출신으로서 번성하던 식민지로 이주한 이후, 맨손으로 시작해 큰 부를 쌓은 사탕수수 농장주의 아들로 태어났다.

학업을 위해 도시로 나온 그는 부르주아 계급의 관습에 익숙해질 수가 없었다. 원래부터 남들이 자신을 놀리는 것을 참지 못했던 피델이었다. 쿠바 올긴 지방, 사람의 발길이 닿지 않는 비란에 위치한 광대한 농장에서 보낸 어린 시절에도, 그는 서로 모의를 해 자신에게 괴상한 별명을 붙이고 화를 돋우는 누나와 누이동생들의 놀림을 견디다 못해 울음을 터뜨리곤 했다.

산티아고데쿠바에서 학업을 시작한 이후에도 그는 평화로운 생활을 할 수 없었다. 피델은 집에서 정해준 하숙집에 들어가자마자 주인과 전쟁을 시작했고 비란(Biran)의 고향 집에는 원망이 가득한 편지를 보냈다. "먹을 것을 주지 않아 늘 배가 고파요. 집은 너무 지저분하고 주인은 굼벵이 같고요. 이건 완전한 시간낭비예요."[2]

그럼에도 피델 알레한드로 카스트로 루스는 1945년, 뛰어난 성적으로 문과계열 대학입학시험을 통과했다. 그의 어머니 리나 루스는 16세의 나이에 앙헬 카스트로에게 시집을 와 조숙하게 남편을 섬긴 전형적인 쿠바 여인이었다. 어머니는 대학입학 자격을 취득하도록 여러 차례 학교로 돌려보낸 반항적인 아들에 대한 희망을 이미 접은 상태였다. 그런데 뜻밖에도 그녀는 그 어느 때보다도 빛나는 얼굴로 정성스럽게 머리단장과 화장을 하고 검은 레이스가 달린 드레스까지 갖춰 입고서 아들의 졸업식에 갈 수 있었다. 그런 기쁨을 준 아들이 또 하나의 행복을 안겨주었다. 피델이 법학 공부를 하겠다는 강한 목표를 가지고 아바나 대학에 등록했던 것이다.

범접할 수 없는 성소처럼 도시와 단절된 채 수도 아바나의 고지대에 올라앉은 대학 캠퍼스에서, 피델은 예수회 학교에서는 누릴 수 없었던 자유를 맛보았다. 캠퍼스에는 활기가 넘쳤고 정치 경력의 첫발을 내딛는 가장 확실한 경로이자 권력의 예비단계인 학생연맹은 언제나 격렬한 싸움으로 술렁였다. 토론은 논쟁 대신 총 쏘는 소리나 영원히 미해결로 남는 살인으로 이어졌고 그 미궁 속에서 젊은이들의 야망은 서서히 사그라졌다. 피델은 같은 고향 출신인 새 친구, 라파엘 디아스 발라르트와 가깝게 지내게 되었다.

독재자 풀헨시오 바티스타와 친분이 두터웠던 라파엘은 모든 면에서 피델을 도울 준비가 되어 있었죠. 인간 사냥으로 변질된 권력에 반대하는 격렬한 시위를 벌인 피델을 부모님의 사유지에 숨겨줄 정도로 그는 친구에게 헌신적이었다. 누구와도 견줄 수 없는 선동가적 기질을 가진 피델의 끝없는 열정과 대담함을 어떻게 활용할까 고민하던 라파엘은 그를 위해 자신의 보호자이자 1940년부터 쿠바 정치를 이끌어온 바티스타와의 만남을 주선했다. 벨렌 예수회 학교에서 스페인의 폭군 프란치스코 프랑코의 영향을 받은 피델은 바티스타를 '너무 민주적'이라고 평가했다. 사실 그는 친구의 능란한 사교술에 힘입어 보다 더 중요한 존재를 만나고 싶었다. 라파엘의 여동생, 금발의 미르타. 철학을 전공하던 그녀는 피델이 대학 입학 이후로 스스로에게 정해놓은 규범을 단념하게 만들 정도로 아름다운 여학생이었다. 피델의 규범이란 육체적인 사랑에 낭비할 시간이 없다는 것, 사랑은 나중에라도 할 수 있으니, 수도사처럼, 그리고 군인처럼 대학 생활을 끝마치겠다는 것이었다.

열정적인 성격의 피델은 미르타가 풍기는 우수에 젖은 느낌에 반했다. "미르타는 대단히 아름다웠지만 전형적인 쿠바 여자 스타일이라기보다는 북유럽 여자 같은 느낌이었죠."[3] 미르타의 한 대학 친구는 그녀를 이렇게 기억했다. 미르타와 라파엘은 어린 나이에 어머니를 잃었고 바네스 시의 시장을 지낼 정도로 세력가였던 그들의 아버지는 성격이 포악한 여자와 재혼을 했다. 세 명의 남자형제들과는 입장이 달랐던 미르타가 그녀의 일거수일투족을 지배하려 드는 계모의 세력에서 벗어날 수 있는 방법은 단 하나, 남편을 찾는 것뿐이었다. 그녀에게 반했던 이웃사람의 말을 빌면, 선택은 어렇지 않은 것 같았다. "금발, 초록색 눈, 미르타는 정말이지 그 누구보다 아름다운 여자였고 심성 또한 고왔어요. 성녀가 따로 없었죠. 그녀의 미소는 마치 햇살 같았어요…… 그리고 춤추는 것을 정말로 좋아했답니다!"4) 미르타의 미모에, 라파엘의 친구들은 그녀를 차지하기 위해 맹렬한 경쟁을 벌였다. 마음씨 좋은 오빠 라파엘은 여동생에게 어울릴 법한 구혼자들을 여러 명 소개해 주었고 이런 회고담을 남겼다. "동생에게 외모가 출중한 한 젊은 엔지니어를 소개한 적이 있었는데, 후에 그는 베네수엘라에서 백만장자가 되었습니다." 그러나 그 중 아무도 미르타의 마음을 얻을 수 없었다.

그 당시 여성 취향이 아직 정립되지 않았던 피델은 이런 고백을 한 적이 있다. "사실, 나는 금발과 갈색머리 여자 중에서 누구를 택해야 할지 알 수가 없었습니다."5) 그가 처음으로 마음이 흔들렸던 상대들은 호리호리한 미르타와는 정반대되는 유형의 여자들이었다. 후에 그는 이런 고백을 하기도 했다. "우리는 엉덩이가 크고 약간 통통한 여자들을 좋아했지요. 미적인 면에 있어서는 좀 초보적이었던 것 같습니다. 우리는 그런 문제를 질적으로보다는 양적으로 고려했어요. 당시의 우리는 밀로의 비너스의 아름다움을 알아볼 수 없었던 것이죠." 벨렌 예수회 고등학교를 다니던 시절, 피델은 엉덩이가 아름다운 같은 학교 여학생에게 반해 한때 시에 열중하기도 했다. 풍만한 엉덩이에 대한 찬사에 몰두해 있던 나머지, 그는 교장 신부가 옆으로 다가오는 것을 알아차리지 못했고, 교장은 그의 시를 낚아채 짐짓 꾸민 목소리로 크게 읽기 시작했다. "나는 너무나도 부끄러웠고 정말로 고통스러웠습니다. 주임 신부가 가장 은밀한 나의 비밀들을 침범한 그 사건에 너무 큰 충격을 받아, 그 후로는 절대 시를 쓰지 않았지요. (……) 그 시는 에로틱한 표현이 반쯤을 차지했던 시였어요. 그러나 불경스럽지는 않았습니다."

피델은 시인이 되지는 못했으나 십대 시절에 당한 모욕을 딛고 일어나 사랑에 빠졌다. 그의 매력은 미르타를 설레게 하는 효과를 발휘했다. "내가 생각하기에, 그녀는 첫눈에 오빠에게 반한 것 같아요." 연애 초보 피델의 여동생 후아니타 카스트로는 이렇게 회고했다. "미르타가 무릎을 꿇은 이유는 피델이 상당히 잘생겼기 때문일 거예요." 그러나 두 사람이 그렇게 서둘러 사귀기 시작한 이유는 다른 데에 있다는 추측도 있었다. "내가 보기에 피델을 선택한 것은 우리 새어머니를 자극하기 위한 한 방법이었던 것 같습니다." 라파엘 측에서는 이런 의견을 내놓기도 했다. 1946년 10월, 17세의 나이로 약혼을 하면서 미르타는 드디어 가족의 억압에서 벗어날 수 있는 기회를 갖게 되었다.

그러나 피델은 결혼을 서두르지 않았고 다음해가 되어서야 짓궂은 여동생들에게 약혼녀를 소개했다. 그들의 만남은 후아니타와 엔마 카스트로가 우루술라 수녀회 학교에서 열린 그리스 댄스 공연에 참가했던 밤에 갑작스럽게 성사되었다. 공연장을 찾은 피델과 미르타는 두 사람을 시내의 레스토랑으로 초대했다.

"미르타, 안타깝지만 그리스식 복장을 하고서 레스토랑에 갈 수는 없어요." 엔마는 오빠 커플의 초대를 선뜻 받아들이지 못했다.

"걱정하지 말아요. 내 옷을 빌려 줄 테니 우리 삼촌 집에 들렀다 가요. 샌들만 신고 있어요. 내 신발은 맞지 않을 거예요."

새 식구가 될 미르타가 이렇게 말했다. 여자들끼리의 연대감을 느끼게 하는 이런 식의 첫 대화는 시누이 올케간의 사이가 좋을 것이라는 예감을 주기에 충분했다. 엔마는 미르타가 정성스럽게 골라준 푸른색과 흰색이 섞인 투피스를 입고 식탁에 앉았으며 식사가 끝난 후, 미르타는 그 옷을 엔마에게 선물했다. 장난기가 넘치는 피델의 여동생들은 미르타 디아스 발라르트의 매력에 흠뻑 빠진 카스트로와 함께 삼박자의 균형을 이루었다. 두 명의 지지자를 얻은 피델은 약혼녀를 집안에 공식적으로 소개할 수 있게 되었다.

방학이 다가오자 미래의 시부모는 피델에게 비란까지의 기차 삯을 보냈다. 그러나 학생들 사이의 격한 정치적 논쟁에 휘말린 나머지 그는 예약을 해야 한다는 사실을 잊었고 일행은 하는 수 없이 삼등칸 침대차를 타야만 했다. "정말 너무나 힘든 여행이었어요. 잠을 잘 수가 없었죠. 우리는 지친 상태로 비란에 도착했습니다. 그런 고생을 모르고 곱게 자랐을 텐데도, 미르타는 한 마디도 불평을 하지 않았어요." 후아니타는 이렇게 전했다. 피델의 어머니 리나 루스는 세련된 매너를 갖춘 여학생 미르타를 만나고는 몹시 행복해했다. 조신한 약혼녀 덕에 아들이 더 이상은 별난 생각을 하지 않을 것이라고 안심했던 것이다. 그러나 피델은 도미니카 공화국의 독재자 트루히요 체제를 전복시키겠다는 계획을 세우고 있다고 선언하며 죽을 각오가 되어 있다는 말을 덧붙였다. "네가 미르타를 사랑하는 게 눈에 보이는구나. 미르타도 마찬가지고. 너희는 젊어. 이제 가정을 이룰 때란다. 결혼을 하는 게 어떻겠니?" 죽음 대신 결혼이라는 대안은 신의 뜻 같아 보였다.

그러나 미르타의 부모를 설득하는 것은 하나의 도전이었다. 약혼 사실을 알리자, 유력가인 미르타의 아버지는 예상보다 훨씬 더 화를 냈다. 그는 대학생 조합 대표로서 피델이 거쳐야 할 험난한 길을 너무나 잘 알고 있었다. 성미도 격렬하고 위치마저 불안정한 그는 사위 후보에서 열외로 간주되었다. 특히나 시의 갱단들과 깊은 관계를 맺고 있다는 점에서 예비 장인의 눈에 비친 피델은 발자크의 소설,『고리오 영감』에 등장하는 가진 것이라고는 야망과 머리밖에 없는 라스티냐크와 다름없었다. 디아스 발라르트 가문을 대표하는 가장의 반대는 돌이킬 수 없는 것이었다. 미르타는 탈출의 문이 눈앞에서 갑자기 다시 닫히는 것 같은 느낌에 당황했다. 반대하는 아버지를 설득하는 방법은 협박뿐이었다. 그녀는 만일 결혼을 계속 반대하면, 아무 남자와 함께 미국으로 도망가 버리겠다고 으름장을 놓았다. 라파엘 역시 여동생에게 협조를 하지 않겠다는 뜻을 밝혔다. 피델이 뛰어난 연설가이긴 하나, 성격에 문제가 있다는 사실을 잘 알고 있었기 때문이었다. "미르타, 너도 피델을 잘 알잖아. 그 친구는 훌륭한 점이 많고 똑똑하지만, 편집증환자야! 모피코트를 선물했다가도 그 다음 날이면 너를 9층에서 밀어버릴 수 있는 친구라고!"[6]

다행히 미르타의 친구들은 그녀를 부러워하며 그녀의 선택에 힘을 실어주었다. 그 친구들 중 한 명이 이유를 설명했다. "피델은 아주 잘생겼고 굉장히 마초적인 쿠바 남자였어요. 그는 청년다운 매력을 물씬 풍기며 우리를 매료시켰죠."[7] 미르타의 영어 교수 역시 디아스 발라르트의 집에서 젊은 커플을 만나보았다. "그는 굉장히 매력적이었습니다. 미르타에게 정말 다정하게 대했어요, 하지만 우리에게는 완전히 무관심했지요."

피델은 선택을 했고 그 선택을 번복할 생각이 없었다. 그는 집요했고 미르타가 속한 세상의 부귀영화와 타협을 해서라도 원하는 바를 이루려고 했다. 지도층이 모이는 세련된 아메리카 클럽에서 벌어지는 부르주아들의 놀이에도 참여했다. "피델은 춤을 추러 왔지만, 춤을 잘 추지는 못했어요."[8] 그 시절에 사귀던 그의 친구들은 이렇게 기억하고 있다. "춤도, 흥청망청 노는 것도 서툴렀던 그는 룸바도 빠창가(쿠바의 댄스─역주)도 즐기지 않았죠."[9] 그는 댄스무대에서 미르타를 몇 바퀴 돌려주고는 곧바로 자리로 돌아와 신사들과 정치 이야기를 하곤 했다.

어쩔 수 없이 긴 약혼기간을 유지하던 중, 피델과 미래의 장인 사이의 밀고 당기기가 갑자기 끝났다. 디아스 발라르트 가문이 바네스 시에서 가장 유명하고 존경받는 집안인 데 비해, 앙헬 카스트로는 단순하고 배운 것 없는 촌사람이지만 재산만큼은 풍족하다는 점이 유리하게 작용했던 것 같다.

1948년 10월 11일, 미르타 프란시스카 드 라 카리다드 디아스 발라르트 구티에레스와 피델은 성당에서 결혼식을 올리고 신부의 집에서 피로연을 베풀었다. 결혼 반대의사를 꺾고 체념한 신부의 아버지는 정계의 거물 바티스타가 정성껏 골라 보낸 호화로운 선물을 보고 일단 마음을 놓았다. 그 선물이란 바로 하얀 대리석으로 만든 거대한 스탠드 한 쌍이었다. "바티스타는 분명 엄청난 돈을 주고 그 물건을 샀을 거예요. 자신의 권위를 과시하려고 그런 선물을 보냈겠지만, 사실 그 스탠드는 그리 예쁘지 않았답니다." 리나 루스는 이런 평을 했다.

당시 풀헨시오 바티스타는 미국에 망명 중이었다. 타협을 모르는 군인 출신의 바티스타와 그가 이끌던 의회는 쿠바에서 미국의 헌법을 모방할 정도로 심한 친미 정책을 펼쳤다. 군대 총사령관직을 차지한 채 1930년대 이후로 꼭두각시 대통령들의 배후조종자 노릇을 해 온 그는 1940년대에 이르러 실권을 장악했으나 그로부터 4년 후, 쿠바의 첫 번째 자유선거에 패배하면서 그에게 영감을 준 이웃나라 미국으로 몸을 피했다. 그러나 10여 년간 계속된 그의 영향력이 단 한 번의 선거로 사라질 수는 없었다. 1948년, 상원위원으로 선출된 그는 정계에 복귀해 권력을 장악했다.

신랑의 아버지는 결혼식에 참석할 수 없었다. 의사의 지시로 침대에 머물러야 했던 앙헬 카스트로는 자유분방한 피델이 드디어 신부를 맞이하는 모습을 보지 못한다는 사실을 무척 안타까워했다. 신랑의 어머니 리나는 남편을 안심시켰다. "여보, 그렇게 화내지 마세요. 몸에 좋지 않아요. 그저 여행을 한 번 안 하는 것이라고 생각하세요. 우리 모두 당신을 생각할 거예요. 당신이 주는 선물이라며 일만 달러를 가져다줄게요. 아이들이 얼마나 기뻐할지, 두고 보시라니까요."

결혼 피로연은 아바나의 명사들이 초대된 가운데 아메리카 클럽에서 거행되었다. "정말로 만족스러웠어요. 사랑에 빠져 행복해하는 아들을 본 게 얼마만이었던지." 그날, 자신의 계획이 드디어 결실을 맺었다고 생각한 피델의 어머니는 기쁨을 감추지 못했다. 피로연의 클라이맥스는 새신랑신부가 미국으로 신혼여행을 떠난다는 사실을 발표하는 순간이었다. 아들이 정치로부터 등을 돌리게 되었다고 확신한 리나는 남편이 준 돈을 미르타와 피델에게 전했다. 피델은 깜짝 놀랐다. "일만 달러! 안 돼요, 엄마, 아버지 머리가 어떻게 된 것 아니에요? 이런 큰돈을 받을 수는 없어요."

"아무 말 말고 받아둬라, 피델. 아버지가 좋은 마음으로 주신 돈이란다. 신혼여행 경비와 뉴욕 생활비로 쓰렴."

미르타는 시어머니를 와락 끌어안았다. "우리가 받은 선물 중에서 가장 좋은 선물이에요. 가장 큰 도움이 될 선물이기도 하고요."

이 금액에 새로운 결합을 축복하기 위해 바티스타가 보낸 일천 달러가 더해졌다. 두 사람의 결혼소식은 아바나에서 발간되는 모든 신문과 잡지에 실렸다. 각계각층의 사람들이 보낸 선물의 쇄도에 취한 미르타와 피델은 무기를 소지한 채 두 남자의 호위를 받으며 작은 공항을 향해 출발했다. 피델이 가까이 접촉한 갱단의 두목이 그를 노리고 있었다. 분명 조직원들이 앙갚음을 하려고 쿠바 공항에서 그를 기다리고 있을 것이었으나 미르타는 그 사실을 까맣게 몰랐다.[10]

이렇게 그들은 베르사유 호텔이 기다리고 있는 마이애미비치로 몰래 날아가 그때까지 한 번도 경험해 보지 못한 기쁨을 맛보았다. "나는 처음으로 T본 스테이크와 훈제 연어를 먹어보았습니다. 그리고 식욕이 왕성한 젊은이라면 좋아하지 않을 수 없는 여러 가지 음식들도 맛보았지요."[11] 피델은 이렇게 회상했다. 그들이 처음 산 물건은 두 사람을 뉴욕으로 데려다 줄 이천 달러짜리 푸른색 링컨 차였다. "우리 걱정은 하지 마세요. 아주 즐겁게

피델과 미르타 디아스 발라르트.

지내고 있어요." 미르타는 시댁 식구들에게 정성스러운 편지를 썼다. "우리는 외롭지 않아요. 피델이 제 오빠 라파엘과 올케를 이곳으로 불렀거든요. 피델이 피곤하면 오빠가 운전을 하기도 하고요. 모든 일이 잘 되어가고 있어요." 일행은 저 유명한 월도르프 아스토리아 호텔에 묵어가며 호화로운 여행을 했다. 결혼생활은 시작부터 조짐이 좋았고 미르타는 자신이 꿈꾸던 자유와 함께 자신을 친자식, 친형제처럼 사랑하는 가족을 얻었다고 생각했다. "당신 아버지는 세상에서 가장 친절한 분이에요. 여태껏 나에게 그런 큰돈을 준 사람은 한 명도 없었어요." 그녀는 감탄을 그치지 못했다.

뉴욕에 도착해 새로운 경험을 하게 된 두 사람은 기쁨에 들떴다. 거대한 크리스마스트리 앞에 선 아이처럼 신이 나 완벽한 격자무늬로 정리된 뉴욕 도로 위로 차를 달리는 피델의 모습에 신부는 웃음을 터뜨렸다. 도로를 가득 메운 차량, 도시의 활기, 그는 그 모든 것에 크게 놀랐다. 그러나 미르타와 피델은 휴양을 온 것이 아니었다. 두 사람은 맨해튼 82번가에 있는 라파엘의 아파트에 머물며 대학에 등록하려고 했다.

22세의 젊은 피델이 또 하나 눈여겨본 것은 표현의 자유였다. 서점에서 마르크스의 『자본론』 영어 본을 구입하며, 그는 미국처럼 공산주의를 극구 반대하는 국가에서 어떻게 자기 나라의 경제체제의 붕괴를 단언하는 이런 저작물의 판매를 허용할 수 있는지 이해할 수가 없었다. 미국인들의 풍습은 정말이지 낯설었다. 프린스턴 대학 캠퍼스에서 피델은 남의 눈을 의식하지 않고 게걸스럽게 키스를 하는 남녀 학생 커플들을 보고 충격을 받았다.

두 달 동안 새로운 문물을 경험하며 실망을 거듭한 끝에 피델은 미국 대학 등록의 꿈을 접고 미르타와 함께 링컨 차를 몰고 쿠바로 돌아왔다. 학업 계획을 완전히 접은 것은 아니었다. 그는 신부에게 뉴욕보다 더 나은 파리행을 당당하게 약속했다. "미르타, 다음 목적지는 소르본이야. 파리에 갈 수 있도록 장학금을 신청하려고 해."

미르타는 기뻐서 어쩔 줄을 몰라 하며 당장 시댁 식구들에게 편지를 썼다. 머리가 뛰어난 남편이 곧 자신을 유럽으로 데려가 줄 것이라 확신했던 것이다. "상상이 가시죠, 피델은 장학금을 너끈히 타낼 거예요. 곧 프랑스에 갈 것이라는 기대를 하니 정말로 기뻐서 날아갈 것만 같아요."

리나는 며느리의 흥분을 십분 이해했다. "미르타, 피델이 장학금을 타지 못해도 걱정하지 말거라. 아버지께 말씀을 드려놓았단다. 너희들이 그 꿈을 이룰 수 있도록 어떻게 해서든 도와줄 생각이야."

그러나 아바나로 돌아온 후, 피델을 정치판에서 멀어지게 할 수 있을 것이라는 두 여자의 희망은 금세 실망으로 변했다. 미르타가 산 라자로 가에 있는 한 호텔에 짐을 푸는 동안, 피델은 곧바로 정통당(쿠바 에두아르도 치바스 상원의원이 여당이던 '진정당'과 결별하면서 1947년에 창당한 쿠바 민중당—역주)에 출입하기 시작했다. 정권을 잡은 정통당은 부패한 쿠바 정치체제를 정화하기 위해 결함 없는 도덕성을 지향했다. 미르타는 남편의 정치적인 일에 관여하는 타입이 아니었다. 그가 연이은 집회에 참여하고 지방으로 원정을 갈 때마다 그녀는 그와 동행해 일정이 끝날 때까지 자동차에서 기다리곤 했다.[12]

그들은 마침내 베다도 지구, 3가와 2가가 만나는 곳에 위치한 집을 얻어 정착했고 피델은 대학교에 자유청강생으로 등록했다. 강박적으로 공부를 하는 남편에게 의지를 할 수 없었던 젊은 아내는 임산부로서의 불안과 걱정을 매주 찾아오는 시누이들에게 털어놓아야 했다.

예비 엄마 미르타는 1949년 여름을 행복하게 보냈다. 비란의 시댁 식구들은 그녀의 배가 불러오는 것을 보고 행복해했다. 미르타는 예비 아빠가 쉴 새 없이 공부를 하는 이유가 가족들에게 빛나는 미래를 보장해 주기 위해서라고 생각했다. 저녁이면 그들은 바닷가로 나가 라파엘과 친구들을 만나 함께 맥주를 마시고 시가를 피우거나 도미노 게임을 하며 정치 이야기를 나누었다. 미르타는 격분하며 목청을 높여 자신의 주장을 내세우는 피델의 이야기에 열심히 귀를 기울여 주었다. 여름은 가장 아름다운 선물을 남기고 지나갔다. 9월 1일, 피델리토가 태어났던 것이다.

"피델은 말 그대로 행복으로 빛났어요."

후아니타는 이렇게 회상했다. 그의 주변에 있는 모든 여자들은 정치라는 괴물을 그에게서 쫓아내었다고 생각했다. 리나는 남편에게 이런 말을 했다. "우리가 더 바랄 것이 뭐가 있겠어요? 피델은 아들을 얻었고 곧 학위도 받을 거예요. 대학에서도 정치활동을 전혀 하지 않는다고 해요. (……) 행복해지기 위한 모든 조건이 갖추어진 것이 아니겠어요?"

피델은 어머니가 아들이 책벌레라고 믿을 정도로 자신의 행적을 감추었다. 사실 그는 동생 라울을 부추겨 대학의 마르크스주의 동아리에 들락거리도록 만들었고 청년 사회주의 연합에도 가입하게 했다. 바티스타 체제에 철저하게 반대를 하던 그는 미르타에게 친정인 디아스 발라르트 집안에서 보내는 모든 지원을 거절하라고 했다. 그 지원은 그녀에게는 절실한 것이었다. 한편으로는 도리를 그 어떤 것보다 우선시하는 남편의 청렴함에 열광하면서도, 미르타는 현실을 헤쳐 나가야 했고 어린 아들을 카스트로 시댁에 의존해 키울 수밖에 없었다.

당신은 파리를 보고 싶어 했지만… 우리는 파리에 가지 않아

"미르타, 나는 파리에 가지 않겠어. 파리는 내 운명이 아니야. 소르본에 진학하지 않고 여기, 쿠바에 남기로 결정했어. 나는 아바나의 정통당 대표로 출마할 예정이야. 의회와 싸워서 언젠가는 권력을 장악하겠어."

"하지만 피델, 우리의 계획을 그렇게 아무렇지도 않게 취소할 수는 없어요! 당신은 부모님과 나에게 파리로 가서 석사학위를 받겠다고 약속을 했잖아요! 이럴 수는 없어요, 피델…… 제발 내 말을 들어요."[13]

호화롭고도 자유롭게 파리 생활을 즐기려던 미르타의 꿈은 단두대의 날처럼 뚝 떨어진 그의 한 마디에 멀어지고 말았다. 그녀는 눈물을 쏟으며 그의 결심을 돌이키려고 했다. 피델이 바티스타가 선물한 스탠드를 집어 들어 바닥에 요란하게 내던지는 것으로 부부싸움은 마무리되었다. 배신당한 젊은 아내의 눈물이 마르기도 전에, 그는 언론발표와 회의를 위해 집을 나섰다. "피델은 거의 집에 오지 않아요. 정치와 정통당을 위해 살 뿐이에요. 저는 정말로 버림을 받은 것 같아요. 우리 사이에는 이제 대화가 없고 피델은 하루 종일 밖에서 지내고 있어요. 아버님 어머님이 보내주시는 돈이 없다면, 피델리토와 저는 어떻게 생계를 이어가야 할지 모르겠어요." 미르타는 시댁에 이런 편지를 보냈다. 리나는 아바나의 상점 몇 군데에 며느리가 쓸 수 있는 외상장부를 마련해 주었다. 뿐만 아니라 직접 미르타를 데리고 다니며 물건을 사들여 주방을 진주색으로 꾸며주었다. 그 덕분에 그녀는 살림을 하며 덧없는 위안을 얻을 수 있었다.

부부만의 외출 같은 것은 더 이상 기대할 수 없었다. 그들이 어디에를 가든 피델의 친구 여러 명이 함께 했고 특히 부유한 집안의 딸로 의대에 다니면서 투쟁의 상징인 피델과 함께 하기로 결심한 마르타 프레이드와 같은 여자친구들이 늘 동행했다. "그는 여자들에게 참 친절했어요. 여자들이 반할 만한 점을 가지고 있었죠!"[14] 마르타 프레이드는 이렇게 털어놓았다.

피델은 자신을 따르는 소규모 부대를 당시 아바나에서 인기가 높던 12/23 카페로 데려가 한바탕 격렬한 설교를 마친 후 함께 버터 바른 빵을 먹었다. 다른 사람들이 모두 춤을 추기 시작했을 때에도 그는 의자에 꾹 눌러앉아 아내를 홀로 데리고 나갈 생각조차 하지 않았다. 렉스 영화관으로 영화를 보러 갈 때 역시 정치를 벗어날 수 없었다. 그는 자신의 반쪽인 아내에게 자신이 가장 좋아하는 찰리 채플린의 〈독재자〉를 보고 또 보게 했다.[15]

아량이 넓은 피델의 주위에는 많은 여성 추종자들이 모여 연맹을 이루었다. 콘치타 페르난데스도 그에게 매혹된 여성들 중 한 명이었다. "나는 그에게서 깊은 인상을 받았고 그의 말 한 마디 한 마디에 감동했어요. (……) 그에게는 사람을 끌어당기는 강한 힘이 있었죠. 등을 돌리고 서 있을 때조차도."[16] 피델은 언변도 뛰어났지만 옷도 잘 입었다. 콘치타는 "넓은 줄무늬 넥타이를 맨 재킷 차림의" 그에게 반하고 말았다. 1950년대 초, 혼외정사로 두 명의 자식을 얻었으면서도 피델은 자신이 구축하고자 하는 새로운 사회에서 여성들이 맞이하게 될 운명에 관심이 컸다. 어머니 앞에서 자신의 '실수'를 합리화하며 그는 초자연적인 어떤 힘을 내세웠다. "그녀가 길을 건너는 모습만 보고 끌려버렸어요. 한눈에 반했던 겁니다."

결혼생활뿐 아니라 카스트로의 정치 활동 역시 벼랑 끝으로 몰렸다. 1951년 8월 16일, 그가 성장할 수 있었던 테두리가 되어 주었던 정통당의 당수가 라디오 생방송 토론에서 입장이 불리해지자 배에 권총을 쏘아 자살했다. 피델은 자신의 정치적 대부의 죽음과 함께 하원의원이 되리라는 희망이 요란한 폭발음을 내며 사라져 버리는 느낌을 받았다. 쿠바 대통령 선거일 몇 달

전인 이듬해 3월 10일, 풀헨시오 바티스타와 그의 군대가 군인들의 환호성 속에 쿠바에서 가장 중요한 병영을 침범했다. 계엄령이 선포되면서 바티스타는 아무런 저항 없이 대통령 궁으로 들어갈 수 있었다. 라파엘 디아스 발라르트가 피델에게 전화를 걸어 자신이 새 정부에 합류했다는 사실을 알리며 그에게도 동조할 것을 권했다. 화가 머리끝까지 난 피델은 전화기를 바닥에 내던져 버리고 집을 나왔다. 그 일로 미르타는 걱정으로 잠을 이루지 못했다. 다음날 아침, 그가 아내에게 결정적인 편지를 보내왔다.

"미르타,

지난 몇 시간 동안 일어난 일은 당신의 친정 식구들의 입장을 분명히 보여주는 것들이었어. 나의 투쟁이 목적하는 바와는 거리가 먼 입장을. 나는 적들과 한집에서 지낼 수 없어. 당신의 형제들이 떠나지 않는 한, 집에 들어가지 않기로 결정했어."

8월 한 달 내내, 그는 바티스타에 반대하는 전면전을 선동하는 전단을 배포했다. 스물두 살의 젊디젊은, 그러나 절망 속에서 집을 지키고 있는 미르타를 찾아온 친구들은 그녀가 사는 모습을 보고 경악을 금치 못했다. 하루는 친구 한 명이 피델에게 인사를 하고 싶다고 하자, 미르타가 이렇게 대답했다. "길을 가다 보면 차를 몰고 지나가는 피델을 만날 수 있을 거야. 아마 그 때, 네게 손을 흔들어 줄 걸."[17] 그것이 하루 중 남편을 볼 수 있는 유일한 기회였다.

명랑하던 미르타는 웃음을 잃었고 이제는 친정 식구들에게서도 멀어졌다. 그녀는 시어머니에게 이런 편지를 썼다. "저는 하루 종일 피델리토와 둘이서만 집에 있어요. 남편은 제 아버지와 형제들이 하는 모든 일에 맞서 투쟁을 하고 있고요."

몬카다의 맹렬 여성

1953년 7월 26일, 마르타 프레이드는 찾아올 손님 없는 쿠바의 빛나는 늦여름의 하루를 집에서 보내고 있었다. 집으로 돌아오는 길에 군용 지프차 몇 대가 지나가는 것을 보았지만 아바나는 평화롭기 그지없었다. 그런데 누군가가 집요하게 그녀의 집 현관문을 두드렸다. 문을 열어보니 충격에 빠진 미르타와 피델리토가 서 있었다. 파랗게 질린 미르타가 아무런 말도 없이 마르타에게 석간신문을 내밀었다. 신문에는 피델과 그의 동지들이 쿠바 제2의 도시를 수호하는 몬카다 병영을 습격했다는 기사가 실려 있었다.

초기에 전해진 소식들에 의하면, 습격은 실패로 끝났고 작전을 감행한 쪽의 피해는 컸다고 했다. 피델이 몇 달 전부터 아내를 보살피지 않고 힘든 생활을 하게 했다는 사실을 알고 있던 마르타는 친구의 처지를 걱정했다. "미르타가 과부 수당을 받을 수 있도록 피델이 사회보장금을 납부하긴 한 거예요?" 녹초가 된 미르타는 남편이 하는 일에 대해서는 하나도 아는 것이 없다고 고백했다. 습격에 대해서도 아무런 말이 없었고 며칠 전부터 그의 소식을 전혀 듣지 못했다고. 두 여자는 피델과 함께 불행을 당한 동지들의 가족을 찾아가 보기로 했다. 그러나 그녀들을 기다리는 것은 따뜻한 환대가 아니라 울부짖음이었다. "살인자 피델! 그자가 우리 아들을 죽음으로 내몰았어!" 분노한 그들의 어머니들과 약혼녀들 중에는 미르타와 마르타를 때리려고 하는 이들도 있었다.

당황한 가운데 미르타는 라디오에서 습격자들의 대다수가 체포 직후 처형되었다는 소식을 들었다. 그러나 피델이 살아 있을 가능성도 배제할 수 없었다. 그렇다면 곧 몇 명 되지 않는 생존자들을 수색하기 시작할 군인들의 관용에 호소하는 수밖에 없었다. 신앙을 가진 사람만이 군대의 의지를 꺾을 수 있었다. 미르타는 급히 산티아고 대주교를 찾아가 은총을 받고 평화의 말씀을 퍼뜨리기 위한 자금 모금운동을 조직했다. 안타깝게도 하느님이 예비한 길을 뚫고 들어갈 수는 없었고 수색은 강화되었다. 마지막 수단으로 그녀는 바티스타에게 피델을 생포하도록 부탁하겠다는 친정아버지의 약속을 얻어냈다.

미르타는 의기양양하게 이 소식을 시댁에 알리며 모든 사령관에게 전달된 통지의 내용을 전했다. "몬카다 병영과 그 인근의 습격자들을 수색하는 모든 부대에게 전함, 피델과 라울 카스트로를 산 채로 데리고 오라."

도망자 중 피델이 데리고 간 여자 동지 두 명도 실종된 것으로 기록되었다. 가족을 떠나 아바나로 몸을 피한 아이데 산타마리아는 그곳에서 곧 피델 카스트로의 열정과 압제자에 대한 그의 저항에 동조하게 되었다. 얼마 되지 않아 그녀의 아파트는 선동자들의 비밀 집회장소가 되었다.[18] 그녀가 단짝 친구에게 자신의 새로운 정치 지도자를 소개하자, 그 순간 바로 연금술이 효과를 발휘했다. 대학에서 법학 학사 학위를 받은 멜바 에르난데스는 고위직 행정관이었다. "피델과 악수를 하는 순간, 사람들은 그에게서 강한 인상을 받죠. (……) 그는 개성이 너무나 강한 사람이에요. (……) 그가 나에게 말을 하기 시작했을 때, 나는 아무런 저항도 하지 못하고 그의 말에 귀를 기울일 수밖에 없었어요."[19]

카스트로는 대중에게 말을 하는 법도 잘 알았지만, 특히 여성들에게 어떻게 말을 해야 하는지를 꿰뚫고 있었다. 그의 정치적 발언은 과격했으나, 그런 딱딱한 이야기를 벨벳처럼 부드러운 목소리로 쏟아내었다. "피델의 목소리는 아주 낮았어요. 그는 이야기를 할 때, 한 자리에 서 있지 않았는데, 상대방에게 점점 다가가며 뭔가 비밀스러운 이야기를 한다는 듯한 인상을 풍겼죠." 멜바는 이렇게 회상했다. 피델은 그녀에게 읽을 책들을 추천하면서

피델과 여성 동지들,
셀리아 산체스(왼쪽)와
아이데 산타마리아.

그녀를 '부르주아' 사상가들의 세계로 이끌었다. 그러나 주의사항은 엄격했다. "그들 중에서 매력을 느끼는 논지를 펼치는 누군가를 만나게 될 테니 머리를 써서 생각을 하도록 주의하시오. 당신의 지성으로 그들에게 굴복하지 말아야 하오."

습격 3일 전, 피델은 새로운 당원에게 행동의 순간이 다가왔음을 알렸다. "멜바, 물건을 몇 가지 준비해요. 당신이 가지고 갈 수 있는 소지품들 말이오. 당신이 아주 좋아할 거요. 거기에 가면 아이데를 다시 만날 수 있으니까. 그리고 특히, 이걸 가지고 가도록 해요." 그는 소총이 감추어진 꽃 상자를 가리켰다. 습격 전날 밤, 더 자세한 지시가 내려졌다. "제복을 모두 다림질하고 나서, 남자들은 무기를 가지고 훈련을 했어요. 아이데와 나는 피델에게 가서 명령을 내려달라고 했죠. 그는 소식이 있을 때까지 남자들을 기다리라고 했어요. 우리는 몹시 실망했죠. 우리도 남자들과 함께 가는 줄로만 알았는데, 옆으로 밀려난 기분이었거든요. 나는 우리도 남자들과 똑같이 혁명적이며 여자라는 이유로 차별하는 것은 부당하다고 피델에게 항의했어요. 내 말에 피델이 흔들렸죠. 내가 민감한 부분을 건드렸던 거예요."[20]

여자들의 목표와 카스트로의 목표는 같았다. 피델, 라울, 아이데, 그리고 멜바는 체포되어 피노스 섬에 있는 경비가 삼엄한 감옥에 수감되었다. 그곳에서 두 여자는 혹된 시련을 겪으며 큰 희생을 치렀다. 하루는 유난히 잔인한 어떤 중사가 여자들이 수감된 감방으로 들어와 아직도 펄떡거리는 사람의 눈알 하나를 들이댔다. "이 눈알은 네 남동생의 것이다. 그가 자백하지 않은 것을 네가 말하지 않으면, 다른 눈알 하나도 뽑아버리겠다." 그 누구보다도 남동생을 사랑했던 아이데였지만, 그녀는 의연하게 대답했다. "동생이 눈을 뽑히면서도 하지 않은 이야기라면, 나 역시 하지 않겠다."

그러자 그는 그녀의 팔을 잡고 그 위에 담배를 비벼 껐다. "이제 네 애인은 세상에 없다. 우리가 죽여 버렸거든." 아이데도 지지 않고 맞섰다. "그는 죽지 않았다. 조국을 위해 죽는 것은 영원히 사는 것이니까." 그런 헌신에 감동한 피델은 그녀를 완벽한 여자라고 생각했다. "아이데는 쿠바인의 영웅심과 존엄의 최정상을 보여주었다."[21]

감옥에서 아이데는 역사에 막 발을 들여놓은 한 남자에 대한 애착을 확인했다. "자세하게 생각나는 것은 하나도 없지만, 그 순간부터 나는 피델 외에는 아무도 생각하지 않게 되었어요. (……) 나머지는 피와 연기로 가득한 구름 같았죠."[22]

미르타는 이런 여걸과 경쟁할 수 없었고 아내로서 남편을 만날 권리도 거의 행사하지 못했다. 그녀는 배후에서라도 남편을 돕기 위해 뭐든 하리라고 결심하고 1953년 9월, 사랑하는 남편의 사건의 판결을 맡은 니에토 판사에게 간청을 했다. "제가 원하는 것은 남편을 죽이지 말아달라는 것뿐입니다. 그것만 아니라면 어떤 판결을 내리셔도 좋습니다. 100년형을 내리신다 해도 상관없습니다."[23]

1953년 10월 16일, 피델이 재판장에 나타나 훗날 전 세계적인 베스트셀러가 될 "역사가 나의 무죄를 선언할 것이다."라는 기념비적인 변론서로 스스로를 변론했다. 역사가 뭐라고 하든, 니에토 판사는 피델에게 징역 20년형을 선고했다. 사회교란자로 낙인찍힌 남편이 감옥에서 손에 묻은 피를 씻어내게 되자, 아들과 혼자 남게 된 미르타는 무너져 내리고 말았다.

우편배달부는 벨을 한 번만 울렸어야 했다

감옥에 갇힌 피델은 그를 따르는 여성 추종자들과 많은 편지를 주고받았다. 편지로 나누는 비밀스러운 사랑이 누설될 수도 있다는 걱정을 한순간도 하지 않은 채, 그는 어느 아름다운 미지의 여성에게 뜨거운 편지를 보냈다. 정열에 사로잡힌 상대방은 답변으로 서머셋 모옴의 책 『과자와 맥주』를 보냈다. 그리고 책갈피 사이에 사람을 돋보이게 하는 조명 아래에서 가슴이 깊게 파인 옷을 입고 찍은 자신의 사진 한 장을 살짝 끼워 넣었다. 피델은 감정 조절을 할 줄 몰랐다. 그가 보낸 편지에는 정치적인 내용도 일부 담겨 있었지만 주로 열정적인 사랑이 필요하다는 뜻이 비추어져 있었다. 그의 이런 열광적인 편지들은 끊이지 않았다.

우체국의 실수로 이렇게 편지를 주고받는 불안정한 관계가 뒤흔들리게 되었다. 어느 날 아침, 미르타는 남편이 애인에게 보낸 격정적인 사랑의 편지를 받았다. 아들에 대한 그녀의 교육 방식에 사사건건 트집을 잡고 집안일을 결정하는 데에 있어 무관심하던 피델이 그 편지에서는 그렇게 부드럽고 감정적일 수가 없었다. 대신 미지의 여성은 미르타가 받았어야 할 딱딱한 내용의 편지를 받았다. "미르타가 어떤 여자인지 알 만해요! 피델은 그녀에게 감정이 거의 드러나지 않고 유머도 없는 편지를 썼어요…… 반면, 내게 보낸 편지는……" 그녀는 이렇게 자랑을 늘어놓았다. 누군가가 이 추문을 퍼뜨리고 편지를 공개해 미르타를 격분하게 했다. "그 쓰레기 같은 여자와 이야기를 했어요. 모욕을 주었죠. 유부남에게 그렇게 치근대다니, 어떻게 그렇게 뻔뻔할 수가 있을까요? 정말 어처구니없는 것은, 그 여자 역시 유부녀라는 점이에요."[24] 미르타는 시댁 식구들에게 이 사실을 알렸다.

다음날, 미르타가 면회를 왔을 때, 그는 용서를 받기 위해 모든 수단을 다 동원했다. 두 사람의 결혼은 파탄을 맞지 않았고 미르타는 평소와는 달리 남편과 좋은 시간을 보냈다고 확신하며 피노스 섬을 떠났다. 그러나 토요일, 라디오 방송국 렐로가 내보낸 뉴스에 그녀는 망연자실하고 말았다. 미르타 디아스 발라르타가 바티스타 정부에서 일을 했는데 뇌물을 받았다는 이유로 해고가 되었다는 것이다. 그러나 그녀는 독재자의 궁전에 발을 들여 놓은 적이 없었다.

피델 역시 그 소식을 접하고 당장에 미르타에게 편지를 썼다.

"미르타. 방금 라디오 뉴스를 들었어. 정부에서 당신을 해고했다는…… 당신이 그 내각에 소속된 사람으로 보일 수도 있는 상황이라니, 나는 납득할 수가 없어."

그는 아내에게 강력한 반대의견을 표명하라고 다그쳤고 이 사건의 배후에 있음이 분명한 친오빠를 고소하라고까지 했다. "단호하게 대처하고 상황에 맞서기를 망설이지 마. (……) 당신이 얼마나 고통스럽고 슬픈지 잘 알아. 하지만 나의 신념과 열정에 무조건적으로 의지해도 좋아."

감옥 안에서 그는 한 신문기자에게 자신이 큰 혼란에 빠졌음을 털어놓았다. "라파엘에게 전하시오, 내가 자살을 할 생각이라고." 미르타는 궁지에 몰렸다. 오후에는 아버지와 오빠가 찾아와 최후통첩을 했다. "어리석은 짓은 이것으로 충분하다, 미르타. 다 집어치우고 우리와 함께 가자. 이제 네 가족과 남편 중 한 쪽을 선택해야만 한다." 시달리다 못한 미르타는 이제 다섯 살이 된 피델리토를 데리고 친정 식구들을 따라 미국으로 건너가기로 결심했다. 피델의 반응은 상상을 초월했다. "내 아들이 내가 가장 혐오하는 적들과 한 지붕 밑에서 단 하룻밤이라도 잠을 잔다거나 아들의 순수한 뺨에 그역겨운 가룟 유다의 입맞춤을 한다는 것은 생각하고 싶지도 않다."

미르타와 피델 사이에 전쟁이 선포되었다.

새벽의 약속들

1952년 3월 10일, 초록 눈의 나탈리아 레부엘타는 머리끝부터 발끝까지 검은색으로 차려입었다. 닥터 올랜도 페르난데스 페레르의 젊은 아내인 그녀가 과부가 된 것은 아니었다. 바티스타가 다시 정권을 장악했다는 소식을 라디오에서 듣고서 상복을 차려입었던 것이다. 이상주의자였던 나탈리아가 보인 반응은 당시의 상황만큼이나 극단적이었다. 그녀는 그런 차림으로 열쇠공을 찾아가 집 열쇠를 세 벌 복사해 한 벌은 정통당 당수에게, 또 한 벌은 대통령 후보에게, 마지막 한 벌은 피델 카스트로에게 보냈다. "두 명에게서는 즉시 답을 받았어요. 정말로 고맙다는 내용이었죠. 그러나 피델 카스트로에게서는 아무런 연락이 없었습니다. 당연한 일이었겠지만."[25]

자신의 애국심을 구현해 줄 남자를 필사적으로 찾고 있던 그녀는 학생 시위 때 딱 한 번 스친 카리스마 넘치는 카스트로에게 호기심을 느꼈다. 열쇠를 보낸 이후로 거의 1년이 지난 1953년 1월의 어느 날 오후, 피델은 마침내 암묵적인 협조 제안을 받아들이기로 하고 나탈리아의 집 대문을 두드렸다. 그는 완벽하게 다림질된 바지와 쿠바 전통 셔츠인 구아이아베라 셔츠 중에서도 가장 멋진 셔츠를 입고 있었다. 나탈리아가 복도에 나타나자마자 두 사람은 "한눈에 반해 눈과 귀가 멀어버렸다."[26]

그녀는 피델이 평생토록 결코 잊지 못할 요리인 파인애플과 함께 구운 햄을 대접했고[27] 그는 자신의 혁명운동을 위한 계획을 설명했다. 더 이상은 소극적인 저항운동으로 만족할 수 없고 바티스타가 무력으로 권력을 장악한 이상, 자신 역시 같은 방법으로 그를 밀어내야겠다는 내용이었다.

두 사람이 열띤 토론을 벌이고 있을 때, 나탈리아의 남편 올랜도가 병원에서 돌아왔다. 지독한 관념론자인 피델의 이야기에 귀를 기울이던 올랜도는 그의 관심이 어디에 있는지를 알아차리고 주머니에서 백여 달러를 꺼내 설득력 있는 행동가인 아내에게 건넸다. 그는 카스트로가 혈기 넘치는 자기 아내를 사로잡는 데에 성공했다는 것을 깨달았고 그와 의견을 같이 하는 것이 낫다고 생각했다. "필요한 게 있으면, 나를 믿고 이야기하시오." 그는 가늘게 콧수염을 기른 피델에게 이렇게 속삭이고는 방을 나왔다.

나탈리아는 피델을 자신이 속한 테니스 클럽에 초대했지만, 그는 오지 않았다. 그런 곳의 출입은 미르타를 기쁘게 해 주려고 클럽에 드나든 것만으로도 충분했다. 그는 그대로 그녀에게 학생 시위에 참여할 것을 권유했다. 나탈리아는 예정된 날 밤에 노동자 측에서 파견한 대리인 입장으로 시위에 참가했다. 피델은 그녀를 즉석 재판이 열린 곳으로 데리고 가 그곳에서 일장 연설을 했다. 나탈리아가 반란과 모험에 취해 있는 동안 올랜도는 병원에서 당직을 섰고 미르타는 그날 밤도 다른 많은 밤들처럼 불안에 떨었다. 한밤중에 피델이 집으로 돌아왔을 때, 미르타는 계속 구토를 하다가 쓰러진 피델리토 곁을 지키고 있었다.

몇 주 후, 무심한 아버지 피델과 그의 추종자들은 나탈리아의 집을 약속 장소로 사용하기 시작했다. 아이데 산타마리아의 집은 이제 더 이상 그들의 격렬한 활동을 은닉해줄 수 없었던 것이다. 벌집 같은 집에서 여왕벌의 위치를 차지한 '나티(나탈리아)'는 보다 맹렬한 삶을 경험하기 시작했다. 처음부터 그녀는 피델이 투쟁 중에 죽임을 당할 것이고, 죽음과 관련된 팽팽한 긴장으로 인해 자신이 숙명론적인 열정에 빠져들게 될 것임을 예감했다. 그들은 몬카다 병영을 장악하고 나면, 라디오를 통해 선언문을 낭독하고 국민에게 배포하겠다는 계획을 세웠다. 나티는 비밀리에 타이프를 쳤고 아바나 전체에 직접 복사본을 뿌릴 결심을 했다.

피델이 직접 읽을 연설문의 시작과 끝부분에서 연주될 음악을 고른 사람도 그녀였다. 베토벤의 3번 교향곡 〈영웅〉과 프로코피에프, 말러, 그리고 베를리오즈의 작품들. 또한 그녀는 가지고 있던 보석을 6,000페소에 팔고 피델이 변덕을 부릴 때마다 남편의 은행계좌에서 돈을 빼내 그에게 실질적인 도움을 주었다. 피델이 다른 사람의 눈을 피해 밤을 보낼 방이 필요하다든가 비밀리에 이동을 하기 위한 자동차가 필요하다고 하면, 나티는 즉시 수표책을 꺼내 그의 요구를 들어주었다.

7월 24일, 미래의 영웅은 산티아고로 떠나는 길에 나티의 집에 잠시 들러 마지막 지시를 했다. "일요일 새벽까지 집을 떠나서는 안 돼. 그 시간이 공격을 하기로 예정한 시간이야. 만일 당신이 그 전에 낌새를 채이게 된다면, 우리는 준비를 하기도 전에 발각이 되고 말 거야." 그는 헌신적인 '이념적 동지'인 나티에게 전에 없이 다정한 태도를 취했다. "당신 곁을 떠나는 것이 정말로 많이 힘들어. 당신은 내게 너무나 소중한 존재가 되었어. 우리 사이가 어떻게 될지는 나도 모르겠지만, 당신이 내 마음 속에서 높은 곳을 차지하고 있다는 점을 알아주었으면 해." 그는 그녀에게 또 하나의 중요한 임무를 맡겼다. 만일 그가 전투에서 패한다면, 미르타와 피델리토를 돌봐달라는 것이었다. 1953년 7월 말, 이렇게 나탈리아 레부엘타는 투쟁을 위해 떠나는 이 남자를 사랑하게 되었다.

일요일 새벽 3시, 신경이 곤두선 탓에 잠을 이루지 못한 나티는 담배와 진한 커피로 무장을 하고 해가 뜨기를 기다렸다. 그리고 속으로 그 자랑스러운 선언문을 넘겨줄 정치인들, 반체제인사들, 편집자들과 기자들의 명단을 떠올렸다. 오전 10시, 카스트로의 다른 지지자들과 마찬가지로 카리브의 위대한 밤을 위한 계획이 실패했음을 알게 된 나티는 가까운 성당으로 달려갔다. 당황한 그녀는 신부에게 고해를 함으로써 두려움을 덜어보려고 했다. 신부는 성사를 할 기회가 없을 친구들을 대신한 그녀의 고해성사를 받아주었다. 아내의 정신적인 동요가 그 날의 실패와 연관되어 있다는 것을 직감한 올랜도는 운전수를 고용해 그녀를 보호하는 임무를 맡겼다.

그러나 나티는 혁명의 임무를 다해야 한다는 생각을 버리지 못했다. 자신이 사랑하는 남자의 예측 불가능한 운명에 괴로웠지만, 그녀는 외워두었던 명단의 인사들에게 선언문을 전달했다. 그녀는 오피니언 리더들의 지지를 바랐으나 그들은 그녀를 정중하게 맞아 이제 감옥에 갇힌 조악한 선동자와의 관계를 끊으라고 충고했다. 나티의 아름다운 초록색 눈이 자신에게서 떠난다는 것을 생각조차 할 수 없었던 피델은 감옥에서 서둘러 편지를 썼다.

"나티,

우리가 이렇게 즐겁게 편지를 주고받기 시작하면서, 내가 당신에게 보냈던 첫 번째 편지는 아주 짧았었지. 그건 당신에게 더 할 말이 없었기 때문이었어. 나는 숨길 것이 없었고 대가를 바라지도 않았어. 빚을 진 사람은 당신이 아니라 나야. 당신의 은혜는 잊지 않겠어. 난 아무것도 기대하지 않아. 반대로 내 전부를 다 바칠 생각이야."[28]

나티는 힘들게 방법을 마련해 피델이 무척 좋아하는 러디어드 키플링의 시 번역본을 보냈다. 그리고 그가 감옥의 회색 벽 말고 다른 풍경을 볼 수 있도록 만화경을 구해주기도 했다. "나는 그가 지는 해를 볼 수 없다는 것이 너무나 슬펐어요." 나티는 콘서트 프로그램이나 문학 관련 기사, 자신이 추천하는 이탈리아 영화 자료 등으로 감옥에서도 그가 색깔을 볼 수 있게 해

주었다. 그것은 결혼한 두 부르주아 남녀의 순수한 사랑의 간주곡이었다. 그들은 열정적인 젊은 음악가에 관한 이야기로 한창 인기몰이를 하던 로맹 롤랑의 소설 『장-크리스토프』를 번갈아가며 읽자는 구상을 했다. 책을 읽고 이상주의자인 주인공과 그가 겪은 시련에 관한 감상을 서로 나누자는 것이었다. 나티의 탁월한 선택은 피델을 감동시켰다. 그는 평범함과 세상의 무지보다는 차라리 고독을 선택한 주인공에게서 자신의 모습을 발견했다. 한편, 나티에게 장 크리스토프와 피델은 '뛰어난 정신을 갖춘 존재'였다.

나티는 피델이 부부문제를 털어놓을 때조차 그의 마음을 채워주었다. "미르타에게 감옥에 갇힌 덕분에 무의미한 문제들과 멀리 떨어져 살 수 있고 약간의 평화를 누리게 되었다고 말했어. 법정에 편지를 써서 왜 20년 형 대신 25년 형을 내리지 않았느냐고 따질 작정이야."[29] 편지를 주고받으며 나티는 미르타가 피델에게 적합한 짝이 아니라는 사실을 깨달았고 이런 부부 간의 불협화음 중에서 자신이 행복해질 가능성을 엿보았다. 그를 이해하지 못하는 미르타는 그와 이상을 같이하는 배우자가 될 수 없었다.

책을 읽는 동안 나티의 얼굴에는 미소가 떠올랐고 그녀의 초록색 눈은 빛을 발했다. "매 페이지마다, 매 구절마다, 매 단어마다 당신의 자리가 있어요. 나는 책에서 발견하는 기쁨 하나하나를 당신과 함께 하고 싶어요. 이것을 당신이 나의 절친한 동반자이며 내가 결코 혼자가 아니라는 의미로 해석해도 될까요?" 피델은 나티의 기발함과 그녀의 문체를 좋아했다. "당신의 몸짓을 보고 싶고 당신의 목소리를 듣고 싶어. 당신은 어떻게 그렇게 많은 것들을 알고 있지?" 처음 만났을 당시에는 미르타 역시 철학에 열정을 불태우던 여대생이었지만, 그는 나티에게서 아내와 정반대되는 여성상을 찾을 수 있었다. 사상도 무기도 두려워하지 않는 여성. 나티는 너무나 바쁘고 너무나 무관심한 남편과는 거리가 먼 이상적이고 명석하며 순수한 남자를 찾았다고 생각했다. "사람들은 자신이 되고 싶은 모습으로가 아니라 그저 되는 대로 살아가죠." 그녀는 피델에게 이런 편지를 보냈다.

둘이서 함께하기만 한다면 세상을 정복할 수 있을 것 같았다. "우리, 모든 방법적이고 실천적인 양식을 공부하도록 해. 나는 계속해서 스페인, 프랑스, 러시아 작품을 고르겠어. 당신은 영문학 작품을 골라. 정부나 경제, 사회적 교리 같은 것은 내가 맡을 테니 당신은 음악을 맡아. 이 아이디어가 당신 마음에 드는지? 아직 내게는 15년의 복역기간이 남았고 그 동안 이 계획을 실현할 수 있을 거야." 이해관계를 떠난 사랑은 이미 정복과 지배의 꿈으로 변해가고 있었다. 두 사람의 교감은 숭고한 것이었다. 물론, 피델은 몇 가지 자신의 마음에 들지 않는 그녀의 부르주아적인 행동에는 눈을 감아야 했다. 크리스마스가 다가오자, 나티는 피델리토를 위해 헤드라이트에 불이 들어오는 원격 조종 자동차와 카우보이, 인디언 장난감, 그리고 겉옷 한 벌을 샀다는 이야기를 편지로 전했다. "당신과 피델리토가 같은 옷을 입을 수 있도록 당신 사이즈의 옷을 사려고 해 봤어요." 나티는 천진난만하게 이렇게 덧붙였다. 권력을 잡은 후에 크리스마스 축하행사를 없애 버리려던 피델의 의도를 그녀는 알고 있었을까?

정유회사 에소의 직원이었던 나티는 겨울 내내 연가를 부르느라 직장에서 맡은 일을 등한시했다. 결근이 잦아진 그녀의 숨겨진 애인에 관한 이야기는 직장 동료들 사이에 파다하게 퍼졌다. 상관들은 그녀를 기밀 재정 서류를 분류하는 일에서 제외시켰다. 나티가 너무나 혁명적이어서 그녀의 성실함에 의심을 품을 수밖에 없다는 이유에서였다.

피델이 감옥에서 다른 여자들에게 보내는 수많은 편지들 때문에 그녀는 질투심의 한계를 시험당했다. 편지를 주고받는 관계에서도 한 사람만 생각하는 정조는 엄격하게 지켜져야 한다고 생각하는 나티는 노발대발했다. 피델은 이 거센 분노를 농담으로 무마했다. "세계의 평화가 당신에게 달려 있다면, 인류는 전쟁을 피할 수 없을 것 같군." 그리고 그녀에게 전적으로 헌신할 것을 약속했다. "이 편지가 크리스마스날 도착할까? 당신이 정말로 나만의 당신이라면, 나도 똑같이 할 테니 저녁 식사를 할 때 나를 잊지 말고 내 생각을 하며 포도주를 마셔줘. 사랑하는 사람은 잊지 않는 법이니까." 그 한 해는 영원한 사랑에 대한 서로간의 약속으로 막을 내렸다.

그러나 새해 초, 이번에는 감옥에 고립된 피델이 자신 없이 시간을 보내는, 어쩌면 다른 누군가와 함께 있을 그녀에 대한 질투로 괴로워했다. "1954년 2월 27일. 나의 소중한 나티, 당신이 너무 바빠서 편지를 길게 쓸 수 없다는 이야기는 듣고 싶지 않아. 위선! 위선! 위선이야! 그건 나에 대한 잔인한 복수로밖에는 보이지 않아."

나티는 고분고분하게 대답하는 대신 격렬하게 반항했다. "당신에게 편지를 쓰는 사람이 현대 여성이라는 사실을 잊지 말아요. 핵폭탄 시대와 산업 혁명의 산물이라는 사실을. 나는 자신의 경제적 자유를 유지하기 위해 직장의 노예가 되어버린 이상한 세대의 여자라고요."

유혹의 게임을 그만두기로 한 그녀는 피델에게 잘 아는 여자와 시간을 보내라는 편지를 보냈다. 바로 그의 아내, 미르타. "나를 만나면 말을 아끼지만, 그녀에게는 언제나 할 이야기가 넘쳐나잖아요. 하지만 누가 그녀를 비난할 수 있겠어요? 미르타는 상냥하고 애정이 깊은 데다가 나에 대해서도 절대 무례한 말을 한 적이 없어요. 만약 그런 일이 있었다면, 내가 이미 당신에게 말을 하고도 남았겠죠. 아니, 어쩌면 나 혼자만 알고 있었을지도 몰라요." 그녀는 그가 혐오하는 행동을 하는 것이 관계를 끝낼 수 있는 가장 확실한 방법이라는 것을 잘 알고 있었다. "우아한 실크 드레스를 한 벌 주문했어요." 그녀는 이런 문구 아래에 '나티' 대신 '나탈리아'라고 서명했다.

현실은 엄격했다. 그들은 결혼한 사람들이었다. 편지를 주고받는 것이 길거리의 웃음거리가 될 수도 있다고 생각한 나티는 피델의 결혼생활을 유지하도록 하는 것이 자신에게 유리하다는 것을 깨닫게 되었다. 디아스 발라르트 집안 사람들의 분노를 사는 것은 위험한 일일 수 있었다. 특히 피델의 결혼이 파국을 맞게 되면 올랜도가 그녀에게 이혼을 요구할지도 몰랐다. 나티는 피델에게 미르타를 '다정하고 부드럽게' 대해주라고 충고했다. "아직 미르타에게 용서를 구하는 편지를 쓰지 않았다면 당장 쓰도록 해요. 그렇게 해서 그녀가 느끼는 고통과 슬픔을 조금이라도 덜어줘요."

미르타가 걸어온 전화는 그녀를 더욱더 두렵게 했고 그 일로 그녀는 피델에게 더 상세한 지시를 하게 되었다. "제발 부탁이니 미르타에 대한 입장을 분명히 밝혀요. 당신에게 그녀가 중요하다는 사실을 알리고 그녀가 가지고 있는 나에 대한 나쁜 생각들을 고쳐줘요. 당신이 그렇게 해 주리라고 믿어요." 여자들의 심리에 정통한 전문가로서, 나티는 피델에게 아내를 다루는 실질적인 방법까지 알려주었다. "미르타는 자존심에 상처를 입은 사람이고 자신이 가진 것을 지키려 한다는 사실을 잊지 말아요. (……) 모든 것은 당신의 인내심에 달렸어요. 그리고 특히 아주 침착해야 해요." 현행범으로 잡힌 완벽한 거짓말쟁이의 지침서는 다음과 같다. "나에 관해 전혀 들은 적이 없는 것처럼 행동하세요. 천 명의 여자가 한 남자를 따른다 해도, 그 남자가 그녀들에게 관심을 두지 않는다면, 아내는 남편을 용서할 수 있어요. 그러나 남편이 그 여자들 중 한 여자를 좋아한다면, 아내의 증오는 그 여자에게 쏠리게 되어 있어요. 나를 옹호하지 말아요. 미르타에 대한 당신의 사랑이 변치 않았다는 생각만이 그녀를 만족시킬 수 있어요." 이 모든 노력에도 불구하고 몇 달 후, 미르타는 이혼을 요구했다.

1955년 5월. 플로리다의 포트로더데일, 미르타는 생계를 위해 레스토랑

웨이트리스 일과 사립학교에서의 파트타임 강사라는 두 가지 일을 병행하고 있었다.[30] 한편, 아바나에서는 나티가 몇 시간 후면 풀려날 피델을 초조하게 기다리고 있었다. 온갖 스캔들에도 불구하고 이혼을 하지는 않았지만, 그녀는 자신을 사랑 중독증 환자라고 하는 남들의 입방아를 견뎌야 했다.

　아래쪽이 퍼진 빨간색 치마와 어깨와 가느다란 허리를 드러낸 하얀색 상의를 차려입고, 그녀는 어머니 리나 덕분으로 21개월 만에 바티스타 대통령의 특별사면을 받아 피노스 섬을 나오는 피델을 맞이했다. 그녀는 올랜도의 의심을 사지 않기 위해 새벽에 일어나 바타바노 항에 한참동안이나 꼼짝 않고 서서 피델의 도착을 기다렸다. 그렇게 오랫동안 기다린 나티에게 돌아온 것은 실망뿐이었다. 피델은 운집한 사진기자들과 박자를 맞추어 그의 이름을 연호하는 열정적인 학생들에게 둘러싸였다. 즉석에서 기자회견이 열렸다. 터지는 플래시 속에서 그는 혁명을 약속했다. 누이들이 그를 데리고 수도 아바나로 향하는 기차에 올랐다. 그날, 재회는 이루어지지 않았다.

　멀리 떨어진 상태로 열정을 불태우며 몇 달을 보낸 후, 피델과 나티는 드디어 그의 누이들이 그를 위해 임대한 아바나의 허름한 아파트에서 다시 만났다. 이후 두 사람은 연인이 되었다. 그러나 한 여자와의 사랑은 그에게 충분하지 않았다. 곧 여기저기서 추파를 던지는 여자들이 나타났고 피델은 감옥에서 보낸 금욕기간을 만회하는 데에 전념했다. 어느 날 오후, 대학교 수업을 마친 피델의 동생 엔마가 불쑥 오빠를 찾아갔다. 그러나 때가 좋지 않았다. 그녀는 소파에 앉은 피델과 그의 발치에서 그를 올려다보는 한 여자를 목격했다. 그 장면에 경악을 한 엔마는 그 자리에서 도망을 쳤다. 다음날, 피델이 물었다.

　"왜 그렇게 못 배운 사람처럼 행동했지? 사람 면전에서 등을 돌리다니."

　"한 가정을 이룬 유부녀가 다른 남자의 발치에 엎드려 열렬한 사랑의 눈으로 쳐다본다는 게 그리 옳은 행동 같지 않았어."

"네가 잘못 생각하는 거야. 나는 신사야. 우리 사이에는 아무것도 없어."

후아니타의 증언대로 핑계는 늘 같았다. "우리가 피델이 손에 넣은 여자와 함께 있는 장면을 불시에 목격하게 될 때마다, 그는 언제나 그런 식으로 발뺌을 했죠." 거짓말 뒤의 현실은 이랬다. 테이블 하나와 침대 하나를 갖춘 그의 아파트는 몇 주 만에 아바나에서 가장 유명한 독신자 아파트가 되었다. 석방 두 달 후, 피델은 아바나와 나티를 떠나 망명길에 올랐다. 그 해, 나티를 기다리던 놀라운 소식은 그것뿐이 아니었다. 그녀는 임신을 했다. "나는 아무에게도 임신 사실을 알리지 않았어요. 뱃속의 아이가 사내아이라고 나는 확신했죠. 아이는 피델의 불멸을 표현하는 존재였어요."

멕시코의 나이팅게일

1955년 7월 7일, 아바나 란초 보예로스 공항.

피델은 멕시코행 566기에 막 오르려고 하고 있었다. 피델리토와 함께 멕시코시티로 가는 비행기를 탈 수 없었음에도 불구하고 그는 아들을 공항까지 데리고 가겠다고 고집을 부렸다. 예측 불가능한 아버지가 아이를 강제로 데려가지 않는지 감시하기 위해 미르타는 보모 대신 변호사 한 명이 따라가야 한다는 조건을 내세우며 동의를 해 주었다. 비행기를 마주하고서 피델은 마지막으로 아들을 꼭 안아주고 언젠가 반드시 돌아오겠다고 약속했다. 현지에 가서 무엇을 할지 전혀 모르는 망명자로서는 무모하기 그지없는 약속이었다. 거대한 멕시코시티에서 그는 갈 곳도 없었고 그곳에서 그를 기다리는 동생 라울 외에는 아는 사람도 없었다. 그저 '게릴라' 활동을 계속하겠다는 결심만이 있었을 뿐.

그러나 카스트로에게 멕시코가 '백 년 동안의 고독'의 땅이 되리라는 생각은 어림도 없는 것이었다. 그가 어디를 가든 여자들이 먼저 선수를 쳤던 것이다.

멕시코 여인숙

멕시코로 오는 반(反)바티스타 인사들을 모두 받아주는 엠파란 가 49번지에서, 쿠바 망명자 마리아 안토니아 산체스가 그를 맞아주었다. 하늘이 내린 은인 마리아 안토니아는 프로레슬링 선수와 결혼한 상태였고, 때는 정사를 벌일 때가 아니라 정치를 해야 할 때였다. 키 190센티미터, 큰 키에 풍채 당당한 새 망명자가 도착한다는 소식은 도화선에 붙은 불처럼 퍼져 나갔고, 이틀 후, '멕시코 여인숙'에는 그의 이야기를 경청하기 위해 소규모 그룹의 인원이 모여들었다. 그날 저녁 8시부터 새벽녘까지 피델은 늘 그랬던 것처럼 발언권을 독차지하고 모든 사람의 주의를 집중시켰다.

청중들 중에 있던 27세의 한 젊은이가 피델의 이야기를 듣다가 매료되었다. 안데스 산맥에서부터 멕시코까지 혁명의 길을 걸어온 아르헨티나 국적의 알레르기 전문의 에르네스토 게바라는 카스트로가 쏟아내는 웅변의 매력에 빠진 멕시코의 첫 희생자였다. 그들은 열 시간 동안 내리 함께 이야기를 나누었다. 게바라는 자신의 열정을 억제할 수 없었다. 그는 친구에게 속마음을 털어놓았다. "피델은 집요하면서도 확고부동한 사람이야. 자신이 어디로 가야 할지를 아는 강인하면서도 겸허한 전혀 새로운 스타일의 정치적 지도자라고. (……) 그가 혁명을 이루어낼 거야. 우리는 완벽하게 뜻을 모았어. 그런 사람을 위해서라면 나의 모든 것을 바칠 수 있어."[31] 이렇게 지적으

피델 카스트로와 만나
쿠바의 정치 상황에
휩쓸리게 된
체 게바라(왼쪽).

로 '한눈에 반한' 그들은 떼려야 뗄 수 없는 사이가 되었다. 두 남자는 거의 매일 만났다. 혁명을 위해 의료진이 필요했던 피델은 곧 에르네스토에게 쿠바뿐 아니라 전체 라틴아메리카를 위해 모집한 사회주의자들이 부활을 준비하는 과정에 참가하라고 제안했다.

그러나 피델은 새 친구가 늘 곁에 붙어 있는 것만으로는 정신적인 안정을 유지할 수 없었다. 몬카다 병영 습격의 실패를 승리로 바꾸어놓는 데에는 성공했지만 미르타와의 이혼만큼은 막을 수 없었다. 시내 중심가에 위치한 허름한 여인숙에 거처를 마련한 그는 우울 증세를 보였고 마리아 안토니아 산체스의 집에 자주 드나드는 것으로 그것을 이겨보려고 했다. 마리아 안토니아는 이제 그림자같이 되어버린 피델과 매일 함께 식사를 했다.

다행히, 에르네스토 게바라가 혼자 틀어박혀 멕시코의 혁명을 연구하고 쿠바 혁명을 위한 프로그램을 짜는 피델에게 외출을 권하며 신경을 써 주었다. 그는 젊고 아름다운 세 명의 재기발랄한 여자들에게 의지하며 마음을 추스르고 작업에 몰두할 수 있었다. 게바라는 페루와 중국 혼혈인 일다 가데아와 교제 중이었다. 그녀는 베네수엘라의 시인인 루실라 벨라스케와 함께 아파트를 임대해 살고 있었다. 니카라과의 정치학자의 딸이자 일다의 친구인 미르나 토레스도 체 게바라와 친분이 있는 명랑한 여자들로 구성된 결속력 강한 이 소규모 그룹의 일원이었다.[32]

에르네스토 게바라는 여자 친구들의 집에서 저녁식사 모임을 열자고 제안했다. 하지만 피델은 약속시간이 한참이나 지나고도 나타나지 않았다. 기다리다 지친 루실라는 자기 방으로 올라가 버렸다. 마침내 그가 도착하자 두 여자는 루실라를 다시 데려와 피델을 위해 그녀의 시 중에서 고른 한 편을 낭송하도록 하려고 했다. "내려오라는 말 자체를 하지 말았어야 했어요!"라고 미르나는 회고했다. "내 시가 출간되면 그때 읽어봐요!" 루실라는 위층 자기 방에서 이렇게 고함을 쳤다.

어찌되었건 피델은 두 명의 여성동지에게 강한 인상을 남겼다. "그는 젊었고(……) 얼굴에서는 빛이 났으며 키가 크고 몸이 단단했어요. 짙은 검정색 곱슬머리는 반짝반짝 윤이 났죠. 콧수염을 길렀고 행동은 빠르고 민첩한데다가 당당했고요. 그는 그때까지 우리가 알던 지도자의 모습과는 전혀 달랐어요. 돈 많은 부르주아 여행자라고 해도 좋은 모습이었죠." 미르나의 회상이다. "그러나 말을 할 때, 그의 두 눈은 열정으로 빛났고 혁명에 대한 열의가 그대로 드러났어요."

모임이 끝날 무렵, 피델에게 매료된 미르나는 그의 곁에 남기로 결심했다. "나는 에르네스토에게 혹시 피델이 여자들도 받아줄 것인지 물었어요. 그는 나를 쳐다보고는 곧 그 말의 의미를 이해했죠."

"당신 같은 여자라면 그럴 수도 있겠지만 쉽지는 않을 거야. 직접 물어보지 그래?" 그러나 미르나는 엄두를 내지 못했다. 피델의 웅변을 듣고 반감을 갖게 된 일다는 경멸의 눈으로 그를 쳐다보았다.

"당신이 있어야 할 곳이 쿠바라면, 왜 지금 여기에 있는지, 그 이유를 말해볼래요?"

"아주 좋은 질문이군요. 설명하겠습니다."[33]

피델의 대답은 네 시간 동안 계속되었고 마침내 '체'의 약혼녀 역시 설득을 당해 무장투쟁에 참여하기로 결심했다. 며칠 후, 머릿속에서 맴도는 카스트로의 이야기를 떨쳐 버릴 수 없었던 '체'는 약혼녀와 대화를 했다. 자신들의 미래에 대해 이야기를 나누던 중, 에르네스토는 그녀에게 이렇게 물었다. "당신은 쿠바인들의 저 미친 생각에 대해 어떻게 생각해? 연해 포병부대가 빈틈없이 지키고 있는 그 섬을 공격하겠다잖아?" 일다는 에르네스토가 준비가 한창인 작전에 참여해야 할지 말아야 할지를 묻고 있다는 사실을 완벽하게 이해했다. "나는 우리가 헤어질 위험이 있음을, 그리고 그 임무에 수반되는 위험을 잘 알고 있었어요." 그러나 일다는 '체'라는 남자를 혼자 독차지할 수 없다는 것 역시 모르지 않았다. "물론 완전히 미친 생각이야. 하지만 그게 미친 생각이니까 우리는 그 일을 해내야만 하는 거야." 그녀는 대담하게 대답했다.

에르네스토 게바라는 기쁨을 감추지 못하며 그녀에게 입을 맞췄다. "나도 같은 생각이지만 당신의 의견을 듣고 싶었어. 난 원정대에 참가하기로 결심했어. 지금은 계획단계일 뿐이지만, 곧 훈련을 시작할 거야. 난 의사로서 참가할 생각이야." 사랑하는 여자의 동의에 안심을 한 게바라는 그녀와 결혼하기로 마음을 굳혔다.

그러나 두 사람이 함께 할 미래의 청사진은 그런 것이 아니었다. 에르네스토는 기생충학 공부를 더 하고 유럽과 중국에 갈 계획이었다. 그리고 일다가 예전부터 꿈꾸어오던 인도 역시. 물론 피델을 만나던 그날 밤 이후로 이 모든 계획은 물거품이 되었다. 이데올로기의 첫날밤을 보내는 중에 그 계획은 에르네스토의 계획에서 일다의 계획으로 바뀌게 되었다.

'체'의 여인

에르네스토 게바라와 일다 가데아 사이의 순수한 사랑은 시작이 좋지 않았다. 1953년 12월 20일, 일다는 볼리비아 혁명을 마치고 건너오는 스물다섯 살의 아르헨티나 출신 정치 망명자를 맞이하기 위한 위원회의 일원으로 에르네스토를 환영했다. 국민혁명운동에 의해 부여된 민주주의의 현저한 발전에도 불구하고 현지 원주민들이 혜택을 거의 받지 못한다는 사실을 확인한 그는 새로운 체제를 공식적으로 부인하고 과테말라에서부터 투쟁을 계속해 나가기로 결심했다. 혁명 이후 대다수의 원주민들로 이루어진 과테말라는 전적인 사회적 개혁의 단계에 접어들어 많은 행동주의자들을 끌어들이고 있었다. 일다는 사회주의 사상에 입각한 열정적인 전투 대원이었고 극좌파 인사들과의 인맥이 두터웠다. 또한 그녀는 전쟁에 익숙한 마르크스주의자인 동시에 전적인 트로츠키주의자였다. 반면 정치에는 관심이 별로 없던 게바라는 시를 사랑하는 몽상가였다.

그럼에도 불구하고 일다는 게바라에게 매력을 느꼈다. "그의 짙은 밤색 머리카락이 창백한 얼굴을 감싸고 있었고 잘생긴 얼굴에서 불타오르는 검은 눈이 특히 두드러져 보였어요. (……) 목소리에는 권위가 있었으나 너무나 허약해 보이는 인상이었죠. (……) 그래도 그의 눈길은 지적이면서도 상대의 마음을 꿰뚫어보는 듯했고 그가 하는 말은 명확했어요." 그러나 이 첫 만남은 그녀에게 씁쓸한 뒷맛을 남겼다. 그녀는 그를 "천박하고 이기적이며 강박관념이 있는 남자"로 보았다. 한 친구로부터 게바라가 남에게 도움을 청하는 것을 끔찍이 싫어한다는 이야기를 듣고 난 후로 그녀의 판단은 바뀌게 되었다. 두 사람이 다시 만나 이야기를 나누던 날, 게바라는 심한 천식 발

작을 일으켰다. 분명 인간적인 모습이었으나 일다는 이 괴상망측한 남자와
거리를 두어야겠다고 마음먹었다.

　에르네스토 게바라는 일다에게 매료되었다. 그는 정기적으로 그녀에게
전화를 걸었고 사흘에 한 번꼴로 대통령 궁 뒤, 그녀가 기거하는 작은 하숙
집을 찾아갔다. 1954년 3월 중순, 에르네스토는 일다가 혼자 있을 것이라 생
각하며 그녀의 방에 전화를 걸었다. 그러나 하숙집에서 작은 파티가 벌어지
고 있다는 것을 알게 되자, 그의 점잖던 말투는 노골적으로 떨떠름하게 변
했다. 상황을 확실히 해두고 싶었던 그는 일다의 하숙집으로 갔고 예상치
못했던 광경을 목격하게 되었다. 몇 달 전부터 마음속으로 갈망해 오던 여
자가 춤을 추고 있었다! 그는 방 반대쪽 구석에서 그녀를 바라보다가 마침내
빈정거리는 투로 한 마디를 던졌다. "당신이 이렇게 경박한 사람인 줄은 몰
랐어…… 춤추는 걸 정말로 좋아하는군!' 그러면서도 그는 무모하게 그녀에
게 결혼을 신청하는 내용이 담긴 시 원고를 건넸다. 방법은 서툴렀고 게바
라는 여자에 대해 아무것도 모르는 것 같았다. "그때 난 정말로 깊은 인상을
받았지만 좋은 척을 할 수 없었어요. 그가 병원 간호사와 사귀고 있다는 말
을 덧붙였기 때문이었죠." 일다는 분노에 찬 대답을 했다. "나는 그에게 그
간호사가 더 좋으면 그녀에게 가면 될 것 아니냐고 쏘아붙였어요." 에르네
스토는 일다의 분개한 표정을 보고 재미있어하며 웃음을 터뜨렸다. 그리고
간호사의 이야기는 '일다의 반응을 시험해 보기 위한' 것이었다는, 변명 치
고는 위험한 발언을 하며 연인이 되어 달라고 했다. 에르네스토는 사랑싸움
에서 승리를 거두었고 일다는 무기를 버리고 자신의 속마음을 고백했다. 그
러나 결혼할 준비는 아직 되지 않았다고 했다. 그녀에게 가장 중요한 것은
정치적 투쟁이었다. 에르네스토는 뜻을 굽히지 않고 비상수단을 썼다. 마르
크스와 레닌에 의하면, 결혼은 투쟁에 전혀 방해가 되지 않는다, 그와는 반

대로 그들의 아내는 투쟁에 큰 도움을 주었다는 이야기를 꺼냈던 것이다.

그는 집요하게 일다를 불러내 간단한 식사를 하고 극장—코미디 영화만 보았다—에 데려가거나 소련 발레단의 〈로미오와 줄리엣〉 발레공연을 함께 보러 갔다. 관람 후에는 셰익스피어의 보편성에 관해 토론을 했다. 그러나 이런 학생들의 우정 같은 두 사람의 관계는 멕시코로 가고 나서야 더욱 구체적으로 발전하게 되었다. 게바라가 과테말라에 온 지 6개월, 개혁의 균형을 찾은 듯했던 이 나라는 1954년 6월 27일, 미국 CIA에서 고용한 용병들에 의해 대통령 하코보 아르벤스가 대통령직에서 쫓겨나면서 탄압기에 접어들었다. 아메리카 대륙 각지에서 모여든 정치적 선동가들을 상대로 대량 검거가 실시되었다.

멕시코로 몸을 피한 에르네스토는 일다를 그곳으로 불러오기 위해 끊임없이 편지를 보냈다. 일다는 멕시코시티행을 몇 달이나 미루다가 드디어 그와 합류했고 그곳에서 루실라 벨라스케라는 이름의 젊은 베네수엘라 아가씨를 만났다. 고향에서 멀리 떠나온 외로운 두 여자는 함께 생활을 하기로 했다. 두 사람은 곧 같이 살 작은 아파트를 찾아냈고 에르네스토는 자주 그곳을 찾아갔다. 그는 길에서 겪은 모험담을 들려주며 두 여자를 즐겁게 해주었고 루실라와 함께 시를 읽으며 감미로운 순간을 보내기도 했다. 그러나 이야기는 언제나 혁명을 주제로 한 토론으로 이어졌다.

1954년 12월 31일, 루실라가 일다와 에르네스토를 송년회에 초대했다. 에르네스토는 할 일이 있다는 핑계로 그 초대를 거절하고 밤 9시에서 10시까지 두 여자와 저녁을 먹고 자리를 떴다. 일다는 그가 자기에게 관심이 없어서 일찍 가 버리는 것이라고 해석하고 그와 헤어지기로 결심했다. 그리고 눈 하나 깜짝하지 않고 무슨 일이 있어도 친구들이 여는 댄스파티에 가겠다고 선언했다. "좋아, 그렇게 해…… 루실라와 함께 가." 이것이 에르네스토의 유일한 대답이었다. "그의 그런 태도가 나에게 더 큰 상처를 주었어요."
일다는 이렇게 회상했다. 다음날 아침 9시, 새해 선물을 가져온 에르네스토
가 문을 두드렸다. 식사 후, 그는 일다에게 초록색 가죽 장정의 작은 책을 내
밀었다. 안에는 특별한 메모가 적혀 있었다.

"일다에게, 만일 우리가 어느 날 헤어진다 해도 나의 희망과 앞으로 행할
나의 투쟁의 본질은 당신 곁에 남기를. 1955년 1월, 에르네스토."

이번에는 일다도 마음 속 깊이 감명을 받았다. 루실라가 방을 나가고 나
서 두 사람은 '훨씬 개인적인 활동'에 전념할 수 있었다. 불화는 완전히 잊
혀졌다. 일다는 에르네스토의 결혼 신청을 받아들였으나, 두 사람이 과테말
라에서 만난 지 정확히 1년이 되는 3월이 되어야 한다는 조건을 내세웠다.
"날짜가 무슨 상관이야! 왜 정확하게 1년 후여야 한다는 거지? 지금 할 수도
있고, 이달 말에 할 수도 있는 거잖아!" 승리를 거머쥐었다는 생각으로 즐거
워하며 그가 말했다. 그러나 에르네스토는 안에 비키니 차림의 젊은 여자
사진이 들어 있다는 것을 잊은 채 일다의 집에 자신이 번역한 아인슈타인의
책을 놓고 갔다. "사진의 주인공이 누구인지는 몰랐지만, 아무튼 나는 아니
었어요." 일다는 화가 머리끝까지 났다. 다시 마음이 차갑게 식은 그녀는 완
전히 끝났다는 선언과 함께 사진을 에르네스토에게 돌려보냈다. 다시 한
번, 그의 농담으로 불화는 끝이 났고, 8월 초 일다는 임신을 했다. 더 이상은
결혼을 미룰 이유가 없었다.

가장 친한 친구의 결혼식

1955년 8월 18일 테포초틀란, 피델은 에르네스토와 일다의 결혼식에 증인
으로 참석했다. 멕시코 망명자 몇 명이 '7월 26일 운동'(1853년, 몬카다 병영 공

격을 게기로 게릴라전을 포함, 권력에 대한 직접적인 공격노선을 표방하는 조직운동—역주)
의 깃발 아래 다시 모여 조촐하고 화기애애한 분위기 속에서 새로 맺어진
부부를 축하했다. 그날, 피델의 관심을 사로잡은 사람은 과감한 여성 시인
루실라 벨라스케였다. 피델은 일다가 루실라와의 사이에 중재 역할을 해 줄
것이라 믿었다. 결혼식을 마친 에르네스토는 행복에 거워 손님들을 위해 구
운 고기를 준비했고 피델과 루실라의 사이는 좀더 구체화되었다.

　10월에 마침내 다시 만날 기회가 찾아왔다. 게바라 부부가 미국으로 가야
하는 피델을 위해 저녁식사 자리를 마련했던 것이다. 일다는 페루 요리를
준비했고 루실라는 베네수엘라 요리를 곁들였다. 그들은 혁명 초기 시절의
친구인 멜바 에르난데스를 불렀다. 피델은 요리를 칭찬하고 그날 저녁시간
을 더욱 활기 있게 만들어준 물건인 레코드판에 큰 관심을 보였다. 루실라
에 대해 무관심한 듯한 그의 태도가 오히려 효과를 발휘하는 것 같았다.

　"루실라는 피델에게 관심이 많았어요. 지난번 만난 이후로, 두 사람이 여
러 번 함께 외출을 하기에, 우리는 그들 사이에 뭔가 일이 벌어지고 있다고
생각했죠." 이런 말끝에 일다는 짓궂은 한 마디를 덧붙였다. "아니면 피델에
게 다른 애인이 있었을지도 모르죠." 저녁 식사 동안, 루실라는 피델에 대한
관심을 더욱 드러내며 일다에게 물었다. "솔직하게 말해 봐, 에르네스토를
어떻게 사로잡은 거야?" 그녀의 대담함에 모두 웃음을 터뜨렸다. 그녀가 암
시하는 바를 모두 이해했던 것이다. 에르네스토가 일다 대신 대답을 했다.
"그건 이렇게 된 거야. 내가 수배 중이었고 잡히면 감옥에 갈 상황이었거든.
그런데 일다는 내가 어디에 있는지 밝히지 않고 내 대신 감옥에 갔지. 그게
고마워서 내가 결혼을 해 준 거야." 그의 농담에 다시 한 번 웃음이 터졌다.
청중을 성공적으로 웃겼다는 것에 도취한 에르네스토가 농담을 계속하기로
작정하고 일다를 향해 돌아서서 심각하게 물었다.

“당신의 연인은 누구인가요?”

“바로 당신이죠.”

“그렇군요. 나로군요. 내가 당신의 영원한 연인이라는 것을 잊지 말아요.” 피델과 루실라는 게바라-카스트로 커플이 만나는 횟수에 비례하는 속도로 관계를 구체화시켜 나갔다. 그녀는 두 남자를 하나로 만드는 깊은 결속력을 간파했다. “체가 없었다면, 피델은 공산주의자가 되지 않았을 것이고, 피델이 없었다면, 체는 마르크스를 따르는 이론가, 이상을 꿈꾸는 지식인으로 머물렀을 것이다.”[34]

피델과 루실라의 관계는 완벽할 수 있었으나 망명지까지 그를 쫓아온 그의 과거를 피할 수는 없었다. 감미로웠던 저녁 시간을 보낸 몇 주 후, 그는 주 멕시코 미국 대사관에서 여행자 비자를 받았고 미국에서 새롭게 모금 활동 준비를 시작했다. 뉴욕으로 가기 전에 마이애미에 들러 미르타와 피델리토를 만날 계획도 세워두었다. 그녀를 못 본 지 벌써 2년이었다. 다시 얼굴을 맞대면 어쩌면 두 사람을 갈라놓았던 뇌물 사건을 밝힐 수 있을지도 몰랐다. “피델, 그건 정치적인 술책이었어요. 날 믿어줘요.” 미르타가 애원했다. “상황을 이용하려던 친정 식구들에게 내가 희생되었던 거예요, 하지만 난 아직도 당신을 사랑해요.” 며칠 만에 피델은 그때까지 그가 가장 사랑했던 여인과의 관계를 회복하고 함께 멕시코로 가자고 제안을 했다. 미르타는 일말의 망설임도 없이 그의 여행이 끝나는 대로 그와 합류하겠다고 했다.[35] 1955년 11월 20일, 마이애미의 플래글러 극장에서 피델은 자신을 구원자로 여기는 망명자 무리에게 연설을 하고 부부간의 전쟁에서 손에 넣은 전리품, 즉 여섯 살이 된 피델리토를 자랑스럽게 소개했다.

멕시코로 돌아온 피델은 기뻐서 어쩔 줄 몰랐다. “미르타와 나는 오해를 풀었어. 그녀는 친정 식구들의 희생양이라고 말했고 나도 그녀를 믿어. 나

체 게바라(왼쪽)와 피델 카스트로.

는 언제나 그녀를 사랑했어. 난 결심했어. 어떤 일이 있어도, 미르타와 다시 결혼하겠다고." 그러나 아바나에 있던 또 다른 과거의 여인이 피델의 인생에 불현듯 다시 등장했다. 나티 레부엘타가 편지로 그가 곧 아빠가 된다는 소식을 전했던 것이다. 몇 달 전부터 소식이 없던 나티의 글씨체를 알아본 피델은 숨이 멎을 정도로 놀랐으나 곧 태어날 아기 소식에 뛸 듯이 기뻐했다. "그는 아들을 원했어요. 자신이 원하는 대로 교육을 할 수 있는 아들."[36]

미르타가 오지 않자, 피델은 나티에게 멕시코로 오라고 권하며 그녀에게도 결혼을 약속했다. 나티는 거절할 수밖에 없었다. 이미 결혼을 했고 임신까지 했는데, 어떤 여자가 혈기 넘치는 애인을 위해 모든 것을 버리겠는가? 게다가, 피델에게 이야기하지는 않았지만, 나티의 몸은 산모에게나 아기에게 아주 위험한 상태였고 의사들은 아기를 낳을 때까지 절대적인 안정을 취해야 한다고 했다.

1956년 3월 19일, 나티는 딸을 낳고 알리나라는 이름을 붙여주었다. 기운을 차리자마자 그녀는 피델에게 그 행복한 소식을 편지로 알리고 친정어머니와 함께 딸의 찬란한 미래를 위해 샴페인 잔으로 건배를 했다. 멕시코에 있던 아기 아버지는 술을 마실 기분이 아니었다. 그는 아기가 자신의 아이가 아닐까 봐 걱정을 했다. 결국에는 페르피디아(불성실, 배신이라는 뜻의 스페인어—역주)라는 별명의 여동생 리디아에게 레부엘타의 집을 찾아가 아기의 몸에서 카스트로 집안의 증표를 살펴보라고 재촉을 했다. 그리 달갑지 않은 방문이었으나 나티는 그 조사에 만족했다.

"아기의 이름이 뭐죠?"

"알리나예요, 알-리나, 할머니의 이름을 땄어요."

"아기를 봐도 될까요? 피델이 아기를 잘 살펴보라고 부탁했거든요."

리디아는 아기를 훑어보고 곧 카스트로 집안의 아기임을 보증해 주는 징표를 찾아냈다. 아기의 팔을 살펴보던 그녀가 외쳤다. "일단, 팔에 삼각형 모양을 이루는 점 세 개가 있네요." 그리고는 아기를 뒤집어보고 왼쪽 다리를 만져보았다. 더 이상 의심의 여지가 없었다. "그리고 무릎 뒤에도 점이 있고요. 이 아기는 카스트로 집안의 아기가 맞아요."

의기양양한 나티는 아무 말도 하지 않았다. 피델의 밀사는 공로를 인정받은 아기엄마에게 선물 꾸러미를 내밀었다. "받아요, 피델이 주는 선물이에요." 나티를 위한 선물은 멕시코 은으로 만든 팔찌, 아기 선물은 작은 백금 귀걸이 한 쌍이었다. 하찮은 선물이었지만, 나티에게는 사랑을 되찾을 수 있다는 희망의 선물이었다.

그러나 사실, 피델은 매일 미르타의 소식을 간절히 기다렸다. 두 사람이 일시적으로 화해를 한 지 1년 후인 1956년 10월, 아바나 일간지에 미르타 디아스 발라르트가 재혼을 한다는 공고가 실렸다. 피델은 분노로 고통을 감추며 아무에게나 소리를 질렀다. "앞으로는 절대 여자에게 내 성을 주지 않겠다. 절대로! 미르타가 한 짓은 배신이다! 명백한 배신!'

이번에도 누이들 중 한 명을 파견한 피델은 미르타로부터 파리로 신혼여행을 떠나기 전에 피델리토를 멕시코로 보내겠다는 동의를 얻어냈다.[37]

교도소의 로큰롤

피델은 믿을 수가 없었다. 자신의 혁명군 중에 반란자가 생기다니! 모두가 그를 배신하려고 작정을 한 것 같았다. 이번에 감히 그를 버리려고 한 자는 그의 병사들 중 한 명이었다. 피델을 따르던 그 불쌍한 시골뜨기는 다른 병사들처럼 한 마디 말도 없이 피델이 몇 달 전부터 소규모 부대에 강요한 며칠간의 행군을 묵묵히 견뎌내다가 돌연 걸음을 멈추고 바위 위에 앉아 태연하게 담배를 피우며 더 이상 걷지 않겠다고 선언했다. 미르타로부터 배신을 당한 이후, 피델은 부하들에게 혹독한 군사훈련을 시켜왔다. 그러나 혁명군의 대열을 빠져나가고 싶어 하는 이들이 없도록 조심했어야 했다.

열의를 잃은 병사를 보고, 피델은 현장에서 그를 재판하기로 했다. '수감' 되었다가 '법정' 앞에 선 그는 지쳤다는 것 외에 다른 변명을 찾으려고 애썼다. 한편 피델은 혁명에 요구되는 절대적인 훈련에 관한 기나긴 연설을 했다. 훈련 방침을 따르지 않는 자는 죽어 마땅하다고. 그리고 피고에게 사형을 내려야 한다고 주장했다. 검사 역할을 맡은 라울은 형의 뒤에서 극도로 흥분하며 반역자를 처형해야 한다고 했지만 동료들의 관용과 경찰 수사에 관한 두려움 덕에 당사자는 목숨을 구할 수 있었다.

완벽한 청렴에 대한 피델의 목마름에 두 번째로 희생된 사람은 초기 시절의 동지 멜바 에르난데스였다. 어느 날 그녀는 경솔하게도 같은 방에서 피델리토가 놀고 있는 가운데 '체'를 비판하는 실수를 저질렀다. 피델리토는 그녀의 말 한마디 한마디를 기억해 두었다가 아버지에게 그대로 전달했다. 피델은 '음모죄'로 고발된 멜바를 상대로 개인 재판을 진행하기로 했다.

재판은 밤 9시에 열려 다음날 아침 7시까지 계속되었다. 피의자의 변론을 들은 후, 만장일치로 유죄가 선언되었고 최선의 대책이 간구되었다. 여자라는 이유로 총살형이 내려지지는 않았다. "그러나 잘 알아둬라. 이제부터 멜바는 우리의 모든 계획에서 제외된다." 피델은 마지막 판결을 내렸다.

약자들의 연인

1956년 7월 21일 멕시코.

쿠바에서 망명한 테레사 카수소는 조간신문에서 일단의 젊은 쿠바인들이 지역 이민국 감옥에 수감되었다는 소식을 접했다. 그들은 바티스타 정권으로부터 쿠바를 해방시켜야 한다는 명목으로 원정을 떠나기 위해 한창 훈련에 열중하던 중에 훈련장으로 사용하던 한 농가에서 체포되었다. 약자들을 사랑하는 이상주의자 테레사의 미소가 번졌다. 곧 계획을 세운 그녀는 초조함에 발을 구르며 지난 밤 외박을 한 룸메이트 릴리아가 돌아오기를 기다렸다. 릴리아는 용기백배한 그 남자들을 만나러 가는 데에 기꺼이 앞장을 서 주었다. 그러나 면회는 허가되지 않았다. 다행히 릴리아가 좋은 아이디어를 냈다. 다음 날 수감된 반역자들의 사진을 찍으러 가기로 되어 있는 사진기자와 밤을 보냈던 것이다.

감옥에 도착한 릴리아는 한껏 매력을 풍겼다. 모델 같은 외모의 그녀는 자신의 말에 의하면 '이태리 최신 유행'[38]을 따라 짙은 검은색으로 그린 아이라인과 한껏 치켜 올린 속눈썹을 자랑했다. 게다가 금색으로 반짝거리는 머리카락에 공들여 웨이브를 넣었다. 테레사는 '몇 달 만에 처음으로' 원피스를 차려 입었다. 널찍한 감옥 중앙 광장에 모여 그런 차림의 두 여자를 맞이하는 50여 명의 쿠바인 가운데 유독 눈에 띄는 한 사람이 있었다. "그는 귀족적이고 확신이 넘치며 과단성 있는 사람이라는 인상을 풍겼어요. 한 마리 뉴펀들랜드 개를 보고 있는 것만 같았죠." 두 여자의 관심을 끈 것은 그의 동물적인 외모만은 아니었다. "그의 표정은 굉장히 차분했고 자신감이 넘쳤으며 든든해 보였어요." 그녀들은 죄수복에 가려진 진정한 신사의 면모를 발견할 수 있었다. "그의 목소리는 침착했고 표정은 근엄했으며 태도는 부드럽고 예의를 갖추고 있었어요. 나는 그가 고개를 흔드는 버릇이 있다는 것을 눈치챘죠. 마치 훌륭한 혈통의 순종 말처럼."

피델은 아름다운 두 명의 쿠바 여인들이 시간을 내어 찾아와 준 것이 영광이라고 생각했다. 그는 자신의 실패를 발판으로 강점을 키워나가고 기본을 잊지 않았다. "그는 부대원들을 한 명씩 소개하면서 릴리아에게 계속 추파를 던졌어요. 근엄한 얼굴을 하고 있지만 그도 젊은 여자의 매력 앞에서는 여느 남자들과 똑같이 반응한다는 것을 깨닫고 나는 혼자 웃었죠." 유감스럽게도 남자들이 보내는 경의에 익숙했던 릴리아 아모르는 피델의 관심에 전혀 흥미를 보이지 않았다.

어쨌거나 주변에 다른 여자들이 많았던 피델도 그런 만남을 곧 잊었다. 수감자들 중에서 테레사는 두꺼운 터틀넥 스웨터를 입은 에르네스토 게바라를 보았다. 그는 집중한 표정으로 의학 서적을 읽고 있었다. '닥터 게바라'에게 깊은 인상을 받은 테레사가 그에게 농담을 건네려 하는데, '인디언 같은 외모의 뚱뚱한 여자'가 그녀를 가로막았다. 일다와 그녀의 딸 일디타 역시 함께 체포되었던 것이다. '체'는 즉시 남편과 아버지의 역할에 열중해 테레사는 피델과 이야기를 나눌 수밖에 없었다. 그러나 면회시간은 이미 끝났고 더 이상의 시간 여유가 없었다. 테레사는 피델에게 명함을 건네며 도움이 필요하면 그녀의 집을 그의 집처럼 생각하라고 말했다.

이틀 후 오후 5시, 문을 열고 집으로 들어온 테레사 카수소는 자기 집 거실 소파에 앉아 있는 피델 카스트로를 발견했다. 그는 비난조로 고개를 가로저었다. 벌써 한 시간째 그녀를 기다리고 있었다며. 그 시간을 보상하기 위해, 그는 밤 11시까지 이야기를 했다. 그 여섯 시간 동안 테레사는 그의 얼굴과 그가 쓰는 단어들과 표정을 관찰할 수 있었다. 그리고 확신했다. 이 남자가 쿠바를 해방하리라. 그날 그는 그녀에게 아무것도 묻지 않았고 그저 자기보다 열다섯 살이 많은 그녀의 의견을 알고 싶어 했다. 그만큼의 세월 동안 쌓은 경험으로 테레사는 이 '순진한 영혼'이 혈기 외에는 별다른 전략을 가지고 있지 않다는 것을 알 수 있었다. "나는 쿠바를 해방시키기 위한 다른 계획을 세우도록 그를 설득하려고 했어요. 그러나 결국 설득당한 쪽은 나였죠." 그녀가 아무 말도 하지 못했던 이유는 그의 논거 때문이라기보다는 '어린아이 같은 그의 순진함' 때문이었다. 릴리아가 없어서 아쉬웠던 피델은 혹시나 그녀가 문을 열고 들어오지나 않는지 눈치를 살피며 대화를 이어나갔다. 마침내 그가 집을 나설 때, 테레사는 피델의 서정적인 단어들로부터 그의 몽상가적인 면과 애국자적인 면을 느꼈다.

다음 날, 피델이 동지 한 명을 데리고 다시 테레사의 집으로 왔다. 그는 테레사에게 '물건 두서너 개'를 맡기고 싶다고 했다. 그것이 무엇인지도 모른 채, 그녀는 그를 2층으로 데려가 방에 있는 붙박이장을 열었다. 그리고 공간이 이 정도면 되겠느냐고 물었다. 그는 '충분하다'고 대답하며 상대를 안심시키는 미소를 지었다. 그러나 몇 시간 후, 그는 "어딘가에 몰두한 듯한 다급하고도 매력적인 표정으로 내 집을 점령했어요."

사실 그날 저녁 피델은 열 명 남짓한 게릴라들과 함께 대량의 무기를 가지고 왔었다. 테레사의 집은 탄약과 그녀가 알지도 못하는 살상 무기로 채워졌다. 그들이 몰고 온 소형 트럭에 리볼버 권총, 소총, 망원 조준장치가 달린 소총 등이 한가득 실려 있었던 것이다. 릴리아는 이웃들이 파티가 벌어졌다고 생각하도록 오디오 볼륨을 한껏 높였다. 짐을 다 내린 후, 다른 게릴라들은 돌아갔으나 피델은 남아서 릴리아와 이야기를 나누었다. 좀 더 달콤한 음악을 틀고서.

테레사는 잠을 이루려고 애쓰다가 요란한 소리에 벌떡 일어났다. 벽장 선반이 무기들의 무게를 못 견디고 무너져 내리고 말았다. 그녀는 칼날과 개머리판 사이를 뒤지며 옷가지들을 챙겼다. 그리고 금방이라도 발사되기를 기다리는 3만여 개의 탄약통을 정리해야 했다. 거실에 갔더니 릴리아는 잠이 들었고 그녀와 마주 앉은 카스트로는 이야기에 열을 올리고 있었다.

테레사는 열여덟 살 릴리아의 신선하고도 반짝거리는 아름다움에 새삼 놀랐다. 테레사에게는 딸뻘이 되는 나이였다. 릴리아는 클래식 음악을 즐겨 듣고 특히 바흐, 비발디, 모차르트를 좋아했으나 가끔씩 경박한 유행가를 틀어 '테테(테레사)'를 짜증나게 했다. 그녀는 매일 저녁 자신이 일하는 음반가게에서 새 음반을 가지고 와서는 스페인, 프랑스, 멕시코에서 유행하는 사랑 노래를 틀어놓고 몇 시간이나 노래가 얼마나 감미로우며 남자들의 열정적인 키스를 받는 것과 볼에 볼을 맞대고 춤을 추는 것 역시 얼마나 달콤한지 이야기를 늘어놓으며 테레사의 귀를 피곤하게 만들었다.

릴리아가 잠을 자도록 내버려 둔 채, 피델은 다음날 신문에 실을 기사를 작성하기 시작했다. 과장된 찬사가 거듭되는 그 기사에서 그는 스스로를 '가장 위대한 원수' 혹은 '위대한 지도자'로 일컬었다. 테레사는 너무 과장해서는 안 된다는 충고를 하며 그를 말리려고 해 보았다. "그는 내 말이 듣기 싫은 눈치를 보이더니 평소의 예의바른 태도를 되찾고 대중의 믿음을 한 사람에게 집중하여 영감을 주는 것이 중요하다고 설명했어요. 그리고 자신도 이러고 싶지 않지만 꼭 필요하다고 했죠……" 그날부터, 피델과 그의 부하들은 테레사의 집에 시도 때도 없이 마음대로 드나들기 시작했다.

몇 주 만에 릴리아와 피델 사이에 로맨스가 피어났다. 피델은 타고난 릴리아의 무관심에 매력을 느끼는 동시에 자극을 받았다. 그는 누군가가 자신에게 대드는 것을 견디지 못했다. 한 번은 그가 두 여자를 경치 좋은 멋진 레스토랑에 데려갔지만 해가 진 후 릴리아와 자취를 감춰 테테는 혼자 저녁을 먹어야 했던 적이 있었다.

8월 13일, 피델의 서른 번째 생일을 맞아 헌신적인 동지 테테는 자신의 집에 쳐들어온 반란자에게 값비싼 선물을 했다. 독일제 면도기. '대머리에게 빗을 선물' 한다는 표현이 그렇게 걸맞을 수가 없었다. 피델은 감동을 숨기지 않으며 이것이 이번 생일에 받은 유일한 선물이고 죽을 때까지 그것을 간직하겠다고 말했다. 테테는 불필요한 물건 외에도 큰 선물을 더 해 주었다. 그녀의 인맥 덕분에 피델은 바티스타에 의해 축출된 전 쿠바 대통령 카를로스 프리오 소카라스와 미래의 반란군 원정을 위한 자금조달에 관한 교섭을 벌일 수 있었다. 피델이 매수된 정치인 소카라스의 처형을 주장했던 과거 때문에 그것은 많은 노력을 기울여야 하는 일이었다. 합의가 이루어졌고 테레사는 카를로스 프리오를 자신의 '가장 친한 친구' 라고 부르며 그의 아량을 칭찬했다. 이런 찬사가 모든 면에서 최고여야 하는 피델의 분노를 일으켰다. "그럼 나는! 나는 뭡니까? 두 번째로 친한 친구?" 그는 분개하며 이렇게 말했다.

피델과 릴리아는 종종 수영장에서 약속을 잡곤 했다. 그녀는 샤풀테펙 클럽의 수중 발레 팀의 일원이었다. 젊은 팀원들에게는 프랑스 최고의 여성용 모자 제조회사인 카탈리나 사에서 디자인한 모자와 물속에서 반짝거리는 비키니 수영복이 제공되었다. 빛나는 수영복과 모자를 쓰고 탈의실에서 나오는 릴리아를 본 피델은 숨이 멎을 뻔했다. 다음 약속 때, 그는 그녀에게 꾸러미 하나를 내밀었다. "마음에 들었으면 좋겠어. 사람들 말이, 이게 최신 유행이라고 하더라고." 릴리아는 화를 냈다. 그것은 몸을 최대한 많이 가리는 원피스 수영복이었다. 그의 메시지는 분명했다.

테테가 힘든 교섭을 주선하는 동안, 피델은 릴리아에게 청혼을 했다. 그는 그녀를 설득하기 위한 방법으로 새 옷과 프랑스제 향수를 선물했다.

그러나 결혼 계획 때문에 쿠바 상륙작전을 잊지는 않았다. 그리고 9월에 접어들면서 그가 릴리아와 함께 보내는 시간은 하루 중 몇 분밖에 되지 않았다. 이런 상태가 한 달이나 지속되자, 릴리아는 자신에게는 목숨이 위험해질 수 있는 이런 군사작전에 관여하고 싶은 마음이 조금도 없다는 것을 깨달았다. 피델은 동지들 앞에서 릴리아를 '미래의 쿠바 영부인'이라 부르며 그녀의 허영심을 채워주면서까지 그녀를 붙잡으려고 했다.

다음 날, 테테는 짐 가방을 옆에 두고 여행복 차림으로 선 릴리아를 발견했다. 그녀의 전 약혼자가 당장 결혼을 하고 싶어 한다는 것이었다. 릴리아는 테테에게 자신의 결정을 피델에게 알리는 임무를 맡겼다. 찬물을 뒤집어쓴 느낌이었지만 피델은 그 소식을 완벽할 정도로 차분하게 받아들였다. "그는 나에게 자신의 손을 잡으라고 했어요. 차갑지도 떨리지도 않는다는 것을 보여주기 위해. 그리고 릴리아는 자신의 짝이 아니라는 사실을 이미 깨닫고 있었으며 차라리 잘 된 일이라고 말했죠." 테테는 이렇게 회상했다. 전화벨 소리가 피델의 말을 끊었다. 공항에 도착한 릴리아가 마지막으로 망설이게 되었던 것이다. 피델은 수화기를 건네받고 그녀가 알고 있는 비밀을 아무에게도 말하지 말아 달라는 마지막 부탁을 했다. 다음 날, 릴리아는 전 약혼자와 결혼했다.

11월 초, 테테가 체포되었다. 그녀는 8일 동안 아무도 모르는 곳에 감금되어 쉴 새 없이 심문을 당했으나 피델을 파느니 차라리 죽음을 택할 각오로 입을 굳게 다물었다. 피델을 처음 만났던 이민국 감옥에서 신문을 읽던 그녀는 영하 5도의 감방에서보다 더한 한기를 느꼈다. "쿠바에서 혁명이 발발하다." 감옥 앞마당에서, 멜바 에르난데스가 눈에 눈물을 반짝이며 미소 지은 얼굴로 그녀에게 다가왔다. "됐어요. 그들이 일요일에 떠났어요."

쿠바, 스파이들의 둥지

1956년 11월 25일, 피델은 멕시코에서 훈련시킨 81명의 게릴라들과 함께 그란마 호를 타고 바다를 건너 쿠바로 향했다. 며칠 동안 남편의 소식을 듣지 못한 일다는 눈물을 참을 수 없었다. 그 어떤 역경이나 시련에도 무너지지 않았던 그녀였지만, 더 이상은 자제할 수 없었다. '체'를 다시는 만나지 못할 거라는 생각에 일다는 딸 일디타와 함께 페루로 건너갈 준비를 했다.[39]

지구 반대편 파리에서 미르타 역시 가슴이 죄어오는 느낌을 받았다. 피델의 죽음이 발표되었고 피델리토의 행방은 알 수 없었다. 서둘러 신혼여행을 끝낸 후, 그녀는 즉시 쿠바로 돌아왔다. 미르타는 모르고 있었지만, 그란마 호에 탔어야 했던 피델리토는 고모들의 보호 아래 부두에 머물렀다. "울지 마세요." 일곱 살의 소년이 고모들을 위로했다. "아빠는 죽지 않았어요. 그리고 만약에 아빠가 죽었다면, 내가 커서 바티스타를 죽여 버리겠어요."[40]

그란마 호에 타기 전에, 피델은 피델리토의 운명을 결정할 유언장을 작성했다. "만일 내가 쿠바를 해방하는 중에 죽게 된다면, 나의 아들은 (……) 멕시코에 남기 바란다. (……) 쿠바가 자유를 찾을 때까지, 혹은 아들이 자신의 자유를 위해 투쟁할 나이가 될 때까지, 쿠바에 돌아오지 않기를 바란다." 마지막 부분에는 분명한 그의 의사가 표시되어 있었다. "누이들에게 한 가지 임무를 맡긴다. 나의 아들을 숨겨 달라. 필요하다면 산 속에라도. 절대 미르타에게 아이를 넘겨서는 안 된다."

코드명 '노르마'

1956년 11월 30일, 셀리아 산체스는 니케로 만에서 곧 도착하기로 되어 있는 피델 카스트로와 그란마 호를 초조하게 기다렸다. 그러나 시야에는 아무것도 들어오지 않았다. 서른일곱 살 여성 혁명가의 성격은 호리호리한 몸만큼이나 날카로웠다. 쿠바에 있던 그녀는 피델에게 멕시코에서 낡은 요트 한 척을 구입해 쿠바의 남동쪽 해안에 있는 비밀 약속장소로 몰고 오라고 조언했다. 그리고 해안가 작은 마을에 은밀히 상륙하는 데에 필요한 사항들을 알려주며 자신은 돌발 사태에 대비해 소규모 부대원들을 데리고 그곳에서 기다리고 있겠다고 했다.

그란마 호는 승선정원 약 열다섯 명으로 설계된 배였으므로 무장한 82명의 전사들을 태우는 것은 무리였다. 한밤중, 셀리아는 지프차, 무기를 준비하고 반란군들과 함께 피델 일행의 도착을 기다렸다. 해안에서 몇 마일 떨어진 지점에서 그란마 호는 연료 부족과 시간 부족으로 애를 먹고 있었다. 배의 무선송신기는 작동하지 않았고 그 와중에 바티스타의 정찰 헬기가 배를 발견하고 말았다. 예정날짜보다 이틀이 늦어진 때, 약속장소에서 25km 떨어진 지점에 급히 배를 댄 그들은 정부군이 쏘아대는 총알을 피할 수 없었다. 결국 12명만이 살아남아 맹그로브 나무숲을 헤치며 힘겹게 산을 기어올랐다. 그러나 생존자들은 곧 다른 적의 무리와 대면해야 했다. 습지를 점령한 모기 떼였다.

마을 사람들로부터 소식을 전해 들은 셀리아는 원군을 데리고 바티스타의 병사들과 전투를 벌이기 위해 떠났다. 그녀는 피범벅에 숨을 헐떡거리는 조난자들을 발견했다. 그리고 그 중에 에르네스토가 있었다. 총상을 두 군데 입은 그는 천식 발작으로 괴로워했다. 의사의 딸인 셀리아는 모든 준비를 갖추고 있었다. 붕대, 약, 그리고 천식 치료제까지. 이로써 '체'는 위험을 면했다. 그러나 피델은 어떻게 되었을까?

그녀의 걱정은 나흘 동안 계속되었고, 그 기간 동안 정부에서는 폭도들의 수장을 처치했다고 주장했다. 그러나 마침내 셀리아는 피델이 살아 있으며 그녀를 몹시 만나고 싶어 한다는 반가운 소식을 전해 들었다. 그녀는 양 손으로 얼굴을 가리고 기쁨의 눈물을 흘렸다.[41] 12월 18일, 시에라 마에스트라 언덕에서 셀리아 산체스는 처음으로 피델 카스트로의 얼굴을 보았다. "그 어떤 전투에서도 그렇게 감동하거나 마음이 동요된 적이 없었어." 후에 그녀는 친구에게 이런 편지를 썼다. "하지만 피델을 보는 순간, 마음이 흔들려 버렸지. (……) 그리고 그가 그 강한 손으로 내 어깨를 잡았어. 나는 아무 말도 하지 않았고 그도 침묵을 지켰어." 그렇게 쉽게 상대방을 사로잡은 피델의 입에서 나온 말은 단 한마디뿐이었다.

"드디어."

"드디어, 뭐죠? 드디어 나를 만나게 되었다는 건가요? ……나를 도울 수 있다는 건가요?"

피델은 고개를 끄덕였으나 아무 말도 하지 않았다. 그는 셀리아가 해낸 엄청난 규모의 일에 깊은 감동을 받았다. 기복이 심한 그 지역에 참모본부를 세우려 하는 피델을 위해 그녀는 험한 지역에서 살아남을 수 있게 해줄 필수품 공급망을 구축해 놓았다.

파리에서 돌아온 미르타는 즉시 멕시코에 있는 카스트로의 누이들에게 아들을 돌려달라고 요구했다. 그 요구가 거절당하자, 포기할 수 없었던 그녀는 아들을 빼앗기 위한 계획을 세웠다. 어느 날 아침, 피델리토가 고모들과 함께 샤풀데펙 공원으로 가고 있을 때, 검은 자동차 한 대가 그들의 앞을 가로막으며 멈춰 섰다. 그리고 몇 초 만에 자동차에서 내린 무장한 남자들이 아이를 데리고 사라졌다. 멕시코 내무부에서 피델리토의 고모들에게 전화를 걸어 아이와 아이 어머니가 쿠바 대사관에 있는데, 이 사건은 자신들의 관할이 아니어서 처리가 곤란하다는 소식을 알렸다. 다음날 아침, 아이의 여권 반환을 위한 약속이 대사관에서 잡혔다. 미르타는 피델의 누이들을 냉랭하게 맞이했다. "불쌍한 여자들 같으니! 인생만사 새옹지마라구요! 이제 당신들은 저 아래에 있고 내가 위에 있어요!" 외교관이 개입해 흥분한 아이 어머니를 진정시켜야 했다.

피델은 이제 자신보다 일곱 살이 많은 셀리아에게 의존할 수밖에 없었다. 그녀는 얼마 지나지 않아 헌신과 용기로 게릴라 병사들의 존경을 받게 되었고 무엇보다 사령관인 피델의 신임을 얻었다. 피델과 셀리아는 산꼭대기에 위치한 오두막집을 함께 썼다. 흙으로 지은 후 종려나무 잎을 덮은 그 오두막집에 있는 가구라고는 침대 하나와 의자 한 개뿐이었다. 피델은 작은 짚매트 위에서 잠을 잤고 셀리아는 침대 위에 걸어놓은 해먹을 사용했다. 그 외에, 작은 부엌과 피델이 집무실로 사용하는 작은 방이 하나 딸려 있었다. 셀리아는 이제 특별 보좌관이자 참모이자 친구의 역할을 하게 되었다. 미국 정부가 바티스타를 지원한다는 사실을 안 피델이 그녀에게 편지를 썼다.

"1958년 6월 5일,

셀리아, 내가 장담하지만 미국인들은 지금 자기들이 하고 있는 일에 대한 대가를 반드시 치르게 될 거요. 이 전쟁이 끝나면 더 큰 전쟁을 하겠소. 저들을 물리치는 전쟁을 시작할 생각이오. 그것이 나의 운명이라는 것을 깨달았소. 피델."[42]

열흘 동안의 대규모 전투를 치르며, 피델은 이 결심을 증명해 보였다. 그는 산 속에서 점점 성장해 가는 좌파들을 이번 전투로 근절시킬 수 있을 것이라고 믿었던 바티스타 군대를 맞아 승리를 거두었다. 실제로 25개월 만에 500명의 남녀가 그란마 호의 생존자들과 함께 피델을 따르겠다고 산으로 들어왔다. 처음으로 카스트로의 혁명군은 후퇴할 줄 모르는 철의 발에 대항을 할 수 있었다. 셀리아는 다윗과 골리앗의 싸움과 같은 이 군사작전에 큰 감동을 받고 친구에게 편지를 썼다. "지구에(Jigüe) 전투에서 피델은 그 어느누구보다 용감하고 뛰어났어. (……) 그때 난 우리가 아바나로 향하는 길을 가고 있다는 것을 깨달았지! 작은 혁명이 큰 혁명이 되는 순간이었단다."

독살스러운 여자

1959년 1월 7일, 피델 카스트로는 지프차를 타고 군중에게 손을 흔들며 당당하게 아바나에 입성했다. 그의 양 옆에서는 병사들이 승리를 자축했고 뒷좌석에는 셀리아 산체스가 기쁜 표정으로 앉아 있었다. 미르타는 타라라 해변에 위치한 아르데코풍의 저택에서 새 남편과의 사이에서 낳은 두 딸, 그리고 친구 몇 명과 함께 그 장면을 지켜보았다.

피델이 좌석에서 일어나 승리의 일부인 듯 자신의 아들 피델리토를 자랑스럽게 보여주자, 그녀는 눈물을 쏟았다. "아, 불쌍한 쿠바, 저 사람이 아버지의 역할은 제대로 해내지 못했지만, 지도자의 역할만큼은 제대로 해주기를, 불쌍한 쿠바!"[43]

전 게릴라 참모본부는 12월 31일 바티스타가 도주한 후 임시정부가 되었고 계엄사령부는 아바나 시를 내려다보는 난공불락의 고층건물, 힐튼호텔 2406호 스위트룸에 자리를 잡았다. 멕시코를 떠나기 전에 피델은 자신의 생각을 분명히 전달해 두었다. 바티스타 정권이 무너지면, 테레사가 그 즉시 첫 비행기를 타고 그에게 합류해야 한다는 것이었다. 그러나 그녀는 힐튼호텔에 도착해 이틀 동안이나 피델을 찾아 각 층을 헤맨 끝에야, 리데 막시모 (Lider Maximo, 최고 지도자)의 방 앞의 대기실에 도착할 수 있었다. 퉁명스러운 보안요원이 지키고 있는 출입 금지의 문들 너머로 그의 목소리가 들려왔다.

테레사는 이제 더 이상 자신이 특권을 가진 입장이 아니라는 사실을 깨달았다. 피델을 만나려면 셀리아 산체스라는 여자를 설득해야 했다. 피델의 새로운 여자와의 첫 만남에서 테레사는 무척 당황했다. "그녀는 몸집이 작은 갈색머리의 여자였어요. 나이는 가늠할 수가 없었고 행동은 절제하는 듯 빠르지 않았죠." 셀리아는 테레사에게 어려운 시기에 피델을 잘 돌봐주어 고맙다는 인사를 건넸다. "나를 만나기도 전에 그녀는 피델에 대한 나의 헌신에 대해 알고 있는 것 같았다. 순전한 동포애에 의한, 그리고 순수한 헌신을(……)." 테테(테레사)는 그 즉시 혁명가의 복장을 한 셀리아의 영역을 침범해서는 안 되겠다는 느낌을 받았다.

3일째 아침, 셀리아와의 만남으로 테스트를 통과한 테테는 마침내 24층에 있는 쿠바 수장의 스위트룸에 들어가도 좋다는 허락을 받았다. 방 안으로 그녀를 데리고 간 사람은 역시 셀리아였다. 문이 열리자 제복 차림으로 '체 (Che)' 게바라와 나란히 서서 부하들에게 명령을 내리고 있는 피델의 모습이 보였다. 테테는 감격에 겨워 그를 바라보았다. 그리고 그의 표정에서 자신이 감내해야 했던 2년 동안의 감옥 생활에 대한 감사의 표시를 찾아보았다. 그러나 그는 그녀를 슬쩍 쳐다보았을 뿐이었다. "마치 어제도 나를 보았다는 듯한 눈길이었어요." 테테는 이렇게 회상했다. "그대로 있어요, 내가 갈 테니." 그는 어깨 너머로 그녀에게 명령했다.

피델은 '어서 가서 시내의 상인들을 제압하라' 고 부하들에게 고함을 쳤다. 멕시코에서 테테가 알았던 이상주의자이자 로맨티시스트였던 남자는 온데간데없었다. "피델의 표정은 냉혹했고 거의 광기가 어려 있었죠. (……)

내게로 돌아선 그는 슬퍼 보이기까지 하는 억지웃음을 웃었어요. 그날부터 그 웃음은 그의 공식적인 웃음이 되었고요. 그는 나의 동의를 구하고 있었습니다." 그 반쯤 지은 미소에 그녀는 아무 말도 할 수 없었다. 경치를 바라보는 척, 그녀는 자리를 피해 발코니로 갔다. 테레사가 실망했음을 눈치챈 게바라가 다가와 어깨에 손을 얹었다. 피델의 성격뿐 아니라 외모도 변해 있었다. 수염이 얼굴을 덮었을 뿐더러 배도 튀어나왔고 어쩐지 '무기력해' 보였다. 최악이었던 것은 '시에라 마에스트라에서 2년을 보내며 치아가 거의 상해 버린 것이었다.'

다음 날, 즐겨 입는 낡은 잠옷 차림으로 그는 테레사에게 멕시코의 최근 소식을 들려달라고 하고는 외무부 장관에게 개인적으로 전화를 걸어 테레사 카수소를 순회대사로 임명해 달라고 했다. 정부에서 요청하는 첫 부탁이었다. 그녀의 사무실은 힐튼호텔의 객실, 관용차는 아바나 시장이 최후의 순간 도주를 하기 전까지 사용하던 새 캐딜락 승용차로 정해졌다.

또한 피델은 자신을 인터뷰하기 위해 복도에서 진을 치고 있는 외국 기자들을 그녀에게 맡겼다. 셀리아는 그 아이디어를 받아들여 테테의 거처를 자신이 지내는 층으로 옮겼다. 그러나 피델의 방과 가장 가까운 방은 셀리아의 여동생 둘이 사용했고 그녀는 사령관의 스위트룸에서 지냈다. 인터뷰 요청이 증가하기 시작했고 테테에게는 쉴 틈이 나지 않았다. 얼마 지나지 않아 그녀는 임무를 완수하기가 거의 불가능하다는 사실을 깨달았다. 피델은 끊임없이 계획을 변경했고 약속을 해 놓고 오지 않거나 몇 시간씩 늦고도 사과 한 마디 하지 않았다. "그의 스위트룸은 언제나 엉망이었고 긴장과 자극으로 가득했어요." 그가 약속을 지킬지 그렇지 않을지 예측하는 것은 불가능했다. "게다가 셀리아는 성격 장애가 있는 프리마돈나였어요. 아침이면 그녀의 그날 하루 기분을 알 수 있었는데 거의 항상 불같이 화를 내는 편이었죠."

2월에 피델은 군대 총사령관이자 총리로 임명되었다. 그는 대통령 자리를 전 워싱턴 대사였던 마누엘 우루시아에게 양보했다. 그렇게 하면 미국인들이 흡족해하리라는 것을 알기 때문이었다. 테레사 앞에서 그는 셀리아에게 훈계를 했다. 그다지 마음에 들지 않는 그 감투를 쓰라고 종용한 것이 바로 그녀였던 것이다. 피델이 정권을 잡은 후, 셀리아의 역할은 바뀌었다. 그녀는 이제 보좌관이 아니라 실질적인 비서실장인 동시에 영부인이었다.

피델의 어머니 리나는 정체불명의 셀리아가 아들에게 큰 영향을 미치고 있다는 점을 걱정했다. "피델과 셀리아 산체스의 관계가 상관과 부하관계가 아니라는 이야기를 누군가로부터 들었습니다. 아무래도 둘이 시에라 마에스트라에서 서류상 결혼을 한 것 같았지요." 쿠바 법은 죽을 위험이 있을 경우, 즉석 결혼이 허락되고 인정되었다. 카스트로 집안의 여자들은 극한 위험의 순간, 피델이 셀리아와 결혼을 했을까 봐 걱정했다.

어느 날 후아니타가 오빠를 찾아갔을 때에도, 문을 열어준 사람은 셀리아였다. 피델은 샤워 중이었다. 갑자기 그의 고함소리가 스위트룸에 울려 퍼졌다. "셀리아, 팬티 좀 가져다 줘!" 최측근 보좌관인 그녀는 후아니타를 내버려 두고 속옷을 가져다 주기 위해 서둘러 자리를 떴다.

피델의 누이들은 셀리아의 정체를 밝히는 데에 열중했다. "그냥 보는 것만으로도 그녀가 이해하기 어렵고 수수께끼 같은 여자라는 것을 알 수 있었어요. 내 주의를 끈 것은 그녀가 별로 말이 없다는 점이었죠. (……) 셀리아는 그 누구에게서도 무시당하지 않을, 그런 사람이었어요." 후아니타는 그녀를 이렇게 보았다.

영어를 완벽하게 구사하면서도 셀리아는 그 야만적인 언어로 된 질문에 대한 답변을 테테에게 미루었다. "나는 적들의 언어를 쓰지 않는다."는 것이

피델 카스트로와
여성 동지들.

그 이유였다.

카스트로 주변 여자들의 질투는 이제 셀리아 산체스에게 집중되었다. 후아니타가 보기에 '육체적인 매력이 전혀 없는' 그녀는 곧 피델에게로의 접근을 통제하는 엄한 문지기가 되었다. "그녀는 피델을 독점하려 했고 다른 모든 사람들은 우선 그녀의 허가를 받아야 했어요." 후아니타는 매우 유감스러워했다. 셀리아는 새로운 체제에서 금지한 미제 체스터필드 담배를 피웠는데 후아니타가 같은 상표의 담배를 피우는 것을 탐탁지 않아 했다. 후아니타는 이런 암암리의 전쟁을 은근히 즐기며 올케라고 할 수 있는 셀리아를 자극했다. "나는 분위기를 부드럽게 하려고 늘 셀리아에게 담배를 한 갑 주었어요. 그녀는 담뱃갑을 가만히 쳐다보다가 결국에는 집어 들고서 '고마워요' 라고 했죠. 그리고 화를 억누르는 기색이 역력한 목소리로 그걸 어디서 구했느냐고 물었어요."

피델 주위의 여자들을 통제하는 것은 그리 만만한 일이 아니었다. 아바나에 위풍당당하게 입성한 이후로 매일 이상한 현상이 일어났다. 바로 피델을 영웅으로 생각하는 열광적인 여자들의 출현이었다. "그 여자들은 피델과 하룻밤을 보내고 그의 아이를 낳고 싶다고 외쳐댔어요." 후아니타의 증언이다. 또한 셀리아는 피델이 과거에 관계했던 여자들과의 관계를 끊기 위해 미리 손을 썼다. 그러나 스위트룸 2406호의 사령관을 '토끼'라는 별명으로 부르는 열성 여성 팬들을 모두 막을 수는 없었다. 그런 별명을 얻게 된 것도 당연했다. "그 여자들은 피델이 부츠도 벗지 않고 늘 따라다니는 호위대를 문에 세워둔 채 마치 소변을 보듯 급하게 아무렇게나 정사를 치른다고 했습니다."[44] 한 측근은 이렇게 회상했다.

셀리아는 피델의 정사를 못 본 척했고 그가 손에 넣은 여자들 중에서 그나마 오래 관계를 유지하는 여자들에게 그를 포기하게끔 만들려고 노력했다. 어느 날, 후아니타가 친구와 함께 피델의 사무실에 들렀을 때, 그는 후아니타의 친구에게 또 '첫눈에' 반했다. 그 다음 다음 날, 그녀가 후아니타에게 들려준 이야기는 정말 이상한 이야기였다. 피델이 오후에 호위대를 보내 그녀를 데려왔으나 다시 만난 두 사람은 아무 데도 가지 않았다. "아바나를 빙빙 돌기만 했다니까. 피델이 뭔가를 피하고 있는 것 같았어." 후아니타는 그날 피델이 피하려 했던 것이 무엇이었는지 너무나도 잘 알고 있었다. 병사 한 명이 셀리아에게 비밀 약속을 고해바쳤던 것이다. "피델은 셀리아가 어떤 일을 꾸밀지 알고 있었던 거예요. 위험을 감수하고 싶지 않았던 거죠." 그러나 가장 애를 먹였던 것은 피델의 과거였다. 그리고 아름답고 귀족적인 나티 레부엘타는 그리 만만한 상대가 아니었다. 피델과 나티의 딸 알리나는 몇 해 만에 아버지를 만났다. 알리나의 세 번째 생일날, 피델이 가지고 온 선물은 두 가지 색으로 된 체코제 신발 한 켤레와 도자기 인형뿐이었다. 그는 딸의 의아하다는 듯한 눈길에 사실 선물을 가득 채운 짐 가방 두 개를 준비했었으나 공교롭게도 셀리아가 그 가방들을 발견해 병사들의 아이들에게 선물로 나누어 주었다고 설명했다.

나티가 모욕을 당한 것도 수 차례였다. 피델이 병이 났을 때, 나티와 알리나는 병문안을 하기 위해 1번가에 지은 벙커를 찾아갔다. 그러나 타협을 모르는 셀리아가 두 사람을 들여보내지 말라는 명령을 내렸고, 모녀는 길거리에서 창피를 당해야 했다. 알리나는 셀리아를 너무나 혐오하며 그녀를 "삐죽한 머리통 옆으로 말총머리를 늘어뜨린 여자"라고 회상했다.

나티는 다시 한 번 셀리아가 내린 엄명의 표적이 되었다. 피델로부터 멀리 떼어내기 위해 그녀를 파리로 보냈던 것이다. "가증스러운 셀리아의 짓이었습니다." 피델의 어머니 리나가 전해준 말이다. 그녀는 나티에게 쿠바 대사관 제1서기관이라는 명분을 주고 프랑스의 화학 산업계의 비밀을 파헤치는 임무를 맡겼다. 피델에게서 버림을 받고 셀리아에 의해 내밀렸다는 사실은 중요하지 않았다. 무엇보다 중요한 것은 이데올로기와 헌신이었다. 달랑 500달러와 옷가지 몇 개가 담긴 가방을 들고, 나탈리아 레부엘타와 알리나는 아카시아 가의 한 호텔에 거처를 잡았다. 몇 달 동안, 나티는 목축업 전문가 앙드레 브아쟁을 설득했다. 피델이 그의 아이디어에 큰 흥미를 보이고는 그를 불러 쿠바에 최첨단 농업 지대를 만들고 싶어 했기 때문이었다.

파리에서 1년을 보낸 알리나는 쿠바 생활에 다시 적응을 할 수 없는 상태가 되어 있었다. 딸의 교육문제에 관한 과거 연인들 사이의 의견 충돌은 격렬했다. 피델은 무시무시하게 화를 내며 당장 프랑스를 떠나라고 했다. 나티는 알리나를 위로하기 위해 피델이 태어난 비란의 농가에서 일주일간 휴가를 보낼 계획을 세웠다. 그러나 다시 한 번 셀리아의 그림자가 선수를 쳤다. "우리는 들어갈 수가 없었어요. 그곳은 셀리아 산체스가 공식적으로 초청한 손님들만이 출입할 수 있는 곳이 되어 있었어요."

셀리아는 모든 여자들이 피델을 빼앗아 가려고 한다는 의심에 사로잡혔

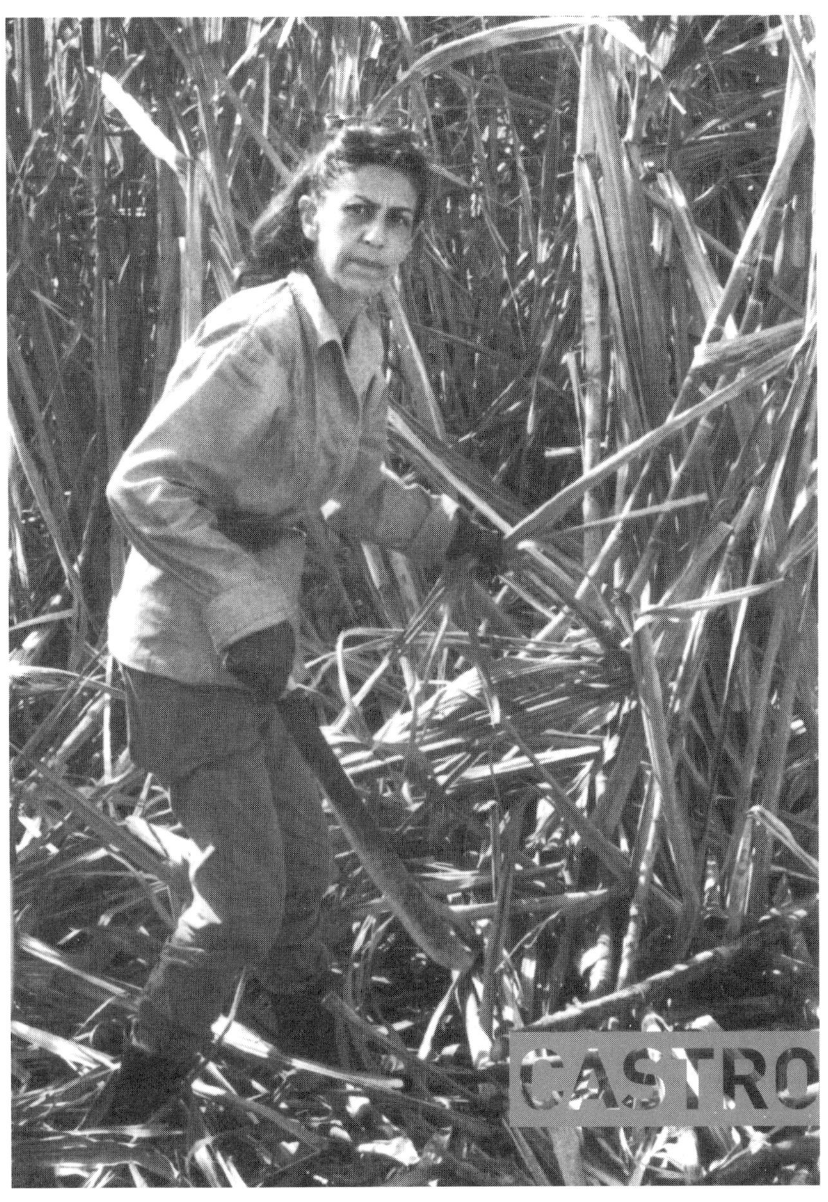

셀리아 산체스. "때로 바티스타나 마피아나 미국 정부와 투쟁하는 것은 쿠바와 피델에 대한 나의 사랑을
지키는 것에 비하면 너무나 쉬운 일인 것 같다는 생각이 든다."

다. 어느 날 아침, 테레사 카수소는 요란하게 문 두드리는 소리에 잠에서 깼다. 몹시 흥분해 피델을 찾던 셀리아가 그가 테레사의 방에 있을 것이라고 생각했던 것이다. 그녀는 방안으로 들어와 침대가 어지럽혀져 있지 않은지 직접 확인하고 거실을 둘러본 다음 아무런 해명도 없이 방을 나갔다. "분명 우스운 일이었지만, 그런 중상모략을 당하고 웃을 수는 없었죠." 테테는 유감을 표시했다.

피델은 이런 거센 여자들의 찬양을 필요로 했다. 그가 텔레비전에서 장시간 연설을 하면, 테레사는 그 연설이 건설적이라고 판단될 경우, 장미꽃 한 송이를 꽃병에 꽂아 그의 방에 놓아두었다. 그는 '학교에서 좋은 성적을 받은 아이처럼 그녀의 선물에 행복해했다. 그러나 연설이 건설적이지 않으면 장미꽃은 없었고 피델은 우울해했다.

대학 친구 마르타 프레이드 역시 전권을 가진 셀리아의 제물이 되었다. 어느 날 오후, 새 정부에서 보건 영역 발전의 임무를 맡을 예정이었던 마르타가 고된 하루를 보내고 배에 오른 피델과 셀리아를 찾아갔다. 전날 밤 밤을 새운 피델은 평온하게 잠들어 있었다. 그가 깰 때까지 기다릴 수 없었던 마르타가 친밀한 손길로 옛 친구를 흔들어 깨우자 셀리아는 기분이 상했다.

"어떻게 감히 그를 깨울 수 있죠?" 그녀가 화를 냈다.

"나는 피델이 잠자는 모습을 보러 온 게 아니라 함께 일하러 왔어요."

그때부터 마르타는 셀리아의 눈 밖에 났고 결과적으로는 스파이 혐의를 받고 3년간 투옥되었다. 1959년 말, 셀리아는 사령관의 스위트룸에 넘쳐나는 여자들을 더 이상 통제할 수 없었다. 테레사 카수소가 옷을 사는 상점에서는, 여직원들이 그녀의 팔, 손 어깨를 잡고 호들갑을 떨었다. "좀 만져보게 해 주세요. 사령관님과 아주 가까이 계시는 분이잖아요." 테레사는 정권 첫 해를 '성적 위기'의 해라고 묘사했다. 기자들은 카스트로의 출현을 '관능적 혁명'이라고 표현했다.

1959년 12월 31일, 새해를 맞이하는 밤 10시, 테테는 신년 인사를 하기 위해 힐튼호텔 스위트룸으로 갔다. 피델은 방 안에 있었고 당연히 여자와 함께였다. '리더 막시모'가 볼일을 끝내기를 기다리던 그녀는 마침내 유쾌한 표정으로 방에서 나오는 그를 만날 수 있었다. "갑시다, 나와 함께 갑시다!" 이렇게 외친 그는 테테를 데리고 셀리아와 그녀의 여동생들이 함께 사는 집으로 갔다. 그는 그곳에 제일 멋진 제복들을 보관해 두고 있었다. 옷을 갈아입고 힐튼호텔로 돌아와 만찬에 참석할 생각이었다. 셀리아는 만찬에 가지 않겠다고 했어요. "드레스를 입고 있었으면서도."라고 테테가 증언했다. "그녀는 자기 품을 떠난 피델이 돌아오기를 기다렸어요." 겉으로는 아무렇지 않은 척, 셀리아는 라이벌인 테테에게 얼마 전 청혼받은 결혼 계획은 어떻게 되어 가느냐고 물었다. "내가 청혼을 받아들이지 않았다고 말하자, 그녀는 결혼을 하지 않는 것이 옳다며 자유가 더 낫다고 말했어요." 그러나 그날 저녁, 테레사 카수소는 믿음직하지 못한 피델과 동행하는 실수를 저질렀다. 몇 달 지나지 않아, 그녀는 완전히 제외되었다.

나를 사랑한 스파이

1960년 5월. 미국 컨피덴셜 신문에 실린 기사 한 편이 쿠바의 도화선에 불을 붙였다. "피델이 내 딸을 능욕했다."[45] 서명은 앨리스 로렌츠라고 되어 있었다. 그녀는 스무 살의 딸 마리타가 카스트로 사령관에게 납치를 당하고 성폭행을 당한 과정을 상세하게 서술했다. 그러나 비탄에 빠진 마리타의 첫마디는 미국을 분열시켰다. "안 돼요, 피델, 안 돼요! 그들이 우리 아기를 죽이게 내버려 두지 말아요, 우리 아기를 죽이게 해서는 안 돼요!" 앨리스 로렌츠는 임신중절수술로 인한 패혈증으로 1월 20일부터 뉴욕 루즈벨트 병원에 입원해 있는 마리타의 입에서 쉴 새 없이 터져 나오는 이런 비명을 억누르느라 애를 먹고 있다고 기록했다. 또한 페레르라는 의사가 피델의 명령으로 임신 5개월 반에 접어든 마리타에게 중절수술을 감행했다고 했다. 그러나 수술을 하지 않겠다고 고집을 부리다가 관자놀이에 총구가 겨눠진 채로 수술을 진행하는 바람에 의사의 손이 떨렸고 마리타는 호텔 방에 방치되어 죽음을 기다렸다고 했다. 마지막으로 앨리스는 이 '범죄자' 가 이 이야기를 발설하면 죽여 버리겠다고 끊임없이 딸을 협박했다고 밝혔다.

앨리스 로렌츠는 젊은 시절, 배우가 되겠다는 꿈을 안고 프랑스로 건너갔다가 그곳에서 독일 해군 대위 하인리히 로렌츠를 만났고 두 사람은 브레멘에 정착했다. 1930년 중반에 미국인 신부를 독일로 데려가겠다는 로렌츠의 생각은 파격적이었다. 1936년 베를린 올림픽 개막식 당시, VIP석에 앉아 있던 하인리히 로렌츠는 히틀러에게 불려가 독일인 대위에게는 독일인 아내가 더 어울리지 않겠느냐는 질문을 받았다. "아닙니다, 총통님. 저는 독일에서 제 아내만큼 아름답고 현명한 여자를 본 적이 없습니다. 더군다나, 아내는 임신을 했습니다."[46] 총통은 그의 엉뚱한 대답을 마음에 들어 했고 사소한 마찰은 종결되었다. 전쟁이 발발했을 때, 부부에게는 아이가 두 명 있었다. 어느 날 아침 게슈타포가 앨리스와 다섯 살 난 마리타를 붙잡아 베르겐-벨센 수용소로 끌고 갔다. 모녀는 기적적으로 살아남았고 가족들은 다시 만났으며 하인리히 로렌츠는 대서양 횡단 선박의 선장으로 전직했다.

1959년 2월 27일, 마리타가 독일의 하이델베르크 대학으로 떠나기 전에 세 식구는 카리브 해 유람여행을 위해 MS 베를린 호에 올랐다. "MS 베를린 호는 아바나 항에 들어가자마자 쿠바 배들에 둘러싸였고 피델 카스트로와 수염이 덥수룩한 무장군인들이 우리 배에 올랐습니다." 앨리스는 이렇게 회상했다. 하인리히 로렌츠는 그날 저녁, 말썽을 피하기 위해 카스트로에게 식사를 대접하고 아내와 딸을 소개했다. 그리고 저녁식사가 끝난 후, 마리타의 손을 이끌고 갑판 위로 올라가 밀담을 나누는 피델 카스트로를 막을 수 없었다. 갑판 위에서 피델은 마리타에게 아바나의 모습을 보여주는 불빛들을 가리켰다. "이 모든 것이 내 것이야. 쿠바가 내 것이지. 멋지지 않나? 저기 보이는 것들이 마음에 들지 않아?" 그는 서툰 영어로 그녀에게 속삭였다. 그리고 그녀를 끌어안고 결정적인 말을 내뱉었다.

"내가 곧 쿠바야."

며칠간의 휴가를 마치고 뉴욕으로 향하는 항해 길에 올랐을 때, 마리타의 부모는 걱정거리가 사라졌다고 믿었다. 그러나 악착스러운 피델이 그럴 리는 없었다. "카스트로는 아바나에서 계속 전화를 해 왔습니다. (……) 그리고 우리 딸에게 불가능한 약속을 했어요."

바다 한가운데, 첫눈에 반한 사람

1959년 2월 27일 그날, 마리타 로렌츠는 그녀의 어머니가 생각하는 것 보다 훨씬 깊이 쿠바의 수장을 알게 되었다. 상당히 취한 상태로 그와 함께 MS 베를린 호의 갑판 위에 올랐던 19살의 마리타는 그곳에서 자신도 알지 못했던 대담함을 발휘했다. "나는 아바나의 건물들이 늘어선 멋진 전경을 감상하자는 구실을 대어 그를 구명보트들 사이로 이끌었다. (……) 우리는 포옹을 했다. 그리고 그가 내 얼굴을 양 손으로 감싸 쥐고 말했다. '당신을 사랑해, 나의 하늘.'"

포옹을 풀기 전에, 그는 뉴욕 87번가에 있는 그녀의 아파트 전화번호를 알아냈고 코코넛이 들어간 아이스크림 10통을 배달시켰다. 또한 그녀로 하여금 감미롭고도 강렬한 꿈을 품게 했다. "당신은 쿠바의 여왕이 될 거요." 도가 지나친 약속이었다.

2주가 채 되지 않아, 피델은 자신의 전용기를 뉴욕으로 보냈다. "너무나 당황스러웠어요. 그가 왜 나를 선택한 걸까? 모든 여자들이 그의 발치에 있는데." 아바나 공항에 도착하자 제복을 입은 남자 20명이 그녀를 기다리고 있다가 이제는 유명해진 힐튼호텔 2406호로 데리고 갔다. 마리타 로렌츠는 빽빽한 시가 연기로 가득한 대통령 스위트룸으로 안내되었다. 편지, 서류, 음반들이 바닥에 흩어져 있었다. 그녀를 특히 놀라게 했던 것은 여기저기에 나뒹굴고 있는 어린이용 장난감 장갑차들이었다. 마리타는 곧 그 이유를 알게 되었다.

"피델은 언제까지나 다 큰 아이로 남아 있었어요. 그는 미니 자동차나 탱크 모형을 가지고 놀기를 좋아했죠." 분위기에 감격한 마리타는 피델이 그녀를 맞아줄 때까지 한 시간이 넘도록 테테가 얼마 전 기다렸던 바로 그 복도에서 그를 기다렸다. 마침내 모습을 드러낸 피델은 커튼을 친 다음 그녀의 손을 잡고 낭만적인 음악을 틀었다. 50여 년 후, 그 당시의 일을 고백한 마리타의 기억 속에, 두 사람의 재회는 순정적인 것으로 남아 있었다. "힐튼호텔 침대에서 그의 품에 안겨 〈피아노의 마법〉이라는 음악을 들었던 그 때의 추억이 피델과 함께 한 가장 멋진 추억이었어요."[47]

형이 국정을 소홀히 한다고 판단한 라울이 거칠게 문을 두드리는 바람에 감미롭던 음악은 5분이 채 안 되어 중단되고 말았다. "이 방에서 나가지 말고 나를 기다려. 사랑해." 그는 이렇게 속삭이고 침대를 빠져나갔다. 그러나 그날 그는 돌아오지 않았다. 다음 날, 그녀는 머리를 다듬고 화장을 하고서 하염없이 그를 기다렸다. 자신에게 열광하는 여자들을 잘 이용할 줄 아는 피델은 그녀에게 특별비서의 임무를 맡겼다. 기나긴 기다림의 시간은 그에게 날아드는 편지 분류의 시간으로 바뀌었고 마리타는 너무나 열정적인 여자들의 편지를 읽으며 괴로워해야 했다.

피델의 하루 일정에 빈 시간이 많다는 점이 걱정되었지만, 그녀는 셀리아 산체스의 말을 믿고 안심하려 했다. "피델은 할 일이 많아요." 셀리아는 변명조로 이렇게 둘러댔다. "셀리아 산체스는 나에게 아주 친절했고 정중했으며 예의를 깍듯이 차렸어요. 유일하게 심술궂었던 여자는 미국 여배우 에바 가드너였죠." 마리타는 미국 할리우드의 배우인 미스 가드너라는 여자의 편지를 중간에서 가로채기도 했다. 아름다운 에바는 혁명이 일어난 지 얼마 되지 않아 쿠바로 이주해 나시오날 호텔 3층에 짐을 풀었다. 1959년 봄, 힐튼호텔에서 만남이 주선되었고 피델은 대단히 매력적인 모습을 보였다. 그는 에바에게 군사령부를 견학시켜 준 다음 함께 칵테일을 마셨다. "호텔로 돌아온 에바는 들뜬 목소리로 피델 카스트로에 관해 이야기했어요. 그로부터 정말 깊은 인상을 받았으며 그의 머릿속에는 멋진 생각이 가득하다는 말을 했었죠."[48] 에바 가드너의 친구 베티 시크레는 이렇게 털어놓았다.

마리타는 '나이가 상당한'[49] 그 여자가 피델에게 빠졌다는 것을 견디지 못했다. 어느 날 아침, 호텔 로비로 내려가는 길에 마리타는 한눈에 보기에도 많이 취한 에바 가드너가 엘리베이터의 버튼을 모두 누르는 모습을 목격했다. 그 다음은 더 가관이었다. "그녀가 비틀거리며 내게 다가오더니 이렇게 말했어요. '피델과 함께 있는 암캐가 바로 당신이로군? 그를 지켜주지도 못하는 개 말이야.' 그리고는 내 얼굴에 따귀를 올려붙였어요!"[50]

술기운에 에바는 그 사건을 기억하지 못했지만 마리타는 느닷없는 봉변을 당한 분을 삭이느라 애를 먹었다. 다음 방문 때, 피델은 그녀에게 난초 꽃다발을 가져다주었으나 그녀는 헤어지겠다고 으름장을 놓았다. 하지만 카스트로는 화를 내는 여자들을 어르고 협박하는 방법을 잘 알았다. "이제 우리 결혼하자. 어때, 당신도 좋지?" 그는 그녀의 눈물을 닦아주며 이렇게 물었다. 일주일 후, 18캐럿 금반지로 그 약속은 구체화되었다.

그러나 피델은 쿠바를 찾아오는 세계적인 여배우들의 비위를 맞추느라 정신이 없었다. 한창 인기가 있던 이탈리아의 젊은 여배우 실바나 팜파니니는 사령관 피델의 호의에 한창 취해 있었다. "그는 어디를 가든 나를 초대했고 내 마음대로 사용하게끔 내어준 으리으리한 스위트룸에 다 들어가지도 못할 만큼의 장미꽃을 보내주었어요. 그러나 내가…… 일정한 선이 아니라 그 이상의 관계를 원한다는 사실을 알고는…… 눈에 띄게 신중하게 행동했죠. 내 방 앞에는 언제나 경기관총을 든 수염 덥수룩한 남자가 지키고 서 있었어요……" 물질적인 풍요 외에도 피델에게는 모든 여자가 저마다 특별하다고 느끼게 만드는 히든카드가 있었다. "당연히 나 말고는 시에라 마에스트라에 초대받은 여자가 없어요. 내 안에 그의 영혼을 감동시킨 뭔가가 있는 것이 틀림없어요."51)

외롭게 고통 받은 사람은 마리타뿐이 아니었다. 피델 역시 정치적인 책임의 무게에 짓눌려 꼼짝도 하지 못하는 것 같았다. 어느 날, 그는 해가 뜨기도 전에 함께 자던 마리타를 데리고 지프차에 올랐다.

"무슨 일이에요? 어디로 가는 거예요?"

"나도 몰라. 그냥 떠나고 싶어."

두 사람은 차를 달려 아바나에서 200km 떨어진 지점에 있는 플라야 지론 늪지에 도착했다. 신경이 곤두설 대로 곤두선 피델은 자동차를 멈추고 양손으로 얼굴을 감싸더니 마침내 침묵을 깨고 고백했다. "더 이상 어떻게 계속해야 할지 모르겠어." 마리타는 그의 이야기를 들어주었다. "그의 문제는 무수히 많은 의사들이며 교수들이며 경제학자들이 마이애미로 떠나고 있다는 것이었어요. 엘리트들이 모두 쿠바에서 도망쳤고 업계는 피델에게 적대적이었죠." 마리타는 자신의 아버지에게 전화를 걸고 미국 정부와 대화를 하라고 조언했다. 피델의 반응은 요란했다. "그는 권총을 들고 악어를 쏘았어요." 마리타는 무릎까지 오는 물 속으로 걸어 들어가며 그의 정신을 되돌려 놓으려 했다. "그것이 내게 남은 최악의 추억이에요. 피델은 자파타 늪지라고 불리는 그곳에서 낚시를 하려고 들었어요. 악어들이 들끓는 그곳에서. 나는 그가 너무나 무서웠고 그의 안전이 걱정되었어요."52)

밤에는 낮보다 더 우여곡절이 많았다. "나는 잠이 든 피델을 몇 시간이고 바라보곤 했어요. 그는 몇 분쯤 완전히 긴장을 풀고 있다가 갑자기 땀에 흠뻑 젖어 벌떡 일어나 비명을 질렀죠. '여기가 어디지? 끊임없는 악몽이 그를 괴롭혔던 거예요." 마리타는 아이를 달래듯 그를 안심시켰다. 그러나 곧 그녀의 보살핌을 받을 다른 작은 존재가 생겨났다. 마리타는 임신 몇 개월째였다.

4월 21일, 피델은 국제적인 기자회견에 초청을 받아 뉴욕으로 떠났다. 엄청난 군중이 그가 탄 자동차를 에워쌌고 그랜드 센트럴 역에서부터 할렘의 스태틀러 호텔까지 늘어선 사람들이 그의 이름을 박자에 맞춰 연호했다. 그러나 한 나라의 수장 자리에 오른 지 몇 달밖에 되지 않은 그를 맞이한 미국 정부의 태도는 냉랭했다. 아이젠하워 대통령은 그를 위한 접대 골프에 나타나지 않았고 대신 부통령 닉슨이 카스트로 사령관의 열변을 몇 시간 동안 들어주었다. "조심해요, 그들은 당신을 믿지 않을 거예요." 그러나 마리타는 그에게 주의를 주었다.

그녀는 호텔 방에 짐을 풀고 피델이 기자회견을 끝내고 돌아오기를 기다렸다. 카스트로는 혼자가 아니라 그에게 호의를 보이는 스물여섯 명의 여자들과 함께 돌아왔다. 그는 기쁨으로 얼굴을 빛내며 외쳤다. "이 여자들은 모두 나를 좋아해!' 그리고는 거울을 들여다보며 계시를 받은 사람처럼 덧붙였다. "나는 예수와 같아. 수염도 있고 생김새도 비슷하고 나이도 서른세 살이고." 마리타는 갑자기 그를 덮치는 광기와 그의 사랑 사이에서 혼란을 겪었다. 다른 여자들이 전화로 피델을 찾으면 그녀는 질투를 견디지 못했다. 호텔 방 안으로 들어오려고 하는 모든 여자들을 압도할 각오로 그녀는 문 앞에서 기다리는 기자들을 향해 소리를 질렀다. "아무도 이 방 안으로 들어오지 못할 테니 그런 줄 알아요. 결정은 내가 해요. 나는 마리타고 이곳은 피델의 사적인 공간이에요. 알겠어요?"

이런 소동을 계기로 미국 비밀정보기관에서는 피델 카스트로의 애인이 미국인이라는 사실을 알게 되었다. 그리하여 얼마 후인 8월, 마리타는 아무것도 모른 채 프랑크 스터지스라는 남자를 만나게 된다. CIA 요원으로 라틴 아메리카를 순회하던 그는 아메리카 대륙 남쪽에서 워싱턴의 독점지배에 반대할 가능성이 있는 혁명체제에 잠입하는 임무를 맡고 멕시코, 베네수엘라, 코스타리카, 과테말라, 파나마, 그리고 온두라스를 돌아 쿠바로 파견되었다. 피델과 라울의 측근들과 교류하던 끝에, 마침내 그는 마리타와 단독으로 은밀한 이야기를 나눌 기회를 잡았다. "당신을 도와주겠어요. 나는 당신이 누구인지 알아요." 그는 1972년 워터게이트 침입사건에 연루되었고 '스모킹 건(범죄, 사건 등을 해결하는 데에 있어 확증을 주는 단서. 워터게이트 사건 때 사건을 은폐하려는 닉슨 대통령과 그의 비서실장의 대화가 담긴 녹음테이프에서부터 유래되었다—역주)'에서도 이름이 언급되었던 인물이다.

1959년 8월 어느 날 저녁, 피델의 젊은 애인과 미국 비밀정보기관의 수상한 요원이 리비에라 호텔 바에서 첫 만남을 가졌다. 두 사람의 교환조건에 관한 프랑크 스터지스의 이야기는 조금 달랐다. 마리타가 먼저 은밀한 목소리로 그에게 물었다는 것이다. "나를 여기에서 탈출시켜 줄 수 있나요?"[53] 스터지스는 곧 그녀를 구출하기 위한 작전에 돌입했으나 마리타 로렌츠가

피델 카스트로의 미국인
애인이었던 마리타 로렌츠.
"피델이 자신의 스위트룸에서
다른 여자와 함께 있는 장면을
목격했다면 틀림없이 나는 질투에
사로잡혀 두 사람을 죽인 다음
총구를 내게로 겨눴을 거예요."

피델 카스트로에게 직접 접근할 수 있다는 점을 적극 이용했다. "그가 가져
올 수 있는 서류는 모두 가져오라고 했고, 나는 그가 시키는 대로 했어요."[54]
마리타의 고백이다.

10월 5일, 피델이 출장을 간 사이, 마리타는 룸서비스로 식사를 주문했다.
음식을 먹은 지 얼마 되지 않아, 그녀는 온몸에서 기운이 빠져나가는 느낌
을 받았고 몸이 생각한 대로 빨리 움직이지 않았다. 반쯤 잠에 취한 상태에
서 기억한 것은 자동차를 탔다는 사실과 의사, 비명, 그리고 강렬한 통증이
있었다는 점이었다. 며칠 후 그녀는 힐튼호텔의 자기 방이 아닌 다른 방에

서 깨어났다. "내 배는 납작했고 비어 있었다. 더 이상 아기를 품고 있지 않았다." 홍건하게 피를 흘리는 그녀를 발견한 사람은 피델의 최측근, 카밀로 시엔푸에고스였다. 어쩔 줄을 모르며 눈물을 흘리던 그는 손수건으로 지혈을 하고 피델에게 전화연결을 하려고 애썼다. 그리고 서둘러 항생제를 찾고 의사를 불렀다. 결국 마리타는 패혈증에 걸려 미국으로 보내져 입원을 했고 그와 거의 동시에 프랑크 스터지스도 쿠바를 떠나 미국으로 향했다.

앨리스 로렌츠는 뉴욕에서 거의 죽어가는 딸을 다시 만났다. 기운을 회복한 마리타는 내면의 평화를 되찾을 수 있을지도 모른다는 희망을 품고 어린 시절을 보낸 독일로 갔다. 그러나 마리타의 어머니가 발표한 기사는 그녀를 쿠바의 새 주인의 잔인성과 절대 권력을 표상하는 존재로 만들었다. 그 기사를 본 마리타는 경악했다. 그렇게 그녀는 공산주의를 표방하는 미국의 옛 식민지와 미국이 벌이는 심리전 한복판에 서게 되었다. 며칠 후, 카밀로가 몰던 비행기는 쿠바 군용비행기에게 격추되었다.

치명적인 임무

1960년 10월. FBI 국장 존 에드가 후버는 CIA 고위 간부 리처드 비셀에게 편지 한 통을 보냈다.

"친구들과 대화를 하던 중, 샘 지안카나로부터 카스트로가 곧 제거될 것이라는 확실한 정보를 입수했습니다. 그 친구가 제거계획을 세운 자들을 직접, 세 번이나 만났다고 하더군요. 모든 대책이 마련되어 있고 앞서 말한 자들은 누군가를 포섭해 카스트로가 마시는 음료나 음식에 독극물을 넣게 했다고 합니다."[55]

마리타 로렌츠는 CIA와 피델 카스트로 중 누구의 손아귀에서도 벗어날 수 없다는 사실을 깨달았다. 1960년 봄, 그녀는 알렉스 로르케라는 요원에게 불려가게 되었다. 그는 마리타에게 심리적인 파괴공작을 펼쳤다. 그리고 그녀를 플로리다의 훈련센터에 입소시킨 후, 총기 다루는 방법을 가르쳤다. 마리타를 준비시킨 것은 필요하다면 숙청이라는 수단까지 동원해 미국 주변의 국가에서 공산주의가 확산되는 것을 막기 위한 '40' 작전의 일환이었다. 교육의 목표가 곧 밝혀졌다. 그녀는 카스트로를 독살해야 했다.

배신의 대가는 스위스 은행 계좌로 입금될 2백만 달러와 영웅의 칭호였다. 피델이 자신을 버리고 아기를 죽였다고 확신한 그녀는 임무를 맡기로 했다. 아바나로 향하는 쿠바나 드 아비아시온 항공사의 비행기에 몸을 실은 마리타는 번민에 빠졌다. 일단 셀리아 산체스에게 전화를 걸어 피델을 만나고 싶다는 뜻을 전해야 했다. 그러면 셀리아가 질문 공세를 퍼부으며 피델을 만나지 못하게 할 것이 분명했다.

콜리나 호텔의 한 객실에서 피델과의 만남을 기다리며, 마리타는 마음의 갈피를 잡지 못했다. "피델이 자신의 스위트룸에서 다른 여자와 함께 있는 장면을 목격한다면, 틀림없이 나는 질투에 사로잡혀 현장에서 두 사람을 죽인 다음 총구를 내게로 겨눴을 거예요." 몇 주 전부터 억지로 삼켜야 했던 '비타민제' 들이 마리타의 생각에 어떤 영향을 미쳤던 것 같았다. "그 알약은 사람을 완전히 무기력하게 만드는 일종의 마약이었어요. 어떻게 설명해야 할까요…… 내가 내 자신이 아닌 상태…… 감정을 다른 방식으로 표출할 수밖에 없는 상태가 되는 거죠."[56]

과거의 연인과 얼굴을 마주하는 순간, 몇 달간의 훈련과 두려움과 고민이 자취도 없이 사라졌다. 스위트룸 2406호에서, 마리타는 피델에게 먹이기로 한 독약을 변기에 버리기로 결심했다. 시가를 문 피델의 매력에 다시 한 번 굴복당한 그녀는 눈물을 흘리며 그의 품으로 뛰어들었다. 그와의 마지막 밤을 보낸 후, 마리타는 끝내 여왕의 왕관을 쓰지 못한 채 아바나에 작별을 고하고 마이애미로 돌아갔다. 52년이 지난 지금, 우리는 그녀에게 마지막 질문을 했다.

"정말 그 일을 할 수 있었겠습니까, 마리타?"

"아뇨. 그에 대한 감정이 너무 강했어요…… 그를 죽여야 할 이유가 없는데, 어떻게 그를 죽일 수 있었겠어요! 절대로 하지 못했을 거예요, 나는 살인자가 아니에요…… 나는 피델을 사랑했어요."

아듀, 게바라

1967년 10월, 쿠바.

"누구에게 편지를 써야 할까요? 당신은 볼리비아의 한 소년이거나, 페루의 어떤 아이의 엄마거나, 그 누구에게라도 쓰면 된다고 대답하겠죠. (……) 알아요, '체'. 당신이 직접 가르쳐 주었잖아요. 이 편지는 당신에게 쓰는 편지가 아니에요. 이렇게 많이 울어본 적이 없다는 말을 당신에게 어떻게 전할까요. (……) 믿을 수가 없었어요. (……) 그럴 수는 없어요. 총알 한 알로 아직 끝나지 않은 일이 끝날 수는 없는 거예요. 당신이 살아 있지 않은데, 어떻게 내가 살 수 있을까요? 내가 너무나 사랑하는 사람들이 죽는 것을 14년 동안 보아왔어요. 그리고 이제 나는 살아 있는 것 자체가 피곤해요. 내가 너무 오래 살았나 봐요. 태양도 이제 아름다워 보이지 않고 종려나무를 보아도 기쁘지 않아요. 가끔 (……) 나는 영원히 눈을 감고 싶다는 생각을 해요. 당신처럼."[57]

아이데 산타마리아는 자신의 모든 고통을 담은 편지를 어디로 보내야 할지 알 수 없었다. 며칠 전인 10월 8일, 에르네스토가 라 이게라 마을의 작은 학교에서 볼리비아 군인들 손에 사살당했다. 볼리비아의 안데스 산악지역에서 새로운 혁명의 '진원'을 일으키려다가 실패한 후, 지원도 없이 추격을 당하던 그는 함정에 빠져 붙잡히고 말았다. CIA와 볼리비아 군대는 라틴 아메리카 전체에 불을 지피려 했던 게릴라를 제거하는 뜻하지 않은 기회를 잡았다. 협곡에서 잡힌 '체'는 즉시 처형되었다. 처형된 시신이 '체'가 맞다는 사실을 입증해 보이기 위해, 악랄한 볼리비아 군인들은 그의 손을 잘라내고 나머지 시신을 공동묘혈에 던져 버렸다.

아이데는 심한 충격을 받았다. 몬카다 병영 공격에서 오빠와 약혼자의 죽음을 목격했던 그녀는 '체'의 죽음을 견딜 수 없었다. "그가 없는 혁명은 상상할 수도 없단다. '체'의 도움 없이, 피델 혼자서 어떻게 일을 해 나갈 수 있을까?"[58] 그녀는 딸에게 이렇게 속마음을 털어놓았다. 그러나 죽음은 아이데에게 소중한 존재들을 또다시 앗아갔다. 평생 체스터필드 담배를 피워 온 셀리아 산체스가 1980년 1월 11일 폐암으로 사망했다. 피델은 그녀를 구하기 위해 모든 수단을 동원했고 심지어 폐암 치료에 권위가 있는 미국 의료기관에 그녀를 비밀리에 입원시키기도 했다. 평생의 동반자를 구하기 위해, 평생의 적에게 구조 요청을 했던 것이다.

아이데는 1967년, '체'가 죽었다는 소식을 들었던 그 날보다 더 비탄에 빠진 채 딸을 깨웠다. 눈물을 쏟으며 딸의 침대로 다가간 그녀는 한탄을 했다. "이제 누가 피델을 돌봐줄까?"[59] 아이데와 셀리아는 수년간 변함없는 우정을 쌓아왔다. 그녀는 딸에게 다시 이야기를 했다. "사람들이 네 성으로 너를 알아봐 주면, 성보다 이름이 더 중요하다고 이야기하렴. 셀리아 산체스를 따라 지은 이름이라고. 그리고 너를 그렇게 불러야 한다고. 네 이름은 내가 너에게 준 가장 아름다운 선물이란다." 체제가 안정된 후, 셀리아는 피델의 신뢰를 한몸에 받았다. 때로는 10만 달러, 때로는 5만 달러로 기입된 힐튼호텔의 고지서가 날아들어 더 이상 지불할 수 없게 되자, 떨어질 수 없는 피델과 셀리아는 11번가에 거처를 잡았다. 이 비밀은신처는 그들의 사무실이기도 했다. 가장 중요한 서류들이 이 집에서 다루어졌고 작업은 새벽까지 이어지는 경우가 많았다. 언제나 절제하는 표정의 셀리아는 공식행사가 있을 때 마다 긴 파티 드레스와 이브 생 로랑의 리브 고슈 향수를 옅게 뿌리고 피델을 돋보이게 하는 영부인 역할을 완벽하게 해냈다.

20여 년간 지속된 두 사람의 복잡한 공생관계에 일어났던 유일한 위기의 원인은 여자들이 아닌 정치였다. 1961년 말, 쿠바를 손에 넣으려는 소련의 시도 때문에 셀리아는 잠시 피델과 멀어져 있어야 했다. 쿠바에 미국을 위협하는 장거리 미사일을 설치하려는 계획과 함께, 쿠바의 강력한 보호국인 소련은 피델의 개인 비서를 친 소련파 인물로 대체하라고 압력을 넣었다. 피델은 쿠바를 종속시키려는 그들의 시도를 참을 수 없었다. 그는 큰형격인 소련을 상대로 자신이 확고한 마르크스주의자임을 설명하고 1962년 3월에는 모스크바에서 강요한 팀에서 친 소련파 인물들을 축출할 수 있었다. 셀리아 없이 국정을 이끌 수 없었던 피델은 곧 그녀를 다시 불러들였다. 세계 평화를 위협하며 케네디 대통령과 대립했던 위기의 순간에도 그는 그녀와 함께 했다.

친구 노라 피터스에게 보낸 마지막 편지에서, 셀리아는 절도 있고 꿋꿋한 여자의 가면을 벗고 20여 년간 피델의 애인들 때문에 마음이 괴로웠다는 사실을 고백했다. "마리타 로렌츠는 하찮은 '장난감'에 불과했고 테테 카수소는 '앞에 내세우기에 걸맞게 꽤 똑똑하고 제법 아름다운 비서'였으나 정치적으로 우리는 의견 차이가 있었지." 이 모든 여자들 앞에서 셀리아는 감정을 자제할 수 있었다. 그러나 딱 한 명만큼은 무섭고 두려운 적수였다. "피델의 인생에서 질투를 불러일으킨 여자가 단 한 명 있었어. 바로 나티야. 섹시한 여자들은 아무렇지도 않아, 하지만 나티는 나를 불안하게 했어. 그녀가 피델을 독차지할 만하다는 생각까지 했지. 그리고 나 역시 그녀를 사랑했고, 정말로 존경했어. 하지만 나는 피델을 떠나보낼 수 없었어. 나는 그를 사랑했어. 더 중요한 것은 쿠바를 위해 나에게는 그가 필요했다는 거야."

피델에 대한 사랑과 혁명에 대한 사랑을 함께 간직한 셀리아는 자신의 이상을 간직하기 위해 나티와 다른 연적들을 떼어내야 했다. 그러나 치러야 할 대가는 아주 컸다.

"아, 노라! 나는 혁명가가 되기를 바라지 않았어. 정치인이 되리라고는 더더욱 생각하지 못했지. (……) 때로 바티스타나 마피아나 미국 정부와 투쟁하는 것은 쿠바와 피델에 대한 나의 사랑을 지키는 것에 비하면 너무나 쉬운 일인 것 같다는 생각을 해. 권력이나 재물을 얻으려고 험한 길을 기어오르는 여자는 없어."[60]

아이데는 셀리아에 대한 추억을, 마치 팔다리가 잘려 나간 후에도 그 자리에 통증을 느끼듯 몇 달간 간직했다.

4월의 어느 날, 절망할 대로 절망한 버스 운전사가 자신이 몰고 가던 대형 버스의 방향을 바꿔 페루 대사관 정문으로 달려갔다. 지금은 쿠바를 떠나 피델의 손이 미치지 못하는 곳으로 간 승객 몇 명과 함께였다. 용감한 운전사를 시작으로 망명을 신청하는 지원자들이 봇물처럼 밀려들었다. 셀리아를 잃은 카스트로는 처음으로 감히 '위대한 지도자'라는 호칭 대신 '피델 아저씨'라는 호칭을 사용하며 야유를 퍼붓는 이 반역자들을 다룰 방법을 알 수가 없었다. 길 한복판에서 곤봉으로 두드려 맞고 모욕을 당하며 진압되는 빈민들을 보며 아이데는 심한 충격을 받았다. 피델은 그가 알던 사람이 아니었다.

아이데는 격분한 군중들을 옹호하고 카스트로의 형제들에게 그들의 불만을 전하려고 애썼다. 대화는 소란스러웠고 그들은 들으려고 하지 않았다.

1980년 7월 26일, 몬카다 병영 습격 기념일, 아이데 산타마리아는 사무실에서 자동소총을 집어 들어 입 안에 넣고 방아쇠를 당겼다. 혁명은 마지막 여성 조언자를 잃었다.

1년 후인 1981년 9월, 피델은 마리타 로렌츠를 만나 마지막 대화를 나누었다. 그들의 관계가 끝난 후, 그녀는 베네수엘라의 독재자 마르코스 페레스 히메네스의 곁에 머물렀다. 두 사람 사이에는 그녀가 카스트로와 갖지 못한 아이가 있었다. "피델이 부드럽고 친절했던 반면 마르코스는 사랑을 나눌 때 좀더 이기적이었어요. 일을 치른 후, 그는 '고마워. 피곤하군, 이만 가 봐야겠어.' 라고 말하곤 했죠." 마리타 로렌츠는 두 남자를 이렇게 비교했다.

침묵의 20년이 흐른 후, 마리타는 다시 한 번 피델을 만나러 쿠바로 갈 용기를 냈다. 피델은 그녀를 품에 안았다. 감정에서 우러나온 행동이 아니라 외교적인 제스처였다. 그는 이미 소련 쪽으로 기울어져 있었다. 두 사람을 갈라놓은 갑작스러운 임신중절이 아니었다면, 두 사람 사이에 아이가 있었을 거라며 그녀는 그에게 애원을 했다. 그러나 피델은 그런 옛 이야기를 들으려 하지 않았다. 대신, 그녀에게 쿠바에 정착해 적절한 남편을 찾으라고 제안했다. 그가 혼잣말을 하는 동안, 그녀는 옛 추억을 더듬었다. "기억나요, 피델?" 그러나 그는 아무런 반응을 보이지 않았다. "당신에 대한 사랑으로 내가 했던 그 모든 것들을 납득할 수 있겠어요?" 그녀는 그의 어깨에 손을 얹었으나, 이미 작별 인사를 할 시간이 되었다. 마리타는 왜 자신이 쿠바에 왔는지 알 수가 없었다.

숨겨놓은 아내

미르타, 나티, 테레사, 마리타, 이사벨, 그리고 셀리아는 피델의 곁에서 사라졌다. 그러나 카스트로의 곁에는 언제나 그를 돌보는 여자가 있었다. 친구 막스 리스닉에게 '재혼을 하는 남자는 미친 것이 틀림없다'[61]고 말한 그가 마침내 거의 20년 전부터 비밀리에 함께 살아온 여자와의 결혼을 결심했다. "절대로 떨어질 수 없었던 셀리아가 죽은 후, 즉 그의 일생에서 가장 회복하기 어려운 상실의 아픔을 겪은 후, 1980년이 되어서야 카스트로는 드디어 결혼을 생각했습니다."[62] 사령관의 전 보디가드인 델핀 페르난데스는 이렇게 증언했다.

피델이 달리아 소토 델 발을 처음 만난 것은 힐튼호텔의 피 묻은 시트 위에 방치된 마리타를 구한 카밀로 시엔푸엔고스의 비행기 사고가 일어난 1959년 10월이었다. 카밀로의 비행기는 트리니다드에 인접한 마시오 만에 추락했다. 맑은 바닷물 위로 대량의 기름이 검출되었고 측근들은 비행기와 카밀로를 찾을 수 있으리라는 생각으로 서둘러 달려왔다. 수색작업을 맡은 사령관의 조카딸인 달리아는 뛰어난 잠수와 수영실력을 갖추고 있었다. 키가 크고 피부가 무척 흰 그녀는 즉시 잠수부대에 투입되었다. "트리니다드에 도착한 피델은 달리아를 소개받고 한눈에 반했다."[65]

델핀 페르난데스는 베일에 싸인 달리아에 대해 더 많은 정보를 제공해 주었다. "달리아는 평범한 학교 선생이었습니다. 의기소침한 면이 있었고 무심했으며 금발머리는 헝클어져 있었고 손톱은 한 번도 정리한 적이 없었죠." 피델은 30년 만에 다시 결혼을 하고 싶은 마음이 있었으나, 달리아를 영부인으로 만드는 것은 생각해 보아야 할 문제였다. "그녀의 역할은 언제나 배경으로 밀려났습니다. 남편의 명령에 따라 공식적인 행사에 나타나지 않았고 피델의 비밀 정원을 지키는 것에 만족해야 했죠." 두 사람의 관계는 한 신문사에서 금발머리에 맑은 눈을 한 여자가 어느 리셉션 장에서 피델의 곁을 지키고 있었다는 기사를 내보낸 2001년 여름까지 비밀로 유지되었다. "그 전까지는 달리아의 사진이 한 번도 공개되지 않았습니다. 그 사진들과 그녀와 피델 사이에 다섯 명의 자식이 있다는 사실은 바로 내가 공개한 것입니다." 델핀 페르난데스는 또 이렇게 말했다.

비밀이라는 후광으로 둘러싸인 달리아는 공식적으로 아바나 동쪽 외곽에 자리 잡은 고급 주택가 하이나니타스에 있는 집에서 이국적인 장미를 정성스럽게 가꾸는 정원사로 알려졌다. 열대 정원으로 둘러싸인 그 집은 거의 공개되지 않았으나 안락한 가죽 소파와 짙은 색 나무로 된 가구로 꾸며져 있었다. 그는 다섯 아들을 위해 테니스 코트와 농구장을 지었다. 쿠바에서는 몹시 부족한 전자제품들이 그 집에 널려 있는 모습이 중요인사의 집이라는 것을 증명해 보였다.

지나치게 낙관적인 묘사 뒤에 감추어진 카스트로 부인은 모순적인 여자였다. "그녀는 밀사를 보내 샤넬이나 디오르 등등 파리 최고 부티크의 옷들을 가져오게 했습니다. 향수와 보석도 즐겨 했는데, 절대 길에 나가는 법이 없었으므로 그것은 집 안에서 아들들과 집안일을 하는 사람들에게 보이기 위한 것이었죠." 델핀 페르난데스는 이렇게 전했다. 그러나 새장은 겉으로 보이는 것만큼 안락하지 않았다. 그녀는 카스트로의 바람기를 묵묵히 견뎌야 했다. 결혼을 하고도 격렬한 피델의 열정은 거의 잠잠해지지 않았다. 충동적인 구애와 까다로운 애인들에게 싫증이 난 그는 새로운 방법으로 쾌락을 채웠다. 델핀은 다음과 같이 증언했다. "길에서 마음에 드는 여자를 발견하면, 피델은 호위대장에게 그 여자를 가리켜 보였고, 호외대장은 대열 끝에서 따라오는 자동차에 있는 부하에게 명령을 내렸습니다. 그러면 '먹잇감' 의 사전 신원조사 과정이 시작되었죠. 그 과정의 시작은 미행이었습니다. 여자의 주소를 확보하면 그 여자가 결혼을 했는지의 여부를 알아보았고 남편이 누구인지를 조사했어요. 만일 남편이 당 조직의 일원이면 그에게 임무가 주어졌죠. 해외로 나가야 하는 일 같은 것들. 남편을 제압하고 나서는 보건부 장관의 '정기방문' 계획이 잡혔습니다. 그리고 쿠바에 퍼지기 시작한 전염병을 핑계로 여자에게 피검사와 엑스레이 촬영을 실시했고요. 결과가 만족스러우면 사람을 보내 우민정책을 쓰면서 그녀가 최고사령관의 감정적 동반자로 선택되었음을 알렸죠. 곧 여자는 자신이 겪던 일상생활의 문제들이 해결되고 부족한 면들이 채워지는 모습을 볼 수 있었습니다.”

아내가 품은 바깥 세계에 대한 호기심과 질투로부터 자신의 은밀한 생활을 지키기 위해, 피델은 모든 준비를 갖추었다. “그의 집에는 '160호실' 이라고 알려진 은신처가 있었습니다. 그 방에는 달리아조차도 출입할 수 없었으며 안에는 언제나 피델을 만족시키기 위한 아름다운 아가씨가 기다리고 있었죠.”

아바나에서 폭동이 일어났을 때, 그는 한 번도 공개하지 않은 아내와 이 집에 숨어 휴식기간을 가졌다. “그러나 달리아는 영리하고 인내심 많은 여자이기도 했어요. 발톱을 꺼내고 통치를 할 적절한 순간을 기다렸던 것이죠. 2000년대 접어들면서 피델이 병에 걸리자 마침내 그 순간이 왔습니다.” 델핀 페르난데스는 이렇게 이야기했다. 그러나 피델은 자신은 결혼을 단 한 번밖에 한 적이 없다면서 아무도 달리아를 그의 아내라고 부르지 못하도록 했다. 그 결혼의 상대가 미르타인지, 셀리아인지, 아니면 혁명인지는 밝히지 않았다.

2

김정일,
수많은 '기쁨조'를 거느린 위대한 지도자

김정일은 고영희에게 전적으로 의지했다. 전 세계적으로 유명한 그의 머리 모양도 그녀의 작품이었다. "김정일은 의자에 앉았고 고영희가 그의 머리카락을 잘랐다. 그 모습이 정말 사랑스러워서 나도 아내에게 머리카락을 잘라 달라고 했다."

— 후지모토 겐지

붉은 성모

1948년 2월, 평양.

김일성의 가족이 너무나도 기다리던 그날을 위해 한자리에 모였다. 위대한 혁명가이자 조국의 해방가인 김일성 장군이 연설을 하게 될 당대회장으로 이어지는 도로는 환희에 찬 군중으로 가득했다.

자동차 안에서 김일성의 아내 김정숙은 여섯 살 난 아들 김정일을 안심시키려 애썼다. 그는 해방된 조선민주주의 인민공화국의 첫 번째 집회에서 새 지도자들과 함께 인민들의 환호를 받는 아버지, 어머니의 곁에 의연하게 서 있어야 했다. 김정숙은 반바지를 입은 어린 아들 역시 승리의 기쁨을 누리며 박수를 받기를 원했다.

김정숙은 남편이 그 어느 때보다 뛰어나 보이기를 바라는 마음에, 밤새 군복을 기웠다. 그 옷은 남편과 남편의 동지들이 수년간 일본의 침략에 대한 저항의 기지로 삼아온 백두산 깊은 골짜기, 비밀 기지에서 호롱불에 의지해 그녀가 직접 지은 옷이었다.

김정숙은 거의 종교적인 열정에 들떠 남편을 환영하기 위해 완벽하게 줄을 맞추어 기다리는 군중을 바라보았다. 이윽고 '김일성 광장' 이라고 불리게 된 광장의 높은 단상에 김일성이 올랐다. 앞쪽으로 대동강이 내려다보이는 거대한 광장이었다. 이어 김정숙이 남편의 곁에 서자 군부대원들이 총검을 어깨에 메고 행진을 하기 시작했다. 위대한 수령은 단상 앞으로 대형을 이루어 지나가는 군인들에게 손을 들어 감사의 인사를 했다. 그 자리에 참석했던 한 동지는 "김정숙의 눈이 뜨거운 눈물로 젖었다."고 회상했다.[1]

31세의 젊은 김정숙은 기쁨으로 가슴이 뿌듯했다. 그녀의 아들 역시 대규모 군사 행진에 감동을 받은 것 같았다. 한 순진한 소녀가 김정일에게 커서 어떤 사람이 되고 싶은가 하고 질문을 하자, 그는 당당하게 대답했다.

"나는 우리 아버지 김일성 장군처럼 인민군의 수령이 되고 싶다."

김정숙은 자랑스러운 표정으로 소중한 아들을 바라보았다.

별의 탄생

1942년 2월 16일 새벽, 백두산.

김일성 부부가 기거하는 초라한 병영은 구세주가 탄생한 성스러운 마구간과 다름없었다. 창문이 하나밖에 없는 작은 오두막 안에서 김정숙은 진통 중이었다.

장군의 뒤를 이을 아기가 탄생했다는 소식은 마치 도화선에 불이 붙듯 주둔지 전체에 재빠르게 퍼져 나갔다. 모두가 안정된 조국의 미래를 기대하며 기쁨의 탄성을 질렀다. 위대한 장군의 혁명과업을 완수할 빛나는 별이 막 떠오른 참이었다. 김정숙은 조심스러워했으나, 동지들은 혹독한 겨울에 희망을 가져다 준 아기의 탄생에 대한 기쁨을 감추지 못했다.

주둔지로 돌아온 김일성은 기쁨에 휩싸였다. 병사들이 그에게 달려왔고 아기를 안은 김정숙이 그 뒤를 따랐다. 한 여자 전투원이 김정숙으로부터 아기를 받아 김일성에게 건넸다. 만세 소리에 축복받은 아기의 배내옷이 펄럭였다. 그러나 출산을 했다고 해서 혁명의 길을 쉬어 갈 수는 없었다. 전쟁의 법칙은 아기 돌보는 법칙과는 전혀 달랐다.

　며칠 후, 폭풍우가 주둔지를 휩쓸었다. 김정숙은 군용모포로 아기를 감싸고 '아직 화약 냄새가 풍기는' [2] 저고리를 벗어 그 위에 덮어주고 밤이 깊어감에 따라 더욱 매서워진 추위에 맞서 싸우려 애썼다. 그 딱한 모습을 목격한 소대의 여군들이 방법을 찾기로 했다.

　그날 저녁, 소대의 한 여자 전투원이 동료들에게 다 함께 힘을 합쳐 자투리 천과 배낭에서 잘라낸 모직 천으로 부드러운 아기이불을 만들자고 제안했다. 동이 틀 무렵, 여자들이 다시 김정숙의 오두막을 찾았다. "여러분의 친절을 잊지 않겠습니다. 조국이 해방되면 함께 앉아 지난 이야기를 하며 웃을 수 있을 겁니다." [3] 그녀는 이렇게 감사를 표하며 아기를 이불로 감쌌고 모인 여자들 모두는 약속된 땅으로 자신들을 이끌어 줄 새로운 태양의 곁에서 마음을 따뜻하게 녹였다. 김정숙이 자장가를 부르기 시작했다:

잘 자라 우리 아가
어서 커서 총을 잡고
너는 앞에 서고 나는 뒤를 따르고,
조국의 해방을 외치며 함께 싸우자꾸나.

잘 자라 우리 아가
어서 커서 붉은 깃발 높이 들고
너는 앞에 서고 나는 뒤를 따르고,
공산주의를 전 세계에 전파하기 위해 함께 싸우자꾸나.

　김정숙은 궁핍한 환경 속에서도 '왕비' [4]처럼 처신하려고 노력했다. 까무

잡잡한 피부와 탄력 있는 몸매, 명민한 표정은 남편이 거느린 병사들의 마음을 사로잡았다. 새카만 눈썹과 긴 속눈썹은 그녀의 눈빛을 부드럽게 만들어주었으나, 사실 그녀의 성격은 그리 부드럽지 않았다. 그녀는 일제 강점기에 어머니와 새어머니가 살해당한 고통을 항일 정신으로 바꾸어냈다. 가족을 잃은 김정숙은 15세의 나이로 빨치산에 합류하여 20세의 전도유망한 김일성이 이끄는 조선 공산주의청년동맹의 일원으로 활동하기 시작했다.

1937년 여름, 김정숙은 저항운동을 하다가 체포되었다. 그때 김일성은 그녀의 포기할 줄 모르는 확고한 태도에 강한 인상을 받았다. 여자 전투원들이 전단뭉치를 인쇄소로 가져가던 중에 발각된 사건이었다. 김일성은 이름조차 모르던 그녀가 마지막 순간이 왔음을 감지하고 했던 말을 잊을 수 없었다. "걱정하지 마십시오. 제가 죽어도 우리의 운동은 계속되어야 합니다. 제 전 재산인 2위안을 받아주십시오. 이 돈을 조직 자금으로 써주십시오."[5]

그러나 김일성의 눈에 비친 그녀는 소녀티를 겨우 벗은 평범한 전투원에 불과했다. 사실 김일성에게는 결혼생활의 낭만을 누릴 여유가 없었다.

1941년, 김정숙의 용기에 감동해 그녀와 결혼한 그는 젊은 여자 동지들의 강요를 못 이기고 카메라 앞에 서서 두 사람의 투쟁시절을 한 장의 사진으로 남겼다.

"사진기가 준비되었다는 사실을 알고 아내는 얼굴을 붉히며 다른 여자들 뒤로 숨었다. 그러나 여자들이 등을 떠밀자 그녀는 미소를 지으며 내게로 왔다. 그 순간을 놓치지 않고 한 동지가 작동 단추를 눌렀다. 내 인생에서 여자와 개인적으로 사진기 앞에 선 것은 그때가 처음이었다. 정숙과 나에게 그 사진은 단순한 결혼사진 이상의 가치가 있었다. (……) 나는 그 봄을 영원히 기억하고 싶었다. 그래서 급히 사진 뒷장에 이렇게 적어 넣었다. '타국에서 맞은 봄을 환영하며, 1941년 3월 1일, 주둔지 B.'"[6]

김정숙은 갖가지 재능을 개발하여 다른 여자 전투원들과의 차별화를 꾀했고 아직 결혼 적령기에 이르지 않은 대다수 혁명군에게 여성 고유의 매력을 내세워 남편의 영광을 찬양하도록 만들었다. 또한 그녀는 직접 고안한 무용으로 전투원들을 즐겁게 해 주기도 했다. 그녀의 안무 중에서 가장 유명한 '흰 갈매기' 무용은 남쪽으로 날아가던 중, 폭풍우를 만나 바닷가에 떨어진 갈매기 남매가 생존을 위해 투쟁을 벌이며 은혜로운 태양이 겨울을 몰아내고 봄을 데리고 와 주기를 기다린다는 내용이었다. 김정숙은 무용 동작에 붙일 가사까지 지어냈다.

남쪽 나라로 날아가다가 떨어지고 말았네.
아버지, 어머니를 잃고 우리는 슬피 울었지.
너와 내가 이 혹독한 겨울을 견뎌낸다면
태양이 따뜻한 온기로 우리를 맞아 주리라.

김정숙은 이웃 마을에서 원정공연을 하며 주민들로 하여금 혁명의 다짐을 새롭게 할 수 있는 동기를 제공했다. 그 흥겨운 순간에 함께 했던 여자 동지가 무대 뒤의 연습 장면을 묘사했다. "자! 이 무용을 완성해서 전투지역에서 사는 마을 주민들을 조금이나마 기쁘게 해줍시다!"[7]

그러나 훌륭한 전쟁 동지인 그녀는 위문공연을 하는 마릴린 먼로 역할에 만족할 수 없었다. 김정숙은 쉬지 않고 영웅의 길을 개척해 나갔다. 남자들이 낙하산 훈련을 한다는 이야기를 들은 그녀는 여자들도 같은 훈련을 해야 한다고 주장했다. 허공으로 뛰어내리기에 앞서, 첫 번째 훈련 단계로 전투원을 회전의자에 앉혀놓고 빙글빙글 돌려 비행기 멀미와 현기증을 이겨내도록 했다. 다음 단계는 높은 경사지에서 뛰어내려 두 발로 안전하게 착지

하는 것이었다. 여자 전투원 모두가 용감하게 뛰어내렸으나 김정숙은 애국심에 걸림돌이 되는 사소한 점 한 가지를 지적했다. 몇몇 전투원들이 뛰어내릴 때 눈을 감았던 것이다.

"이 훈련이 얼마나 중요한지 모르는 겁니까? 뛰어내리는 여러분의 발밑에 누가 있을지 상상을 해봐요. 적들도 있겠지만 그들의 압제에 고통받는 여러분의 부모, 형제, 자매들이 저 아래에 있습니다. 어떻게 눈을 감을 수 있단 말입니까?"

마침내 여자 전투원들이 비행기에서 뛰어내리는 훈련을 하기로 한 날이 되었다. "동무들, 아래에서 다시 만납시다!" 김정숙은 동지들을 격려하고 제일 먼저 뛰어내렸다. 아래에서는 꽃다발을 든 남자들이 빈정거리는 웃음을 지은 채 여성 대표를 기다리고 있었다.

그 이후로 그녀는 실제보다 더 대단한 사람으로 알려지게 되었다. "나는 특별한 외모의 여성을 만나게 되리라 기대했으나 내 앞에 선 그녀는 정말로 평범한 여자였다."[8] 한 젊은 여성 동지는 김정숙과의 첫 인상을 이렇게 표현했다.

이야기보다 총쏘기를 즐기는 여자

김정숙은 주둔지 내에서 다양한 재능을 펼쳐 보이면서도 자신의 절대적인 목표를 잊지 않았다. 그것은 그녀가 아직 실제로 한 번도 본 적 없는 조국을 해방시킬 위대한 김일성 장군을 돕는 것이었다. 그녀에게 남편의 말은 복음이었고 그의 이념은 널리 퍼뜨려야 할 예언이었다. 급진주의자들 중에서도 가장 철저한 급진주의자였던 그의 신조에는 용서라는 것이 존재하지 않았다. "동지들 사이에 숨은 한 명의 배신자는 눈앞에 보이는 수천 명의 적군보다 더 위험하다! 혁명의 과업을 완수하려면 배신자를 조심해야 한다.”

1944년 여름의 어느 날, 도강 훈련이 계획되었다. 낙하산 점프로는 충분치 않았다. 흐르는 강물에서 헤엄을 칠 줄 알아야 했다. 그러나 그것은 제복을 입고 무기를 소지한 전투원들에게는 그리 쉽지 않은 일이었다. 김정숙은 그들을 다그쳤다. “조국 해방의 위업을 위해서라면, 강물이 아니라 바다라도 헤엄쳐 건널 수 있어야 합니다. 남자들은 모두 수영을 할 줄 알아요. 여자들이라고 못할 게 뭐가 있겠습니까?” 말을 마친 그녀는 혼자 강물에 뛰어들어 길을 열었다. 그러나 강 중간쯤에서 한 여자 전투원이 강물에 휩쓸려 떠내려갔다. 김정숙은 방향을 바꾸어 그녀에게 다가가 자기만의 방식으로 용기를 북돋았다.

“무슨 일이 있어도 총을 버려서는 안 됩니다. 무기를 놓치지 말아요. 총을 잃어버리는 것은 혁명전사에게 있어 가장 치욕스러운 일입니다.”

타협을 모르고 지칠 줄도 모르는 그녀의 활동은 체력으로 해결되는 일에 한정되지 않았다. 김정숙은 중요한 정보를 입수했고 전략적 요소에 사람을 배치하는 일도 도맡았다. “그녀는 압록강의 폭과 수심, 그리고 물살의 빠르기를 직접 확인했고 강을 건너기에 가장 적합한 지점도 찾아냈다. 그리고 그림을 그려 우리에게 설명을 해 주었다.”[9]

그러나 김정숙의 가장 뛰어난 재능은 따로 있었다. 그것은 바로 놀라운 사격 솜씨였다. 그것은 그해, 김일성 장군이 주최한 사격대회에서 공개되었다. 100m, 200m 과녁, 그리고 300m 위치에 놓인 움직이는 과녁을 소총으로 맞히는 대회였다. 김정숙이 정해진 위치에 서자, 남편이 발사를 외쳤다. 그녀는 단 세 발로 깨끗하게 과녁의 중앙을 맞혀 1위를 차지했다. 사격 솜씨의 비밀을 묻는 여자 동지에게 그녀는 이렇게 대답했다. “나는 단 1초도 손에서 총을 놓지 않습니다.”

어린 김정일은 어머니의 재능을 그대로 물려받았다. 다섯 살이던 해, 그는 어머니가 사격장에 있는 것을 보고 자기도 총을 쏴 보고 싶다고 말했다. 김정숙은 총에서 탄약통을 빼고 방아쇠 당기는 법을 가르쳐 주었다. "총을 쏘기 시작하기 전에 숭고한 목표를 찾아야 한단다. 어서 자라서 이 총으로 아버지를 보호해 드려야 한다. 그리고 그 누구보다 아버지를 존경해야 하고. 네가 아버지처럼 위대한 장군이 되었으면 좋겠구나."[10]

추위가 기승을 부리던 10월의 어느 날, 오랜 행군 끝에 전투원들은 야영을 하게 되었다. 모두가 잠든 틈에, 김정숙은 시냇가로 내려가 얼음처럼 차가운 물에 손을 담그고 남편의 옷을 빨기 시작했다. 그러나 그 귀한 옷이 채 마르기도 전에 행군을 다시 시작하라는 명령이 떨어졌다. 축축한 옷을 장군의 짐 속에 넣을 수는 없었다. 그리고 완벽하게 다리지 않은 속옷을 가져다 줄 수는 더더욱 없었다. 결국 그녀는 윗옷의 단추를 풀고 물기가 있는 남편의 속옷을 가슴팍에 붙였다. 출발한 지 얼마 되지 않아 한기가 그녀의 살을 파고들었다. 그러나 그녀는 장군의 속옷을 가슴에 그대로 붙인 채 당당하게 걸음을 재촉했다. 혹독한 훈련 중에 찾아온 휴식시간, 그녀는 승리에 찬 표정으로 남편을 찾아가 속옷을 건넸다. 완벽하게 마른 옷을 본 김일성은 헛기침을 하고 아내에게 다가서다가 그녀의 손을 보게 되었다. 얼음 같은 물로 빨래를 한 그녀의 손가락은 파랗게 변해 있었고 손바닥에는 찢긴 상처가 나 있었다. 위대한 장군의 눈에 부끄러운 표정과 눈물이 깃들었다. 그는 재빨리 눈물을 훔쳤다.

남편을 위해 몸을 바치는 김정숙의 희생은 거기에서 그치지 않았다. 김일성이 임무를 위해 길을 떠나기 전날 밤, 그녀는 언제나 그녀를 따라다니는 강박관념에 사로잡혔다. 위대한 장군 동지의 건강과 안녕을 지킬 것. 그리하여 생각해낸 것이 많이 걸어야 하는 일정을 염두에 두어 신발 안에 넣을

푹신한 깔창을 만드는 것이었다. 고결한 발을 받칠 만한 재료를 찾지 못했던 그녀는 가위를 들고 자신의 긴 머리카락을 잘랐다.

"어머! 왜 머리를 잘랐습니까?" 한 여성 동지가 물었다.

"장군님이 전투에 나가십니다. 먼 길을 다니시다 보면 군화가 마를 틈이 없겠지요. 머리카락뭉치가 장군님의 군화와 몸을 덥힐 수만 있다면, 그보다 더 좋은 일이 어디에 있겠습니까!"

김일성이 군화 속에서 그 기발한 깔창을 발견하고 어떤 반응을 보였는지에 대한 기록은 남아 있지 않다. 김정숙은 김일성의 그림자가 되는 데에 성공했고 그의 존재의 일부가 되었다. "그녀는 내 마음속의 생각과 내가 말하고자 하는 모든 것을 표현해 주었다. (……) 그리고 인민들과 어울리며 내가 해결하고자 하는 문제들을 해결하기 위해 많은 노력을 기울였다."[11] 김일성은 이렇게 고백했다.

남편이 '태양이 되는' —김일성(金日成) 이름의 뜻풀이—것을 보고자 했던 그녀의 억척스러움은 곧 보상을 받았다. 1945년 8월 15일, 일본이 항복을 하면서 궁핍했던 생활이 끝났다. 일주일 전에 전쟁에 개입한 소련이 북한에 간섭하기 시작했다. 그들은 저항 세력의 방해도 없이 평양과 38선 이북의 지역을 점령했다. 스탈린은 새로 점령한 나라를 믿고 맡길 만한 사람을 급히 찾아야 했다. 소련의 비밀경찰 출신의 라브렌티 베리야가 유력한 후보로 떠올랐다. 전쟁으로 단련된 새로운 인물을 기다리던 소련인들은 포부가 큰 33세의 젊은 김일성을 주시했으면서도 그에게 선뜻 임무를 맡기지 않았다. 한 외교관의 말에 의하면, 그가 즉시 선택되지 못했던 이유는 "중국 식당 웨이터처럼 짧게 깎아 올린 머리 모양" 때문이라고 한다.[12]

여러 명의 후보들을 고려하던 스탈린 정부의 내무부 장관은 결국 김일성을 선택했다.[13] 김정숙은 북한 최고지위의 여성으로 등극했으나 마음을 놓

"나는 우리 아버지 김일성 장군처럼 인민군의 수령이 되고 싶다." 김정일이 어릴 때 부모인 김일성, 김정숙과 함께.

지 못하는 것 같았다. 다음 달, 미국이 한반도 남부에 주둔군을 정착시켰다. "우리는 죽을 각오로 미제와 맞서 싸워야 할 것입니다." 변방에서 몇 해를 보내며 김정숙은 어느새 전쟁 애호가가 되었던 것이다.

김일성의 꿈은 나름대로 이루어진 셈이었다. 스탈린은 김일성이 새로 조직한 '조선 인민군'에게 탱크, 트럭 등 일체의 무기를 마련해 주었다. 새로 임명된 고관들에게 걸맞은 평양의 저택이 제공되었다. 그들의 대부인 소련은 과거 일제 점령군이 쓰던 저택을 그들이 사용할 수 있도록 해주었다. 김일성 부부의 집은 넓고 호화로운 데다가 수영장까지 딸려 있었다.

그 때는 가족 숫자를 늘리기에 좋은 때이기도 했다. 소련식으로 슈라라는 예명을 붙인 아들 김만일이 새집에서 첫 걸음마를 떼려고 하고 있었다. 다음 해에는 딸 김경희가 태어났다.

그러나 1948년에 접어들면서 상황이 바뀌었다. 집 근처에서 놀던 어린 슈라가 어머니의 눈길이 잠시 소홀해진 틈에 수영장에 빠져 사망했다. 심한 충격을 받은 김정숙은 아들을 잃고 건강도 함께 잃었다.

"정숙은 나를 위해 자신의 전 일생을 바쳤다. 결혼 후에도, 그녀는 언제나 나를 자신의 사령관이자 지도자로 여겼다. 우리의 관계는 통치하는 자와 통치받는 자의 관계였고 동지관계였다."[14] 김일성은 이렇게 기록했다.

큰 착각

1949년 9월 21일 아침, 평양.

김정숙은 노동자들을 방문하기 위해 집을 나서는 남편을 바라보았다. 배낭을 메는 남편을 돕는 그녀의 안색은 좋지 않았다. 전투적인 태도로 일관해온 생활 때문에 32세 젊은 나이의 김정숙은 너무 일찍이 쇠약해졌다. 그녀는 남편이 탄 차가 멀어져 가는 모습을 계속 지켜보았다. 어린 김정일은 어머니의 상태가 심각하다는 것을 감지했다. 겨우 일곱 살이었던 그는 자신도 혁명군이 되겠다고 결심하고 그날 학교에 가지 않겠다고 선언했다.

현명한 그의 어머니는 어린아이들의 논리에 정통했다. 그녀는 아들이 공부를 열심히 하면 자신의 건강이 훨씬 좋아질 것이라는 말로 그를 설득했다. 학교에서 돌아온 김정일은 언제나처럼 털실로 남편의 속옷을 뜨고 있는 어머니의 모습을 눈여겨보았다. 열정이 사라진 얼굴은 걱정스러울 정도로 아파 보였고 병이 조금씩 그녀의 몸을 좀먹어가고 있다는 것을 알 수 있었다. "네 아버지는 위대한 분이시란다." 김정숙은 애정 어린 눈으로 아들을 바라보며 말했다. "아버지는 조국에 승리를 가져다주셨고 이제는 우리 인민들을 행복으로 이끌고 계시지. 네가 아버지를 잘 돌보아 드려야 한다."

정신이 가물가물해지고 있었지만 김정숙은 힘을 내어 아들에게 앞으로 지켜야 할 것들을 일러주었다. "너는 우리의 지도자이신 아버지께 충성을 다해야 하고 아버지가 혁명의 과업을 완수할 때까지 그분을 보좌해야 한단다." 어머니로서의 조언을 마친 그녀는 곧 심각한 상태에 빠져 병원으로 실려 갔다. 세 시간 후인 새벽 2시 40분, 그녀의 심장이 멈췄다. 전국의 애도하는 인민들이 그녀의 장례식을 위해 모였다.

9월 28일, 김정숙의 군대 동지들이 그녀가 마지막으로 머물 곳으로 운구를 했다. 당 중앙위원회 본부를 출발한 행렬은 그녀가 살던 저택의 다리 앞에 멈추어 섰다. 모란봉으로 이어지는 길의 양쪽에는 비탄에 빠진 군중들이 발 딛을 틈 없이 늘어서 있었다.

어린 김정일은 눈물을 흘리며 어머니에게 마지막 작별을 고하고 집으로 돌아와 어머니의 방으로 달려갔다. 그러나 어머니를 추억할 만한 것이라고는 그녀가 머리맡의 작은 상 위에 아들을 위해 놓아둔 작은 권총 한 자루뿐이었다. 김정일은 권총을 가슴에 꼭 끌어안고 어머니의 마지막 뜻을 이루고야 말겠다고 맹세했다. 그 권총은 그녀가 남긴 유일한 작별인사였다. 며칠 후, 남은 가족은 고인의 무덤을 찾아갔다. 김정일은 세 살배기 어린 여동생 김경희의 손을 꼭 잡고 놓지 않았다. 그는 어머니가 무덤에서 일어나 자신들을 반겨주기를 바랐다. 가족은 무덤 앞에 꽃다발을 두고 울음을 터뜨렸다. 김일성 역시 눈물을 참지 못했다. 그는 아이들의 얼굴을 닦아주며 이렇게 말했다. "절대로 어머니를 잊어서는 안 된다. 너희들의 어머니는 훌륭한 조선의 딸이었다. 아주 일찍부터 조국의 해방을 위해 무기를 들었고 10년이 넘는 세월 동안 내 곁을 지키며 전투를 한 분이지. 어머니의 피 묻은 발자국이 조국 전역의 오솔길에 각인되어 남아 있을 것이다."15)

이념주의자에게는 위로가 되는 말이었으나 어린 김정일에게는 그렇지 못했다. 조국은 해방되었을지 몰라도 그는 어머니를 잃었다. 그날부터, 김정일은 정원 벤치에 앉아 아버지가 돌아오기를 기다렸다. 경호원들이 안에서 기다리는 것이 어떻겠느냐고 묻자, 그는 어머니가 항상 아버지를 이곳에서 맞이했었고 자신은 어머니가 아버지를 기쁘게 하기 위해 했던 모든 것을 대신 하겠다고 약속했다는 대답을 할 뿐이었다.

얼마 후, 이번에는 김경희가 아팠다. 다시 한 번 소중한 사람을 잃을까봐 두려웠던 김정일은 도움을 청하기 위해 어머니가 묻힌 언덕으로 달려가 울부짖었다. "엄마! 엄마!" 그러나 산은 침묵을 지켰다. 조국의 구원자가 될 아이, 탄생했다는 것만으로도 인민 전체를 기쁘게 했던 그였지만 어머니를 구할 수는 없었다. 붉은 혁명의 조언자이자 1년 전만 해도 평양의 가장 큰 광장에서 그와 함께 조국의 해방을 축하했던 어머니를.

1949년 9월 22일, 김정숙의 사망원인은 '심장마비'였다는 공식 발표가 있었다. 그러나 공산당을 탈당한 전 북한 총비서의 아들은 다른 의견을 내놓았다. 유산으로 인한 과다출혈이 그녀를 죽음으로 이끌었을 것이라는 추측이었다. 죽음을 직감한 그녀는 의사를 부르기 전에 남편이 돌아오기를 애타게 기다렸을 것이다. 김일성은 중요한 일을 핑계로 늦게야 돌아와 피로 얼룩진 아내의 시신과 마주했다.[16] 만족을 모르던 김정숙은 심적 고통 때문에 죽었을지도 모른다. 그 고통은 유산으로 절망한 어머니의 고통이었을까, 남편의 무관심으로 인한 것이었을까?

약속의 땅으로 돌아온 이후, 김일성의 권력은 정치뿐 아니라 모든 면에 미쳤다. 그의 최고 관심은 옛 애인 중의 한 명으로 빨치산 운동 때 잠시 함께 살았던 한성희 동지를 찾는 것이었다. 그녀는 1940년 일본군에게 잡혔을 때 자신이 김일성의 아내라고 당당하게 밝혔다. 김일성은 그녀에게 평양 인근에 위치한 비밀 저택을 제공해주고 그녀가 낳은 자신의 자식들이 필요로 하는 모든 것을 공급해주었으나 끝내 그 자식들을 만나려 하지 않았다.[17]

김일성은 곧 그녀와의 재회에 싫증을 냈다. 영향력 있는 강한 남자였던 그는 북한을 창조한 신의 지위에 올라섰고 수많은 여자들이 그를 따랐다. 김일성의 공식 전기에는 매력적인 그의 목소리에 대한 언급과 함께 "그의 미소가 대단히 의미심장했다."[18]는 기록이 있었다. "그는 매우 매력적이었다. (……) 저녁식사 자리에서 그는 굉장히 친절하고 따뜻했다. 목 뒤의 혹만 제외하면 그는 아주 잘생긴 남자였다. 그의 목소리는 대단히 특별했다. 대부분의 사람들은 목으로 소리를 내지만, 그의 목소리는 오페라 가수처럼 배에서 우러나왔다."[19] 공산당에서 탈당한 한 고위관리는 이렇게 회상했다. 배에서부터 울리는 목소리에 매료되지 않은 사람들도 그의 숨겨진 매력에는 굴복하지 않을 수 없었다. "그의 얼굴은 완벽한 대칭을 이루었다. 그 때문인지 그의 얼굴은 정말 매력적이었다. 게다가 왼쪽 볼에는 보조개가 패어 있었다."[20]

그의 매력은 국경 너머에까지 영향력을 미쳤다. 유명한 독일의 여성작가 루이제 린저가 여러 차례에 걸쳐 김일성 장군을 만난 이후, 그의 인상을 전해준 덕분에 유럽 여성 독자들도 그의 매력을 발견할 수 있었다. 어느 날 린저는 김일성에게 꽃다발을 건네며 그에게 속삭였다. "하느님께 그렇게 열심히 기도를 하면서도, 나는 아직 하느님께 꽃다발을 바친 적이 없답니다. 지금 당신께 이 꽃다발을 드리려고 합니다. 당신은 이걸 받을 자격이 있어요. 보편적 평등의 공동체를 건설하신 분이니까요. 하느님도 그런 일은 못하셨을 거예요."[21] 앞선 방문에서 김일성의 히틀러식 매력에 저항했던 그녀는 그에게 반지를 선물하며 그의 운명과 자신의 운명을 하나로 엮었다.

1930년에 이미, 김일성은 소련의 코민테른 회의 참석차 떠난 긴 여행에서 아름다운 연인 한영애와 동행했다. 명랑한 성격의 여성 동지 한영애는 중국 농부로 변장해 국경을 건너는 김일성을 도왔다. 김일성은 죽는 순간까지 이 특별했던 동지의 사진을 간직했으며 가끔씩 "초월적인 사랑과 순수한 동지애를 바탕으로 (……) 그녀가 내게 해주었던 모든 일들을 추억하며."[22] 애정 어린 눈으로 그 사진을 바라보았다.

그러나 한영애 역시 장군의 마음을 완벽하게 채울 수는 없었다. 그녀를 대신한 여자는 "마음씨가 따뜻하고 남자처럼 도량이 컸던" 조금숙이었다. "그녀는 원리원칙을 엄격하게 따지고 혁명에 충성하는 사람이었다. 내가 모래사장에서 배를 끌라고 했다 해도, 그녀는 내가 시키는 그대로를 해냈을 것이다."[23] 김일성은 이렇게 회상했다. 그녀는 김일성이 티푸스에 걸렸을 때, 그를 돌보아주었다. 그는 북쪽 지방 출신인 조금숙의 억양을 흉내내거나 그녀의 포동포동한 외모를 놀리며 즐거워했다. "그녀는 뛰어난 미인은 아니었다. 그러나 나는 빨치산에서 접하는 그녀 같은 여자들이 대도시의 여자들보다 훨씬 더 고결하고 아름답게 느껴졌다."[24] 안타깝게도 귀여웠던 그녀는 일본군의 공격을 받고 사망했다. 어쩌면 그가 김정숙을 택한 이유는 다른 여자들이 사라진 후에도 그녀만은 살아남았기 때문인지도 몰랐다.

몇 주 만에 김정일의 세계는 무너졌다. 아버지가 순수하게 사랑했던 여인이자 소중한 어머니였던 그녀가 땅에 묻힌 후 얼마 지나지 않아 다른 여자가 그 자리를 차지했다. 김일성은 수개월 전부터 내무부 장관의 젊은 타자수와 내연관계를 유지해오다가 마침내 그녀를 자신의 사무실로 불러들여 특별 비서로 삼았다. 사실 이념적으로 완벽한 김일성의 가족사는 거의 지어낸 것이었다.

소련에 남아 있는 기록에 의하면 김정일은 눈 덮인 백두산 밀영지가 아닌 아버지 김일성이 피신한 시베리아 하바로프스크 인근 작은 마을에서 태어났다고 되어 있다. 김정숙은 심한 산통을 겪었지만 아기를 받을 의사를 부르지 못했다. 길고 긴 진통 끝에 그녀는 러시아 수의사 지망생의 도움을 받을 수 있었다. 김정일의 출생 기록지에는 유리 이르세노비치 킴이라는 러시아식 이름이 남아 있다. 일본군이 쏘아대는 총탄 속에서 태어났다거나, 탄생의 순간 새로운 별이 떠올랐다는 등의 이야기는 허구에 불과했다.

김일성 역시 만주 침엽수림대로 후퇴한 인민군을 이끄는 위대한 장군이 아니었다. 그는 한국계 중국 병사 몇 명을 거느린 단순한 지휘관에 불과했으며 소련 제88분대에 소속된 그의 부대를 이끄는 사령관은 중국인 주 바오종이었다. 스탈린 행정부가 김일성의 유순함을 보고 그를 선택했던 만큼, 그 어느 누구도 그의 체제가 소련의 압박이나 전 세계적인 공산주의 붕괴 세태를 이기고 살아남으리라고 예상하지 못했다. 조국의 해방자 김일성은 곧 '당의 통일을 위한 민주전선'을 내세워 모든 조합과 당을 통합하는 과정에서 가혹한 숙청을 실시했다. 격동의 하늘에서 유일하게 제자리를 지킨 별은 모성이라는 하늘에 박힌 완벽한 여인, 헌신적인 김정숙뿐이었다.

여배우의 무도회

김정숙이 사망한 후, 김정일은 집으로 자주 찾아오는 어떤 여자의 존재를 알게 되었다. 아버지의 사무실에서 비서로 일하고 있는 김성애는 곧 집안의 살림까지 도맡게 되었다.[25] 1952년, 마침내 열성적으로 가구를 닦던 그녀의 정체가 드러났다. 김일성은 그녀를 새 부인으로 지인들에게 소개했다. 김성애는 1928년, 평안남도 강서군에서 태어났다.

그녀는 남편의 장남으로 한국 전통에 의해 그의 후계자가 될 김정일을 특별히 미워하여 끊임없이 트집을 잡거나 먹을 것과 입을 것을 주지 않는 등 여러 가지 방법으로 학대하기 시작했다.

"김정일을 위해 생일 케이크가 준비되었던 어느 날, 아버지가 집을 나서자마자 김성애는 그 케이크를 빼앗아 친정집으로 보냈다."[26] 김일성 집안과 가까웠던 한 지인은 이렇게 회상했다.

김정일은 삼촌 집으로 몸을 피했다. 그는 계모의 출현이라는 급작스러운 변화를 받아들일 수 없었고 그녀를 '엄마'라고 부르라는 아버지의 요구는 더더욱 받아들일 수 없었다. 어린 김정일이 받은 상처에는 아랑곳없이, 김성애는 곧 아들 둘과 딸 둘을 낳았다. 김정일은 이제 더 이상 아버지의 사랑을 독차지하는 외아들이 아니었다.

여배우의 열성팬

1960년 어두운 극장, 당의 감시하에 상영된 영화 〈분계선 마을에서〉가 센

세이션을 일으켰다. 북한의 브리지트 바르도인 성혜림의 연기가 북한 사람들 수천 명의 상상력에 불을 지폈다.

평양연극영화대학 졸업반에 재학 중인 23세의 성혜림은 남한으로 망명한 남편의 아내로서 당에 대한 충성으로 운명과 맞서는 여인의 역할을 맡아 강한 인상을 남겼다. 공식적으로 호평을 받은 그녀는 신여성의 모델이 되었다. 젊은이들은 그녀의 눈을 보고 처음으로 마음이 설레었으며 그녀를 우상으로 삼았다. 전국 어디에서나 "성혜림과 결혼해 봤으면 소원이 없겠다."[27]는 말을 들을 수 있었다.

개인 영사실에 걸린 화면 앞에 앉은 18세의 김정일 역시 성혜림에게 매료되었다. 그 매력에 저항할 수 없었던 그는 이탈리아의 치네치타(Cinecitt)를 능가하는 영화촬영 스튜디오를 만들라는 당의 명령에 의해 설립된 '조선 예술영화 촬영소' 에 새로 영입된 그녀에게 찬사를 보내기로 결심했다.

국가에서 제작하는 모든 영화의 총감독직을 맡은 그는 당시 촬영하는 장면 하나하나에 호기심을 보이며 스튜디오에서 많은 시간을 보내고 있었다. 기념사진을 찍을 때, 결국 김정일은 성혜림을 자신의 옆자리에 앉혔다. 놀라웠던 점은 새로운 스타로 떠오른 그녀가 너무나 수줍어했다는 것이다. "혜림은 모양을 낼 줄도 모르고 화장을 할 줄도 몰랐다. (……) 미장원에 가는 법도 없이 생머리를 동여매고 뒤통수에 올려 큼직한 핀을 질러놓아 수탉 꼬리처럼 머리끝이 너풀거렸다."[28] 성혜림의 언니 성혜랑이 자전적 수기 『등나무집』에서 밝힌 내용이다. 김정일이 촬영소에 나타나면 그녀는 "늘 뒷전에만 숨고 말도 잘 안 했다."

말이 거의 없는 성격이었으나 그녀는 큰 키와 호리호리한 몸매, 흘러내린 어깨, 단정한 입술, 그리고 "연출가들이 두고두고 옆얼굴만 찍던" 곧게 뻗은 섬세한 콧날로 한 세대를 매혹시켰다. 약간 처진 눈썹과 아련한 눈빛이 우수에 젖은 표정을 만들어냈고 표현력이 풍부한 얼굴 전체에서는 우울하면서도 감미로운 분위기가 풍겼다.

"나의 이모는 1955년 평양 연극영화대학에서 영화연출 공부를 시작했으나 뛰어난 미모 때문에 배우로 뽑혔다. 이모에게는 천박한 면이 단 한 부분도 없었다. 평온한 표정에서 내면의 아름다움을 엿볼 수 있었고 귀족적인 풍모가 눈길을 끌었다."[29] 성혜림의 조카 이남옥은 출간되지 않은 수기에서 이모를 회상했다. 그러나 아름다운 그녀에게는 이미 남편이 있었다. "전통적인 중매결혼이었다." 역시 이남옥의 증언이다. "이모의 남편은 남한의 권력가 집안 출신이었고 시아버지는 전쟁 때 월북한 유명작가였다. 우리 할아버지의 가족과 친분이 있었던 그는 이모가 자라면 곧 누군가의 눈에 띄어 청혼을 받을 것이라는 생각에 어렸을 때부터 이모를 며느릿감으로 정해놓았다." 그 결혼은 모든 감정이 배제된 결혼이었다. "나는 다리를 건너가 결혼을 했다. 내가 가지고 간 것은 빗 하나가 전부였다." 18세의 나이에 그녀는 대동강을 건너 시집으로 들어갔다. 어쩌면 그녀는 달리 펼치지 못했던 열정을 영화 속에 쏟아부었는지도 모른다.

그러나 김정일에게 신인 여배우 성혜림은 초면이 아니었다. 김정일이 10대 소년이었을 때, 그는 유명작가 이기영의 집에 자주 드나들었다. 그의 집을 방문할 때에는 언제나 오토바이를 타고 시끌벅적하게 등장해 이목을 끌었다. 이기영의 며느리 성혜림과 한 상에 앉은 적은 한 번도 없었다. 영화 촬영과 사진 촬영이 있던 날, 관계자들이 즉석에서 마련된 식사 자리에 모였고 그는 드디어 그녀와 함께 식사를 할 수 있었다. 성혜림의 언니는 김정일의 집요한 시선이 동생의 몸 특정 부위에 고정되어 있었다고 회상했다. "나는 훗날 밥상머리에서 혜림의 뒷덜미에 흐트러진 머리칼을 바라보는 그의 눈길을 여러 번 포착하곤 했었다. 연민과 추억이 묻은 느슨한 눈길…… 낮선 사람이 오면 부엌이나 곳간에 숨어 나서지 않던 수줍음도 좋았고 부득이 맞닥뜨리면 말없이 정중히 왕자 대접할 줄 알던 그 덕기도……"

그러나 마키아벨리의 책을 읽어본 적이 없던 그 왕자 역시 여배우 앞에서 수줍음을 탔다. "그는 이모를 너무나도 사랑했지만, 한참이 지나고서야 자신의 마음을 고백했다." 촬영 축제 기간 동안 김정일은 모든 배우들에게 텔레비전과 냉장고, 그리고 재봉틀을 제공했으나 성혜림에게는 아무것도 선물하지 않았다. "그의 사랑을 증명해 보여주는 선물은 하나도 없었다. 그러나 이모는 그들 두 사람이 함께 하리라는 것을 예감했다." 이남옥은 또 이렇게 기술했다.

후계자의 끊임없는 관심 덕분에 몇 년 후 성혜림은 '조선민주주의인민공화국 공훈배우' 칭호를 받고 1968년 북한 영화를 소개하기 위해 캄보디아 프놈펜 영화제에 참석한 김정일과 동행하는 특권을 누렸다. 성혜림은 미소로 최고의 외교관 역할을 해냈다. 김정일은 캄보디아 국왕 시하누크에게 강한 인상을 남겼다. 그럼으로써 그를 영원한 원수 김일성의 눈 밖에 나게 하여 자신이 낳은 자식을 후계자로 만들려고 했던 계모 김성애의 계략에 치명타를 입혔다. 가족들과 멀리 떨어져 있다는 안도감과 열정으로 인해, 김정일과 성혜림 사이에는 "절대적으로 친밀한 분위기"[30]가 형성되었다고 성혜림의 언니 성혜랑은 전했다. 성혜림은 조카 이남옥을 위해 신발 한 켤레를 사다 주는 정성을 보였다. 평양으로 돌아온 이후, 상황은 달라졌다. 결국 김정일은 자기 안에 너무나 부족했던 부분을 채워줄 여자를 찾았던 것이다.

이념 속에서

다음 해 말, 성혜림은 행복에 겨워 친구에게 새로운 계획을 털어놓았다.

주방장 여덟 명, 하인 백 명, 경호원 오백 명이 있는 김정일의 집으로 들어가 살게 되었다는 것이었다. 전직 무용수인 성혜림의 친구는 걱정을 했다. 지금의 남편은 어떻게 되는 것인가? 성혜림은 단호한 표정으로 말했다. "앞으로 그 사람은 다시 안 만나게 될 거야."31) 그 말에 친구는 화를 냈고 그 이후로 "턱이 사각인 데다가 얼굴형도 계란형이 아니라서 그리 예쁘지 않은" 성혜림의 얼굴을 다시 보지 못했다.

2년 전 프놈펜에서의 로맨틱한 시간을 보낸 이후, 김정일은 김일성의 계속되는 비난 아래 사랑하는 여자를 호기심 어린 눈길로부터 보호할 수 있는 안락한 보금자리를 마련하기 위해 애를 썼다. 그 결과 연초에는 '중성동 15호 관저'가 완성되었다. 오락실, 서재, 신혼부부를 위한 방, 음악 감상실, 금고가 2,650㎡에 걸쳐 펼쳐진 집이었다. 고용인들은 별관으로 지어진 이층집에 기거했고 집 전체는 콘크리트로 만든 이중벽으로 철저하게 보호되었다.

높이 3미터, 길이 8미터의 수족관이 이 '마을'을 방문하는 특권을 부여받은 손님들을 반겼다. 김정일은 직접 초대 손님 명단을 작성했다. 선택된 이들을 기다리는 오락거리는 풍부했다. 지하실의 수영장, 마작 방은 물론이고 룰렛 판까지 마련되어 북한 유일의 카지노 역할을 했다. 김정일과 성혜림이 둘만의 식사를 즐기는 65㎡의 식당에서는 국가 최고 원수의 아들이 좋아하는 요리를 만들어내기 위해 특별 교육을 받은 여덟 명의 요리사가 언제 어느 때라도 음식을 대령할 수 있도록 준비하고 있었다. 2층에는 공연단과 오케스트라를 위한 무대가 설치된 접대실이 있었는데 공연이 끝난 후 그 공간은 댄스홀로 바뀌었다. 천장 높이는 7미터. 성혜림은 책장에서 책을 꺼내기 위해 사다리를 올라가야 했다.

김정일이 외모에 신경을 많이 썼던 만큼, 그의 사무실에 마련된 개인 미용실은 24시간 열려 있었다. "그의 키는 165cm였다. (……) 약간 뚱뚱한 체격 때문에 그는 머리 모양과 옷에 각별한 주의를 기울였다. 그가 제복 같은 재킷을 입었던 것은 불룩 튀어나온 배를 가리기 위해서였다."[32] 김정일의 개인 경호원은 이렇게 회상했다.

김정일과 성혜림의 만족을 위해, 홍콩과 타이완에서 6개월간 집중교육을 받은 마사지사들이 고용되었다. 여섯 명의 운전기사가 항상 대기하고 있다가 여름 별장이건 창광산이건, 두 사람이 가고 싶은 곳으로 차를 몰았다. 이 비밀 지역으로 들어가는 출입구는 철저히 보호되어 있었다. 바위에 뚫은 터널을 통해서만 접근이 가능했다.

소련의 훈련기지에서의 가난했던 생활은 이제 먼 과거의 일이었다. 김정일은 성혜림의 품에서 영화에 대한 열정을 마음껏 펼쳤다. 평생 군사교육을 받고 자랐지만 그는 정치나 군사 이야기보다는 영화편집과 사진에 관한 토론을 더 좋아했고 성혜림의 언니 성혜랑에게는 여러 번에 걸쳐 자신이 만일 다른 집안에서 태어났다면 틀림없이 예술가가 되었을 것이라는 말을 했다. 성혜림의 곁에서 삶의 감미로움을 발견한 이후, 4년 동안 공식 사진에서는 그의 모습을 찾아볼 수 없었다. 그 기간 동안 김정일은 성혜림과 함께 바닷가에서 수영복 차림으로 혹은 자동차 안에서 건배를 하며 포즈를 취했다. "나중에 집에서 우연히 사진을 볼 기회가 있었는데, 지방에 있는 김일성 특각(김일성의 전용 별장)들을 오가며 데이트했다는 것을 알 수 있었다."[33] 성혜림의 조카 이한영은 이렇게 전했다. 비밀이라는 후광으로 둘러싸인 자신들의 행복을 지키기 위해, 그들은 자물쇠가 달린 여행가방 안에 사진을 넣어 언니 성혜랑의 집에 맡겼다. 사람들은 이 때를 김정일이 정치적으로 신중한 태도를 보였던 기간이라고 간주했다.

1971년 5월 10일.

아직 공식적으로 인사를 나누지도 않은 처형의 집 앞에 도착한 김정일은 호화로운 볼가 자동차의 운전석에 앉아 미친 듯이 경적을 울려댔다. 깜짝 놀라 잠에서 깨어난 성혜랑의 눈에 비친 것은 어둠 속에 주차되어 있는 까만색 최신형 승용차였다. 그녀가 머뭇거리며 자동차로 다가가자 창문이 내려가고 '매제'가 모습을 나타내더니 자기 옆에 앉으라고 손짓을 했다. 그리고는 갑자기 말을 놓았다 "혜림이 아들을 낳았어!"[34]

예기치 않은 만남과 소식에 당황한 성혜랑은 김정일과의 첫 대면에서 강한 인상을 받았다. "그는 툭 반말을 했다. 이목구비가 조화된 그의 온 얼굴에는 기쁨이 반지르르 흐르고 있었다." 기쁜 소식을 알린 김정일은 더 이상 지체하지 않고 질풍처럼 차를 몰아 돌아갔다.

성혜림은 비밀리에 봉화진료소에 들어가며 김정일과 약속을 했다. 신분 노출의 위험 때문에 산부인과에 동행할 수 없었던 그를 위해 성혜림은 태어난 아기의 성별을 알릴 수 있는 방법을 생각해냈다. 김정일이 병실 밖에 차를 세우고 헤드라이트를 번쩍여 신호하면 안에서 전깃불을 껐다 켜는 방법으로 딸인지 아들인지를 알려주기로 했던 것이다. 아들이라는 것을 알게 된 그는 자동차 경적을 마구 울리며 평양 거리를 달렸다. "이렇게 달려나온 왕자는 그 기쁨을 나눌 사람이 없었다. 그래서 곧장 나에게 왔었다는 것을 나는 후에야 알았다." 성혜랑의 회상이다.

젊은 아버지 김정일은 어머니들이 하듯 잠투정하는 아기를 등에 업고 울음을 그칠 때까지 달래주곤 했다. "정일이 그 아들을 얼마나 사랑했는지는 이루 말로 다 할 수 없을 정도다." 성혜랑은 이렇게 기록했다. 김정일의 성장과정을 잘 아는 성혜림은 그 모습을 측은하게 지켜보았다. 어머니도 없이 화목한 가정의 분위기도 누리지 못한 채 아버지의 세도 밑에서 고독하게 헤매던 그의 어린 시절과 청춘에 대해 큰 연민을 느꼈다. 한편 엄중한 감시 속에 출산을 한 스트레스로 인해 성혜림은 젖이 잘 나오지 않았다.

김정일은 평양에서 어린 김정남에게 젖을 물릴 유모를 구해오게 했다. 김정일은 아들에게 지극한 사랑을 베풀었다. 한밤중에 김정남이 소변을 보고 싶다고 하면 속옷 차림으로 우윳병을 들고 아들의 소변을 직접 받아내기도 했다. 또한 가장에게 존칭을 쓰는 북한에서는 잘 쓰지 않는 친근한 '빠빠' 라는 말을 하기 시작한 김정남을 밥상 위에 앉히고 이야기를 주고받았다.

후계자의 어린 후계자가 태어나자, 김정일은 2,650㎡의 저택을 6,600㎡로 늘리고 서둘러 약 1,000㎡의 개인 놀이방을 지었다. 매년 서양에서 출시되는 신제품 완구들로 채워진 그 방의 한가운데에는 당구대가 자리 잡았고 사방 벽에는 비디오 게임을 할 수 있게 되어 있었다.

김정일은 성혜림이 거의 방치된 느낌을 받을 만큼 장남과 특별한 부자관계를 발전시켜 나갔다. 그는 어린 아들에게 소련군복이나 북한군복을 입혀 놓고 즐거워했다. 김정남의 옷장에는 소련과 북한의 육군, 해군, 공군 원수복과 무기가 가득 들어 있었다. 허리에 긴 칼을 찬 채, 김정일은 아들에게 명령 내리는 법을 가르쳤고 집안의 작은 부대를 통솔하라고 했다. 그리고 매해 생일마다 아들의 재킷에 한 단계 진급한 계급장을 달아 주었다. 해마다 선물 구매단이 김정남의 생일 선물을 구입하기 위해 외국으로 나갔고 선물 구매비용으로는 1년에 약 백만 달러를 소비했다. 김정남의 생일인 5월 10일이 되면 중성동 15호 관저에서는 1년에 한 번씩 벌이는 행사가 진행되었다. 아침에 선물 구매단이 옷, 신발, 다이아몬드가 세팅된 손목시계, 모형무기, 갖가지 종류의 전자게임기 등, 놀이방에 있는 모든 물건을 치우고 외국에서 공수한 새 물건들을 들여놓았다. 김정일은 아들을 기쁘게 하기 위해 끊임없이 물건을 사들여 김정남을 버릇없는 아이로 만들었다. 처음으로 이를 뽑게 되었을 때, 너무나 심하게 우는 김정남을 달래기 위해 김정일은 익숙한 외교수단을 동원했다.

"어떻게 하면 이 뽑을래?" "빠빠하고 똑같은 자동차 한 대 줘." 아이의 변덕스러운 소원은 곧 이루어졌다. 다음날, 김정일은 김정남에게 군청색 캐딜락을 선물했다. 사실 김정일 가족은 갖가지 자동차로 채워진 자동차 전시장을 소유하고 있었다. 다양한 색깔의 메르세데스 벤츠 450을 비롯하여, 캐딜락, 롤스로이스, 메르세데스 벤츠 600이 여러 대 갖추어져 있었고 김정남을 위해 구입한 캐딜락과 메르세데스 벤츠, 그리고 성혜림이 타는 또 한 대의 메르세데스 벤츠가 구비되어 있었다.

그러나 황태자 궁 안의 고독은 견디기 힘들었다. 성혜림은 격리된 생활을 견디다 못해 어머니와 언니, 그리고 조카 둘을 불러들였다. 마침 두 살 난 김정남이 식중독으로 사경을 헤매다 기적적으로 회복된 참이었다. 어린 김정남을 지켜보는 눈이 너무나 많았다. 그렇게 성혜림의 어머니는 비밀 생활로 신경이 날카로워져 안정을 찾지 못하는 딸을 돕기 위해 김정일의 집으로 들어오게 되었다. "비밀 유지를 위해 정남은 외부와 단절된 채 가족의 울타리 안에서 길러졌다." 이모인 성혜랑은 김정남의 가정교사 역할을 맡았다. 외출이 허락되는 경우는 봉화진료소에 갈 때뿐이었다. 김정남은 창을 천으로 가린 차를 타고 비밀리에 이동했다. 숨겨진 아이를 위한 교육은 최고 수준으로 준비되었다. 국어, 러시아어, 수학, 역사, 피아노 수업이 엄격하게 진행되었다. 물론 위대한 할아버지의 사상 입문 교육도 병행되었다. 김정남이 그런 엄한 교육을 받게 된 것은 아버지 김정일의 지극한 사랑에 기인한 것이었다.

성씨 가문 여자들 덕분에 황태자 궁의 분위기는 훨씬 부드러워졌다. 김정일은 '가족과 함께' 식사를 하며 그들의 지나간 이야기와 성혜랑의 직장 생활 이야기 등에 열심히 귀를 기울였고 조금씩 그들에게 애정을 갖기 시작했다. "어머니는 김정일이 순수한 인간이며 인지력과 인정이 있는 사람이라고 평가하고 계셨다. (……) ‘저 사람은 불쌍한 것 앞에서는 꼼짝 못한다’고 말씀하셨다.” 성혜랑은 이렇게 전했다. 태어나 처음으로 그는 미래의 지도자나 장군의 아들이 아닌 한 사람으로 인정을 받았다. 그는 필요에 의해 불려온 성혜림 가족의 개성을 높이 샀고 그들은 김정일을 친절하고 매력적이며 애정 넘치는 사람으로 보았다.

두 사람은 거의 부르주아적인 행복한 새해를 맞았다. 아침 일찍, 사냥을 떠난 김정일이 몇 시간 만에 돌아왔다. 그는 서둘러 문을 열고 성혜림을 불렀다. “여보, 여보! 사고가 났어. 가만.” 성혜림은 무슨 일인지 물어볼 엄두도 내지 못한 채 멀찌감치 서서 전화기를 드는 그를 지켜보았다. “남산 병원이요? 산부인과 바꾸라…… 낳았소? 무사해? 에미두? 모두 살았어?” 성혜림은 두려웠다. 혹시 사냥을 가던 길에 임산부를 차로 친 것이 아닐까. “여보, 살았대!” 끔찍한 이야기를 상상한 성혜림은 공포에 휩싸여 큰소리로 외치는 그를 뒤로하고 방 안으로 도망을 쳤다. “망할 놈의 새끼들! 말을 해야 알지. 지금이 사슴 분만기라고. 사냥 금지를 말해줘야 할 게 아니야……” 그제야 성혜림은 그가 사람이 아니라 새끼를 밴 짐승을 다치게 했음을 알게 되었다. “내가 쐈단 말이야. 방아쇠를 당기는 순간 사슴이 달아나지 않고 그 자리에 털썩 주저앉지 않아. 그때 아뿔싸, 생각이 났는데 늦었지 뭐……” 자신의 행동이 부끄러웠던 김정일은 평양 산부인과 병원에 사슴을 조산시키라는 명령을 내렸다. 북한에 동물병원이 아직 없었던 시절이었다.

두려움에서 벗어난 두 사람은 함께 웃음을 터뜨렸다. 사실 그들은 모든 면에서 공모를 벌였고 그 즐거움은 둘만의 비밀이었다. 성혜림은 수줍음을 많이 탔지만 김정일 앞에서만큼은 익살을 떨었고 특히 남의 흉내를 잘 냈다. “둘이 주고받는 대화는 별명, 눈짓, 외마디 소리, 쭝긋거리는 입귀만으로도 통하는 센스 충일이었는데 때로 식탁에서 슬쩍슬쩍 오가던 눈짓과 장

왼쪽은 성혜림, 가운데는 김정남이 장성하여 해외에서 살고 있을 때의 모습. 오른쪽은 김정남이 어릴 때 아버지 김정일과 이모 성혜랑, 그리고 이모의 두 자녀들과 함께 찍은 사진.

난치듯 부딪히는 어깻짓 뒤에 폭소하는 그들의 웃음이 무엇인지 누구를 보고 웃는 건지 나는 빤히 보고 앉아서도 모를 때가 많았다." 성혜랑은 이렇게 기록했다. 새 영화가 나왔는데 둘이 함께 볼 수 없는 상황이 되면 김정일은 성혜림에게 혼자 그 영화를 보고 평을 하라는 '과업' 을 내 주었다. 그는 무대장치, 배우들의 연기, 음악 등 모든 세부사항에 대한 그녀의 감상을 듣고 싶어 했다. 성혜랑이 보기에 둘의 사이는 완벽해 보였다. "둘은 무척 잘 맞는 짝이었다. 만약에 그들이 정상적인 쌍이었다면 깨 쏟아지게 재미있게 살았을 것이다."

이렇게 즐거운 생활을 하고 있는 중에 정치의 바람이 황태자궁의 문을 두드렸다. 외부에서 김정일이 중성동 15호 관저를 둘러싼 거대한 콘크리트 담 뒤에서 혼자 사는 것이 아니라는 의심을 하기 시작했다. 성혜림을 매우 사랑했지만, 그는 아버지에게 그녀를 소개할 수 없었다. 그것은 너무 위험한 일이었다. 구체제에서는 첩이 인정되었지만 이제는 금지였다. 새로운 체제 하에서 가족은 신성한 결속이었고 부부간의 정조는 가장 기본적인 덕목이었다. 그러나 북한 최고의 비밀이 새 나가기 시작했다. 비밀요원들이 김정일, 성혜림 가족을 염탐했고 최고의 인기를 누리던 여배우가 화면에서 사라진 것에 대한 소문이 퍼져 나갔다.

"1968년 영화계를 떠나기 전까지 나의 이모는 유명 여배우였다. 이후로 누군가가 이모의 이름을 언급하면 대답은 언제나 같았다. '쉿, 그 여자 이야기는 하지 마라!'" 이남옥은 이렇게 회상했다.

계모의 성(城)

세월이 흘러감에 따라 김성애의 지위는 견고해져 갔고 가족들의 관계도 소원해졌다. "김정일은 아버지 김일성의 총애를 받던 의붓동생 김평일과 자주 다투었다. 게다가 김정일은 김성애를 어머니로 대우하지 않았다. 물론 아버지를 하늘의 태양으로 여기고 숭배했으나 그의 등 뒤에서 자신의 권력을 키워 나갔다."[35] 김정일의 경호를 맡았던 한 경호원의 회상이다. 교활한 김성애는 항일 빨치산 출신이 아니었다. 항일 빨치산은 북한에서 정치적 경력을 쌓기 위해 필수적인 조건이었으나 그녀는 그런 것에 신경 쓰지 않고 권력을 쟁취하기 위해 움직이기 시작했다. "김일성의 아내인 김성애는 국가의 제2인자였고 1960년대 이후로 그녀의 세력은 상당히 커졌다." 이남옥은 이렇게 기록했다.

지칠 줄 모르는 그녀는 조선여성총동맹의 위원장 자리를 차지하고 단독으로 정치 집회를 열었으며 처음에는 여성문제를 다루다가 차츰 정부의 모든 문제에 관여하기 시작했다. "김성애에 대한 우상화 작업이 시작되었다. 그녀가 직접 서명한 책들이 등장했고 남편 없이 김성애 혼자 공장이나 다른 지역을 방문하는 경우도 있었다." 이남옥은 또 이런 기록을 남겼다. 김성애는 권력으로 가는 길을 다져 나가면서 가족의 이익을 위해 김정일의 어머니 김정숙의 위상을 낮추려고 애썼다.

김성애를 추종하는 파와 김정일을 따르는 이들 사이의 극심한 정치적 싸움이 10년간 계속되었고 그 기간 동안 가차 없는 숙청이 줄을 이었다. 내각 수상이 자리에서 물러나자, 김성애는 그 기회를 틈타 남편의 곁에서 부수상의 역할을 맡아 했다. 그녀는 고도의 마르크스적 사상 전파 방법을 답습하여 당 전체에 자신의 인용문집을 배포했다. 사람들은 그녀를 마오쩌둥의 부인으로 막강한 권력을 누렸던 장칭(江靑)과 비교했다. 새 아내와 큰아들 사이의 불화를 눈치챈 김일성은 한 연설에서 자신의 입장을 밝혔다. "김성애의 말을 내 말과 같은 것으로 간주해야 한다."[36] 이로써 진정한 전쟁이 시작되었다.

1971년 8월, 공산당 기관지에는 김일성과 김성애가 북한을 방문한 캄보디아의 국왕 시아누크를 맞이하는 사진을 일면에 실었다. 남편과 아내가 권력을 나누어 가졌다는 것을 상징적으로 보여주는 사진이었다. 중앙당 조직 및 선전 비서였던 김정일은 전통에 반하여 간결하게, 그러나 가차 없이 반론을 제기했다. "김정숙 동지는 항일 빨치산 시절부터 수령님을 보필해 오다가 조국 해방 후 돌아가셨는데, 이분이 북한 여성들의 귀감이 되실 분입니다. 이런 분이 우상화되어야지 어떻게 여맹의 김성애 위원장이 좌지우지할 수 있습니까."[37] 조선여성총동맹 관리들은 이제 당 중앙위원회 위원들과 동등한 대우를 받았고 최고 지도자 집회에서 연단에 앉을 수 있는 권리를 확보했다. 위원장인 김성애는 남편에게 김일성 광장에 자신이 이끄는 조직에 걸맞는 새 건물을 지어 달라고 요구했다.

최고 권력자의 아내로서 자신의 위상을 확립하는 마지막 단계에서, 그녀는 위험을 무릅썼다. 김정숙을 떠올릴 수 있는 모든 것들을 완전히 없애 버리려는 시도였다. 김성애는 각 도시의 벽에 붙어 있는 김정숙의 공식 사진들을 떼어내는 것에서부터 시작했다. 이어 위대한 어머니의 전설을 만들어 내려 연대기를 편찬하던 관계자들의 붓을 꺾었다. 이런 충격적인 조치의 보조수단으로, 그녀는 퇴역 전사들에게 부여되던 특권을 제한하여 정부 보조금을 끊고 그들의 사회적 위상을 단순한 군인으로 하락시켰다. 또한 남동생에게 요직을 주며 라이벌인 김정숙의 모든 기록을 말살하는 임무를 맡겼다.

반격의 순간이 왔다. 32세 젊은 김정일의 지지자들이 부정부패를 이유로 김성애의 친인척들을 고발했다. 그 첫 대상은 그녀의 남동생이었다. 6월에 열린 당 위원회에서는 김성애가 공식석상에서 제외되었고 맡은 역할도 축소되었다. 교훈은 컸다. 1년 후, 김성애는 공식적으로 김정숙을 '불굴의 공산주의 혁명가이자 훌륭한 행동주의자'로 묘사했다. 경애하는 지도자의 아들은 작고한 어머니의 추존사업에 착수했다. 수도 평양은 물론 김정숙이 태어난 고향마을과 그녀가 전투를 벌였던 곳마다 동상과 흉상이 속속 세워졌다. 김성애는 라이벌의 공적을 기리는 박물관 개관식에 참석해야 했다.

김일성은 김정숙에게 충실하지 않았지만 김정일은 영원한 동지인 여동생 김경희 덕분에 어머니에 대한 추억을 영광스럽게 간직할 수 있었다. 그녀 역시 1949년, 오빠와 함께 사랑하는 어머니의 무덤 앞에 꽃다발을 놓았던 그날을 기억하며 성장했다. 26세의 젊은 김경희는 어머니의 고집과 아버지의 혈기를 그대로 물려받았다. 김정일의 경호원은 이렇게 털어놓았다. "김정일과 김경희 남매는 더없이 가까운 사이였다. 이복형제들이 찾아오면 경호원들에게 지금 없다고 전하라고 명령을 내리는 그였지만 김경희가 왔다는 보고를 하면 기다리게 하지 말고 즉시 들여보내라고 했다. (……) 원래 성격이 굉장히 다혈질인데, 김경희가 예고 없이 불쑥 찾아와도 여동생한테만큼은 화를 내지 않았다."

1972년 김일성의 환갑잔치에서, 남매는 계모를 완전히 따돌려 버렸다. 건강하게 60세 생일을 맞은 위대한 수령을 위한 의식이 진행되었다. 모든 관료와 군대가 차례로 그에게 경의를 표했다. 김경희의 차례가 되자, 그녀는 아버지 앞에 절을 하더니 갑자기 통곡하기 시작했다. 찬물을 끼얹은 것 같은 침묵이 몇 초간 계속되었다. 귀빈 한 명이 김경희를 진정시키며 왜 우느냐고 물었다. 그러자 그녀는 몸을 떨며 겨우 말을 내뱉었다. "우리 어머니가 이 잔치를 못 보시고 돌아가셨기 때문입니다." 이 감동적인 장면을 목격한 김정숙의 옛 동지들은 눈물을 참지 못했고 곧 좌중은 '눈물바다'[38]가 되었다. 위대한 수령 김일성도 예외는 아니었다. 김정일은 차라리 죽고 싶다는 여동생을 진정시키려 애썼다.

급진적인 마르크스-레닌주의에 근본적 자급자족 체제를 결합한 이론으로 북한이 세계로부터 고립된 이유가 되기도 한 주체사상의 최고 이론가이며 김정일의 스승이었던 황장엽 역시 고집 센 김경희와 크게 부딪쳤다. 김일성 종합대학에서 경제학을 공부하던 그녀는 역시 경제학도였던 장성택을 만났다. 두 사람의 순진한 연애에 관한 이야기는 김일성의 귀에까지 들어가게 되었다. 김일성은 신뢰할 만한 지인들 외의 다른 모든 사람들과의 관계를 금지하고 있어 딸의 소식을 듣고 크게 화를 내며 그 낯선 젊은이와 만나지 말 것을 명령했다. 또한 황장엽에게 두 남녀를 떼어놓도록 하는 임무를 맡겼다. 그러나 김경희는 누구에게 압력을 행사해야 하는지 잘 알고 있었다.

"김경희는 총장실로 나를 찾아와 왜 총장선생이 사랑문제에 간섭을 하느냐고 따졌다. 나는 그녀가 그저 어린 줄로만 알고 있었는데, 그 일로 매우 당차고 똑똑하다고 느끼게 되었다. 그래서 그녀의 삼촌인 김영주를 만나 김경희에 대한 얘기를 했더니, 김영주도 고개를 절레절레 흔들면서 김경희가 너무 성격이 독해서 오빠인 김정일도 마음대로 다루지 못한다고 했다. 나는 그들이 언젠가는 다시 만나 결합할 것을 의심하지 않았다. 결국, 내 생각대로 훗날 두 사람은 결혼했다.”[39] ‘황장엽 회고록’의 일부분이다.

오만방자한 김경희였지만 김정일은 같은 어머니에게서 태어난 남매 중 유일하게 살아남은 여동생을 늘 감싸고돌았다. 자신은 아버지의 분노를 사면서까지 사랑을 쟁취했으면서도, 그녀는 오빠에게 가장 큰 위험인 여자들에게서 그를 지키겠다고 결심했다.

아버지의 복수

“김정일과 김경희의 사이는 굉장히 가까웠고 그 두 남매는 북한 정치를 이끄는 중추였다. 김정일은 김경희를 여동생이라기보다는 권력의 동반자라고 생각했다.” 김정일을 경호했던 한 경호원은 이런 의견을 밝혔다.

성혜림은 김정일을 행복하게 해 줄 수 있는 모든 재능을 갖추었으나 위대한 장군 김일성이 용서할 수 없는 한 가지 결점을 가지고 있었다. 이미 결혼을 해서 딸을 하나 두었다는 점이었다. 3년 동안, 김정일은 김씨 가문의 대를 이을 후손이자 영화 같은 사랑의 결실인 김정남의 존재를 무사히 감추어 왔다. 아버지의 후계자로 확정되기 전날 밤, 달콤한 생활과 순수한 이념 사이에서 고민하던 그가 느낀 고독감은 어마어마했다. 김경희는 가문의 명예를 더럽혀 위험에 처하게 할 수도 있는 여자를 몰아내고 오빠를 되찾겠다는 결심하에 어느 날 아침 성혜림을 찾아와 집에서 나가줄 것을 요구하며 그것이 ‘명예로운’ 일이라고 주장했다.

“언니는 우리 오빠보다 나이도 많고 한 번 결혼해서 애도 딸린 여자니까, 정남이는 내가 키울 테니 나가시오, 노후는 잘 보장해 주겠소.”

“절대 그럴 수 없어요. 정남이는 내 자식이에요. 내 자식을 고모에게 줄 수 없어요.”

목을 옥죄어오는 올가미를 느낀 성혜림은 순간적으로 아들을 데리고 도망치겠다고 결심했다. 김정일이 자신을 찾으라는 명령을 공개적으로 내릴 수 없다는 것을 잘 알았기에 굳힌 결심이었다. 이미 그녀는 아들의 존재를 감추는 데 급급한 김정일을 협박한 적이 있었다. "정남이는 내가 키울 거예요. 당신 동생에게 아이를 주지는 않을 거예요. 만약, 그래야 하는 상황이 닥치면, 정남이를 업고 당신 아버지를 찾아가 사실을 밝히겠어요."40) 성혜림의 고집에 김정일은 권총을 뽑아들고 자꾸 그런 이야기를 꺼내면, 그녀를 쏴 죽여 버리겠다는 으름장을 놓으며 위기를 넘겼다. 도망치던 성혜림은 몇 시간 후 발각되었고 탈출 시도는 잠깐 사이에 무산되었다.

진정한 철의 여인이자 권위적인 시누이 김경희의 압력은 너무나 강해졌고 집요한 그녀의 방문을 견딜 수 없었던 성혜림은 끊임없는 불안증에 시달리기 시작했다. 밤에도 마음을 놓을 수 없었다. 악몽이 계속되어 잠을 이룰 수 없자 이제는 강박증세가 나타났다. 그녀는 발작을 일으키며 찾아오는 사람들을 향해 소리를 질렀다. "난 언제 쫓겨날지 모른다. 언제 그들이 정남이를 빼앗아갈지 모른다!" 의사는 그녀의 증세가 불안증, 우울증과 신경쇠약증이라는 진단을 내렸다.

비밀은 성혜림이 감당하기에 너무 무거웠다. 만약에 그녀와 김정남의 존재가 알려진다면 계모인 김성애는 훌륭한 무기를 확보하게 될 수 있을 터였다. "김일성의 장남이 아버지의 사회주의혁명을 모독한 것이었다. 누군가가 아기를 죽일 수도 있었고 김성애가 아기를 데려가 직접 교육시키겠다고 나설 위험도 있었다. 김정일은 계모가 자신의 위상을 넘보거나 아들이 위험에 빠지는 것을 원치 않았다." 이남옥은 이렇게 회상했다. 김일성의 명령으로 위태롭게 지켜오던 균형이 깨졌다. 김일성과 김성애는 김정일에게 결혼을 강요했다. 남자 혼자 국가 정상의 자리를 지킬 수는 없는 법. 영부인과 공식적인 후계자가 필요하다는 것이었다.

이해를 넘어 희생을 각오한 성혜림은 김정일에게 아버지의 뜻을 따르라고 충고했다. 그러나 어느 날, 그녀가 김정남을 업고 정원을 거닐고 있을 때, 김경희가 무장한 사람들과 함께 오빠를 데리러 왔다. 아버지가 고른 새 아내를 맞이해야 한다는 것이었다. 김정일은 그날이 바로 정해진 날이었다는 사실을 알고 있었으나 태연히 낮잠을 자고 있었다. "가자요, 오빠, 가자요." 결국 그녀는 김정일을 침대에서 끌어냈다. 성혜림은 그가 정략결혼을 해도 두 사람의 사랑은 변치 않으리라고 믿으며 멀어져 가는 그들을 하염없이 바라보았다. "순진하고 외곬이던 혜림은 끝내 못 견뎠다. 불면증, 신경쇠약증, 불안발작, 어머니는 그 애를 모스크바로 치료차 떠나보내시었다." 성혜랑이 수기에서 밝힌 내용이다. 김정일은 모스크바에 성혜림을 보호하기 위한 철저한 준비를 했다. 아파트 두 채를 마련하고 경호팀을 붙여주었으며 소련 종합병원의 의사들과 접촉을 했다. 둘째를 임신했다는 소식을 채 알릴 틈도 없이 성혜림은 기력을 잃었고 아기에게도 충분한 영양을 공급하지 못했다. 결국 아기는 유산되었고 그녀는 두 달 동안 병원에 입원을 해야 했다.

그동안 김정일은 위대한 장군이 이념적으로 반듯하다는 판단을 내린 여자와의 결혼생활에 첫발을 내디뎠다. 김일성이 선택한 여자는 조선노동당 중앙당의 타자수이던 김영숙이었다. "김일성이 고른 김영숙은 시골 출신의 예쁘장한 여자였다. (……) 김정일은 김영숙에게서 거름 냄새가 난다고 화를 냈고 불쌍한 그녀는 눈물을 흘렸다."[41] 조선노동당의 한 간부는 이렇게 회상했다. 김일성이 아들의 진짜 가족을 철저히 모른 척하는 가운데 곧 새로 맺어진 부부는 딸을 낳았다. 그 소식에 성혜림은 가슴이 찢어지는 고통을 느꼈고 그로 인해 건강이 돌이킬 수 없을 정도로 악화되었다.

지극히 공식적인 김정일, 김영숙 부부는 16호 관저를 거처로 삼았다. "16

호 관저는 정원, 분수, 우물, 그리고 위락시설이 구비된 2층집이었다. 단순미가 우러나는 외양과는 달리, 그곳에는 외부로 이어지는 견고한 지하통로가 설치되어 있었다.” 한 경호원의 증언이다. 180명의 경호원들이 지키는 그 집에 자유로이 출입할 수 있는 사람은 없었다. 경호원은 이렇게 덧붙였다. “김정일은 아내 김영숙과 그 집에 기거했다. 공식적으로는 그 관저가 김정일의 거주지였으나 그는 그 집에 자주 들르지 않았다. 김정일의 진짜 아내는 다른 곳에서 살고 있었다.”

성혜림은 치료를 위해 거의 10년간 모스크바에 머물렀다. 고립된 생활 때문에 그녀의 신경과민증은 손댈 수 없을 수준으로 치닫고 말았다. 정신병자처럼 갑자기 비명을 지르며 침대에서 벌떡 일어나는 때도 많았다. 그녀는 정신착란 증세를 보이며 남편의 새 아내를 언급했다. 성혜림의 방에는 김일성과 김정일의 초상화가 걸려 있었는데, 그녀는 김정일의 초상화를 향해 욕을 퍼붓기도 했다. “계집에 빠져가지고는! 경희 고모가 어쨌더라? 그렇게 고모한테 잘해줄 거 같으면 오누이 둘이서 살지!”

버림받은 성혜림은 건강상태가 너무나 악화되어 유서를 작성해 조카 이남옥에게 맡겼다. 김정일은 그녀를 위해 돈과 음식과 경호원들을 보냈다. 성혜림은 가끔 모스크바를 떠나 평양의 봉화진료소로 왔다. 그럴 때마다 김정일은 그녀를 찾아와 몇 시간이고 그녀를 바라보다가 돌아가곤 했다. 그로서도 사랑하는 여인의 자멸을 막을 수는 없었다. 성혜림의 비극은 김정일이 겪은 가장 큰 고통이었다.

황장엽은 소련의 수도 모스크바에 유학생으로 파송된 북한 학생들 사이에 김정일의 실제 처가 모스크바로 도피해 치료를 받고 있다는 소문이 퍼졌었다고 회상했다. 소문이 더 퍼진다면 새 권력자의 분노를 살 것이 분명했다. 자신의 사생활을 철저히 보호하기 위해, 김정일은 북한으로 돌아오는 모든 유학생들에게 배신자로 분류된 성혜림에 관해 들어본 적이 있느냐는 질문을 했고 그렇다고 대답한 학생들은 처형되었다.[42] 그러나 성혜림이 평양 순안 공항에 내릴 때마다, 그는 직접 그녀를 마중했다.

성혜림이 병과 싸우는 몇 년 동안, 김정일의 성격은 완전히 변했다. "김정일 비서는 1970년대 초반부터 1년에 몇 차례나 혜림이 모스크바를 들락거리고 때로 홀아비처럼 정남이만 끼고 자면서도 아들이 있는 우리가 살던 집을 떠난 일이 없었다. 이후로 여자들에게 환멸을 느낀 듯했고, 더 나아가서는 여자들에게 냉소적인 태도를 보였다. 1978년 2월에는 예외적으로 그의 생일 잔치에 참석한 성혜림 앞에서 들으라는 듯이 '조선 여자들이야 집에서 빨래하고 살림만 하면 되지 않갔시오?' 라는 말을 했다."[43]

킹콩

사실 김정일은 몇 년 전부터 자신을 버린 성혜림에 대한 적개심을 키우고 있었다. 숨겨진 옛 여인은 정신병에 걸려 그와 북한의 영화를 버려진 고아로 만들었다. 성혜림은 김정일이 영화에 대한 불꽃 같은 정열을 고스란히 쏟아낼 수 있던 존재였다. 그런 점에서 그녀를 잃은 그는 공허감을 느꼈고 한시바삐 그 빈자리를 메우려고 했다. 새 애인들을 찾든지 적어도 그의 예술적인 영감을 공유할 수 있는 상대가 있어야 했다. 또한 성혜림을 단념하려면 영화팬들 역시 그녀를 잊도록 만들어야 했다. 해결방법은 간단했다. 북한 영화를 남한 영화와 경쟁할 수 있도록 하겠다는 자신의 욕망을 실현해 줄 수 있는 새로운 여자 조언자를 불러오는 것.

1978년 1월 14일, 남한의 유명 여배우인 52세의 최은희는 홍콩에 들렀다. 영화감독 신상옥의 전 부인이며 영화배우이자 제작자로 60여 편의 영화를 만든 바 있는 그녀는 운영하던 안양예술영화학교의 자금난을 해결하고자 방문한 아시아 영화의 수도 홍콩에서 괴한들에게 납치되었다. 두 달 후, 그녀가 감금된 평양 집에 전화벨이 울렸다.

"최 선생, 내 김정일이오. 뭘 하고 계십네까?"

"책을 읽다가 뜨개질을 하고 있어요."

"우리 집에 올 수 있소? 한 시간 이내로 자동차를 보내겠시오."

김정일은 취기가 오른 열띤 목소리로 말했다.

"무슨 일이신데요?"

"사실, 오늘이 내 생일입니다. 준비한 건 별로 없지만, 가족들이 모두 올 겁니다. 자…… 우리 집으로 오시라요."

김정일은 현관까지 나와 그녀를 반겼다. "최 선생, 건강은 어떠십네까? 좀 낫다는 얘기는 들었수다." 도심 한복판에서 남한의 유명 여배우를 난폭하게 납치를 해 온 이후, 김정일은 그녀의 건강을 특히 염려했다. 그는 세세한 부분까지 신경을 쓰며 친절한 태도를 보였다.

"그 옷이 내가 지어 드리라고 했던 옷입네까? 정말 곱습니다. 최 선생한테는 조선 옷이 더 잘 어울립니다."

"칭찬해 주셔서 감사합니다."

"걱정거리는 없습네까? 혹시 무슨 근심거리가 있으면 망설이지 말고 내게 말하시라요."

"없습니다. 오히려 너무나 잘해 주셔서 어떻게 감사를 드려야 할지 모르겠습니다."

"하하하…… 정말이네까? 특별히 해 드린 것도 없는데."

"친……애하는 지도자 동지…… 이같이 기쁜 날 말씀드리기는 죄송합니다만…… 돌려보내 주실 수 없습니까? 저에게는 부양해야 할 가족이 있고 학교 교직원들과 700여 명의 학생들이 있습니다. 제가 벌여놓은 일을 생각하면 잠을 이룰 수가 없습니다."

"네, 최 선생의 심정은 충분히 이해할 만합니다. 그러나 좀 참으셔야 합니다. 이제 곧 일이 잘 풀려 나갈 겁니다."

김정일은 안양영화예술학교 교장이자 영화 제작자였던 최은희를 예술적 동지로 선택했다. 그녀를 집으로 부른 것은 미래의 지도자의 생일잔치 자리를 빛내기 위해서가 아니라 할리우드에 버금가는 영화산업을 키우고자 하는 그의 꿈에 도움을 받기 위해서였다. 잔치에서 최은희는 불길한 SF영화를 보는 것 같은 느낌을 받았다. "우리 집사람입니다. 보구래. 최 선생이오. 인사하구래." 김정일이 소개한 여자는 아버지가 선택한 공식 부인인 김영숙이었다(성혜랑 수기 『등나무집』에는 이때 최은희가 소개받은 사람이 동생 성혜림인데 최은희가 김영숙으로 착각했다는 대목이 있다―역주). 검정색 바탕에 꽃무늬가 있는 홈드레스를 입은 그녀가 나타나 김정일의 곁에 서더니 인사를 건넸다. "이렇게 와주셔서 감사합니다." 그리고 남편을 향해 돌아서서 말했다. "그런데 이렇게 갑자기 조직을 하면 어떻게 합니까?" 김정일은 미리 준비한 듯 즉시 대답을 했다. "최 선생은 특별해. 가족의 일원으로 오신 거라니까……"[44] 그 자리에 함께 해 그 광경을 맥없이 지켜보던 성혜림은 남한에서 자신과 같은 일을 한다는 최은희를 보고 깜짝 놀랐다. 남한과 북한을 대표하는 두 여배우가 처음으로 대면하던 순간이었다.

납치된 충격에서 아직 벗어나지 못한 최은희의 긴장을 풀어주기 위해 김정일은 최선을 다해 친절을 베풀었다. 최은희의 참석은 공식적으로 예정되어 있지 않았다. 그러나 술기운이 오른 김정일이 갑자기 그녀를 초대하기로 결정했던 것이다. 김영숙은 분주히 왔다 갔다 하며 수많은 손님들의 시중을 들기에 바빴다. 김정일이 경련을 일으키는 산 잉어의 회를 직접 뜨는 것으로 잔치는 절정에 달했다. 그는 분위기를 부드럽게 해 보겠다고 김영숙을 손가락으로 가리키며 여성혐오적인 농담을 했다. "저 사람은 아무것도 몰라 (……) 촌뜨기 같으니!" 심지어 아내에게 손님의 목욕 시중을 들라고 명령했다. "다음번 사우나에 갈 때에는, 최 여사를 데리고 가시라요. 최 여사도 심장이 약하시다구!"

거처로 돌아온 최은희는 김정일이 자신을 위해 최선을 다해 준비를 해 주었다는 것을 알 수 있었다. 방에는 비서를 통하지 않고 직접 그와 통화할 수 있는 직통전화가 마련되어 있었다. 그는 언제라도 연락을 취할 수 있는 직통 전화번호를 알려주었다. 이렇게 호의를 표한 뒤에는 지인을 통해 시세이도 화장품, 샴페인, 코냑 등의 귀한 선물을 보내왔다.

김정일은 납치해 온 최은희를 작품에 투입해 북한 내 모든 가극, 연극, 영화 제작에 그녀의 의견을 수렴했다. "김정일과 관계된 곳은 공공건물이든 일반 가정집이든 어디나 필요한 장비가 갖춰진 영사실이 마련되어 있었고 매일 밤, 그는 영화 자료실에서 고른 영화들을 감상했다. 거의 1,000페이지에 달하는 영화목록에는 더빙이나 번역 여부가 표시되어 있었다. 그중 절반가량이 그를 위해 특별히 더빙되거나 번역된 작품이었다." 최은희는 이렇게 회상했다. 그러나 북한의 영화는 기분전환용이나 취미의 대상이 아니라 김일성 가계의 우상화를 위한 정치적 도구에 불과했다.

김정일은 '북한의 5대 혁명가극'의 하나로 손꼽히는 작품으로 일제의 대량 학살을 고발한 〈피바다〉의 제작에 최은희의 의견을 전적으로 반영했다. 최은희는 그에게 약간의 '낭만주의적 요소'를 첨가하라고 조언했다.

"신상옥 감독이 오면 이것으로 좋은 영화를 만들어보시라요."

그녀는 벼락을 맞은 듯 놀랐다. 전남편이 왜 북한에 온다는 말인가? 최은희가 실종되고 나서 몇 개월이 지난 1978년 7월, 신상옥은 홍콩을 시작으로 그녀의 흔적을 찾아 세계 각국을 돌다가 다시 홍콩으로 돌아왔다. 그때를 재능 있는 두 영화인을 곁에 둘 수 있는 기회라고 생각한 김정일은 역시 그를 납치하라는 지시를 내렸다. 한껏 들뜬 그는 최은희에게 공식석상에 함께 나서자는 제안을 했다.

"최 여사, 다음에 북남회담 때 나와 함께 갑시다."

"그게…… 언제입니까?"

"곧 열릴 겝니다."

"거기서 제가 뭘 해야 하나요?"

"최 여사가 남조선인민들 앞에서 사회주의 조국이 우월하다는 연설을 하면 효과가 아주 크지 않겠소? 남조선에 최 여사 팬이 많지요?"

최은희는 아연실색했다. 그 충격으로 시작된 무기력증은 몇 년간 그녀를 놓아주지 않았고 김정일은 이후로도 놀랄 수밖에 없는 제안들을 했다. 그러나 경애하는 지도자가 예술작품에만 신경을 쓰는 것은 아니었다. 몇 년 전부터 그는 아들 김정남에게 모든 애정을 쏟아붓고 있었다. 아들의 미래를 위해, 김정일은 김정남을 외국으로 보내 학교생활을 하게 해 주었다. 이런 결정을 하기까지는 김경희의 지지가 큰 힘이 되었다. 김정일의 동의하에, 성혜림의 어머니와 언니 성혜랑은 김정남을 데리고 모스크바로 갔고 그곳에서 몇 주 동안 머물렀다. 그러나 위생상의 문제로 그들은 급히 되돌아오고 말았다. "김정남은 시범적으로 학교에 다녀온 첫날, 화장실이 더럽다고 다시는 학교에 가지 않겠다고 했다." 그를 데리고 학교에 갔던 여자 경호원은 이렇게 회상했다. 그러자 김경희의 남편 장성택이 다른 장소와 학교를 물색하기 위해 나섰고 결국 다음 행선지는 '중립' 지역인 스위스의 제네바로 결정되었다. 김정남의 신분과 안전이 보장될 수 있는 최선의 장소였다. 김정남은 북한 외교관의 아들로 소개되었다.

북한을 떠나는 날, 김정일은 슬픔에 잠겼다. "옛날 딸 시집보내는 어머니보다도 더 지순한 슬픔에 잠겨 있었다."고 성혜랑이 전했다. 김정일은 술에 취한 채 아이처럼 눈물을 흘리며 같은 말을 반복했다. "나 다 알아! 너희들 정남이 나한테서 떼 가지고 가는 거 나 다 알아." 그러나 그는 곧 마음을 가라앉히고 아들과 처조카들을 격려했다. "김정일은 우리에게 세계를 배우고 경험을 쌓으라고 이야기해 주었다." 이남옥은 이렇게 회상했다.

1980년 3월, 김정남 일행은 제네바에 발을 들여놓았다. 휴식도 잠깐, 집안 가득 울리는 전화벨 소리가 끊일 틈이 없었다. 김정일은 쉬지 않고 아들에게 전화를 걸었다. 아버지와 아들은 전화기를 붙들고 눈물을 쏟으며 이야기를 나눴다. 김정남은 외할머니, 이모, 사촌누나 이남옥과 함께 스위스에 갔고 어머니 성혜림은 치료차 다시 모스크바로 갔다. 김정일의 아들이 외가 식구들과 함께 제네바에 체류한다는 사실은 극비사항이었다. "그러나 정남은 아버지를 몹시 그리워했고 평양으로 돌아가게 해 달라고 졸랐다. '빠빠, 날 데려가라. 나 여기 싫어. 빨리 나를 데려가라. 빠빠. 나 빠빠 없이 안 살래……' 라고 계속 울부짖는 소리를 카세트테이프에 녹음하기도 했다. 외할머니께 집으로 보내달라고 애원했지만 외할머니는 절대 그 청을 들어주지 않았다. 김정일이 아이를 만나면 다시는 놓아주지 않을 것 같다고 판단하셨던 것이다." 성혜랑의 증언이다. 완강한 외할머니와 이모는 그 위험한 카세트테이프를 중간에서 가로챘고 외로운 김정일은 영화제작에 몰두하며 시름을 잊었다.

1983년 3월 6일, '친애하는 지도자'에게 붙잡혀 감금생활을 한 지 5년 만에 최은희는 전남편 신상옥과 재회했다. 김정일은 재회의 순간에 자리를 함께 해 분위기를 띄웠다. "신 감독이 왔는데 무얼 하고 있소? 포옹 좀 하지. 왜 그러고만 서 있소?" 신상옥과 최은희가 어색하게 포옹을 하자 사진기 플래

시가 터졌다. "자, 포옹 그만들 하고 이리 오시오. 동아일보에 나가는 게 아니니까 마음 놓고 찍으시오." 만족한 김정일은 박수를 치고 그들과 함께 포즈를 취하더니 자기 나름대로 안심을 시켰다. 그리고는 납치된 이후로 몇 달 동안 감옥에 갇혀 있다가 막 풀려 나온 신상옥에게 영화 고문직을 맡겼다. 그의 다음 발언은 더 놀라웠다. "이번 4·15 위대한 수령님의 생신을 기해서 두 분의 결혼식을 여기서 올립시다."

김정일은 참신한 결혼선물을 생각하고 있었다. 3년 전, 어느 파티에서 김경희가 개를 아주 좋아한다면서 기르는 애완견이 여러 마리 있다고 자랑을 한 적이 있었다. 당시 외로운 생활을 하던 최은희가 자신도 강아지를 무척 좋아한다고 했다. 그 일을 기억하고 있던 김정일은 여동생에게 강아지를 최은희에게 선물하라고 했다. 몇 년 전의 일을 까맣게 잊고 있던 최은희는 다음 날, 현관을 열고는 기대하지도 않았던 강아지 두 마리를 발견했다.

신상옥, 최은희 부부는 향후 몇 년간 김정일의 대형 프로젝트 실현에 조력하며 영화 〈고질라〉의 사회주의 버전인 〈불가사리〉 등 수많은 작품을 탄생시켰다. 1986년, 비엔나에서 촬영을 하던 도중, 그들은 영화의 한 장면 같은 탈출에 성공하여 미국 대사관을 통해 미국으로 망명, 수년 후에 남한으로 돌아왔다.

스타 무용수들의 전쟁

비밀에 부친 가족이 공개될 것을 두려워한 김정일은 1990년대 초 아들 김정남을 평양으로 불러들였다. 몇 년간 떨어져 있었음에도 불구하고, 아버지에 대한 김정남의 애정은 그대로였다. 그러나 이제 북한에서 그는 이방인이었고 친애하는 지도자도 그에게 시간을 다 내어줄 수는 없었다. 김정일은 일생일대의 첫사랑 성혜림을 잃었다. 그녀가 아름다웠기 때문만이 아니라 모든 것을 함께 할 수 있었기에, 그의 공허감은 컸다. 김정일은 그녀의 섬세한 얼굴을 그리워했고 날씬한 다리를 회상하곤 했다. 그는 그 누구보다 날씬한 다리에 대한 안목이 높았다. 성혜림을 잃고도 "그는 정남이가 '에미를 닮아' 다리가 길고 키가 큰 데 대해 대단히 만족해했고 자랑스러워했다."[45] 성혜랑 수기의 한 대목이다.

아름다운 다리를 탐미하던 김정일은 관저에서 획기적인 디자이너 같은 발언을 했다. "남옥이 관저로 처음 들어왔던 날 소파에 앉아 있는 아이를 보고 대뜸 '저 애 무릎 아래가 왜 저렇게 기우? 놀라워하는 걸 보고 난 다른 의미로 놀랐다." 성혜랑은 또 이렇게 회상했다. 관저에서 일하는 사람들도 대부분 다리가 길었다. 정치판의 툴루즈-로트렉이라 할 수 있을 정도로 단신이었던 북조선의 왕자는 다리가 긴 사람들을 측근으로 뽑았다. "나는 그 사람의 다리 안목이 각별하다는 것을 알게 되었다. 북조선의 고위간부들이 모두 '다리 긴 사람' 으로 교체되고 있다는 것을 포착한 이가 또 있는지 모르겠다." 역시 성혜랑의 기록이다. 그는 완벽한 탐미주의자였다. 그의 마음에 들기 위해서는 긴 다리만으로는 충분치 않았고 움직임이 우아해야 했다. 항일시절, 무용을 만들어내던 어머니의 피를 이어받은 것이 틀림없는 그는 예술에 전념하여 비밀리에 대작을 만들어냈다. 북한 주민들에게 자신이 만든 안무에 따라 춤을 추도록 하는 것이었다.

김정일은 20년 전부터 최고 엘리트들로 구성된 만수대예술단이라는 공연예술단체의 재정지원과 운영을 맡아오고 있었다. 대동강변에 위치한 인재육성 공장이자 학교인 만수대예술단은 북한 내 최고의 무용수, 연주가들과 배우들을 뽑아 인민들의 생활환경보다 월등히 좋은 조건의 숙식을 제공했다. 다른 곳에서는 아침저녁에만 공급되는 온수가 24시간 나왔고 외제 초콜릿과 콜라를 비롯한 먹을거리도 풍부했다. 만수대예술단 소속의 여자 무용수가 상상초월의 이야기를 들려주었다. "옷, 속옷, 화장품을 비롯 모든 것이 제공되었다."[46] 예술단 단원들은 일주일에 한 번, '교양을 쌓고 영감을 얻기 위해' 자본주의 국가들의 영화를 보며 국경 너머의 세상을 엿볼 수 있었다. 김정일은 매일 연습과 훈련을 참관했고 연습이 끝난 후, 학생들이 차례로 자아비판을 하는 장면과 자신이 지적을 하는 장면을 비디오로 찍으라고 명령했다. 자아비판에는 다짐의 시간도 포함되어 있었다. "친애하는 지도자 동지께서 이끄는 예술단의 일원으로서, 저는 지도자 동지의 은혜에 감사하기 위해 조국의 예술을 위해 최선을 다할 것을 맹세합니다." 이런 호의호식의 대가로는 외국의 고위관리 앞에서, 그리고 친애하는 지도자의 사적인 파티에서 완벽한 공연을 펼치는 것이었다.

김정일은 젊은 미녀들의 노고를 아끼지 않고 치하했다. 20년 전부터 정략결혼한 아내와 병든 동거녀 사이에서 방황하던 그에게 만수대예술단은 큰 기쁨이었다. 1972년에는 혁명가극 〈꽃 파는 처녀〉가 초연되었는데, 출연 배우는 김정일이 내세운 엄격한 기준에 따라 캐스팅되었다. 배역을 맡으려면 키 160cm 이상이어야 하고 얼굴이 예뻐야 했다. 배역은 춤솜씨보다 외모에 따라 지정되었다. 북한의 대표 혁명가극인 〈꽃 파는 처녀〉는 항일 시대 병든 어머니와 눈먼 여동생을 치료하기 위한 돈을 벌려고 한 젊은 처녀가 매일 산에서 꽃을 따다 판다는 내용이다.

김정일은 만수대예술단에서 고영희를 만났다. 그녀는 재일교포 출신임에도 불구하고 예술단에서도 가장 인기가 좋은 단원 중 한 명이었다. 고영희의 가족은 그녀가 여덟 살 때 북한으로 돌아왔다. 그러나 새로운 사회에서 일본 출신에 대한 시선은 곱지 않았고 그들은 권력계층으로 들어올 수 없었다. 그러나 고영희는 자주 연습장을 찾는 김정일의 관심을 사로잡는 데 성공했다. 섬세한 이목구비와 도자기 같은 피부는 남의 이목을 끌지 않을 수 없었다. 키가 크고 호리호리한 그녀의 몸매는 체조선수처럼 잘 다듬어져 있었다. 그러나 그것이 다가 아니었다. "춤도 잘 추고 무대 인상이 좋아 예술가로서나 무용가로서 두루 평이 좋았다는데 그런 점들이 김정일의 눈에 든 것 같았다." 만수대예술단의 무용수로 활동하다가 남한으로 귀순한 무용수 신영희는 자전적 수기에서 선배 무용수로 활동하다가 김정일의 애첩이 되었다고 입에 오르내리는 고영희에 대한 소문을 언급했다.

신영희는 어느 날 아침, 동료 두 명과 함께 특별 훈련에 참석하라는 갑작스러운 지시를 받았다. 같은 날 저녁, 선택된 세 명의 무용수는 대형 연습실로 불려가 베일에 싸인 공연에 입을 의상을 제공받았다. "연분홍색의 그 옷은 나일론 천으로 된 발목까지 오는 드레스였다. 가슴 쪽은 일자형이고 아주 가느다란 어깨끈이 달려 있을 뿐 소매가 없는 스타일로 주로 한복을 입고 공연을 해 온 내 눈엔 아주 파격적으로 보였다."

18시까지는 모든 준비가 갖추어져야 한다는 명령이 떨어졌다. 무용수들은 차에 태워져 목적지로 이동했다. 도착한 곳은 외교부 초대소였다. 드디어 지시사항이 전달되었다. "조금 후 영희 동무가 참석하게 될 파티는 김정일 지도자 동지께서 특별히 마련한 파티야요. (……) 이 파티가 그분에게 새로운 힘을 가질 수 있는 휴식의 자리가 되도록 노력해야 합니다." 그 외의 지시사항이 하나 더 있었다. "그리고, 중요한 건, 이 파티는 함께 참석한 사람들끼리만 알고 있어야 한다는 사실이야요. 이곳에서 보고 들은 이야기는 절대 외부에 나가서 발설하면 안 됩니다." 연회장으로 간 그녀는 놀라는 동시에 실망을 했다. 사방 벽은 창문 하나 없이 유리로 뒤덮여 있는 암실이었

다. 화려한 샹들리에가 눈부시게 걸려 있었지만 조명은 그다지 밝은 편이
아니었다. 한 구석에 겨우 한 단을 올린 나무 무대가 설치되어 있었다. 누군
가가 와서 이 이례적인 공연에 초대된 인사들의 명단을 건넸다.

20시, 김정일이 나타났다. 평범한 회색 인민복 차림이었으나, 신영희는
그의 차림새를 눈여겨보았다. "키가 작아서 그런지 뒷굽을 높인 구두를 신
고 있었다." 모두가 일어나 요란하게 박수를 치는 가운데 그는 무대를 마주
한 특별석에 앉는 즉시 오늘 저녁의 책임 안무가에게 신영희의 신원을 물었
다. 이어 악사들이 연주를 시작했고 아름다운 소녀들이 무대를 장악했다.
"음악을 연주하고 있는 기악조들은 이 특별한 파티를 위해 마련된 중주조로
관현악합주단이었는데 백두산조는 7중주단이라고 불렀다. 백두산조는 아
까 앉아 있을 때는 몰랐는데 한결같이 키가 작고 몸이 여릿여릿한 게 나이
가 스무 살도 채 안 되어 보일 만큼 앳된 여자들로만 구성되어 있었다. 거기
에다 회색 롱드레스에 청색 볼레로 스타일의 재킷을 입고 있어 몸매가 더
날렵해 보였다." 신영희는 이렇게 회상했다.

이어 화려한 색깔의 갖가지 요리가 테이블 위에 펼쳐졌다. 손님들은 자유
롭고 넉넉한 분위기에서 먹고 마시며 흥겹게 이야기를 나눴다. 신영희는 손
님 중의 누군가가 부르는 노래를 듣고 깜짝 놀랐다. 가사가 자극적인 금지
된 남한 노래는 그녀도 얼핏 들어 알고 있었다. 그 노래를 들은 사람은 엄하
게 처벌을 받고 감옥에 갇혔다. 그러나 좌중은 흥겨워하고 있었고 김정일은
"좋아, 좋아!"를 연발했다. 느닷없이, 누군가가 무용수들에게 지도자 동지에
게 잔을 올리는 영광을 누리게 되었다고 알렸다. 김정일은 신영희의 다리를
관심 있게 쳐다보다가 그녀의 무릎 위에 번진 핏자국을 지적했다.

"근데, 자네 그 피가 뭔가?"

무대 위에서 무릎을 꿇는 동작을 하면서 무릎에 난 사마귀가 무대의 나뭇

결에 걸려 터졌던 것이다.

"여자들이 하는 그 편가?"

"아, 아닙니다. 아까 공연하다가 무릎에 난 사마귀를……."

공포에 질린 신영희는 더 이상 말을 이을 수 없었다. 술에 취한 한 손님이 웃음을 터뜨렸다. "뭐야? 아닌 것 같은데!" 지도자의 관심은 거기까지였다. 그는 수고했다는 말과 함께 시선을 돌렸다.

다른 무용수들이 등장해 무대를 열광의 도가니로 만들었다. 신영희는 그 공연단을 보고 충격에 휩싸였다. "협주단의 공연은 무용이라고 할 수 없는 것이었다. 그것은 음탕한 몸짓에 불과했다. 카세트에서 흘러나오는 음악에 맞춰 몸을 이리저리 비틀거나, 팬티가 다 보일 정도로 다리를 쩍쩍 들어 올리고 가슴이 다 들여다보이는 망측스러운 동작을 반복했다…… 난 용기를 내어 김정일 쪽을 쳐다보았다. 김정일도 무척 만족스러운 듯 얼굴에 웃음이 가득했다."

네 번째로 불려간 비밀파티. 김정일이 갑자기 무용수들에게 춤을 주문했다. "잠깐, 그 춤 한 번 춰봐. 〈꽃 파는 처녀〉의 환상춤 말이야. 꽃분이가 생각하는 장면 있잖아." 그가 신이 나서 목소리를 높였다. 무용수들이 춤을 추고 있는데 친애하는 지도자 동지가 친히 무대 위로 올라왔다. "무궁화 삼형제를 한 번 춰봐. 이렇게 추는 거야!" 그는 마치 선생이 제자에게 하듯 직접 몸동작을 흉내내 보였다.

신영희가 만수대예술단에 입단하기 전, 역시 같은 예술단에서 무용수로 활동했던 고영희는 예술단 내에서 진급을 했다. 그리고 최우수 무용수라는 명목하에 훈련을 핑계로 일본으로 파견되었다. 그 여행에 동행했던 어느 고위간부는 "그녀의 일본 방문은 김정일의 선물이었다. 김정일은 그녀에게 태어난 나라에 다시 가서 사 보고 싶은 물건도 사라고 했다. 고영희의 수행원들은 그녀의 비위를 거스르지 않기 위해 신경을 곤두세우며 그녀를 극진히 모셨다."[47]

1979년, 드디어 고영희의 가슴속에 자라고 있던 열망이 구체화되었다. "어느 날부턴가 고영희의 모습이 보이지 않았다. 나중에 그녀와 김정일이 살림을 차렸다는 것을 알았다." 신영희는 수기에 이렇게 기록했다. 김정일의 개인 요리사였던 후지모토 겐지의 말에 따르면, 그와 고영희의 관계는 자동차에서 시작되었다고 한다. 김정일은 만수대예술단 숙소로 그녀를 데리러 와서 남한 노래를 배경으로 틀어놓고 밤새도록 차로 드라이브를 시켜주었다.[48] 후지모토 겐지는 김정일이 고영희와 함께 1979년 당시 유행하던 〈그때 그 사람〉을 자주 불렀다고 했다. "비가 오면 생각나는 그 사람……" 을 함께 부르던 두 사람은 그해, 동거에 들어가 아들 둘과 딸 하나를 낳았다.

그러나 김정일의 또 다른 여인인 성혜림의 가족들은 그들의 동거를 강렬하게 비난했다. "고영희는 현재도 앞으로도 김정일 비서와 가정을 고수할지 모르나 재일동포라는 사실을 온 국민이 알고 있다는 것은 지도자에게 백두산 성지에서 태어난 혁명가계의 정체성을 부정하는 거부감을 주고 있다." 성혜림과의 추억은 너무나 거추장스러운 것이 되었다. 김정일은 첫사랑과 관련된 모든 것을 의심하기 시작했다. 어느 날 아침, 김정일이 보낸 요원들이 성혜림과 가장 친했던 친구의 집에 쳐들어와 가족들을 저 악명 높은 요덕수용소로 끌고 갔다. 그곳에서 그녀의 부모는 영양실조로 사망하고 아홉 살 난 아들은 먹을 물을 구하다가 강에 빠졌다. 요덕수용소에서 9년을 보낸 후, 그녀는 가족이 감금되었던 이유를 알게 되었다. "한 안전요원이 내게 말했다. 성혜림은 김정일의 부인이 아니고 두 사람 사이에는 자식이 없다고. 그것은 근거 없는 소문이라는 것이었다. 내가 그 이야기를 하고 다니면, 다시는 용서받을 수 없으리라는 이야기와 함께."[49]

김정일은 과거를 깨끗이 청산하고 성혜림 가족과 고영희 사이에 시작된 전쟁에서 자신의 위치를 밝혔다. 고영희는 김정일이 두 전처를 잊도록 하기 위해 모든 수단을 동원했고 특히 그의 입맛을 공략했다. 집착이라 해도 과언이 아닐 정도로 메기를 좋아했던 그는 개인 요리사에게 명령을 내렸다. "후지모토, 일본에도 메기 요리가 있을 거야. 어떤 요리인지 일본에 가서 보고 와." 그가 일본에 한 곳밖에 없다는 메기 요릿집을 발견하자, 김정일은 곧 요리사 네 명으로 구성된 공식 대표단을 보내 훈련을 받게 했다. 고영희는 김정일을 위해 평소 직접 메기탕 요리에 나섰고 '강냉이 국수'라는 냉면을 곁들여 상을 차렸다.

고영희는 진중한 성격의 여성이었다. 1953년 8월 오사카에서 태어난 그녀는 만수대예술단의 고된 훈련을 견디며 강철 같은 의지력을 길렀다. 그러나 태어난 고향을 떠나 타향에서 고생을 했음에도 명랑하고 사근사근한 천성은 그대로였다. 후지모토 겐지는 고영희를 "아름답고 인내심도 강하며 타인을 배려할 줄 아는 북한 최고의 현모양처"라고 묘사했다. 김정일은 고영희와 함께 완벽한 가정을 꿈꾸었다. 이들 부부와 자식들은 각자 소유한 백마를 타고 김정일을 선두로 질주를 했다. 승마를 몹시 좋아했던 김정일은 TV나 기록영화를 찍을 때 기회가 닿는 대로 군마에 오른 모습을 연출했다.

그러나 1992년, 공사 중이던 길에서 급하게 모퉁이를 돌던 중에, 김정일이 탄 말이 균형을 잃고 옆으로 미끄러지면서 친애하는 지도자 동지가 바닥에 구르는 사건이 발생했다. 관저로 옮겨진 그는 한밤중이 되어서야 정신을 차렸고 어깨에서부터 머리까지 심한 부상을 입어 몇 주 동안 꼼짝없이 누워 있어야 했다. 고영희가 남편을 다시 보았을 때, 그는 붕대를 칭칭 감고 멍 자국을 숨기기 위해 검은 선글라스를 쓰고 있었다. 그러나 국정을 미룰 수는 없었다. 김정일은 고영희를 곁으로 불러 책상 위에 쌓인 서류 뭉치를 읽는 비서 업무를 맡겼다. 또한 이 일로 그에게는 이상한 습관이 생겼다. 모르핀으로 인한 무기력 상태에서 혼자 있지 않기 위해, 또 그 위험한 약물에 의존성이 생기지 않게 하기 위해, 그는 주사를 맞을 때마다 고영희를 포함한 여섯 명의 측근을 불러들였다. 약물이 효과를 내기 시작해야 그들은 자러 갈 수 있었다. 이런 일을 겪으며 김정일의 곁을 지킨 고영희는 그의 아내로서의 자리를 굳건히 할 수 있었다. 그는 그녀를 전적으로 신임했고 여자는 살림만 하면 된다는 신조를 버리기에 이르렀다. 또한 그에게 일본 군가를 가르쳐 주는 그녀의 불손한 장난에도 호탕한 웃음을 터뜨렸다.

1994년 7월. 약 50년간 독재를 이어온 김일성이 심장마비로 사망했다. 경찰이 그 저주받은 날에 대담하게도 파티를 즐기고 있던 자들을 잡아들이며 김정일은 공식적으로 김씨 왕조의 두 번째 왕으로 등극했다. 태어나는 순간부터 위대한 장군의 후계자로서 준비를 해 온 그였지만, 아버지의 사망은 큰 충격이었다. 고영희는 슬픔으로 녹초가 된 김정일의 정신건강을 염려했다. 그가 오랫동안 방 안에 틀어박혀 나오지 않자, 최악의 경우를 상상한 그녀는 강제로 문을 열었다. 권총을 앞에 놓고 고민하는 그에게 그녀는 '무슨 생각을 하는 겁니까?' 하고 고함을 치며 권총을 숨겼다. 그리고 나쁜 생각들을 쫓기 위해 그에게 여러 가지 질문을 했다. 대답은 침묵뿐이었다.

김정일은 고영희에게 전적으로 의지했다. 전 세계적으로 유명한 그의 머리 모양도 그녀의 작품이었다. 후지모토 겐지는 뜻밖의 다정한 장면을 목격했다. "김정일은 의자에 앉았고 고영희가 그의 머리카락을 잘랐다. 그 모습이 정말 사랑스러워서 나도 아내에게 머리카락을 잘라 달라고 했다."

평소 김정일은 주위의 여자들은 물론 아무도 믿지 않는다는 점을 염두에 두어야 한다. "그의 가까이에서 일하는 타자수나 전화교환수는 금속제품을 몸에 지닐 수 없었다. 머리핀도 금지되어 늘 머리카락을 풀어헤치고 다녔

고영희

다.” 김정일의 경호원은 이렇게 증언했다. 친애하는 지도자 동지는 그것으로 만족할 수 없었다. “중앙당 전화교환수들은 주로 여자들이었다. 그런데 김정일이 교환수들을 남자로 바꾸라고 명령했다. ‘여자들은 비밀을 지키지 못한다.’는 이유에서였다.” 역시 같은 경호원의 이야기이다.

김정일이 집권한 후, 고영희는 여유 시간과 자유로이 여행할 기회를 더 많이 갖게 되었다. 그리하여 그녀는 유럽이나 도쿄의 디즈니랜드로 자주 여행을 떠났다. 그러나 그녀가 그렇게 잦은 여행을 한 배경에는 우울한 이유가 숨어 있었다. 몇 년 전부터 유선암을 앓고 있었던 것이다. 리옹과 파리에서 의료진을 평양으로 초청하여 치료를 받았으나 후계자 지정 문제와 남편의 관심 밖으로 밀려나는 것에 대한 두려움에 유방절단을 거부했다. 1995년, 그녀는 프랑스 리옹으로 건너가 수술을 받았다.

평양을 등진 일본인 요리사

어른이 된 김정남은 지난날처럼 아버지와 각별한 관계를 유지할 수 없었다. 이유는 간단했다. “우리가 모스크바와 제네바로 전전하다 끝내 평양으로 철수했을 때 정남은 ‘귀여운 어린애’가 아니라 턱이 시퍼런 18세의 총각이었다. 그사이 제 아버지는 딴 여자와 살림을 차리고 아들 딸을 보았다. 그는 정남에 대한 그 비정상적인 ‘눈물의 애정’을 새 아이들에게 옮겼다.” 성혜랑은 이렇게 회상했다. 그는 이미 이방인이 되어 있었고 바깥출입을 금지당한 채 집안에서 배급품으로 생활해야 했다. 김정남은 공공장소에서 총기를 난사하는 폭력적인 행동을 보이기에 이르렀다. 2001년, 위조여권으로 일본에 밀입국하려다가 적발된 사건 이후, 김정일은 성혜림의 소생으로 공식 후계자로서의 입지를 굳혀가던 그에 대해 완전히 실망하고 말았다. 적발될 당시, 그의 짐에서는 최신식 무기가 아닌 놀이공원 입장권이 발견되었다. 그 역시 디즈니랜드에 가고 싶었던 것일까.

5월, 도쿄에서 김정남이 체포되면서 친애하는 지도자가 처음으로 꾸렸던 가족의 운명은 결정되었다. 김정일의 집 안에서는 그 누구도 성혜림과 그녀의 어머니와 성혜랑의 이름을 입에 올릴 수 없었다. 이듬해, 왕년의 인기 여배우였던 김정남의 어머니 성혜림은 모스크바에서 혼자 생을 마감했다. 그녀의 시신은 모스크바 외곽에 위치한 트로예쿠로스포예 공동묘지, 스탈린의 부인 나디아와 아들 바실리가 묻힌 지점에서 가까운 곳에 안치되었고 검은 대리석 묘비가 세워졌다.

8개월 뒤, 조선노동당 관보에 '나도 인간답게, 여자답게 살고 싶다.'는 제목의 기사가 실렸다. 내용은 대형 화재로 목숨을 잃은 불쌍한 남한 주민의 최후를 묘사한 것이었다. 기사의 작성자는 이 익명의 죽음에 대해 분노하며 이 사건은 자본주의 사회에서 많은 것을 빼앗기고 사는 여성들의 생활상을 대변하는 것이라고 주장했다. "이러한 사회에서 혹독한 생활에 종속되어 (……) 집안의 꽃으로서, 또한 조국의 꽃으로서 사랑받고 보호되어야 하는 여성들이 단지 그녀들이 잘못된 체제에서 태어났다는 이유만으로 파란 많은 비천한 생활에서 헤매고 있다."[50] 이와 같은 내용의 기사는 김정일 체제에서 매일 내보내는 다른 선동선전들에 비해 크게 특이한 점은 없었으나, 마지막 부분에 서명한 이름은 북한 주민들에게 완전히 낯선 이름이었다. 고영희. 그녀가 처음으로 언론에 등장하자, 북한 전역에는 온갖 소문과 억측이 난무했다.

2. 김정일, 수많은 '기쁨조'를 거느린 위대한 지도자　　145

이어진 기사는 우선 미국이 전 세계를 혼란으로 몰아넣은 후 수소폭탄으로 세계를 지배하려 한다는 내용과 핵사찰에 대한 비판이었다. 아울러 그 기사는 북한 인민들에게 감추어왔던 비밀을 폭로했다. 부시 정부에 굽실거리며 핵무기의 수를 제한하는 것은 미 제국주의의 확산을 위한 함정이라는 것이었다. 2002년 3월 12일, 고영희는 신문의 한 면에서 미국이 9·11테러를 정치적으로 이용하고 있다고 고발했다. 미국정부가 전 세계에 공포감을 조성하기 위해 '자국의 안전' 문제를 다른 국가들에 투영하고 있다는 주장이었다. 마지막으로 그녀는 부시 대통령에게 정중하게 조언을 했다. "다른 민족들을 그렇게 무서운 방법으로 선동하지 말고 인류를 위해 선한 일을 하시오. (……) 세계인들의 성정과 시대의 흐름을 제대로 파악하고 신중히 행동하시오." 김정일은 이런 식으로 부인이자 어쩌면 가까운 미래에 지도자의 어머니가 될지도 모르는 그녀를 인민들에게 공개했고, 원초적 두려움에 사로잡힌 인민들은 양팔 벌려 그녀를 환영할 수밖에 없었다.

8월, 공식적으로 김정일의 새 부인을 '가장 충성스러우시며 존경받아 마땅하신 어머니'[51]로 표현한 군사서류의 발간과 더불어 고영희에 관한 소개는 진일보했다. 시찰과 군대 사열식에서 김정일의 곁을 지키며, 고영희는 지도자의 건강과 안전을 지키는 중요한 역할을 담당했다. 선전선동의 코드에 익숙한 인민들은 곧 '존경하는 어머니'와 '조선의 어머니'가 김정일의 어머니인 김정숙을 지칭하던 호칭임을 알아차렸다. 이제 가장 존경해야 할 여성은 고영희였다. 그녀는 개밥의 도토리 신세에서 김씨 집안의 세도가로 성장함과 동시에 김정남의 후계자 자격을 박탈하면서 자신의 두 아들 중 한 명을 미래의 지도자로 만들 수 있는 기회를 잡았다.

자신에 대한 우상화보다는 아들들의 후계자로서의 입지가 더 중요했던 고영희는 김정일에게 자신의 의지를 은근히 내비쳤다. 김정일의 개인 요리사 후지모토 겐지는 2002년 8월 8일, 특별했던 대화를 회상했다. "후지모토 씨, 잠깐 얘기 좀 해요. 전부터 후지모토 씨와 이야기를 나눠보고 싶었지만 통 기회가 없었어요. 장군님을 위해 초밥은 물론이고 여러 가지 요리를 만들어 주시니, 후지모토 씨에게 감사하고 있어요. 스포츠도 뭐든 잘하는 데다 연회 때는 색소폰까지 연주해줘서 정말 고마웠어요. 오늘은 맛있는 장어덮밥까지 만들어 주어서 가족 모두가 맛있게 먹었어요." 그녀는 그에게 하얀 봉투를 내밀고 잠시 후 말을 이었다. "후지모토 씨, 일본에 돌아가고 싶지 않아요?"

"돌아가고 싶지 않다면 거짓말이겠지요. 1년에 한 번쯤은 딸들도 만나고, 형님과 술도 마시고 싶습니다."

"그렇겠지요. 장군님께 내가 이야기해볼게요."

일주일 후, 후지모토는 김정일에게 불려가 일본 여행을 허락받았다. 그러나 주의사항이 있었다. "기간은 2주일이다. 여권 재발급 신청을 하고 생 다랑어와 갈치를 사와라. 한 가지, 중국에서 일본으로 전화는 하지 마라."[52] 이렇게 북한을 나온 후지모토는 그대로 일본에 남고 싶은 생각이 굴뚝같았으나 고영희의 체면을 생각해 다시 북한으로 돌아갔다가 다음해에 탈출을 감행했다. 더 이상은 그가 만들어주는 장어덮밥을 먹을 수 없다는 사실로 실망해서였을까, 아니면 성게를 살 돈을 가지고 사라진 그에 대한 배신감 때문이었을까? 김정일은 오키나와에서 후지모토를 발견하면 칼로 찌르라고 말했다. 이번에도 그의 기분을 풀어 준 사람은 고영희였다. "후지모토는 일본이 좋아 일본에 있는 거잖아요. 그냥 내버려두는 게 어떻겠어요?"

그러나 새로운 퍼스트레이디는 친한 친구를 잃었다. 김정일이 나타나면 얼른 주제를 바꾸었지만 고영희에게 후지모토는 북한 테두리 안에서 일본에서의 추억을 나누고 일본 문화에 대해 토론할 수 있는 유일한 친구였다.

그는 김정일, 고영희 부부가 행복했던 시절, 그들과 함께 했던 친구이자 측근이었다. "김정일 장군은 부인 고영희를 진심으로 사랑했다. 내가 보기에, 부인은 김정일 장군의 마지막 아내일 것이다."

일본인 요리사가 사라지자, 김정일이 즐기는 메뉴를 완벽하게 만들어줄 사람이 없었다. 김정일은 소문난 미식가였다. 후지모토 겐지 말고도 그는 각자 특기가 다른 예닐곱 명 가량의 요리사를 거느리고 있었다. 후지모토 겐지는 자신이 떠난 후, 김정일은 그가 좋아하는 갈비를 즉시 대령할 수 있는 프랑스인 요리사를 구했다고 말했다.

평양은 파티 중

김정일 장군의 파티는 언제나 이런 식으로 시작되었다. 파티장에 들어올 때부터 김정일은 고영희를 대동했고 직접 겉옷까지 벗겨주는 등 그녀에게 세심하게 신경을 써 주었다. 고영희는 아들 딸을 낳고 살이 올라 있는 모습이었다. 분위기가 무르익으면 불려온 여자들은 괴로운 시간을 맞아야 했다. "술이 얼큰하게 취하면 갑자기 옆의 여자를 덮친다든지 별의별 추태를 보이는 간부들도 있었는데 김정일은 파티에서 일어난 일은 웬만해서 다 용서하고 전혀 문제 삼지 않았다."[53] 그 자리에 불려 나갔던 신영희의 회상이다. 고영희는 그런 난잡한 분위기를 좋아하지 않아 김정일은 그녀와 있을 때에는 조심하면서도 쾌락을 즐겼다. 유선암 수술을 위해 그녀가 프랑스로 떠나자, 김정일의 궁전에서는 화려한 파티의 마라톤이 시작되었다.

파티는 주로 초대소에서 이루어졌다. 어느 날, 다섯 명의 '기쁨조' 소속 젊은 여자들이 지도자를 중심으로 모인 고위간부들을 즐겁게 해 주었다. 갑자기 김정일이 그들에게 다가가더니 명령을 내렸다. "옷을 벗어!" 무희들이 천천히 옷을 벗고 있는데, 김정일이 다시 명령했다. "브래지어와 팬티도 벗어!" 이번에는 무희들도 놀라고 당황하지 않을 수 없었다. 하지만 장군님의 명령을 거역할 수는 없는 노릇이었다. 그들은 마지막 옷까지 전부 벗고서 알몸으로 춤을 추었다. 그러자 김정일이 간부들에게 지시했다. "너희들도 같이 춰." 그는 간부들에게도 함께 춤을 추라고 명령했다. 김정일이 또다시 명령했다. "춤을 추는 건 좋지만 만져서는 안 돼. 만지면 도둑이야."54)

체제의 수장으로서 음란한 파티를 벌이는 것은 측근들에게 은혜를 베푸는 수단이었다. 체제의 가장 비밀스러운 '기관'은 흔히들 '기쁨조'라고 하는 공연조였다. 고등학교를 갓 졸업한 여자들 중에서 2~3백 명을 뽑아 예술전문학교로 보내놓고 처녀인지의 여부를 비롯, 정밀 신체검사를 했다. 이 과정에서 추려진 여자들은 세 그룹으로 나뉘어져 교육을 받은 후 김정일의 거처에 배치되었다. '만족조'는 파티 시중과 성적 즐거움을 주는 임무를, '행복조'는 안마, 마사지 등으로 피로회복을 돕는 임무를, '가무조'는 파티의 노래와 춤을 담당했다.

김정일에게는 고정 파트너가 없었다. 두세 명 정도가 파트너로 옆자리에 앉아 시중을 들었다. 고영희는 남편이 주최하는 방탕한 파티를 역겨워해 차츰 참석하지 않고 그에게서 받은 창광동 관저에 남았다.

파티에 참석했던 고영희가 돌아가면 기쁨조가 등장했다. 파티는 매주 수요일과 토요일 김정일의 집무실 옆 공관에서 열렸다. 초대받은 사람들은 저녁 7시 30분에 모두 도착해 양주를 마시며 김정일이 오기를 기다렸다. 되도록 술을 빨리 마시는 것이 파티의 전통이었고 밤 10시가 되면 모두 거나해졌다. 파티가 한창 무르익으면 김정일이 손님 중 누군가를 지적해 최신식 가라오케 반주에 맞춰 노래를 하도록 시켰다.

파티에서 김정일은 멋진 모습을 보이고 싶어 했다. 어느 날, 그는 처형 성혜랑과 처조카 이일남과 식사를 하다가 심각한 목소리로 말했다. "김정일이 어머니에게 '일본에서 새로 들어온 파마 약이 있는데, 한번 써볼라우?' 하더니, 나를 바라보며 '일남이, 너 파마 한번 해볼래?' 하는 것이었다. 김정일의 이발사가 그의 머리를 이용, 새 파마 약을 실험했다. 그날 저녁, 모르모트가 되었던 이일남은 파티에 초대되었다. 김정일은 '새로 들어온 파마약을 일남이 머리에 해봤는데, 잘 나왔다. 할 사람이 있으면 하라.'고 측근들에게 권했다. 그리고 '이번에 나온 액은 확실히 좋은 것 같아. 나도 저렇게 해야겠어.'[55]라고 말했다. 김정일은 넘치는 정력을 과시하는 것도 즐겼다. 어느 날, 해군사령부에서 물개를 잡아 해구신을 선물로 얼렸더니, 그는 파티에서 그것을 조금씩 잘라 손님들에게 주면서 맛을 보라고 했다. '너희들, 그거 물개 거시기인데, 먹고 나서 집에 가서 몇 번 했는지 소감을 발표하라!'"

　무용조 단원 신분으로 정기적으로 파티에 참석했던 신영희는 "보통은 오후 여덟 시쯤 시작해서 다음날 새벽 두세 시면 끝이 나지만 간혹 다음날 다시 이어지는 때도 있었다."[56]고 증언했다. 기쁨조로서 처음 파티에 불려간 첫날, 무용수들은 지도자에게 인사를 하고 첫 작품으로 인도춤을 췄다. 의상으로는 인도의 전통의상인 배꼽이 드러나고 폭이 넓은 바지를 입었다. "그리고 양 발목에는 딸랑거리는 방울을 달고 온몸을 하늘색 숄로 둘둘 감아 이국적인 분위기를 연출했다. (……) 김정일의 얼굴에 취흥이 서서히 오르고 좌중의 분위기가 익어가자 교예조가 무대로 나왔다. 순간 난 깜짝 놀랐다. (……) 브래지어로 아슬아슬하게 가슴만 살짝 가리고 아랫도리는 아무것도 입지 않은 채 그 위에 빨간색의 하늘거리는 숄만 걸친 상태였다. 팬티도 입지 않은 다리를 번쩍 치켜올리기도 하고 허리를 꼬는 기이한 동작을 반복하고 있었다." 술에 취한 고위 간부들은 욕정을 참지 못하고 "무대로 올라가 교예조의 빨간 숄을 슬쩍슬쩍 들춰 보기도 하고 손가락으로 은밀한 부분을 꾹꾹 눌러보기도 했다." 술에 완전히 취한 김정일은 술잔을 높이 들고 남한 노래를 연주하라고 명령을 내렸다. "〈나는 못난이〉 해라."

　상황은 점점 더 심각해졌다. 이제 교예조는 브래지어도 하지 않고 가슴만 간신히 가리는 짧은 조끼를 입고 아래를 얇은 천으로 가린 채 무대에 올랐다. "교예조나 백두산 무용조의 춤은 내가 보기에 전혀 무용도 아니고 단지 하나의 음란한 몸짓에 지나지 않았다. 하지만 김정일은 충성심이 높다고 크게 칭찬했다."

　음란한 의상과 춤의 근원이 밝혀졌다. 교예조는 김정일의 배려로 한 달간의 유럽 여행을 떠났다. 목적지는 파리의 리도 극장. 리도 쇼의 안무를 외우고 연구하고 돌아온 교예조는 "하얗게 드러난 가슴 위로 얇고 번쩍거리는 끈으로 유두 부위만을 겨우 가리고 팬티 역시 번쩍거리는 천조각으로 중요한 부위만을 덮은 채 공연을 하였다." 무용수들의 헌신에 감동한 김정일은 열렬히 박수를 치더니 그 자리에서 교예조원들을 모두 당에 입당시키라고 명령했다. 그는 파리에서 배워 온 이국적인 춤을 극찬하더니 직접 쇼를 만들어보기로 결심하고 2000년 10월, 매들린 올브라이트 미국 국무장관이 평양을 방문했을 때, 자신의 야심작을 자랑스럽게 선보였다. 미 국무장관을 위해 라스베이거스 스타일로 안무한 쇼를 공연했던 것이다.[57]

　김정일의 초대로 연흥 저수지에 모인 첫날, 그의 지시로 여자 무용수들 사이에 '술 먹기 대회'가 벌어졌다. 해군복을 차려입은 여섯 명의 무용수들이 맥주병을 들었다. 시작 신호가 떨어지자 술병들이 비어나갔다. 그러나 웃음도 잠시, 대회는 전쟁으로 변하고 마지막에는 옷이 맥주에 흠뻑 젖었다. 여섯 번째 날, 김정일은 무용수 한 명이 없다는 사실을 눈치챘다. 치근대는 김정일의 한 측근을 피해 달아난 것이었다. 김정일은 사라진 무용수를 직접 찾아나섰다. "뭐야? 아직도 못 찾았어? 도대체 어떻게 된 일이야? 당장 찾아 앞에 데리고 와!' 몇 시간 후, 주방에 숨어 있던 무용수는 발각되었고 결국 예술단에서 쫓겨나게 되었다. 그러나 곧 다른 무용수가 나타나 친애하는 지도자 동지를 애먹였다.

인생의 마지막 여자

"공연순서/ 이거 누가 만들었어?내가 오늘 아침/ 새로 온 애 보겠다고/ 분명히 말했음에/ 지금 날더러/ 너희들을 기다리란 것인가?' 무대 전체를 자기 앞으로 끌어당겨 주는 리모컨을 손에 든 김정일이 크게 화를 냈다. 마침내 여배우가 등장했다. "머리 숙여 인사하는 동안/ 여배우의 긴 다리를 훑어보는 김 위원장/ 제 옆에 은근히 세워보았던가/ 퉁명스런 한마디/ "키가 크네."[58] 북한 통일선전부에 근무했다가 탈북한 장진성 시인은 서사시「김정일의 마지막 여자」에서 이렇게 기록했다. "그 다리 더듬어/ 날렵한 몸매에서/ 또 한 번 시선이 머물고/ 가슴의 언덕을 흡족히 넘어/ 얼굴에 시선이 멎는 그때/ (……) 이런 미모라면/ 노래 또한 걸작이리라." 친애하는 지도자는 바로 코앞에서 움직이는 그녀의 아름다운 다리에 감동해 앞으로 몸을 더 당겨 앉았다. "1절에선 소파에서 등을 떼고/ 2절에선 앞으로 기울더니/ 3절에선 온몸이 무대로 집중된다." 공연에 만족한 그는 서기실장을 시켜 여배우에게 1만 달러가 든 봉투를 건넸다.

그날의 매력적인 여주인공 윤혜영은 "허리까지 드리워진 윤기 나는 긴 머리", 하얀 목덜미와 "복숭아 같은 무릎"의 소유자였다. 그러나 북한의 엘리트 교육을 받은 연주가, 가수 등으로 구성된 보천보 전자악단 소속 가수인 그녀는 같은 악단에 소속된 피아니스트 김성진과 사랑하는 사이였다. 이 악단에 임명되었다는 것은 국가적으로 인정을 받았다는 것을 의미했다. 그러나 그 이면에는 상대적으로 포기해야 하는 부분이 있었다. "보천보 밴드는 궁중악단/ 한번 궁에 들어가면/ 세상으로 나올 수 없는 것이/ 보천보 전자악단 생존법칙/ 김정일 위원장의 경호 원칙."

친애하는 지도자는 그날 신인 가수의 공연에 특별히 기분이 좋았다. "지금 이 밤도/ 자정이 훨씬 넘었지만/ 사진앨범 펼쳐들었다/ 그 앨범은/ 김정일과 함께 살아 온/ 동거녀들의 얼굴들/ (……) 한 장 한 장/ 펼쳐질 때마다/ 자긴 분명 늙어 가는데/ 옆자리에 바꿔지는 여자들은/ 나날이 젊어지는 얼굴들." 장진성 시인은 또 이렇게 기록했다. 앨범을 들추어보는 그의 눈앞에 옛 여자들의 얼굴과 추억이 지나갔다. 성혜림, "심장의 박동소리 처음으로 들려줘/ 그 용기로 도둑질한 여자." 고영희, "실핏줄도 보이던 투명미인." 그러나 반짝거리는 사진 속의 발랄한 얼굴들을 마주 대하던 그는 한 결론에 이르렀다. "한 여자도 제대로 가진 적 없고/ 남의 아내마저 빼앗은/ 사랑에서도 독재자."

김정일은 윤혜영을 데려왔다는 알림에 앨범을 덮었다. 그녀는 무대의상을 그대로 입은 채였다. 문이 열리자 풀색 명주 잠옷차림의 김정일이 어깨에 손까지 얹으며 다정한 눈으로 그녀를 쳐다보았다. "이렇게 가깝게 보니깐 더 예쁜데/ 오! 이 긴 머리." 가까이에서 보는 김정일은 생소했다. 윤혜영은 "가슴이 보이는 잠옷이며/ 안경 없는 다른 눈/ 맨발의 작은 키/ 피곤이 역력한/ 목 갈린 음성까지." 평소와는 달라 보이는 위대한 지도자를 겨우 알아보았다.

그는 분위기를 부드럽게 하기 위해 웃으며 코냑을 잔에 따르고 손가락 하나를 잔에 넣어 적신 후 소리 나게 입으로 쪽 빨더니 술과 말에 취해가기 시작했다. "아마 네 평생에/ 날 만나는 것보다/ 더 힘든 게 이 코냑일 듯/ 이 코냑은/ 헤네시 가문의 초대회장/ 킬리언 헤네시 생일 100돌 기념하여/ 세상에 내놓은 100병 중 한 병/ 가격은 20만 달러/ 최근에는 건강이 안 좋아/ 와인만 조금 마신다만/ 널 보고/ 네 노래 듣고/ 이 코냑 생각이 간절했음에/ 자! 한 잔 받아라/ 넌 지금/ 이 술로 하여/ 지구촌 백 명 중 한 사람/ 그러니 마시지 말고/ 한 방울씩 느끼며/ 깨물어 먹어라." 알코올이 효력을 발휘하자 대화가 무르익었다. "너 머리를 잘 길렀구나/ 부모는 뭘 해?

아버지는 사범대학 교원이고/ 어머니는……/ (……) 작년에……/ 사망하셨습니다. / (……) 나도 어려서/ 어머니를 잃었거늘/ 내가 제일 약해질 때 있다면/ 어머니 생각이 날 때/ (……) 윤혜영/ 내 부탁 하나 있거늘/ 지금까지 나를/ 국가 지도자로 존경했다면/ 이제부턴 한 인간으로 존경해달라/ 네 나이 22살/ 내 나이 61살이지만/ 우리 서로 잘 통하면/ 세월 넘어 얻는 것들 있으리/ (……) 순종은 재미없는 일/ 난 널 결코/ 명령으로 원하지 않으리라/ 노력하리라/ 기다리리라/ 그래도 안 된다면/ ……/ 그래도 되게 하리라."

다음 날 아침, 당 비서가 찾아와 그날 저녁 보고 듣고 느끼고 행한 모든 것들을 발설하지 않겠다는 서약서에 손도장을 찍으라고 했다. 그녀는 충격적인 서약서의 내용을 누군가에게 말할 의도는 전혀 없었다. 특히나 약혼자에게는 더욱더 감추어야 했다. 손도장을 받으러 온 당비서는 방 안을 둘러보다가 그가 사랑을 담아 놓아둔 목란꽃을 발견했다. 며칠 후, 윤혜영은 당비서의 방으로 불려갔다. 피아니스트 애인이 트렁크를 가지고 먼저 와 있었다. 손에는 거치적거리는 그를 쫓아내기 위한 해임장이 들려 있었다. "죄라면/ 내가 먼저였던 죄/ 목란꽃을 원했던 것도 나/ 내 방에 갖다 달라 부탁함도 나/ 언제나 먼저였던 나/ (……) 같이 해임시켜 주세요/ 나도 서약대로 처벌받게 해주세요." 책상을 내리치며 물컵이 깨지는 바람에 당비서의 손이 찢어졌다. 그는 다른 컵에 물을 붓고 그 속에 핏방울을 떨구었다. "이렇게 작은 컵에선/ 한 방울이라 할지라도/ 빨갛게 퍼지는 피/ 허나 넓은 강에 섞일 땐/ 그냥 물, 존재도 없을 터/ 혜영이 착각하지 말라/ (……) 네 지금 한 말들/ 자살과 같은 것/ 영광된 이 직분 버리고/ 스스로 해임을 자처함은/ 천하의 배신/ 3대멸족 대역죄."

그러나 최후의 순간에 관대해지기로 한 김정일은 불행한 피아니스트에게 특사를 베풀고 보천보 배우들 전체를 위해 기마 수렵을 주최했다. 그리고 그 기회에 그는 윤혜영의 멋진 승마복 차림을 감상할 수 있었다. "다음번 공연할 땐/ 승마복 입고서 출연하라/ 다리가 남달리 긴/ 너의 장점 돋보이리." 윤혜영은 당황하며 감사의 인사를 올렸지만 김정일은 곧 그 인사를 마다했다. "감사는 무슨/ (……) 내 오늘 너희들과 사냥을 함께 함도/ 사실은 성진을 위로하기 위함/ (……) 그러나 윤혜영/ 한번은 용서되도/ 두 번은 안 되거늘." 소낙비 같은 협박이 있은 후, 다시 찬란한 칭찬의 시간이 왔다. "전번에 먹었던 코냑/ 너와 함께 마셔서 더 값졌으매/ 너도 아직/ 그 맛을 기억하는지……" "그렇게 비싼 코냑은/ 태어나 처음 들어본 값/ 제 나이 제 경험에/ 그 맛까지 평가하기엔/ 너무도 미숙한 줄 아옵니다/ 그래/ 인생의 쓰고 단맛 알아야/ 코냑 맛도 아는 것/ 너의 순수/ 너의 솔직/ 코냑처럼 익을 때까지/ 내 기다려 보리."

그때 갑자기 나타난 사슴을 향해 김정일은 총을 빼 들었다. 그가 쏜 총성에 놀란 윤혜영의 말이 질주를 하기 시작했고 그녀는 당황해 어쩔 줄을 몰랐다. 그녀를 구하기 위해 말을 달린 사람은 옛 애인 김성진이었다. 그는 벼랑 길 앞에서 몸을 던져 말에서 떨어진 그녀를 구했고 두 사람은 부둥켜안았다. "떨어지지 못해?" 당비서의 목소리와 함께 서슬 푸른 눈빛의 김정일의 모습이 보였다. 그러나 그는 동료를 구한 김성진을 칭찬하며 훈장을 내리고 은혜를 모르는 윤혜영을 태우고 달린 말의 배에 총알을 퍼부어 자존심을 회복했다.

　윤혜영의 생일날, 김정일은 방탄 리무진에 그녀를 태우고 어딘가를 향해 달렸다. 한 시간쯤 달린 후, 도착한 곳의 육중한 철문이 열리더니 웅장한 실내가 나타났다. 의례원이 싱싱한 생선요리를 가지고 들어왔다. "이 요리는/ 도미회란 것인데/ 어디 한번 찾아보라/ 이 요리에서 무엇이 백만 달러인가를?/ (……) 작은 것으로/ 크게 표현하고자/ 국사를 미루고 만든 내 아이디어." 그는 도미 눈에 다이아몬드를 박아 넣어두었다. "너에게 주는/ 나의 백만 달러 생일선물." 신이 난 그는 소매를 걷어붙이고 그 값비싼 보석을 뽑아주고는 윤혜영의 반응을 살폈다. 기다리던 기쁨의 탄성 대신, 그녀는 한 가지 부탁을 했다.

　"장군님!/ 부탁이 있는데/ 감히 아뢰어도 괜찮습니까? ─오! 물론!/ 오늘은 너의 날." 그가 소리 내어 웃으며 대답했다. "생일이 되니/아빠가 보고 싶습니다." 그가 갑자기 웃음을 거두더니 와인잔을 단숨에 비웠다. "그래 들어줘야지/ 그러나 그 전에/ 이 다이아몬드에 대해서도/ 먼저 무슨 말을 했어야지."

　윤혜영은 김정일의 특각 대기차를 타고 떠나 아버지를 핑계로 남몰래 전 약혼자를 만났다. 다음 날, 그녀는 김정일의 다른 관저로 불려갔다. 명령 불복종에 눈이 뒤집힌 그는 자신이 그녀에게 집착하는 이유를 털어놓았다. "조국과 인민을 위해/ 자신을 버려야만 했던 나/ (……) 너를 보며 위안 받고/ 너를 통해 체험하며/ 못 누렸던 소년과 청춘의 감성을/ 너에게서 가져오고 싶었으매/ 내 너에게 원했던 것?/ 그거 절대 큰 게 아니었어/ 세상에 가장 하찮은 것들/ 네가 웃는 것처럼/ 네가 우는 것처럼/ 네가 행복한 것처럼/ 고작 그게 전부!" 그는 윤혜영의 얼굴을 향해 전날 뒤를 밟아 찍은 김성진과 함께 있는 사진을 내던지고는 분노를 못 참고 그녀의 옷깃을 잡아채 갈기갈기 찢어버렸다. 그녀가 비명을 질렀다. "안 됩니다/ 안 됩니다/ 아 엄마!" 과거에서 나온 어머니 부르는 소리에 그는 경직되었다. 윤혜영은 앞으로 절대 김정일의 손아귀에서 벗어날 수 없음을 깨달았다. 어느 날, 그녀는 보천보 전자악단의 숙소인 목란관 옥상으로 뛰어올라 그곳에서 재회한 전 약혼자 김성진과 함께 결심을 굳힌다. 자유롭게 사랑하는 것보다 함께 죽는 것이 더 쉬웠다. 두 사람은 결국 허공으로 몸을 던졌다.

2003년 7월, 윤혜영은 남산 정부진료소로 실려 갔다. 김정일은 그녀를 공개처형할 수 있도록 반드시 소생시키라고 명령했다. 그러나 두 달 동안 계속된 치료에도 불구하고 그녀는 의식을 회복하지 못했다. 그녀의 마스코트였던 노래, 친애하는 지도자 앞에서 첫선을 보여 그를 놀라게 했던 그 노래는 아직까지 국가적으로 보존되고 있다. 윤혜영은 죽기 전에 일기장에 비극적인 사랑에서 영감을 받은 시 구절을 남겼다.

사랑이란
물 한 컵입니다
기껏 담았다가도
쏟아지면 비워지는 물 한 컵입니다

고작 한 컵이어도
마음으로 하는 일이어서
한 방울 한 방울이 정성입니다
슬픔까지 퍼올리는 열정입니다

담을 땐
한 생도 부족할까 겁납니다

그래서 들어보면

바다보다 더 무겁습니다

인간이란 작은가 봅니다

그 한 컵이 넘치도록

미련하게 온몸을 잠그려는

나는 기껏 물 반 컵입니다

고영희는 멀리 창광산 관저에서 이런 광란의 향락을 지켜보았다. 겨우 50세에 건강을 잃은 그녀는 남편의 격정적인 성향으로 인해 점점 더 그와 멀어져 갔다. 1995년 프랑스에서 수술을 받고 거의 10년을 더 버틸 수 있었으나 안타깝게도 그것은 일시적인 차도에 불과했다. 고영희는 김정일을 혼자 내버려 둘 수 없어 창백한 얼굴을 하고서도 행사장에 나타났다. 그러나 그녀를 대신하는 여자가 있었다. "고영희가 없을 때는 김옥이라는 삼지연조(전자피아노 한 명과 기타 두 명으로 구성된 여성기악조—역주) 중 한 단원이 김정일의 옆에 고정적으로 앉았다. (……) 김옥은 키가 작았고 둥근 얼굴형에 귀엽게 생긴 얼굴이었다."[59] 남한으로 귀순한 무용수 신영희는 이렇게 회상했다.

고영희는 1980년대 후반부터 당의 비서로 일해 온 김옥 덕분에 자신이 자리를 비울 때에도 도움을 받을 수 있다고 여겼다. 김정일의 비서 역할을 수행하며, 김옥은 그의 집에 자주 드나들어 태어나는 순간부터 보아왔던 고영희의 두 아들과도 친한 사이가 되었다. 아들들을 아버지의 뒤를 이을 후계자의 위치에 확실히 올려두는 것이 고영희의 유일한 바람이었다. 그것을 위해 그녀는 남편의 수많은 정사사건과 병을 견뎌냈다. 그녀는 마지막 희망을 걸고 치료를 받기 위해 파리의 퀴리 클리닉으로 갔다. 그리고 2004년 8월 27

일, 가족과 멀리 떨어진 그곳에서 사망했다.

그에 앞선 2003년 '존경하는 어머니'가 메르세데스 벤츠를 몰고 가던 중에 비극적인 사고를 당해 코마 상태에 빠졌다는 소식을 접한 프랑스 거주 북한인들은 그녀의 유해를 본국으로 송환하기 위한 작업에 착수했다. 그들의 요구로 엄청난 가격의 관이 현장에서 비밀리에 제작되어 비행기 편으로 평양에 전달되었다. 영부인이 성스러운 땅에 돌아오기 전에 그녀의 죽음이 알려져서는 안 되는 일이었다. 그녀가 위대한 지도자의 곁을 떠났다는 비난을 받을 수도 있었기 때문이었다. 사망한 후에도, 그녀는 김정일에게 충성을 다해야 했다. 고영희는 자신을 기억해주고 아들들을 후계자 자리에 확실하게 올려놓을 헌신적인 보좌관을 김정일 곁에 두었다고 생각했다. 그러나 그녀가 한 가지 잊은 점이 있었다. 김옥은 둥글고 잘생긴 얼굴을 하고 있었다. 그리고 "김정일이 좋아하는 타입은 대체적으로 둥근 얼굴에 잘생긴 형인 것 같았다."

욕망이라는 이름의 방탄 열차

2001년 7월 21일 평양.

러시아 대통령 특사 콘스탄틴 풀리코브스키는 러시아 대통령 블라디미르 푸틴으로부터 특별 임무를 명령받았다. 8월 3일, 모스크바에 도착하기로 되어 있는 북한의 김정일 위원장의 시베리아 횡단 여행에 동행하라는 것이었다. 두 나라 정상의 극비 회동 목적은 대단히 중요한 협의서에 서명을 하는 것이었다. 크렘린 궁은 예측불가능한 지도자 김정일을 모든 면에서 능숙하게 보좌하는 풀리코브스키를 급파하며 그가 여행하는 각 단계마다 부족한

점이 없도록 철저히 준비를 하라고 당부했다.[60]

북한 열차 다섯 량과 러시아 열차 일곱 량이 새벽 이른 시간, 하산 역을 떠났다. 주 회의실은 스탈린이 조선 민주주의인민공화국 창설시 스탈린이 김일성에게 선물한 객차에 마련되어 있었다. 내부에는 20명 이상이 앉을 수 있는 테이블과 영화를 상영할 수 있는 평면 화면 두 개가 설치되어 있었고, 승객들은 그 화면을 통해 위성신호로 현재 위치를 파악했다. 또한 인터넷이 연결되어 뉴스 채널 중독인 김정일은 부족함 없이 뉴스를 시청할 수 있었고 평양에서 벌어지는 일들도 즉시 통제할 수 있었다. 열차의 보안은 경호부대가 책임졌으며 지붕에 배치된 50명의 저격수들이 끊임없이 주위를 살폈다. 김정일의 전용칸인 주 객차의 바닥은 빈틈없는 방탄 설비로 폭발에도 끄떡없도록 되어 있었다. 또한 러시아 전력에 의존하지 않기 위해 열차에 자체 발전소도 설치해 두었다. 손님들이 이용할 수 있는 레스토랑이 따로 있었고 차고에는 김일성의 방탄 메르세데스 벤츠가 두 대 들어 있었다. 7월 26일, 모스크바를 향해 달리던 그 열차를 하나의 달리는 도시라고 해도 과언이 아니었다.

그런 보안 대책에도 불구하고 겁이 났던 김정일은 평소처럼 농담을 하거나 웃지 않았다. "여행 초기에, 그는 사적인 감정을 전혀 드러내지 않았고 나는 그가 경직되어 있다고 생각했다." 대단히 공식적인 이 대표단의 한 멤버가 폴리코브스키의 관심을 끌었다. "매력적인 젊은 여인(……)이 김정일의 참사관이라고 소개되었고 우리의 대담에 언제나 동석했다." 친애하는 지도자와 의미심장한 관계에 있는 것 같던 의문의 그 여인은 전략적인 위치를 차지하고 있었다. 그녀는 언제나 김정일의 옆자리에 앉았다.

고영희의 건강 상태가 악화된 이후, 역시 기쁨조 출신인 김옥이 즉시 그녀의 뒤를 이었다. 재능 있는 피아니스트로 왕재산경음악단의 일원으로 활동하던 그녀는 파티 때마다 디스코와 왈츠가 혼합된 이상한 음악에 싫증이 난 김정일의 귀를 즐겁게 해 주었다.

현명하고 지적이라는 평판을 받았던 그녀는 김정일이 직접 창설하고 후원하는 예능계 수재 양성학교에서 경음악단 피아니스트로 발탁되었다가 김정일의 눈에 띄어 80년대 말에는 그의 개인 비서로 자리를 옮겨 그의 건강을 챙기는 동시에 행정업무가 원활히 돌아가도록 하는 책임을 맡았다.

"기쁨조 신분임에도/ 버릇없이 당돌한 게 매력이던/ (……) 김일성이 그 여인의 치마 권력 못 참아/ 마카오로 한동안 내보냈던/ 유랑의 여인"[61] 탈북 시인 장진성은 이렇게 기록했다. 김일성의 반대에도 불구하고 그녀는 김정일의 일정을 관리하고 그에게 들어오는 청원을 걸러냈다. 외국 대표단들을 만나는 자리마다 그녀는 늘 참석을 했다. 중앙당 간부들은 곧 그녀에게 상급자에게만 한정된 '동지' 라는 호칭을 붙여 '옥이 동지' 라는 반쯤 높이고 반쯤 낮추는 대우를 했다.[62]

다른 여인들이 실패한 부분에서 김옥은 성공을 거두었을까? 그러기 위해서는 김정일의 까다로운 동생, 김경희의 세력을 약화시켜야 했다. 2004년에 김옥은 첫발을 내딛을 수 있었다. 제2인자로 주목받던 김경희의 남편 장성택이 고위직 간부의 결혼식 때 많은 측근부하를 데려오는 등, 분에 넘치는 행동을 일삼다가 실각되어 2년간 재교육을 받게 되었다. 김경희의 집요한 청원에도 불구하고, 그는 당 내 권력의 핵심에서 제거되었다. 2006년 김정일은 건강이 심하게 악화되면서 잔무를 처리할 수 없게 되자, 김옥은 대신 공식 서류에 서명을 하면서 세력을 구축해 나갔다.[63]

죽을 때까지 신분이 보장된 친애하는 지도자의 여동생은 김정일처럼 유교 전통을 중시했다. 유교에서는 개인의 욕망이 가문의 명예와 존경에 비하면 아무것도 아니라고 가르치고 있다. 김정일, 경희 남매는 함께 감정적인

맨 왼쪽이 김정일의 여동생 김경희,
세번째가 김정일.

상처를 딛고 일어나, 오빠는 북한의 빛나는 별이, 여동생은 여성으로서는 유일한 사성장군이 되었다. 결혼한 경력이 있는 성혜림과 재일교포 출신의 고영희는 김씨 가문을 위험에 빠뜨릴 수 있는 존재였다. 김일성과 김정일이 이룩한 정치판의 기반을 흔들지 않을 여자는 당에 헌신한 김옥뿐이었다.

김경희는 경계를 늦추었다. 오빠를 퇴물 예능인으로부터 보호할 필요가 없었던 것이다. 40년 동안, 그녀는 오빠의 열정이 혁명이라는 대의에 충실했던 부모님의 업적을 망치지 않도록 하기 위해 애를 써 왔다. 피아니스트 김옥에게도 걱정스러운 부분이 있었다. 음악은 사람의 태도를 약하게 만들지 않는가……

3
사담 후세인,
이란의 카사노바

나는 여자들을 신뢰한다.
남자들을 조심해라. 그들은 언제든지 배신할 수 있다.
그러나 여자들은 변치 않는 친구들이며 그 친구들은 믿을 수 있다.
여자를 친구로 두고 있다면, 그녀는 절대 당신을 배신하지 않을 것이다.
— 사담 후세인

티그리트의 약혼녀

1993년 겨울, 바그다드 북부 티그리트 외곽의 사담 후세인 궁전. 의료실로 마련한 작은 방에서 의사는 위험부담이 큰 수술을 위해 집기를 준비하고 있었다. 영부인은 마음을 굳게 먹고 대기했다. 팔에 있는 흉한 점을 없애기로 결심했던 것이다. 철저하게 소독한 메스, 마취제가 든 주사기, 모든 것이 준비되었다. 최고로 중요한 환자의 수술을 완벽하게 해내기 위해 주의를 기울였지만 닥터 알라 바쉬르는 사소한 사항 하나를 깜박했다. 수술은 빨리, 쉽게 진행되었다. 그러나 상처에서 콸콸 흘러나오는 피 때문에 의사는 크게 당황했다. "절제하기 전에 마취제를 주사하는 것을 잊었다!"[1] 그러나 그보다 더 의사를 놀라게 한 것은 사지다가 아무 말도 하지 않았다는 사실이었다. "그녀는 비명 한 번 지르지 않았고 신음조차 내지 않았다."

환자와 자신의 운명이 걱정된 의사는 사지다에게 은근슬쩍 질문을 했다.

"많이 아프셨습니까?"

"네…… 하지만 사담이라는 사람도 견뎌내는 내게 이런 것쯤은 아무것도 아니지요."

사지다 탈파는 천천히 막을 내린 걸프전에서 살아남았다. 1년여 전부터 이라크의 수도 위로 퍼붓던 미군의 폭격이 멈췄고 미군의 추격으로 쿠웨이트에 파견한 병사를 20만 명이나 잃었지만 체제는 여전히 잘 유지되고 있었다. 쿠웨이트를 이라크의 19번째 주로 만들겠다는 사담의 생각으로 인해 치러야 했던 대가는 막중했다. 군대는 힘을 잃고 귀환했으며 남부 시아파들이 반란을 일으켰고 이어 북부의 쿠르드족 게릴라가 다시 일어났다. 전투는 끝나지 않았다.

집권한 지 14년 만에 세 번째 전쟁을 겪으며 사지다는 그 어떤 고통에도 무감각하게 되었다. 그녀는 살아남기 위해 포기를 삶의 양식으로 택했다. 그러나 평생을 함께 한 사담만큼은 결코 포기하지 않았다.

나의 사촌, 나의 하늘이여!

1946년, 티그리트.

사담 후세인 알 티크리티는 다시는 돌아오지 않겠다고 굳게 다짐을 하며 집을 나와 외숙부 하이랄라 탈파의 집에 안주했다. 태어나기도 전에 아버지가 죽은 열 살 소년 사담은 함께 살게 된 남자를 가능한 한 피해 다녔다. "나의 어머니는 재혼을 했다. (……) 그러나 어머니는 운이 없었다. 새 남편 하지 이브라힘 알 하산은 어머니를 가혹하게 대했다. 분명 시골식 사고방식 때문이리라. (……) 나는 아침 일찍 일어나 나무를 하러 갔다. 여름이나 겨울이나, 날이 궂으나 맑으나 매일 해야 하는 일이었다. 몇 마리 되지 않지만 소와 양을 치는 어머니의 일도 도왔다. 나는 하지 이브라힘 알 하산이 명령하는 일들을 성실하게 해냈다."[2] 그러나 소년과 그를 몽둥이로 다스리는 새아버지의 관계는 최악이었다. 어린 사담은 새아버지의 횡포를 피하기 위해 밖에서 하루를 보낼 수밖에 없었다.

그러나 사담의 어머니 수브하 탈파는 에너지가 넘치는 여인이었고 남편에게 짓눌려 있는 타입이 아니었다. 유목생활을 버리고 정착한 베두인족이었지만 유목민 특유의 가치관을 간직하고 있었고 양 볼과 이마의 원형 문신을 자랑스럽게 생각했다. 그녀는 맨팔을 드러내놓고 다녔는데, 그것은 이라크의 외진 시골에서는 정숙치 못한 것으로 간주받는 행동이었다. 한때 그녀의 첫 번째 남편은 모계 사상을 이어받아 굽힐 줄 모르는 성격이었던 그녀를 피해 도망갔다는 소문이 퍼졌다. 사담의 어머니 수브하는 평생 동안 서양식 옷차림과 사진촬영을 거부했다. 확고부동한 어머니의 태도 때문에 영원히 남길 수 있는 어머니의 모습을 얻지 못했던 사담은 다른 방법을 찾아야 했고 밀사를 나라 곳곳으로 보내 모델이 포즈를 취하지 않아도 초상화를 그릴 수 있는 화가를 찾았다. "화가는 수브하가 자신의 초상화를 그리고 있다는 사실을 모르도록 뒷면에 주석을 칠하지 않은 거울 뒤에 숨어 작업을 했다." 사담의 전 의전실장은 이렇게 이야기했다.[3]

탈파 외숙부의 집에서 사담은 자신을 반기는 느낌을 받을 수 있었다. 사촌 사지다와 일함, 그리고 남동생 아드난. 같은 또래의 아이들이 있어서 분위기가 한결 부드러웠다. 자매 중에서 언니인 사지다는 열 살이 된 사담과 나이가 같았다. 그녀는 사담에게 장난감을 나누어 주었고 두 아이는 인생의 첫발을 함께 내디뎠다. 학교에 입학을 한 것이다.

어린 사담은 교육을 받을 수 있다는 기쁨에 어쩔 줄을 몰랐고 그때부터 이미 우두머리를 차지해야 하는 성격 때문에 명문가 아들들과 마찰을 빚었지만 입학 후 곧 우등생이 되었다. 후에 사담은 친구 부부에게 등교 첫날에 느꼈던 흥분과 그것을 기회로 처음으로 속옷을 입었던 감동에 대해 이야기했다. "그날, 사담은 계속 디슈다샤(이라크 사람들이 입는 하얀색 긴 겉옷)를 걷어올리고 친구들에게 속옷을 자랑했다. 그는 속옷이야말로 사람이 가질 수 있는 최고의 물건이며 자랑거리라고 생각했다."[4]

사지다 역시 한때 아버지의 부재라는 고통을 겪었다. 하이랄라 탈파는

1920년에 도입된 영국 호민관제도에 반대하여 투쟁했던 민족주의적 이상을 품은 젊은 군인이었다. 사지다가 여섯 살이 되던 해, 하이랄라는 영국의 일시적인 쇠퇴를 틈타 장교들과 함께 이라크에서의 영국 축출을 목적으로 하는 친 국가사회당 정부 건립을 꾀했다. 그러나 계획은 실패했고 체포된 그는 아직 유치도 갈지 않은 사지다를 뇌두고 5년간 감옥살이를 했다. 그의 소위 월급은 곧 끊겼지만, 가족들은 힘겨운 가운데에서도 자랑스럽게 그 기간을 견뎌냈다.

1946년, 석방과 동시에 군에서 해임된 그는 바그다드에서 교사 자리를 구했고 어린 사담의 일손을 은총으로 여겼다. 그렇게 조카를 받아들인 외숙부 가족은 1950년대 초, 알 하라흐의 다종교 지구에 자리를 잡았다. 사담은 여러 가지 일을 계속했다. 담배도 팔고 택시 기사에게 손님을 모아주기도 했으며 카페에서 웨이터 일을 하기도 했고 다른 어린 소년들이 몰아온 손님들이 너무 많을 때, 연약한 몸으로 그들을 밀어내는 일까지 해냈다.

우등생인 사지다는 라히바 알 타크도마에 있는 기독교 학교에 다녔다. 탈파 집안의 딸들은 고집 센 아이들로 자라났다. 하이랄라 외숙부는 딸들을 진정한 투사로 키웠다. 어렸을 때부터 사지다와 일함의 머릿속에는 영웅인 아버지가 들려준 이야기가 깊이 박혀 있었다. 그것은 "신이 창조하지 말았어야 할 세 가지 존재 : 페르시아인, 유대인, 그리고 파리."라는 제목이 어울릴 만한 일종의 에세이였고 젊은 민족주의자들의 헌장이기도 했다. 프러시아인들이 독일을 통일했듯이, 아랍의 프러시아아인인 이라크인들도 아랍세계를 통일해야 한다는 주의였다. 그 헌장에는 페르시아아인들이 '신이 인간의 형상으로 창조한 동물'로 묘사되어 있었고 파리처럼 '신이 그것을 창조한 목적을 이해할 수 없는' 존재로 표현되어 있었다.[5]

탈파 외숙부의 울타리

사지다는 비판적인 성향의 사촌 사담이 처음 느낀 정치적 충격을 가까이에서 목격했다. 아버지의 역할을 대신 해준 외숙부의 가르침에 충실했던 그는 1952년, 이라크가 진정한 독립을 했다고 할 수 없는 원인인 영국 주둔군에 반대하는 저항운동에 참여했다. 탈파 집안의 남자들은 독립 쟁취를 위한 아랍인들의 투쟁을 몸소 실현하고자 했다.

멘토인 외삼촌의 발자취를 따라, 사담은 2년 후 사관학교 시험을 치렀으나 입학 허가를 받지 못했다. 교사가 되고 싶었던 사지다는 학업을 계속했고, 사담은 이루지 못한 꿈의 방향을 바꾸어 비밀조직의 우두머리로 경력을 쌓아가기 시작했다.

1959년 10월, 드디어 자신의 존재를 알릴 기회가 왔다. 범죄단과 자주 접촉하는 젊은 투사 사담에게 사소한 일이 맡겨졌던 것이다. 정권을 잡은 아브드 알 카림 카심이 이라크는 이집트 대통령 나세르의 공화국 프로젝트에 참가하지 않겠다고 거부하자, 수많은 반란이 일어났다. 특공대가 조직되었고 사담은 감시병으로 공격 신호를 보내는 임무를 부여받았다. 계획은 실패로 끝났고 총격으로 사담은 장딴지에 총알이 박힌 상태였으나 겨우 도망을 칠 수 있었다. 몸을 피한 사람은 그가 유일했다. 여자로 변장한 그는 바그다드를 떠나 시리아를 향해 사막을 건너는 긴 여행길에 올랐다. 사지다가 신념을 위해 집을 버리는 남자를 본 것은 그때가 처음은 아니었다.

베두인들과 함께 잠시 머문 후, 카이로로 건너간 사담은 나세르 지지자들이 주는 많지 않은 후원금으로 근근이 생계를 이어나갔다. 그러는 중에 부촌인 도키의 한 고등학교에서 학업을 계속해 카이로 대학 법학과에 입학했다. 망명 생활의 끝은 머나먼 것 같았고 젊은 학생 신분의 사담은 인디아나 카페와 트라이엄프 카페에서 차를 마시며 사회주의, 아랍연합에 대해 토론을 하거나 체스를 두면서 시간을 보냈다. 한 지인은 그가 남의 이목을 끌지 않았고 수줍은 편이었으며 외향적이지 않았다고 회상했다.[6] 여자들의 환심을 사려 하지도 않았다.

"나는 외출을 그다지 즐기지 않았고 대부분의 시간을 독서에 바쳤다."

당시, 사담은 이렇게 말했다. 그러나 곧 그런 생활에 변화가 올 것이라고 믿었다. 카이로에 도착한 지 몇 개월 만에, 사담은 새아버지에게 결혼을 하고 싶다는 내용의 편지를 보냈다. 신부는 이미 사촌인 사지다 하이랄라 탈파로 선택해 놓았다. 새아버지는 기쁨에 겨워 답장을 보내왔다.

"신의 은총으로, 네가 좋은 결정을 했구나! 우리나라 어디에서건 신을 섬기는 모든 가정이라면 결혼을, 특히나 이른 나이에 결혼하는 것을 방탕과 유혹의 생활로부터 보호받을 수 있는 축복이라고 여긴단다."[7]

크게 만족한 새아버지는 곧 하이랄라의 집을 찾아가 사담의 뜻을 전했고 하이랄라는 그 자리에서 청혼을 받아들였다.

아버지가 그토록 서둘렀던 데에는 이유가 있었다. 사실 사담은 이미 혼인할 남자가 있는 다른 사촌을 사랑했다. "사담은 그녀에 대해 이야기를 하곤 했고 그녀와 결혼을 하리라고 생각했다. 한 마디로 젊은 시절의 짝사랑이었다. 그에 반해 사지다는 친누이 같은 존재였다. 그녀를 여자로서 사랑하는 것은 어려운 일이었다."[8] 사담의 한 친구는 이렇게 회상했다. 이러한 자연스러운 감정의 치우침은 일가친척의 단합에 위협이 되었다. 결혼을 '아버지의 선물'이라고 부르는 베두인의 관습에 따라, 하이랄라는 장녀가 어렸을 때부터 사담의 신부로 정해놓았었다. 사담이 다른 여자를 좋아하는 것은 너그러운 후견인인 외숙부에 대한 배신이었다.

그러나 서신으로 이루어진 이 결혼에도 현대적이고 서양적인 부분이 있었다. 사담이 약혼녀에게 반지를 보냈던 것이다. 3,000킬로미터를 떨어져 있어 신혼 첫날밤은 보내지 못했으나 가까운 친구가 이라크 망명자들을 불러 모아 여주인공 없는 결혼식 파티를 열었다.⁹⁾ 곧이어 사담은 신혼여행을 대신해 혼자 여행을 떠나 피라미드를 둘러보고 나일 강에서 배를 탔다.

바그다드에서 사지다는 자신의 집안과 티그리트의 일가친척을 둘로 나눈 다툼에 휩싸였다. 하이랄라와 그의 사촌 하산 알 바크르가 '르네상스'라는 의미의 '바트' 당 지역 수장자리를 놓고 겨루게 되었다. 1963년 2월, 바트당과 미국의 CIA가 협조하여 일으킨 쿠데타로 아랍세계에서는 반역자로 통하던 카심 대통령의 정권이 갑자기 붕괴했다. 확신을 가진 사담은 사지다와의 결혼을 마무리짓고 싶어 곧 조국으로 돌아왔다.

두 사람은 전문 사진사 앞에서 포즈를 취하며 완전히 서양적인 스타일로 자신들의 결혼을 축하했다. 짙은 갈색머리를 짧게 잘라 풀어 내린 신부는 옅은 화장을 하고 브로치와 귀걸이로 멋을 냈다. 사담의 얼굴에 살짝 미소가 떠올랐다. 그는 의례적으로 콧수염을 밀었고 클래식한 양복을 입었으며 넥타이로 목을 꽉 조인 차림이었다.

젊은 부부는 라히바 하툰 지구에 위치한 작지만 현대적인 집에 보금자리를 꾸몄다. 지붕에 옥상이 딸려 있고 장미화단과 철창이 대어진 창문이 있는 집이었다. 그러나 재회의 기간은 짧았다. 11월, 사담은 정치경찰에게 체포되었다. 정권을 잡은 군부에서 바트당을 제거하기로 결정했던 것이다. 카이로에서의 평온했던 망명생활이 좁은 감방에서의 투옥생활로 바뀌었다. 사지다는 이미 첫째아이를 임신 중이었다. 사담은 아버지로서의 삶을 감옥 창살 뒤에서 시작해야 했다. 사지다는 그를 자주 면회했고 그에게 가장 필요한 것, 즉 책들을 가져다주었다. 그리고 사지다는 이상주의자인 미셸 아프락과 하산 알 바크르가 주도하는 사담 탈옥계획에서 중재인 역할을 했다.

용감한 투사였던 그녀는 태어난 지 몇 달밖에 되지 않은 큰아들 우다이의 옷 속에 메시지들을 숨겨 남편에게 전달했다. 기발한 아이디어를 내어 아기의 배내옷 속에 중요한 편지들을 감추었던 것이다.

사담은 1964년 7월, 아내의 요령 덕분에 수감생활 20여 개월 만에 탈옥에 성공했다. 법정으로 가던 도중 카페에서 간수들에게 점심을 사주는 중에 도망치는 방법을 썼다. 간수들이 푸짐한 식사를 즐기는 동안, 그는 뒷문으로 몰래 빠져나왔다.[10]

이후 그는 쿠데타를 선동한 하산 알 바크르 장군이 정권을 잡는 데 조력하는 임무를 맡고 지하조직에서 활동했다. 이번에는 임무를 반드시 수행해야 했다. 고마운 외숙부는 1958년에 국가 지도자 자리에 올랐다. 외숙부의 조카답게, 사담은 교육 및 선전부 장관을 맡은 데 이어 혁명지도평의회 의장으로 선출되었다. 이로써 그는 성공 가능성이 큰 인물로 인정받기 시작했다. 사담은 의장의 임무에 모든 에너지를 쏟아부었고 그러는 중에 사지다와 세 자녀에게 소홀하게 되었다. 큰아들 우다이에 이어 1966년에는 둘째아들 쿠사이가 태어났고 1967년에는 딸 라가드가 세상에 나왔다.

재정적인 상황은 확실히 나아졌지만 사지다는 혼자 살림을 꾸려 나가야 했다. 가전제품도 혼자 사러 다녔다. "그녀는 검은 아바야(굉장히 단정한 전통의상)를 입고 아주 수줍은 태도로 아무 말도 없이 가게로 들어와 손가락으로 원하는 물건을 가리키고는 나중에 사담 후세인이 와서 물건 값을 치를 것이라고 했다." 판매원의 아내는 이렇게 회상했다.[11]

정치활동에 전적으로 헌신한 사담은 곧 새로운 역할에서 두드러진 활약을 했다. 그는 남들이 자신을 참여적이고 현대적인 생각을 가진 지도자로 보아주기를 원했다. 늘 양복에 넥타이를 맨 차림을 했고 신발에 특히 신경을 썼는데, 고급 에나멜 구두를 좋아했다. 패션적인 면에서, 그는 디테일을 살릴 줄 알았다. 줄무늬가 들어간 밝은색 정장, 포 버튼 재킷, 하운즈투스 체크 양복, 짙은 색 재킷과 커프스 단추. 이런 차림은 상대가 누구냐에 따라 바꿔 매는 다양한 넥타이로 완성되었다. 패션의 완성을 위해 화려한 색깔의 넥타이도 서슴없이 착용했다.

"사담은 언제나 세련된 차림을 했다. 특히 좋아하는 브랜드는 고급 프랑스 의류 브랜드였다. 그리고 넥타이와 셔츠 색깔을 맞추는 데에 명예를 걸었다. 신발은 언제나 가죽제품이어야 했다. 그리고 마지막으로 약간의 향수를 뿌려 차림새를 마무리했다."[12]

그를 위해 일했던 레바논 건축가 파우지 샬후브는 이렇게 털어놓으며 한마디를 덧붙였다. "하루에 세 번 옷을 갈아입기도 했다." 멋을 부리는 것 같은 차림 이면에는 전통적인 중동 권력자들의 모습과는 반대되는 모습을 보임으로써 국제적 외교에 걸맞게 보다 매력적인 이미지를 심어준다는 뜻이 숨어 있었다.

댄디즘과 범 아랍주의

사담은 사지다의 집에서 교육을 받았고 사회적인 지위를 얻었다. 이제 성인이 된 그는 대외적으로 남편과 아버지라는 이름에 걸맞은 이미지를 보여주어야 했다. 1972년 딸 할라의 탄생과 더불어 그는 현대적인 가정의 가장으로서의 역할에 앞장섰다. 언론들은 사회주의 혁명을 이끈 지도자의 막내딸이 탄생했다는 소식을 앞다투어 보도했고 젊은 부부와 아기 사진에 지면 한 면 전체를 할애했다. 조신하고 생각이 깊으며 근면한 아내이자 어머니인 사지다는 하산 알 바크르가 이끄는 새 체제에서 내세우는 이라크 여성의 표본이 되었다. "우리의 이야기는 여느 많은 부부들의 이야기와 다르지 않다."

사담 후세인은 알 마라 신문에 게재된 기사에서 사지다와의 부부생활에 대해 이렇게 언급했다.

장관 시절의 사담 후세인.

그러나 그는 자신이 가난한 시골 출신임을 잊지 않았다. 한 집안의 가장이라는 이미지만으로는 바그다드의 상류사회 젊은이들과 단단한 관계를 구축할 수 없었다. 할라가 태어난 지 얼마 되지 않아, 가장이었던 사담은 사회적으로 새로운 도약을 하기로 결심한다. 어떤 부부가 배를 빌려 티그리스 강에서 선상파티를 열었다. 모두 어울려 춤을 추고 웃고 건배를 하던 중에 한 손님이 선장에게 섬에 배를 대라고 명령했다.

그 자리에 있었던 어느 여자 손님은 이렇게 회상했다. "모래사장에 내린 우리는 그곳에서 우리를 맞아준 젊은 남자를 보고 깜짝 놀랐다. 그는 흰 양복을 차려입고 있었다. 셔츠며 신발까지 모두 하얀색이었다. 달빛을 받은 그에게서 빛이 났다. 우리는 그 남자가 누구인지 서로에게 물었다. (……) 남자 뒤에 있던 두 사람이 대답했다. '사담 후세인이십니다.' 우리는 서로를 쳐다보았지만 아무도 그가 누구인지 알지 못했다. 결국에는 내가 큰 소리로 물었다. '사담 후세인이 누군데요?' [13] 그 남자의 뒤에 서 있던 한 남자가 자신들은 이라크의 부통령과 관계 있는 사람들이라고 했다. 그 대답을 듣고서 우리는 당혹감에서 벗어났다. 그는 이라크의 유복한 젊은이들 사이에서는 아직 알려지지 않았고 그들과 관계를 맺어야 했다."

그는 여러 명과 악수를 하면서 음료를 권했다. 순식간에 그의 지시로 가져온 술과 잔들이 섬 주위에 차려졌다. 소형보트마다 샴페인이 가득 차 있었다. "그는 매력적인 성격으로 곧 모든 사람들에게 깊은 인상을 남겼고 우리는 아주 즐거운 저녁시간을 보냈다."

그로부터 몇 년 후, 사담의 전용기 기장이 된 살비의 아내 알리아의 이야기이다. 사담은 부부들을 한 커플씩 만나고 다니면서 안면을 텄다. 그의 접근전략은 아주 개인적이었다. "그는 일단 아내 쪽이 특히 아름다운 부부들부터 공략하기 시작했다. 모인 사람들 중에서 금발머리 여자들과 우선적으로 춤을 추었다." 결국 이라크 부통령 자리에 오른 사담은 모든 남자들을 친구로 만들려고 애썼고 그들의 아내들에게도 신경을 썼다. "그는 여자 쪽을 신뢰할 수 없으면 그 여자의 남편도 믿지 않았다." 마음이 끌리기도 하고 의심스럽기도 한 사담의 우정은 그 누구도 거부할 수 없는 하나의 선물이었다. 그는 자주 사람들을 초대했다. 친구들을 경마클럽으로 불러냈고 가끔씩 사지다를 동반하기도 했다. "그녀는 그다지 사교적인 여자가 아니었다." 알리아 살비는 이렇게 덧붙였다.

어느 날 밤 11시경, 사담 부부는 저녁식사 초대 자리에 갔다가 돌아오는 길에 친구 집에 들렀다. 사담은 거실에 자리를 잡고 장장 세 시간 동안 자기의 취향과 이상에 대해 장광설을 늘어놓았다. 특히 사냥에 취미가 있다는 말을 과장스럽게 했다. 그러나 그의 말은 거의 의미가 없는 이야기들이었다. "그의 눈을 잊지 못할 것이다. 그 두 눈은 우리 부부를 유심히 살피며 상세한 것 하나하나까지 모두 관찰하는 것 같았다." 그날 저녁, 사담은 사람을 시켜 명품 사냥총을 가져오게 해서는 우정의 표시로 그것을 인내심이 강한 집주인 부부에게 선물했다. 그에게 총은 아랍 남자가 가슴 가장 가까운 곳에 두어야 하는 것이었다. 그 다음이 아내, 그 다음으로는 말이었다. 사실 사담은 아내와 동반하기보다 총을 가지고 파티에 가는 적이 더 많았다.

이런 밤의 축제들은 또한 애인들과 외출을 하는 기회이기도 했다. 어느 날 저녁, 그는 새 친구들에게 최근에 사귄 한나라는 여자에 대해 이야기했다. "그녀는 단순한 친구가 아니라 그의 말에 의하면 사담의 모든 욕구를 채워주는 존재였다. 그는 자신이 어떻게 그녀를 죽였는지 이야기해 주었다. 그녀가 다른 남자를 만났고 질투에 사로잡힌 사담은 그녀의 집으로 가 직접 권총을 쏘아 그녀를 죽이고 침대에서 자고 있던 그녀의 어머니까지 죽였다고 했다." 진짜로 그가 여자를 죽였는지 확인할 수는 없지만 사담은 이 이야기를 즐겨 했다. 친구들은 그를 인정하는 동시에 두려워해야 했고 이 이야기는 그가 친구들에게 주는 선물만큼이나 자주 들을 수 있는 하나의 전설이 되었다.

1979년 7월, 간부층들과 가까이 지내며 활기를 얻은 부통령 후세인은 활동에 더욱더 박차를 가하기 시작해 바그다드 밤거리를 활보하고 집집마다 방문을 하며 인맥을 넓혔다. 그의 친구들은 한밤중에 찾아갈 테니 어서 다른 아는 사람들도 부르라는 그의 전화를 받는 데에 이미 익숙했다. 그 시기, 그는 술을 많이 마셨다. "사담이 가장 좋아하는 위스키는 시바스 리갈이었다. 자신이 가는 파티마다 언제나 시바스 리갈을 한 궤짝씩 가져왔다." 사담은 서구음악에 맞춰 춤추는 것을 몹시 좋아했다. "춤을 잘 추는 편은 아니었으나, 그는 춤에 싫증을 내는 법이 없었다. 사담은 열 사람분의 에너지를 가진 강한 사람이었다." 알리아는 이렇게 회상했다.

같은 7월의 어느 날 밤 친구들을 찾아간 사담이 농담을 했다. "이제 그 늙은이한테 질렸어." 하산 알 바크르를 가리켜 한 말이었다. 그는 외숙부가 정치적인 결정을 할 때마다 장님 점쟁이를 불러 점을 치는 것을 혐오했다. 알우브지 지구에 사는 그 여자점쟁이가 정치에 큰 영향을 미친다는 사실에 사담은 화를 펄펄 냈다. "사담은 그녀를 대통령 궁으로 불러 직접 죽였다고 말했다." 사실이건 꾸며낸 이야기이건, 사담은 사람의 심리를 꿰뚫어 보며 어르고 협박할 줄을 알았다. "그 점쟁이는 너무 많은 비밀을 알고 있었다." 그의 간결한 한 마디였다. 효과는 확실했다. "우리는 그의 호감 가는 성격을 좋아했으나 동시에 그를 두려워했다. 그가 요구하는 것을 절대로 거절할 수 없었다."

페미니스트 사담

친구들의 아내를 포섭해 큰 성공을 거둔 사담은 여성들의 정치적 지지를 얻기 위해 두 배의 노력을 기울였다. 사지다와의 성공적인 결혼생활을 내세워 이라크 국민의 부부관계에 관한 조언을 자처했으며 여러 신문에 행복한 결혼생활을 위한 지침 등을 게재하기도 했다. "결혼생활에서 가장 중요한 것은, 남편이 아내로 하여금 단지 여자라는 이유 때문에 억압당한다는 느낌을 받도록 해서는 안 된다는 점이다." 1978년 그는 알 마라 신문에 이런 글을 실었다.

사담은 이라크 여성들의 해방을 주도하면서 그들의 마음 속 깊이 호소하기를 원했다. "과거 암흑기와 억압기에 여성들이 당해야 했던 모든 구속으로부터 완전히 해방되는 것은 우리 당과 혁명의 기본 목표들 중 하나이다. (……) 실제로 여성들은 우리 사회의 절반을 차지하고 있다. 만일 여성이 자유롭지 않고 의식이 없으며 교육을 받지 못한다면, 우리 사회는 미개한 사회로 남아 있을 것이며 해방을 맞이할 수 없을 것이다."[14] 그는 자신의 생각을 확실한 구호에 요약해 담았다. "여성을 멸시하는 것은 혁명을 배신하는 것이다." 그는 초기의 회의에서 '여성들을 억압하는' 것이 곧 '조국과 민족에 해'가 된다고 주장했다. 그리고 '여성들'이라는 단어를 쓸 때에는 반드시 '친애하는', '존경하는', '고귀한', '학대받는' 등의 수식어를 덧붙였다.

많은 이라크 여성들이 여성해방을 부르짖는 그를 숭배하기 시작했다. 그들에게 사담은 단순한 국가지도자가 아니라 가족의 일원이었다. 여성 시인 사지다 알 무사위는 막 싹트기 시작한 사담 후세인에 대한 애착을 글로 표현했다. "그는 친구이자 모범이며 하나의 집이자 아들이다. 사담은 우리의 심장, 불을 밝힌 촛불, 추억, 눈물, 대지이고 그의 국민은 장미 섞인 맑은 물에서 사는 백성이다. 그는 이라크 그 자체다."[15]

이라크 여성 노동조합 평의회에서, 그는 '남자들은 아내를 존중해야 하며 그들이 필요로 하는 것을 잘 고려해야 한다'는 내용의 열정적인 연설을 했다. 어느 날, 예고도 없이 헬리콥터로 도청 소재지를 방문한 그는 수염이 덥수룩한 데다가 특히 입냄새가 심한 직원들을 보고 경악했다. 엄명이 내려졌고 도지사는 직원들을 모두 모아 엄한 경고를 내렸다. "모두 다이어트를 하고 면도를 하고 이를 닦으시오. 아내를 생각하란 말입니다. 이라크 여성들은 이런 상태를 참아낼 수 없어요!"[16] 곧 사담을 비롯한 모든 당원이 다이어트에 돌입했다. 투실투실했던 도지사는 30여 킬로그램을 뺐고 사담은 10킬로그램 정도를 감량했다.

사담 후세인의 위생에 관한 조언은 그 범위가 더욱 넓어졌다. 어느 날, 그는 텔레비전 방송에 출연해 선언을 했다. "앞으로 입냄새가 나는 남자들은 회의나 가족 모임에 참여할 수 없다! 매일 목욕을 하라. 여자들은 남자들보다 체취가 더 강하므로 하루에 두 번 목욕을 해야 한다. 그리고 칫솔 사용법을 모르는 여자들은, 검지를 사용해서라도 이를 닦아라."

현실적으로 사담은 위생적인 면 외에 다른 면에서는 의도했던 것만큼 점진적인 태도를 취하지 못했다. 그가 선언한 약속들은 그해 한 해가 지나도록 지켜지지 못했고 혁명적 원칙들은 이후로 연기되었다. 국가 수장 자리를 노리고 있던 사담은 남성들에게 등을 돌릴 수 없었다. 그는 발언을 할 때 보다 조심스러운 태도를 취했다. "여성은 남편의 권위에 복종해야 한다. 남편은 가장이자 가정의 책임자로서 결정권을 가지고 있기 때문이다." 당시 보수주의는 여성의 정치참여에 대해 단호한 입장을 고수했다. "남자는 군대를 가고 여자는 자녀들의 교육을 책임져야 한다. 이는 사회적으로 한 개인이 완수해야 할 상호보완적이고 기본적인 의무이다." '여성들을 후원' 하는 발언은 그의 약점을 찾으려는 우익과 제국주의 앞잡이들의 반발을 초래할 위험이 있는 문제였다. 여성들에게 너무 관대하게 대하면, 혁명이 무력화될 위험이 있었다. 그는 목표를 이루었다. 1979년 7월, 혁명에 이어 알 바크르 대통령이 은퇴를 했고 사담 후세인은 대통령으로 취임했다. 이라크 여성들과의 향락 생활은 이제 공식적인 것이 되었다.

사담과 그의 여인들

"당신은 언제나 제 마음 속에 계세요. 당신의 아름다운 목소리를 들으면 마치 당신이 저와 함께 계신 것 같아요. 당신의 눈과 미소를 보면 마치 당신이 저를 보고 제게 미소 짓는 것 같아요. (……) 하루도 당신을 생각하지 않는 날이 없어요. 아침에 눈을 뜨면서, 밤에 잠자리에 들면서 당신을 생각해요. 우리 학생들에게 열심히 공부하는 것이 정말로 중요하다는 말씀을 해 주신 덕에, 저는 성공할 수 있었어요. 올해, 저는 저희 반의 최우수 학생으로 뽑혔답니다."[17]

여고생 아슈티 마르벤은 새 대통령에게 사랑과 헌신의 마음을 담은 편지를 써 보냈다. 다른 많은 이라크 여자들처럼 그녀는 1979년 7월 16일, 텔레비전 카메라 앞에 자리를 잡은 강한 남자의 얼굴을 보았다. 흑백 텔레비전 앞에 모여 앉은 이라크 여자들은 사담의 멋진 맞춤 양복에 대해 열심히 평을 했다. "우리나라의 부를 되찾기 위해 미소를 지으며 세계 열강과 맞서는 강렬하게 빛나는 눈을 가진 그 남자는 순식간에 나의 마음을 정복했다." 아슈티는 이렇게 적었다.

텔레비전을 지켜보던 이라크 여자들은 최고 지도자의 매력에 드라마를 볼 때보다 더 열광했다. 그는 매일 화면에 등장했으며 "절대로 흔들리지 않는 듣기 좋은 목소리로 천천히"[18] 말했다.

사담의 권력은 매력적인 무기였지만 더 큰 매력을 발하는 부분은 그의 두 눈이었는지도 모른다. "맹수에게 잡힌 동물! 그의 눈은 세상에서 가장 아름다웠다. 실크처럼 부드러운 두 눈이었다." 최고 원수의 팬들은 감탄을 했다. 이집트 망명 기간 동안 사담과 알고 지내던 이라크의 정치인이자 인권운동가의 아내인 셸마 무신 역시 대통령의 '권총 같은 두 눈과 마주 대하게 되었다. "웃음을 머금은 그의 눈은 제복과 강한 대조를 이루었다. 그는 모든 사람들과 함께 웃었으나 나에게서 눈길을 떼지 않았다. '저 사람은 나쁜 사람일 수 없다'고 나는 생각했다. 그러나 그의 눈길에서 그가 상처받기 쉬운 사람이라는 것도 알 수 있었다."[19] 남자들 역시 그의 꿰뚫어 보는 듯한 눈길의 희생양이었다. "그의 눈을 똑바로 쳐다볼 수가 없었다. 그의 눈은 무척 아름다웠고 여성적이었으나 그 안의 무언가 매혹적인 면이 그의 눈길을 거의 무섭게 만들었다. 그가 미소 지을 때조차도."[20] 건축가 파우지 샬후브는 이렇게 고백했다.

사담은 외모에 많은 공을 들였다. 머리가 희끗희끗 세어가자, 주치의는 신중하지 못하게도 콧수염과 구레나룻을 밀어버리라는 마땅치 않은 해결책을 제시했다. "사담이 나를 뚫어져라 쳐다보았다. 그가 머리와 콧수염을 염색한다는 사실을 알고는 있었지만, 아무 말도 하지 않아야 했다."

그러나 그의 날카로운 패션 감각과 400개에 이르는 허리띠와 정기적으로 수술을 해 주어야 했던 티눈의 원인이 된 볼이 너무 좁은 가죽 구두들이 그의 매력의 실질적인 근원이었다는 점은 인정해야 할 것이다. 전투로 단련된 인물들은 특히 그에게 매혹되었다. 장 마리 르펜 역시 이 아랍의 '골 족'에게 매료되었다. "만날 때마다 그는 매우 멋진 차림을 하고 있었다. 실크처럼 부드러운 푸른색 린넨 양복과 그에 완벽하게 어울리는 넥타이. 그는 늘 고상해보였고 대단히 세련된 매너를 갖추고 있었다."[21]

아르메니아 출신의 그의 개인 재단사 사르키스는 유럽의 수도로부터 가장 공들여 만든 견본을 공수하느라 여념이 없었다.

사담은 여자들을 리드하고 만족시키는 자신만의 방법을 터득하고 있었다. 철학으로 분류해도 좋을 만한, 그가 창시한 규범은 이러했다. "여자들은 필요한 것보다 더 많은 것을 갖고 싶어 한다. 시장에 나가면 언제나 여자들이 있지 않은가. 그들은 자신이 찾아낸 것에 결코 만족하지 못한다. 멍청하거나 똑똑하거나, 시골 출신이거나 바그다드 출신이거나, 모두 똑같다. 그리고 그런 여자들의 습성을 바꾸려고 해 보았자 아무 소용이 없다."[22]

그의 매력은 친한 친구의 농담으로 정리되었다. "사담의 여동생조차 그에게 반할 정도였다!"[23]

절정에 달한 사담의 매력은 국경을 넘어갔다. "그는 여자들과 어울리기를 좋아했다. 1979년 말의 어느 날 밤, 그의 참모총장이 나에게 전화를 걸어 파티를 열었다고 알렸다. 운전수가 모는 차를 타고 대통령 궁에 갔더니 일곱 명의 멋진 브라질 여자들이 와 있었다. 그중 한 명이 사담에게 당신이 이라크를 위해 한 일이 무척 훌륭하며 꼭 만나고 싶다는 편지를 보냈더니 사담이 그녀의 친구들을 모두 초대했고 관광여행을 시켜줄 예정이라고 했다." 역시 파우지 샬후브의 이야기이다.

사담의 집무실에서 일어난 일

새 대통령을 친근한 분위기에서 만날 수 있는 특권이 모든 이라크 여자들에게 주어진 것은 아니었다. 1979년 2월 이후로, 이웃나라 이란이 평화를 위협해 왔다. 여성 해방을 전혀 다른 눈으로 보는 혁명을 주도한 보수적이고 호전적인 호메이니가 샤를 몰아내고 최고 지도자 자리에 올라 아야톨라 칭호를 받았다.

사지다와 함께 바그다드의 인기 높은 사냥클럽에 자주 출입하던 사담은 밤 시간을 보내던 습관을 바꿨다. "그때부터 그는 저녁 시간을 대통령 궁 안에서 가족과 함께 보냈고, 찾아오는 친구들의 숫자도 크게 줄었다. 사담은 이슬람주의자들에게 자신의 지나치게 자유롭고 서구적인 품행을 트집잡혀 공격할 기회를 주고 싶지는 않았다."[24] 대통령 고문이자 바트당을 창립한 미셸 아프락의 아들인 이야드 아프락은 이렇게 증언했다.

사담 대통령은 남자들에 대한 분노를 터뜨리는 여자들을 받아주었다. "그의 집무실에서는 울 수도 있었고 목소리를 높일 수도 있었다. 그는 잠자코 우리의 이야기를 다 들어주었다." 사담의 집무실에 방문했을 때를 쓸쓸하게 기억하고 있는 셀마 무쉰은 이렇게 회상했다. 그녀의 청원은 로맨틱한 것이 아니었다. 사담의 전임자가 외무부 장관으로 임명하려던 그녀의 남편이 감옥에 갇혀 소식이 없었다. 젊은 아내는 사담을 만나 사정 이야기를 했다. 그녀 역시 립스틱과 마스카라를 칠하는 등, 정성껏 단장을 한 모습이었다.

"당신이 왜 여기 왔는지 모르겠소. 당신 남편은 아무 가치도 없는 사람이오. 석방할 이유가 없소."

"그렇게 생각하신다면, 대통령님, 어떤 말씀을 해도 받아들이겠습니다."

"내가 보기에 당신 남편은 거만해요. 모든 걸 다 알고 있다고 믿고 있소."

자리에서 일어난 사담은 책상을 빙 돌아 그녀에게로 다가갔다. 그다음 벌어진 일은 빠져나올 수 없는 악몽을 꾸는 것 같은 일이었다. "그가 내 허리를 거칠게 잡더니 입을 맞추고 나를 더듬기 시작했다. 몸 여기저기를 만지고 가슴, 허벅지 등 은밀한 곳에도 손을 댔다. 그리고는 '몸이 참 멋지군, 잘 간수하시오. 당신은 아름답소.' 라고 말했다." 소심한 칭찬이었다. 10분 간, 셀마는 이라크 최고 원수의 사전 공격을 받아야 했다.

"제가 누군지 아시나요?" 그녀가 분위기를 바꾸어 보려고 했다.

"당연하지. 사담 후세인은 이라크 사람을 모두 알고 있으니까." 그가 웃으며 말했다. 셀마는 만일 그가 남편을 석방시켜 주면 자기 몸을 주겠다고 약속했다. "내가 당신을 취하고 싶으면 허락 따위는 필요 없소. 당신 남편이 감옥에 있건 자유의 몸이건, 내가 당신을 갖고 싶으면, 난 그렇게 할 거요."

그러나 그는 아무 일 없이 그녀를 놓아주고 대통령 전용차인 하얀색 메르세데스 벤츠로 그녀를 집까지 바래다주게 했다. 별 이야기를 하지 않던 운전사가 살짝 말했다. "담배를 피우셔도 됩니다." 셀마의 남편은 기적적으로 석방되었다. "사담은 진짜로 나를 취하려 한 것이 아니라 남편 때문에 나를 모욕하려 한 것이었다. 그리고 자신에게 나를—나의 남편을—마음대로 할 수 있는 권력이 있음을 실감하게 만들려 했던 것이다."[25]

확실히 사담은 필요한 곳에 여자들을 이용할 줄 알았다. 외교적인 면에서나 선전에서도 여자들은 믿을 수 있는 지지자들이었다. 그는 여자들을 전략적 위치에 앉히고 그녀들과 어울리기를 좋아했다. 새 대통령의 후원으로 의료서비스가 급증했는데, 그 방면에 정체를 알 수 없는 어떤 여자 약사가 나타났다. 그녀는 전장에서 죽어가는 많은 병사들을 살릴 수 있는 연고를 개발했다고 주장했다. 수많은 반대 의견과 조소를 받던 그녀는 대통령을 만나기로 결심했다. 사담은 친절하게 응대했다. "내 경험상, 관료적인 우리나라에서 당신이 발견한 것 같은 새로운 아이디어와 진전이 빛을 보려면 넘어야 할 벽이 많소."[26] 그는 비서에게 과학자의 발견을 신속히 실제에 적용할 수 있도록 그녀가 필요로 하는 모든 것을 제공하라고 명령했다.

대통령의 호위병을 동반한 닥터 마뷰즈는 살레 교수가 이끄는 사담 심장의학센터에 배치되었고 제일 먼저 양 다리에 괴저를 일으킨 한 국가 영웅에게 자신이 개발한 기적의 연고를 처방했다. 살레 교수는 그녀를 의심한 끝에 비밀리에 연고를 분석했고, 그 결과 약이 아무런 효과가 없을 뿐 아니라 온갖 세균의 온상이라는 사실을 밝혀냈다. 해고의 위기에 처한 돌팔이 약장수 마뷰즈는 공화국 궁전으로 달려가 사담에게 간청을 했다. 곧 사담 심장의학센터는 책임자를 갈아치웠다. '닥터' 마뷰즈는 독립연구소를 갖게 되었고 그녀에게 처치를 받았던 장군은 다리를 절단해야 했다.

여자들이 찾아오지 않으면 사담은 대학이나 정당 기관 방문 중에 헌신적인 협조자들을 구했다. 그는 여자들의 재능을 칭찬하고 능력에 따라 일자리를 주었다. 그가 여자들 사이에서 인기보다 더 원했던 것은 그녀들이 이라크와 이라크 병사들에게 공헌할 수 있는 점들이었다.

1980년의 출발은 좋았다. 호메이니에 의해 재정비된 이란 군대가 일시적으로 약화된 틈을 타, 이란이 시아파들의 땅과 특히 이라크에 있는 시아파의 성지인 나자프를 점령하려 한다고 믿었던 사담은 선제공격을 감행했다. 1980년 9월 22일, 티그리스 강과 유프라테스 강 하구 국경에서 일어났던 과거의 분쟁을 명분삼아, 이라크 최고 원수 사담은 영원한 적 페르시아 민족에게 전쟁을 선포했다. 놀랍게도 초반 몇 달 간은 이라크가 우세했다. 만족한 사담은 거의 매일 밤 외출을 했고 파티마다 그를 위해 가쁜 숨을 몰아쉬며 춤추고 노래하는 여자들로 넘쳐났다. 자신의 발치에 앉은 여자들의 촌스러운 얼굴과 우울한 표정에 사담은 놀라는 동시에 가슴 아파 했다. "파티장을 떠날 때쯤이면 우리는 베두인 음악과 전쟁에 관한 열띤 토론에 머리가 아팠다. (……) 당시 사담은 모든 사람이 그의 주변에 모이기를 바랐다." 알리아 살비는 이렇게 회상했다.

이란과의 전쟁이 시작된 후, 이라크 남자들은 나라를 떠나 전장으로 나갔다. 전쟁은 사담이 여자들과 다시 한 번 신혼여행을 즐길 수 있는 기회가 되어주었다. 그는 냉혹한 전쟁을 치르고 있는 나라를 유지하기 위해 여성 '파트너'들과 힘을 합해 일을 해야 했다. 일부다처제 금지와 이혼 인정에 여성들의 투표권이 보장되었다. 여성의 성역화를 잘 나타내는 대표적인 사례는 '희생자 박물관'의 건립이었다. 박물관 소장 작품 중에 결혼식날 밤 이란이 발사한 미사일에 죽음을 맞은 한 여자를 묘사한 '멘델라에서 희생된 신부'라는 그림이 있었다. 웨딩드레스와 신발이 배경의 일부를 이루었다. 그녀가 천국으로 올라가는 모습을 표현한 조각상도 하나 있었다. 사지다 알 무사위는 대통령을 칭송했다. "사담은 불과 빛 사이로 자애롭게 흐르는 강과 같다. 사담은 천국으로 가는 열쇠다." 그러나 이라크의 새 지도자 사담은 이제 서방 강대국보다 국경에 집중했고 최신 유행의 양복 대신 몰락할 때까지 그의 트레이드 마크가 된 바트당의 카키색 군복을 입기 시작했다.

많은 인명을 빼앗긴 전쟁에 눈이 어두워진 그는 가장으로서의 책임을 소홀히 했고 사지다는 혼자서 집안의 모든 일을 처리해야 했다.

사담의 딸들

밤마다 술을 흥청망청 마셔대는 친교자리에 나가는 남편과 함께 모습을 드러내지는 않았지만 사지다는 사담이 권력을 잡는 데에 없어서는 안 될 동반자로서의 역할을 했다. 모범생이었던 그녀는 교사가 되었다가 남편이 정권을 잡기 전까지 진보적 성격의 남녀공학 학교장을 맡아 일했다.[27] 또한 사담이 권장한 여성교육을 의욕적으로 지지하기도 했다. 문맹퇴치 프로그램이 잇달아 실시되었고 곧 여자 아동들의 취학률이 95%에 달했다. 군대와 사관학교가 여자들에게 문을 열었으며 여성 전투기 조종사도 양성되었다.

남편이 불타는 열정을 정치에 쏟아붓는 동안, 사지다는 딸들과 대통령 궁의 살림에 몰두했다. 대통령 궁에서 주관하는 사교모임에 대한 절대권은 그녀에게 있었다. 티그리트의 명문가 사람들은 궁에 자주 드나들며 융숭한 대접을 받았다. 파티에 초대받은 사람들은 영부인에게 최고의 경의를 표했으나 그녀는 고개를 까딱하거나 어설픈 미소로 답을 했을 뿐이었다. 오케스트라가 국가를 연주하는 동안 장관 부인들은 사지다의 곁으로 모여들어 바그다드에서 가장 유명한 청년들인 대통령의 두 아들 우다이와 쿠사이의 신붓감으로 점찍히기를 바라는 마음으로 혼기에 다다른 딸들을 소개했다.

사지다의 주위에 상류사회 귀부인들이 얼쩡거리는 동안, 대통령의 딸들인 라가드와 라나 주위에는 소녀들이 모여들었다. 장녀인 라가드는 대통령 궁 학교에서 바트당의 이념을 가르치고 있었다. 대통령 전용기 기장의 딸, 자이납 살비는 모델 같았던 대통령의 딸들을 이렇게 회상했다. "세 딸 중 둘째인 라나는 나보다 두 살이 어렸는데 마음씨가 착했다. 일곱 살 어린 할라는 버릇없는 아이였다. 그러나 모든 사람들이 사담이 할라를 가장 예뻐한다는 사실을 알고 있었다." 대통령 궁에서 주관한 파티에서, 소녀들은 손님들의 옷차림을 나름대로 재해석했다. "라가드가 홀을 걸어다니면서 권위적인 목소리로 패션 등 웃기지도 않은 일에 관한 자신의 의견을 말하던 기억이 난다. 다른 여자아이들은 종종걸음으로 그녀의 뒤를 따랐다. 마치 라가드는 사담이고 우리는 경호원들인 것 같은 풍경이었다."

험담 외에, 가장 자주 등장하는 대화 주제는 패션이었다. 우다이와 학교 같은 반이었던 라티프 야히아는 대통령 궁 파티에 나타난 영부인을 이렇게 기억했다. "영부인이 옷보다 더 집착했던 것은 어떻게 하면 더 많은 보석을 소유할 수 있을까 하는 것이었다. 파티에 자주 등장하지 않는 그녀였지만, 어쩌다가 모습을 드러냈을 때 유일하게 하는 이야기는 보석이었다. 이 반지는 어디서 샀고 이 귀걸이는 어느 도시에서 샀다는 등의 이야기를 한참 동안 열정적으로 하곤 했다."[28]

전쟁이 한창일 때, 대통령 궁의 여자들이 나라를 떠나는 것은 금지사항이었다. 런던과 파리에서 쇼핑을 못 하게 되었던 것이다. 고통을 달래기 위해, 그들은 전 세계에서 날아드는 카탈로그를 보고 손가락으로 갖고 싶은 물건을 찍었고 그 즉시 그 물건이 공수되었다. 옷과 관련된 그다지 좋지 못한 일들로 대통령 궁은 비판의 대상이 되었다. "같이 다니던 여자아이들 중에 타마라라는 아이가 있었는데, 대통령 궁에서 그 애의 옷을 자주 빌려갔다가 일부는 돌려주고 아예 돌려주지 않는 경우도 있었다. 그리고 돌려준 옷 중의 한 벌은 재단사가 카피를 하려고 다 뜯었다가 다시 꿰매어 입지 못하게 되었다고 했다." 사담의 딸들 친구들이 궁을 방문할 때마다, 그 모임은 차차 패션쇼 같은 성격을 갖게 되었고 서로가 서로의 옷에 대해 신랄한 평을 했다. "같은 옷을 두 번 입는다는 것은 스캔들이었다."라고 자이납은 말했다.

대통령의 부인

사지다 역시 첨단 유행에 집착했다. 그녀는 대통령 전용기 기장의 아내 알리아 살비 등 자유롭게 여행을 할 수 있는 여자들에게 옷을 주문했다. 사지다에게 부탁을 받은 여자들 중에는 불평을 하는 이들이 더러 있었다. 물건을 받고 돈을 곧바로 주지 않았던 것이다. 어느 날, 마침내 대통령은 아내에게 숙모 두 명을 동반하고 몇 주 동안 이라크를 떠나 있어도 좋다는 허락을 내렸다. 그는 두 명의 숙모에게 각각 1만 달러씩을 주고 쇼핑을 하며 기분전환을 하라고 했다. 사지다의 '진하게 그린 활모양의 눈썹은 전혀 움직이지 않았다'. 대통령 궁 여자들이 숭배를 해야 하는 대상이었던 그녀는 옷과 보석, 그리고 총애하는 여자들에게 선사하는 선물용품을 충분히 갖추어두고 자주 바꾸어야 했다.

1981년 초, 이라크 영부인은 지인 20여 명과 함께 런던에 도착해 본드 스트리트의 고급 상점들을 누비고 다녔다. 주 타깃은 에르메스였고 대략 10만 파운드의 돈을 썼다. 보석과 명품에 대한 갈증을 식힌 그녀는 한 달 후 유엔 이라크 대사[29]와 함께 미국에서 새로 구입한 대통령 전용기인 점보 747기에 올랐다. 비행기 바닥은 이라크 대통령의 문장이 찍힌 초록과 흰색의 카펫이 깔려 있었고 그 카펫을 따라가면 현대적인 가구로 장식된 각각의 방이 나왔다. 대통령 전용 스위트룸에는 거대한 침대, 회의실, 사무실, 그리고 욕실이 딸려 있었다. 이렇게 사지다는 당시 그녀가 총애하던 청년 후세인 카멜 알 티크리티를 선두로 쇼핑에 안달이 난 쇼핑광들 중에서 뽑힌 서른 명의 대표들과 함께 뉴욕으로 향했다. 사지다는 블루밍데일 백화점에서 열광적으로 물건을 고르며 어마어마한 돈을 썼다.[30]

멀리 떨어져 있는 동안, 대통령 부부의 사이는 더 가까워지는 것 같았고 두 사람은 매일 전화통화를 했다. 그런 식으로 사담은 후세인 카멜에게 맡긴 임무, 즉 뉴욕에서 비밀리에 이란전에 사용할 탄약을 구매하는 일의 진전 상황을 점검하고 있었는지도 몰랐다. 미국의 판매금지 조치에도 불구하고 몇몇 회사가 대 이라크 무기 공급을 위한 계약서를 암암리에 작성했다. 사지다는 작전과 상관없었지만, 미국 회사들이 환영의 표시로 제공하는 후

한 선물을 받을 수 있는 기회를 놓치지는 않았다.

고급 장식품에 경박할 정도로 집착하는 것은 남편의 무관심을 잊고 기분 전환을 하려고 했던 것으로 보인다. 실제로 당시, 사담의 혼외정사에 관한 첫 번째 스캔들이 터졌다. 상대는 정부통신부 장관의 아내였던 매력적인 테니스 선수였다.

이라크로 돌아온 후, 다른 여자들처럼 알뜰한 가정주부 역할에 충실하고자 했던 사지다의 노력은 그다지 신통한 결실을 맺지 못했다. 그녀는 앞뜰에 토마토 모종을 몇 개 심기로 했다. 그늘 하나 없이 쏟아지는 태양 아래 자리를 골라 놓고 어린 모종을 심으라는 명령을 내리고 여섯 명의 호위병에게 물을 주는 임무를 맡겼다. 모종은 금방 시들고 말았다. 결국 그녀는 모종을 지켜내지 못한 무능력한 그들에게 열흘치 월급을 주고 해고하고 말았다.

티크리티 가문의 사람들

대통령 궁에서 잘 자라지 못한 존재가 또 있었다. 대통령 부부의 세 딸이 모델처럼 굴었던 반면, 아들인 우다이와 쿠사이는 걱정의 대상이었고 사지다는 혼자 기르다시피 한 두 아들 치다꺼리에 바빴다. 그들의 방황은 어쩌면 사담이 아들들이 다섯 살이 되었을 때부터 처형식을 지켜보게 하는 등 정신적인 균형을 잡아주는 데 신경을 쓰지 않았기 때문인지도 몰랐다.

우다이는 모든 수단을 다 동원해 친구들 앞에서 허세를 부렸다. 최고급 승용차를 타고 학교에 다녔고 가끔은 포르쉐 승용차를 학교 운동장 한가운데에 세워놓거나 운전사에게 내려서 걷기가 싫으니 계단 열 개를 차로 올라가라는 명령을 내리기도 했다.

수업 중에 선생들의 고민은 우다이의 학습 태도가 아니라 그의 안전이었다. 한 학생이 당시의 분위기를 묘사했다. "대통령의 두 아들에 대한 경호가 너무나 삼엄했다. 그러나 아이들도, 학부형들도 감히 전학을 갈 생각은 하지도 못했다."[31] 전학은 그들에 대한 개인적인 모욕으로 간주되었을 터였다. "우다이와 쿠사이는 아무 노력도 없이 언제나 일등을 차지했다."

대통령 아들들이 다니던 학교는 규율이 엄했고 교복을 입어야 했지만, 우다이와 쿠사이는 복장규정을 무시했다. 가끔씩 우다이는 허리띠 대신 총알을 넣은 화려한 스카프를 매고 나타났다. "어느 날, 그가 대나무 줄기로 만든 모자를 쓰고 교실에 들어왔다. 당연히 선생님은 아무 말도 하지 않았고 우리는 아무것도 못 본 척했다."[32] 우다이의 동창은 이렇게 회상했다.

사지다의 큰아들 우다이는 아버지를 모델 삼아 성장했고 일찍부터 아버지를 흉내냈다. 15살에 시가를 피웠고 아버지의 사무실과 똑같은 사무실을 만들어 내라고 요구했다. 바그다드 대학 건축과에 입학한 후 공부는 거의 하지 않았으나 아무 문제없이 100점 만점에 평균 98.5의 점수로 학위를 땄다. 최고 점수를 주지 않은 몇몇 교수는 이라크 비밀정보국 무카라바트에게 불려갔다. 그의 돌출행동을 보다 못한 티크리티 집안에서는 우다이를 사담의 이복형제 바르잔의 딸과 결혼시키기로 결정했다. 사촌간의 결혼은 얼마 지나지 않아 길을 잘못 들게 되었다. 신부와 밤 시간을 보내는 대신, 반항기 가득한 우다이는 예쁜 여자를 낚는 밤 외출에 몰두했다. "그는 결혼을 원치 않았다. 그의 마음속에는 다른 여자가 있었다."[33] 한 측근의 말이다.

보통 술에 잔뜩 취한 채로 우다이는 주로 상류층 자제들이 모이는 바그다드에서 유명한 아이스크림 가게 주변 등, 즐겨 찾는 사냥터를 배회했다. 그곳에서 그는 최고급 자동차를 보란 듯이 몰고 다녔다. 멜리아 맨서 호텔 꼭대기 층에 위치한 디스코텍도 그가 자주 드나드는 장소였다. 티그리스 강

위에 떠 있는 우다이 소유의 배는 이라크 독립 후 영국 장교가 버리고 간 것이었는데, 그는 진귀한 나무를 공수해 그 배를 빅토리아 양식으로 호화롭게 꾸며놓고 개인 클럽으로 이용했다. 그곳에 모여드는 각양각색의 아가씨들에게 그는 칼라슈니코프 자동 소총을 허공에 쏘아대며 강한 인상을 남겼다. 파티의 끝이 언제나 좋은 것은 아니었고 주먹다짐, 화재, 강간, 젊은 여자 납치 사건 등이 끊이지 않았다.

결혼 석 달 만에, 불행한 신부는 시어머니 사지다의 집으로 몸을 피했다. 그녀는 재빨리 친정아버지가 근무하고 있는 스위스로 떠났다.

사지다는 이제 큰아들이 결혼생활을 제대로 해낼 수 없는 인물이라는 것을 깨닫고 더 이상 그에게 강요를 하지 않았다. 반면 쿠사이는 이미 사담에게 손자를 안겨주었다. 둘째아들 쿠사이는 검은색 영국제 맞춤 양복을 고집하는 기벽이 있었다. 대통령 부부의 두 아들 중 더 믿음직해 보이던 그는 아버지의 후계자로서 손색이 없어 보였고 명망 있는 무난한 집안의 딸과 결혼을 하고 곧 법학과 정치학 학위를 취득했다. 사담은 그와 더 많은 시간을 보냈고 두 아들은 경쟁관계에 놓이게 되었다. "그는 자신이 아버지의 총애를 받고 있다는 것을 알고 있었다. 그것은 굳이 증명해 보일 필요가 없는 일이었다." 라티프 야히다는 이렇게 말했다.

친척들의 문제가 많을 때에는 사담도 교육방법에 관해 고민을 했다. "만일 키우는 개가 어리고 작다면 때리거나 여러 가지 방법으로 벌을 줄 수 있소. 그러나 그 개가 커서 힘이 세지면 녀석을 때리기 전에 잘 생각해보아야 하지. 주인을 물 수도 있으니까. 자, 그런 개가 주위에 백 마리 있다고 상상해보시오." 어느 날, 그는 주치의인 알라 바쉬르에게 속내를 털어놓았다.

그러나 티크리티 집안의 결속력에 금이 가게 한 첫 화염의 근원은 바로 사지다였다. 우다이의 개인 비서는 그 일이 1984년에 일어났다고 전했다.

분쟁의 발단은 라가드의 결혼이었다. 사담의 이복형제이자 가공할 비밀정보국 무카라바트의 국장인 바르잔이 대통령의 맏딸을 아들의 아내로 달라는 청혼을 했다. 사담이 거절을 하자, 바르잔은 곧 모든 공적인 임무를 거부했다. 그는 사담의 결정 뒤에 딸을 자신의 경호원 중 한 사람에게 주려고 하는 사지다의 반대가 있다는 사실을 잘 알고 있었다. 사지다는 당시 영부인 경호부대의 일원이었던 후세인 카멜을 염두에 두고 있었다. "그는 그녀가 바르잔의 아들들과는 비교할 수 없을 정도로 총애하던 인물이었다."[34] 우다이의 비서들 중 한 명은 이렇게 회상했다. 일가친척들은 모두 영부인의 그 젊은이에 대한 애착을 눈치채고 있었다. 사지다의 여동생 일함은 후세인 카멜이 "사지다를 홀려놓았다."고 했다. 그는 "대통령의 부인을 손에 넣고 곧 그녀의 비호를 받게 되었으며 우리들 입에 자주 오르내리는 대상이 되었다. (……) 나는 몇 번이나 언니에게 그가 대단히 위험한 인물이라고 경고했으나 소용이 없었다."[35]

장차 남편이 될 사람의 이름을 듣고도 라가드는 아무런 불평을 하지 않았다. 다만, 결혼을 하는 대신 학업을 마치게 해달라는 한 가지 조건을 달았을 뿐이다. 신랑 역시 조건을 덧붙였다. 학교를 졸업한 후에는 일 년에 한 명씩 아기를 낳아야 한다는 것이었다.

후세인 카멜은 영부인에게 접근하는 것으로 만족하지 못했다. 사지다의 맏딸과 결혼을 한 후, 그는 둘째딸 라나를 그의 친동생과 결혼시켰다. 이 결혼으로 그는 국내에서 가장 영향력 있는 인물 중 한 사람이 되었다. 학교 교육을 거의 받지 못했을 뿐더러 군대에서의 경험도 없는 그가 영부인의 경호원에서 곧 군대의 수장으로 승진했던 것이다.

사지다가 활개를 치는 바람에 이라크에는 보다 심각한 폭풍이 불어닥쳤다. 전 비밀정보국장인 바르잔이 체제에 반대 입장을 취하기 시작했다. "나는 완전히 소외되었다. 정치적인 면에서뿐만 아니라 사회적으로나 가족들 사이에서도."[36] 그는 한 측근에게 이렇게 토로했다. 바르잔은 재혼을 하고 싶었으나 사담의 반응이 두려웠다. 결국 그는 CIA와 내통했다는 비난 속에 불행하게 죽은 전 정보국장의 미망인인 아름다운 제난과 두 번째 결혼식을 올렸다.[37] 결혼식날, 차분한 사담과는 반대로 사지다는 못마땅한 기색을 감추지 않았다. "반역자의 미망인과 결혼을 하다니, 이건 우리 가문에게 너무 큰 타격이에요." 그녀는 결혼식 증인을 선 누군가에게 분노를 표시했다. 그러나 그녀가 화를 낸 이유는 따로 있었다. 바르잔의 새 부인이 정부에 매우 비판적이었던 것이다. 그녀는 친 유럽, 서구주의자임을 공공연하게 내세우며 정부를 자극했다. 사담은 마침내 기가 센 그녀에 대한 판단을 내렸다. 그는 세 명의 이복형제를 불러다놓고 바르잔에게 최후통첩을 했다. "이혼해라, 그렇지 않으면 너는 더 이상 내 동생이 아니다."[38]

바르잔은 양보하지 않았다.

이후 몇 년 동안 그는 유엔 대사로 임명되어 멀리 제네바에 떨어져 살아야 했다. 몇 해 후 사담은 반항적인 그 동생을 다시 불러들여 외무부 장관으로 임명했다. 그러나 그의 아내는 암투병 중이어서 치료를 위해 스위스에 머물러야 했다. 바르잔은 아내 곁에 있게 해달라고 요청했으나 사담에게는 그가 필요했다. 제난은 레만 호 근처에서 홀로 죽었다. "바르잔은 아내 곁을 지키지 못하게 한 대통령을 원망했다."[39] 한 측근의 말이다.

적들 사이의 살인

1988년 7월 22일, 사지다는 오랜만에 남편이 기뻐하는 모습을 보았다. 거의 10년 전, 성공적으로 정권을 잡은 이후 거의 보지 못했던 모습이었다. 이란과의 평화협정을 발표한 후, 사담은 기뻐 어쩔 줄을 몰랐다. 그는 군사력을 통해 이란의 바소라 공격을 막았고 호메이니를 압박하여 대립 중인 두 나라를 8년 전의 상황으로 돌려보내는 평화협정을 받아들이게 했다. 사담은 그 협정을 승리로 간주했고 그의 얼굴에는 미소가 떠나지 않았다. 체중마저 불어난 그는 자신에게 경의를 표하기 위해 끊임없이 찾아오는 다른 아랍 국가들의 사절들을 환영했다. 그가 사람들과 어울려 축제일에만 추는 민속춤인 쵸비를 추는 모습도 여러 번 목격되었다.[40] 중동의 구원자라는 그의 역할 덕분에 결혼생활이 다시 활기를 띠는 것 같았다. 사람들의 눈에 사지다의 역할이 그 어느 때보다도 중요해 보였던 것이다.

8월. 사담은 대통령 궁에서 그의 '승리'를 축하하는 공식 행사를 열었다. 전통에 따라 여러 정원에서 두 가지 서로 다른 파티가 열려 손님들을 맞이했다. 하나는 사담이 주관하는 남자들을 위한 파티였고 다른 하나는 사지다를 위한 파티였다. 고기, 이라크 특산물, 열대 과일이 차려진 테이블들이 초대 손님들의 눈에 잘 띄는 곳에 배치되었다. 굶주린 바그다드에서 몇 년 동안 보지 못했던 연회였다. 집시여인들이 초록, 빨강, 노랑, 보라색으로 된 반짝거리는 옷을 입고 무대 위에서 노래하고 춤췄다. 허리까지 늘어뜨린 그들의 반질반질하고 검은 머리가 악단의 북소리에 맞춰 흔들렸다. 이 무대를 위해 양 볼과 입술에 강렬한 빨강색을 칠하고 눈을 검은색으로 강조한 특별 화장에 몸의 일부를 노출한 집시여인들이 움직일 때마다 어마어마한 크기의 귀걸이와 팔찌가 요란하게 짤랑거렸다. 사지다는 여자들을 위한 파티에서 무대를 마친 집시들이 남자들을 위한 파티장으로 가는 모습을 지켜보며 엄청난 자제력으로 화를 억눌렀다.

"이제 남자들이 뭘 할지는 신만이 아시겠군." 라가드가 빈정거리는 말투로 말했다.

"노래하고 춤을 추는 것 아냐?" 자이납 살비가 물었다.

"남자들은 집시여자들을 좋아해. 그리고 내 남편도 남자들을 위한 저 파티에 가 있지."[41]

자이납은 같은 반에서 공부를 했지만 이런 식의 말을 입에 담은 적이 거의 없는 라가드가 의외로 속내를 털어놓은 것에 깜짝 놀랐다. 그녀는 어머니 사지다로부터 절대 불평하지 않는 태도를 배웠다. 겨우 스무 살에, 그녀는 이미 자식을 셋이나 낳았다.

아버지 사담

가족이며 일가친척들의 방탕한 생활에도 불구하고 사담은 가정의 행복이라는 개념을 포기하지 않았다. 텔레비전에 출연할 때마다 만들어진 이미지 속에서, 그는 눈물을 글썽이며 아이들에게 다가가는 한 가정의 아버지로 비추어졌다. 그것은 그리 인위적이라는 인상을 주지 않았고 효과가 있었다. 가능한 상황이 되자마자, 대통령은 주위에 흩어졌던 가족을 하나로 모이게 한다는 꿈을 다시 이루었다.

좋아하는 사람들과 확실하게 어울리기 위해 그는 자신의 개인 별장 옆에 '시골집'을 마련하여 친한 친구들에게 선물했다. 대통령 전용기 기장인 살비의 가족들도 그런 가족들에 포함되었다. 살비의 집에서 약 500미터 떨어진 지점에는 사담이 주말이나 오후 느지막이 들러 가볍게 술을 마시곤 하는 대통령 사저가 있었다. 살비 가족은 언제나 옷을 차려입고 사담의 방문에 대비해야 했다. 물론 한참을 기다려도 그가 나타나지 않는 경우도 있었다. 이 '가족적인 시간'에 대한 지시는 엄격했다. 대통령을 반갑게 맞을 것, 그에게 입을 맞추고 찬사를 보낼 것, 그의 옆에 앉아 온 가족이 행복하다는, 아

주 행복하다는 것을 보여줄 것. 그리고 그를 웃게 할 것. "가끔 사담은 지나치게 감동을 했고, 그의 눈에 눈물이라도 맺히면 우리는 그의 감정에 공감한다는 것을 드러내보여야 했다. 사담은 이라크에 대한 사랑을 이야기할 때마다 거의 습관적으로 눈물을 보였다." 살비 부부의 딸 자이납은 이렇게 회상했다.

정작 자신의 가족들은 화목하게 지내지 못했지만, 사담은 지인들의 가정에서 판사 역할을 했다. 어느 날 살비 부부는 딸 때문에 심한 부부싸움을 했고 딸은 회교사원으로 도망을 갔다. 사담은 화가 잔뜩 난 부부를 불러 명령을 내렸다. "자이납이 전하고 싶은 뜻은 따로 있었소. 부모의 관심을 끌기 위해 집을 나간 것이지. 자이납은 두 사람이 함께 데리러 오기를 바라고 있소. 딸을 위해 그렇게 해야 하오."

반항적인 아들

1988년 10월 18일, 이라크에서는 이란에 대한 '승리'를 기념하는 축연이 끊이지 않았고 대통령 공관에서는 여러 차례에 걸친 공식적인 만남 이후에 사지다와 친구가 된 이집트의 영부인 수잔 무바라크를 맞을 준비에 한창이었다. 호스니 무바라크가 이라크의 승리에 대한 진심 어린 축하의 표시로 아내를 보냈던 것이다. 방문 기간 동안 두 여자는 대통령 공관 내 저택에서 함께 지냈다.

어느 날 밤, 사담의 총애를 받는 수석 웨이터이자 음식 감정가인 카멜 한나가 친구의 생일파티를 대통령 관저에 인접한 저택들 중 한 곳에서 열기로 했다. 대통령과의 특별한 관계를 믿은 그는 이런 사소한 일이 문제시되리라고는 전혀 생각지 않았다. 티그리트 인근 지역 출신의 기독교인인 그는 사담의 전적인 신임을 얻고 있었다. 그러나 이라크에서 믿을 수 없는 것 중의 하나가 바로 대통령의 신임을 받고 있다는 믿음이었다.

관습에 따라, 파티에 참석한 사람들은 칼라슈니코프 자동소총으로 사방에 축포를 쏘아 기쁨을 표시했다. 자신이 즐기는 오락거리를 남들도 즐긴다는 사실을 용납할 수 없었던 우다이가 부하를 파티장으로 보냈다. 국빈인 수잔 무바라크의 침실을 지키기 위함이라는 명목을 내세워 보낸 부하가 파티장으로 들어가 소동을 일으키자 손님들이 그를 쫓아내버렸다. 그날 밤, 술에 과도하게 취했던 우다이는 자신이 직접 나서기로 했다. 검은색 디슈다샤를 입고 입을 크게 벌린 뱀 모양의 커다란 머리가 달린 상아 지팡이를 짚은 그가 즐거운 시간을 보내고 있는 사람들 앞에 느닷없이 나타났다. 즉시 좌중이 조용해졌다. "이 파티는 개인적인 행사입니다. 아무 데나 끼어드시는군요. 하룻밤만이라도 저를 좀 가만히 내버려두실 수는 없겠습니까?" 카멜 한나는 그 누구도 대적하지 못하는 대통령 아들의 모욕적인 행동에 맞서 따졌다. "개자식, 감히 어떻게 그런 말을 해?" 우다이는 지팡이를 들고 카멜의 머리를 후려쳤다. 사담의 친구이자 충복인 한나는 그 자리에 쓰러져 즉사했다. 우다이는 자신이 무슨 일을 저질렀는지도 깨닫지 못한 채 자리를 떴고 그의 행동은 곧 아버지 사담에게 전해졌다.

다음날이 되어서야 그는 상황의 심각성을 알아차렸다. 사담으로부터 걸려온 전화에 잠이 깬 우다이는 지난밤 사건에 관한 질문공세를 받고 어렵사리 기억을 떠올리려 했으나 아버지의 호통에 생각을 이어나갈 수 없었다. "네가 한나를 죽였다. 경찰에 불려가 대가를 치르게 될 것이다." 사담의 목소리는 차분했으나, 우다이는 난생 처음으로 아버지의 분노를 피할 수 없음을 깨달았다. "내 손으로 그놈의 목을 졸라 버리겠소." 사담은 아내에게 소식을 전하며 고함을 쳤다. 사지다는 이번만큼은 사담의 분노가 사그라지지 않을 것이라는 생각에 즉각적으로 대처하기 시작했다. 이라크 내에서는 의지할 사람이 없다는 판단하에, 그녀는 요르단 국왕 후세인에게 즉시 전화를 걸었다. "우다이가 한나를 죽였어요. 그리고 이제는 사담이 우다이를 죽이려고 해요!" 원만한 성격의 소유자인 요르단 국왕은 아들을 위한 어머니의 절규에 당황해 후세인 집안을 분열시킨 갈등을 잠재우고자 직접 비행기를 타고 이라크로 왔다. 우다이는 어찌할 바를 모르고 모든 수단을 동원해 도망치겠다고 결심했다. 우선 수면제 한 통을 삼키고 호위병들 앞에서 쓰러져 병원으로 후송되었다. 위세척을 받고 코마상태에서 깨어난 그의 회복은 빨랐다. 다음날 퇴원을 하고 집으로 간 다음에는 문을 굳게 닫고 접근하는 모든 사람들에게 총을 쏘아댔다. 호위병 없이 쿠사이만을 대동하고 찾아온 사지다만이 그를 제정신으로 돌려놓을 수 있었다.

우다이는 감옥에 갇혔고 사담은 대통령 궁에서 한나의 가족을 정중히 맞아 사죄했다. 사지다는 매일 밤 감옥으로 가 아들과 함께 잠을 잤다. 슬픔에 잠긴 사담 역시 우다이에게 자신이 자식을 버린 것은 아니라는 것을 알리려고 아들의 감방 문 앞에서 하룻밤을 꼬박 보냈다. 고작 46일 만에, 가장의 고집은 꺾였고 우다이는 석방되어 유엔 대사 자격으로 스위스로 보내졌다. 그곳에 몇 년간 머물러야 한다는 조건이 붙어 있었다. 그러나 그는 아버지의 명령에 화를 냈고 3개월 후 파리, 이스탄불에서 경찰들과 말썽을 일으키며 비행기를 갈아탄 끝에 이라크로 돌아왔다.

그동안, 사담은 우다이가 자신을 깊이 증오하는 이유를 알게 되었다. 사지다를 비롯한 다른 처가 식구들 역시 같은 이유로 분개했다. 사지다가 소개한 금발머리의 시아파 교도인 사미라 샤반다르라는 여인이 몇 년 동안 대통령의 총애를 받다가 결국 두 번째 부인 자리에 올랐던 것이다. 모든 일은 4년 전에 시작되었다.

금발들의 전쟁은 일어나지 않을 것이다

1984년 바그다드.

몇 주 전부터 사담의 머릿속은 이라크 항공이 미국으로부터 최신 보잉 747 점보제트기를 수입한 기념으로 개최한 연회에서 잠깐 마주친 여자에 대한 생각으로 꽉 차 있었다. 새 비행기 도입은 오일달러 덕분에 얼마 전에 건립되었을 뿐인 초보 항공사로서는 흥분되는 사건이었다. 책임 엔지니어 누레딘 알 사피는 여러 사람 앞에서 자신의 성공을 과시하며 아내인 사미라 샤반다르를 소개했다. 대통령은 이라크 발전의 상징인 새 비행기를 직접 보고 축하하기 위해 행사에 참석했으나 곧 연회가 아닌 다른 대상에 관심을 집중하게 되었다.

그는 이미 얼마 전에 샤반다르 자매의 미모를 보고 깜짝 놀랐다. 1982년, 대통령 전용기 기장이 사담이 사용할 747기를 몰고 왔을 당시에도 사담은 새 비행기를 구경하러 비행장으로 나왔다. 승객 중 금발머리에 밝은색 눈을 한 사미라의 여동생 아멜을 보고 그는 감탄을 했다. "저 여자의 미모를 보라, 저것이 진정한 아름다움이다." 아멜의 남편인 항공기 엔지니어는 그의 찬사에 감히 기뻐할 수가 없었다. 금발머리 여성을 좋아하는 대통령의 취향은 꽤 유명했다.

사미라와 아멜은 바그다드에 정착한 리비아 출신 시아파 교도 상인 가족 출신이었다. 수니파의 가난한 시골 출신인 사담의 가족과는 정반대되는 집안이었다. 두 자매는 새로운 항공사의 고위직 엔지니어로 전향한 전 공군조종사들을 만나 성공적인 결혼을 했다. 아름답고 기품 있으며 정성 들여 가꾼 서구적인 외모와 귀족적인 매너를 갖춘 샤반다르 자매는 사담이 한 번도 소유해 본 적이 없는 부류의 여자들이었다.

그는 곧 거의 알려지지 않은 아름다운 40대의 사미라의 환심을 사고야 말겠다고 결심했다. 그리하여 그녀에게 사담이 보내는 향수, 옷, 보석, 자동차 등이 전달되었다. 처음에 사미라는 쇄도하는 선물들을 거절했으나 몇 주 후 남편이 외국에 나간 사이, 대통령의 유혹에 굴복하고 말았다. "이라크에서 가장 권력이 센 남자가 내게 꽃다발과 초콜릿을 건네며 아무 말도 하지 못했다. 그때, 나는 그가 진심으로 나를 사랑한다고 생각했다."[42]

이미 세 아이의 어머니인 그녀의 마음을 사로잡은 것은 자동차나 다른 명품 선물이 아니라 꽃이었다. 사담과의 만남은 그녀의 기억 속에 아주 목가적인 것으로 남았다. 지적이고 독립적인 여성을 좋아하는 대통령의 마음을 사로잡은 것은 그녀의 외모뿐만이 아니었다. 사미라는 안과 의사였고 대학에서도 강의를 했다.

두 사람은 통제 불능의 티크리티 집안 사람들의 눈을 피해가며 낭만적인 만남을 이어나갔다. 사담은 그녀의 생애에서 새로운 남자가 될 수 있다는 점을 좋아했다. 사지다와 사담은 남매처럼 자랐기에, 그녀는 사담의 감추어진 이면을 속속들이 알고 있었다. 무엇보다 그는 어릴 적부터 알아왔던 사촌과 육체적인 관계를 맺는 것을 힘들어했다.

비밀스러운 관계를 유지하던 사담은 마침내 사미라를 가까운 지인들과 친구들에게 소개했다. 두 사람이 만난 지 얼마 되지 않아, 그는 연인과 함께 살비의 집을 찾아가겠다고 연락을 했다. 자이납은 대통령과 자기 어머니가 다투는 장면을 목격했다. 사지다를 배신할 수 없었던 자이납의 어머니는 불륜관계를 맺고 있는 여자를 초대할 수 없다고 했다. "나는 사미라라는 이름이 언급되는 것을 들었고 대통령의 목소리는 푸줏간의 칼처럼 날카로웠다.

'주르바(Jurba)!' 라고 외치는 그의 목소리가 온 집안에 쩌렁쩌렁 울렸다. 그 단어는 이방인에게나 퍼붓는 끔찍한 욕설이었다." 주르바는 '습진' 이라는 의미의 단어였다. 사담은 큰 목소리만큼이나 고집도 셌다. "엄마가 말하길, 사미라는 '사담 삼촌' 의 애인인데 그는 우리 모두 그녀의 친구가 되기를 원한다고 했다. 하지만 우리 부모님은 사미라라는 인물을 견딜 수 없었다."

사실 샤반다르 자매는 일부러 아이 같은 달콤한 목소리를 내며 상대를 거북살스럽게 만드는 여자들이었다. 사미라는 자신을 거부하는 살비 부부에게 말로 모욕을 주었다. 사담은 심하게 상처받은 그들에게 사과하라며 사미라를 다시 살비 부부의 집으로 보냈다. 그러나 "너무나 마음이 상했던 아빠는 문을 열어주지도 않았고 그녀가 우리 집 안에 발을 들이도록 허락하지 않았다." 살비 부부는 사담의 전화를 받고서야 마음을 풀고 대통령 궁에서의 저녁식사 초대를 받아들였고 사미라도 그 자리에 동석했다.

저녁 식사 후, 손님들은 잔디밭 위에 원형으로 놓인 의자에 앉았고 각 손님마다 군복을 입은 웨이터들이 한 명씩 배치되어 시중을 들었다. "사미라를 옆에 앉힌 사담 삼촌은 그날 그 어느 때보다 기분이 좋았다. 사미라는 대통령의 팔에 꼭 달라붙어 웃음을 흘리며 우리 부모님에게 그와의 관계를 과시했다. (……) 우리의 시선이 느껴지면, 그녀는 그 즉시 대통령의 귀에 귓속말을 한다든가 손가락으로 그의 허벅지를 애무하는 등, 모인 사람들 중에서 자신이 그와 특별한 관계라는 것을 알리려고 했다." 사미라는 아들들까지 데려와 놓고도 살비 가족들이 불편함을 느낄 정도로 과한 행동을 했다. 대통령에 대한 예의는 그녀의 안중에 없었다. 손님 중 대통령의 이름을 부르는 사람은 그녀뿐이었고 남자들만이 모인 자리에서 대통령과 함께 술을 마실 수 있는 특권도 그녀에게만 주어졌다. 하루는 그녀가 농담을 하며 사담의 따귀를 때리다가 그의 모자가 땅에 떨어졌다. 아랍에서는 모욕으로 간주

되는 행위였다. "사담은 모자로 있는 힘껏 그녀를 때리기 시작했다. 가죽혁
대로 때리는 것만큼이나 아팠을 것이다. 그러자 그녀는 그의 손과 발에 입
을 맞추었고 사담은 그녀의 행동을 무척 마음에 들어 했다. 그리하여 그는
계속 그녀를 때렸고 그녀는 계속 입을 맞추었다. 우리가 다 함께 있는 자리
에서 벌어진 일이었다." 자이납은 이렇게 회상했다.

사담은 그를 티크리티 집안의 가장이자 한 여자의 남편이라는 현실에서
멀어질 수 있도록 해주는 그런 놀이에 열광했다. "그는 사미라가 가끔은 십
대 소녀처럼, 또 어느 때에는 어른처럼 행동하는 것을 자신이 얼마나 좋아
하는지 모른다고 자주 이야기하곤 했다. 그녀와 함께 있으면 마음이 편해진
다고도 했다." 사담의 의전실장의 증언이다.

곧 사담은 사미라의 남편의 눈치를 보지 않게 되었다. 그는 전적으로 대
통령의 편의를 봐주었다. "사담이 올 때마다, 그는 집을 비워주어야 했다.
그가 말하길 다시는 아름다운 여자와 결혼하지 않겠다고, 남이 아내를 훔쳐
가는 일이 다시는 없도록 하겠다고 했다." 셀마 마손은 이렇게 회상했다.

사담이 잠재적인 연적들보다 더 두려워했던 것은 박테리아의 공격이었
다. 그는 새 애인에게 건강검진을 받게 했다. "그는 이라크 여자들만 상대했
고 서양이나 다른 아랍국가의 여자들과는 관계를 갖지 않았다. CIA나 KGB,
혹은 다른 정보국에서 스파이를 보낼까봐 늘 지나치게 걱정을 하는 것은 물
론이고 에이즈 바이러스 보균자들은 공포의 대상이었다." 전 대통령 의전
실장의 이야기이다.

1986년, 사담은 잠시 함께 즐기고 말았을 수도 있는 사미라를 두 번째 아
내로 맞았다. 그녀는 사담이 이혼을 강요했다고 했다. 그녀의 말에 의하면
그가 남편을 납치해 며칠 동안 감금하여 시간을 벌며 이혼을 진행했다고 한
다. 이혼의 대가는 이라크 항공사의 사장 자리였다. 결혼생활이 행복하지

않았기 때문에 이혼을 원한다는 진술을 하고 사미라는 사담과 결혼하기 위해 모든 수단을 동원하는 것으로 합의가 이루어졌다.[43] 그러나 티크리티 집안 사람들의 분노를 사면서까지 그녀와의 관계를 공식화시켜야 할 이유는 무엇이었을까?

이란에서 호메이니가 권력을 잡고 이슬람 혁명이 시작되자 사담은 수니파와 시아파가 분열된 이후의 결과와 전쟁이 심화될 것을 걱정하게 되었다. "그 때문에 사담은 사미라와의 결혼을 서둘렀다. 화해의 예를 보여주려 했던 것이다." 한 지인은 이런 견해를 밝혔다.

모래와 함께 사라지다

"사담은 좋은 남편이었다. 나에게 금은보석을 사주기를 즐겼다." 물질적 욕망이 미처 생기기도 전에 그 욕망이 채워졌던 사미라는 이렇게 회상했다. 사담의 새 아내는 행복에 관해서는 말을 아꼈다. "내가 거부의 의사를 밝혔다면, 사담은 나를 죽였을 것이다."

시아파의 아름다운 사미라를 알기 전에도 사담은 마음에 드는 이라크의 엘리트들을 모방하려고 애쓰며 말을 할 때에는 고향의 시골 억양이 나오지 않도록 조심했다. 그러나 사미라와 함께 있을 때만큼은 허물없이 행동했다. "사미라나 가까운 사람들을 대할 때에는 일부러 애를 쓰지 않고 상스러운 말을 스스럼없이 내뱉었다." 자이납은 이렇게 회상했다.

인테리어에 관한 취향 역시 그다지 고급스럽지 않았다. 그는 군 고위직과 당의 책임자들이 사는 바그다드 중심가 부촌에 독신자용 아파트를 마련해 실내장식을 지시했다. 묘한 분위기의 복층 아파트에는 조화로 이루어진 정원, 가정부 방이 있었고 전체가 1960년대풍으로 꾸며졌다. 홈바에는 고급

이태리 적포도주, 코냑, 그리고 그가 즐겨 마시는 위스키가 채워졌다. 2층에는 밝은 노랑, 분홍, 파랑의 쿠션으로 장식된 텔레비전 방이 있었고 욕실에는 월풀 욕조가 놓였다. 거대한 침대는 벽감 안에 놓였고 양쪽에는 거울이 붙어 있었으며 램프는 여자의 형상이었다.[45] 금발에 젖가슴을 드러낸 여자가 초록색 괴물에게 쫓기며 손가락으로 콧수염이 무성한 모습으로 그려진 전설 속의 영웅을 가리키는 그림도 있었다. 벽에는 사담 후세인과 금발 여인이 나란히 서서 미소 짓는 사진이 걸려 있었다.

티크리티 집안 사람 중 몇 명은 얼마 전부터 사담이 비밀리에 결혼을 한 것이 아닌지 의심했다. 그 이야기는 입에 담지 말아야 할 주제였다. 사담의 의붓동생 와트반과 결혼한 사지다의 동생 일함은 몇 가지 소식을 입수한 후 언니에게 정신을 차리라고 충고했다. "그러나 언니는 내 말을 들으려 하지 않았고 형부는 철저하게 그 사실을 부인했다." 일함이 알라 바쉬르에게 했던 말이다. 1986년 사지다는 결국 사담과 샤반다르의 관계를 인정했으나 결혼에 관한 루머는 들은 척도 하지 않았다. 바그다드 전체가 사담과 사미르의 결혼에 관해 수군거리고 있었음에도 사지다는 그것을 믿고 싶어 하지 않았다. 일함은 용기를 냈다. "남동생이 감히 엄두를 내지 못했기 때문에 내가 언니에게 모든 이야기를 했다. 사지다는 돌처럼 굳은 채로 아무 말 없이 내 이야기를 들었다. 마지막에 가서야 자기 남편이 두 번째 결혼을 했다는 증거가 없지 않느냐고 했다. 사미라가 사담 후세인 부인이라고 서명한 초대장을 여기저기에 보내고 있었는데도."

사담에게 질문을 퍼부어보아도 아무런 답을 들을 수 없었지만, 비밀은 마침내 드러나고야 말았다. 사지다는 모욕감을 느끼고 건강을 돌보지 않았다. 남편에 대한 비난의 뜻으로 그녀는 "바그다드에서 160킬로미터 떨어진 위기아 궁으로 떠났다." 전 대통령 의전실장의 증언이다. 사담은 언제나 곁에

하나로 뭉친 가족의 이미지를 보여주어야 했던 사담은 가족 전원을 이라크 북쪽 지역으로 데리고 갔다. 동원된 기자들이 검은 모피 코트를 입고 팔짱을 낀 채 눈 속을 거니는 대통령 부부의 사진을 찍었다.

있었던 사지다를 잃을 수 없었고 자신의 실추된 명예도 끌어올려야 했다. 그 어느 때보다 하나로 뭉친 가족의 이미지를 보여주어야 했던 그는 가족 전원을 이라크 북쪽 지역으로 데리고 갔다. 동원된 기자들이 검은 모피 코트를 입고 팔짱을 낀 채 눈 속을 거니는 대통령 부부의 사진을 찍었다. 사담이 얼음판 위로 미끄러지는 아내를 잡아주는 사진도 있었다. 그러나 일상의 탈출을 한다고 해서 사담의 잘못이 속죄되지는 않았다. 그때부터 영부인은 끝없이 질투를 하기 시작했다.

곱슬곱슬한 금발을 좋아하는 사담의 취향을 간파한 사지다는 즉시 염색을 하고 머리를 마릴린 먼로 스타일로 바꾸었다. 금발로 염색한 머리는 남편에 대한 일종의 도전이었다.[46] 그리고 자신의 등 뒤에서 배신을 한 지인들에 대한 전쟁이 선포되었다. 살비 부부가 사미라를 만나기로 한 지 얼마 되지 않아, 사지다는 딸들을 데리고 그들의 집에 저녁식사를 하러 갔다. 알리아는 중동의 별미 '사바지'를 준비하며 하루 종일 화덕 앞을 떠나지 못했다. 그리고 마침내 영부인 앞에 스스로도 자부심을 느끼는 그 요리를 내놓는 순간, 사지다는 이렇게 말했다. "오, 알리아, 사바지를 이란식으로 요리했네요……" 그 말에는 사람의 피를 얼어붙게 하는 뭔가가 있었다. 사지다는 알리아가 이란 출신이며 이라크에서 그녀를 너그럽게 봐주고 있다는 사실을 넌지시 상기시켰다.

사담의 두 번째 결혼으로 사지다는 상처를 받았고 영부인이라는 그녀의 지위도 흔들리고 있었다. 남편의 선전활동에 완전한 권리를 가진 대통령의 아내이자 모든 것을 가진 존재였던 그녀는 언제나 특별한 관심의 대상이었고 사담의 철저한 보호 속에 살아왔다. 그녀는 더 이상 자신의 서열에 대한 그 어떤 공격도 용납하지 않았다. 사비하 알 무다리스가 밝힌 내용이다. "나의 70세 된 시누이는 이라크에서 가장 연륜이 깊은 변호사이자 대표적인 앵커우먼이었다." 사지다는 틈만 나면 노련한 그녀에게 전화를 걸어 자신이 보고 느낀 것을 얘기하거나 지적을 했다. 사지다의 말투는 독단적이었고 지루한 설교조였다. 시누이는 방송국에서 오랜 세월 같이 근무한 동료들과 대화를 나누다가 사지다의 말을 무심코 전하곤 했다. 그러던 중에 경솔하게도 '사지다는 이라크의 영부인 자리에 있을 자격이 없다.'[48]는 말까지 하게 되었다. 동료 중 한 명이 즉시 그 말을 상부에 보고했다. 몇 분 후, 사건은 종결되었다. 스튜디오의 모든 출구가 봉쇄되었고 요원들이 사비하의 시누이를 체포했다. "그들은 사지다를 비판했다는 이유로 나의 시누이를 체포하고 고문을 가했다. 심문을 받던 중에, 그녀는 다시 한 번 사지다를 저주했다." 결국 사비하의 시누이는 영부인 비판 죄로 기소되었다. "나의 시누이는 교수형에 처해졌고, 잘라낸 그녀의 혀는 가족들에게 보내졌다."

사지다는 노여움을 가라앉히지 않았다. 망신을 당한 그녀는 가족의 가장 큰 어른인 아버지 하이랄라에게 사위를 만나 이야기를 할 것을 부탁했다. 사담은 장인의 말을 듣지 않았고 두 번째 부인과 헤어지지 않았으며 성가시게 끼어드는 일가친척에 대한 압박을 늦추지 않았다. 사미라와 함께 있으면 정치적인 문제들을 떠나 위안을 얻을 수 있었던 그는 베두인의 의무 때문에 그녀와의 관계를 망치고 싶지 않았다. 하이랄라는 딸에게 집을 떠나라고 충고했고 사지다는 딸들의 집에서 그리 멀지 않은 곳으로 갔다. 그렇게 일종의 참호전이 시작되었다. 모두가 사미라를 증오했다.

어렸을 적부터 사담과 함께 자란 사지다의 남동생 아드난도 그를 비난하고 나섰다. 두 남자는 아주 가까운 사이였고 20년 전 사담이 석방된 이후 점차 군대를 장악할 수 있었던 것도 뛰어난 대위였던 아드난의 중재 덕분이었다. 사담이 권력을 잡자, 아드난은 그를 따라 향락적인 파티에 참석했다. 사담에게 올드 파 위스키에 대한 취향을 전해준 사람도 바로 그였다. 이란과의 전쟁 당시, 아드난은 국가 간부로 승격되었고 전쟁을 이긴 후에는 원하는 자리를 선택할 권리를 갖게 되었다. 동원령 해제시, 그는 상해군인들을 위한 사회복귀 프로그램을 도입해 실행했고 그는 국가적인 영웅이 되었다.[49] 그러나 아드난은 이제 누나의 편에 서야 했고 매일 그녀를 찾아갔다. 이후로 사지다도 하이랄라도 일주일에 한 번씩 열리는 일가 모임에 나타나

사담 후세인 가족 사진. 앞줄 가운데가 사담, 왼쪽이 아내 사지다, 오른쪽은 막내딸 할라,
뒷줄 왼쪽부터 큰사위 후세인 카멜, 둘째사위 사담 카멜, 둘째딸 라나, 장남 우다이,
아들 알리를 안고 있는 맏딸 라가드, 작은 아들 쿠사이 부부.

지 않았다. 우다이가 카멜 한나를 때려 죽이는 바람에 가족이 완전히 붕괴
되었을 때보다 상황이 더 심각했다.

일가친척들이 분노하고 있다는 사실을 잘 알았던 사담은 사미라의 안전
을 걱정해 그녀를 유럽으로 피신시켰다. 그러나 그는 거기서 멈추지 않고
하이랄라가 부당하게 취득한 모든 회사를 몰수함으로써 장인을 몰아세웠
다. 그렇게 하이랄라의 경제적 지배권에 종말을 고한 사담은 아이러니하게
도 다음날 텔레비전에 출연해 그를 이라크에서 가장 위대한 기업가라고 치
켜세웠다.

몇 달 후, 대통령의 가족 전원은 이란전에서의 승리를 한 번 더 축하하기
위해 헬리콥터를 타고 이라크 북부로 향했다. 각 가정마다 전용 헬리콥터가
있었다. 텔레비전 방송국에서 이 행사를 녹화하러 나왔다. 이륙한 지 얼마
되지 않아 아드난의 헬리콥터가 갑자기 추락했고 그는 그 자리에서 즉사했

다. 조사가 진행되었으나 결국 기기문제로 마무리되었다. 국장을 치르는 동안 가족들은 원한 섞인 눈물을 쏟았다. 우다이가 수척한 얼굴로 운구를 했다. 행사는 추문을 남겼다. 라티프 야히다의 말에 의하면, 하이랄라가 사담의 면전에서 울부짖었다고 한다. "너는 내 딸의 인생을 망치고 내 아들을 죽였다. 이 원수는 반드시 갚아주겠다."[50] 그러나 쿠웨이트에서 걸프 전쟁이 발발하면서 모든 상황이 바뀌었다.

'사막의 폭풍' 작전

1990년 8월 2일.

영원한 적 페르시아에 대한 승리에 도취한 사담은 쿠웨이트를 이라크에 병합시키는 것을 목표로 원정대를 보냈다. 그의 머릿속에는 바그다드에 주재하는 미국 대사 에이프릴 글래스피와의 회담이 남아 있었다. 7월 25일, 사담은 미국 대사와 극비리에 만났다. 미국은 이란 이라크 전에서 이라크를 지원한 우방이었다. 회담은 사담이 상대의 심중을 살피려는 심문으로 바뀌었다. 그는 자신의 매력을 활용하면 정보를 얻을 수 있을 것이라는 확신을 가지고 있었다. 그는 이라크가 쿠웨이트를 침공한다면 미국에서는 어떤 반응을 보일 것 같으냐는 단도직입적인 질문을 했다. 에이프릴 글래스피의 표정에 따라 이라크의 운명이 결정될 순간이었다. 대사는 대답을 회피했고, 사담은 그녀의 샐쭉한 표정을 암암리의 지원 동의로 간주했다. 그가 질문을 확답으로 바꾸는 것에 지나치게 익숙했는지도 몰랐다.

이렇게 그는 이라크 여성의 명예를 지킨다는 명분을 내세워 임기 중 두 번째 전쟁을 일으켰다. 그가 전쟁을 일으킨 목적은 두 나라 간의 중재자 역할을 자처하고 나선 이집트의 무바라크 대통령에게 보낸 공개서한에 명시되어 있다. '무분별한 리더들이 짓밟은 아랍 여성들의 명예를 회복시키겠다.'[51]는 것이었다. 그는 쿠웨이트인들이 이라크 여성들에게 '매춘부'라는 수식어를 붙여 모욕했다고 했다. 사실 사담은 이라크 여인들의 명예와 안녕을 중시했다. 『자비바와 왕』[52]이라는 연애소설이자 정치소설을 집필해 이라크 여인들에게 헌정할 정도였다.

1991년 1월 17일, 미군의 폭격이 이라크의 하늘을 찢어놓았다. '사막의 폭풍' 작전이 개시되었던 것이다. 미국이 쿠웨이트를 지원하기 위해 군대를 파견했다는 소식을 접한 사담은 그들이 왜 배신을 했는지 이해하지 못한 채 다른 대통령 궁으로 몸을 피했다.

2월 1일 저녁, 바그다드 위로 공군의 집중포격이 쉴 새 없이 가해졌다. 자동차를 몰고 가던 사담은 포격을 피하려다가 사고를 냈다. 한밤중, 그는 피를 흘리며 병원에 도착했다. 미군이 포격을 가하는 동안 칠흑같이 어두웠던 바그다드에서 그는 다른 차를 들이받고 말았다. 이마를 다친 그의 왼쪽 눈 아래에는 광대뼈가 드러날 정도로 깊은 상처가 나 있었다. 턱의 살갗도 벗겨졌지만 다행히 콧수염은 상하지 않았다. 거의 잘려 나간 새끼손가락 끝은 피부 한 점을 의지해 나머지 손가락에 붙어 있었다. 외과의사가 즉시 부분마취를 하고 수술을 시작했다. 사담의 지시사항은 단 하나, 얼굴에 붕대를 붙이지 말라는 것이었다. "내일 프리마코프를 만나기로 되어 있소. 그 모습이 전 세계 텔레비전으로 방영될 텐데, 다친 모습으로 나서고 싶지는 않소." 이라크의 최고 권력자는 연약한 모습을 보이지 않아야 했다. 특히 소련 외무부 장관 앞에서 추한 모습을 보일 수는 없었다.

그러나 사담이 걱정하는 것은 정치뿐이 아니었다. 몸이 회복되자마자, 그는 외과의사를 따로 불러 바그다드에 있는 다른 병원으로 빨리 가달라고 부탁했다. "그곳에 가면 추돌사고로 다친 바그다드 시민이 한 명 더 있소. 그녀를 위해 최선을 다해 주시오.” 여자는 사담과 똑같이 왼쪽 광대뼈가 부서졌고 이마 왼쪽에 상처를 입었다. 의사는 상처 부위로 미루어보아 그녀가 대통령과 같은 차를 타고 있었음을 알 수 있었다. 수술은 다음 날로 예정되었으나 문제가 하나 있었다. 다음 날 병원으로 차를 몰고 오기에는 의사 차의 휘발유가 부족했던 것이다. “의사 선생님께 기름 50리터를 구해줘요.” 익명의 여자가 경호원에게 명령했다. 그녀가 대통령과 대단히 가까운 사이라는 것을 증명해주는 일이었다. 사미라 샤반다르가 머리에 붕대를 감은 채 대통령 호위병의 호위를 받으며 집에 도착하자, 이웃들은 상황을 이해할 수 있었다. 그들 중 한 명이 우다이에게 그 사실을 알렸고, 아버지를 독차지한 여자의 소식에 분노한 그는 즉시 동생에게 연락을 했다. “그 여자 얘기는 하지 마. 절대로 하지 말라고.” 쿠사이는 이렇게 대답했다.

사미라와의 관계를 비밀에 부쳤음에도 그녀를 증오하는 일가친척은 사담과 멀어졌다. 우다이는 사미라가 전남편과의 사이에서 낳은 아들을 수차례 공격했다. “거리에 나서면, 우다이의 부하가 곧 그의 뒤에 따라붙었다.” 알라 바쉬르는 이렇게 회상했다.

사미라는 근본적인 해결책을 택했다. “나는 잠시 동안 아들이 이라크를 떠나 있게 해 달라고 사담에게 부탁했다.” 그러나 사담은 그녀가 아들과의 이별을 견디지 못하리라는 것을 알고 있었다. 의논에 의논을 거듭한 끝에, 그는 조건을 내세웠다. “그가 이라크를 떠난 다음, 당신이 아이 때문에 우는 소리를 하는 것을 단 한번이라도 듣고 싶지 않소.” 아들이 떠나고 난 뒤 그녀의 공허감이 얼마나 클지 깨닫게 하기 위해, 그는 일부러 더 가혹한 태도를 취했다. “그 날은 내 인생에서 가장 무시무시한 날이었다. 남편은 내가 앞으로 절대 아들과 이야기를 하거나 만날 수 없을 거라고 말했다.”

2월 23일, 미국은 ‘사막의 검’ 작전을 개시하며 최종 공격을 가했다. 미군의 지상공격은 100시간에 걸쳐 펼쳐졌고, 사담은 궁지에 몰렸다. 스커드 미사일 발사로 그는 겨우 면목을 살렸을 뿐, 쿠웨이트를 병합하겠다는 광대한 꿈을 이룰 수는 없었다. 쿠웨이트 침공의 대가는 컸다. 이라크는 20만 명의 군인을 잃었고 국제적으로는 최고 우방국가와 대적하게 되었다. 뿐만 아니라 사담은 아들이 해외로 떠난 이후로 칩거하기 시작한 사미라를 잃을 위기에 처하게 되었다. 체중이 급격하게 줄어든 그녀는 남편 앞에서만큼은 즐거운 표정을 지으려고 노력하다가도 알라 바쉬르를 만나면 무너지고 말았다. "나를 만날 때마다, 사미라는 아들 이야기를 했다. 그녀는 결국 아들과의 이별을 이겨내지 못했다."53)

사담은 사미라가 요구하는 것을 들어줌으로써 그녀에게 불행을 안겼다. 그는 그녀의 심리적 고통을 물질적으로 달래주려 했고 두 아내를 만족시키기 위해 모든 것을 했다. "사지다나 사미라가 성형수술을 원하면 사담은 처음에는 안 된다고 하다가도 마지막에 가서는 허락하고는 했다. 딸들의 요구도 거절하지 못했다." 외과의사의 회상이다. 사담은 전쟁에서의 승리보다 여자들의 미소를 더 좋아했기 때문이었다. "내가 진료를 마치고 돌아갈 때면 대통령은 생선이며 닭 등 여러 가지 음식을 싸주며 가져가라고 했다. "집에 없는 것이 없어도, 여자들은 선물 받기를 좋아하오. 가져가서 여자들을 행복하게 해 주시오."

의사는 어느 날, 그의 인생에서 여자들이 그렇게 중요한 위치를 차지하고 있는 이유를 물었다. 대답은 명확했다. "나는 여자들을 믿소. 남자들은 의심해야 하오. 그들은 배신을 할 수 있으니까. 그러나 여자들은 언제나 믿을 수 있는 친구들이오. 당신에게 친구 같은 여자가 있다면, 그녀는 절대로 당신을 배신하지 않을 것이오."

반항하는 여자

대통령의 인생에 등장한 두 번째 아내는 영부인인 사지다의 이미지와 역할을 애매하게 만들어버렸다. 이제 그녀는 사담의 관심을 받는 유일한 여자가 아니었다. 사지다의 역할은 정부 공식 사진을 위해 포즈를 취하고 각종 개관행사에 참석하고 매년 4월 28일, 남편을 위한 성대한 생일 파티를 여는 것으로 한정되어 사실상 상징적인 존재가 되어가는 것 같았다.

하이랄라 자매는 둘 다 후세인 형제와 결혼을 해 고락을 같이했다. 수십 년간 참호전을 겪으며 부패와 사리사욕을 채우는 데 젖어서 살아온 일함과 사지다는 의료기기 마케팅에서 석연치 않은 일을 벌였다. 사담이 이라크 병원에 자기공명영상기기(MRI)를 도입하려던 중에, 사업자 결정권에 관여를 한 것이었다. 미국 의료기기 생산회사에서 일함에게 접근해 그들과 정부의 결정권자들 사이에서 중재 역할을 해 달라고 요청했다. 부족한 것이 하나도 없어 보이는데도 불구하고, 일함과 사지다는 커미션을 탐내 일에 착수했다. 대통령의 오일달러를 원하는 대로 쓸 수 있는 그녀들에게 그 커미션은 사실 가소로운 금액이었다. 사지다에게 갑자기 강한 물욕이 생긴 것일까, 아니면 사담이 첫 번째 부인에게 대한 재정적인 지원을 축소했던 것일까?

일을 마무리지으려면 사담과 절친한 의사의 확인서명이 필요했다. 몇 년 동안에 걸쳐 대통령의 신임을 쌓아온 헌신적인 외과의사 알라 바쉬르는 청렴한 전문가의 기질을 버리지 못하고 사지다의 경호원의 강요를 받으면서도 서명만 하면 끝나는 서류에 끝내 서명을 하지 않았다. 더 이상 그는 쇠고기, 돼지고기, 닭고기 선물을 받지 못하게 되었고 영부인의 짧은 이야기와 사례금도 그것으로 끝이 났다.

사지다는 나랏일과 전쟁에 너무 바쁜 남편에게 큰 영향력을 발휘할 수는 없었으나 후세인 일가의 생활은 성공적으로 지휘해 냈다. 완고한 아버지에게서 받은 교육 그대로, 그녀는 안일한 생활로 인해 티크리티 가문의 베두인적 가치관이 사라질 수 있다는 점을 강조하며 원칙을 고수했다. 그녀는 티크리티 집안의 정신을 상징하는 엄격함을 고수했고 원칙을 소홀히 하는 친척들을 끊임없이 일깨우기도 했다. 그러나 그동안 있었던 모든 집안의 비극적 사건들과는 비교도 되지 않는 일이 일어났다.

1995년 8월의 어느 날 밤, 골칫거리 아들인 우다이는 전용 배에서 언제나처럼 요란한 파티를 벌이며 새로 구입한 자동소총을 연발해 알코올과 화약 냄새에 거나하게 취했다. 몇 년간 평화가 유지되었으나 쿠웨이트 전쟁 대패에 이어 시아파와 쿠르드족의 반란 진압과정에서 감금했던 죄수들을 석방한 이후, 억눌렸던 증오에 다시 불이 붙었다.

사담의 의붓형제인 와트반이 무모하게도 조카의 원숭이 같은 생김새와 튀어나온 턱, 그리고 어눌한 말투를 화제에 올렸다. 잠시 후, 대통령의 동생과 아들의 경호원들 사이에 총격전이 벌어졌다. 내무부 장관 와트반은 심한 부상을 입었고 결국에는 한 다리를 못 쓰게 되고 말았다. 이 사건에, 라가드와 라나는 남편과 함께 떠나기로 되어 있던 선박여행을 취소했다. 공식적으로 대통령의 두 사위와 딸들은 불가리아에서 개최되는 회의에 참석하기로 예정되어 있었다. 대신 그들은 이웃나라 요르단으로 향했고 국경에서는 아무도 그들을 심사할 수 없었다. 요르단의 수도 암만에서 경호원들을 따돌린 일행은 택시를 타고 CIA 요원들이 기다리고 있는 호텔로 향했다. 불가리아에서는 이라크 대통령 딸들의 회의불참으로 일대 소동이 일어났다.

그들의 배신은 사담에 대한 개인적인 배신에 그치지 않았다. 라가드의 남편 후세인 카멜은 군사개발부 장관직을 맡은 강력한 정부 고위인사였고 사담의 비밀병기 프로그램을 모두 가지고 있었다. 라나의 남편인 카멜의 동생은 대통령의 최고 경호원이었다. 몇 년 전 자동차 사고로 사담이 수술을 받을 때, 수술이 끝날 때까지 대통령의 손을 꼭 잡아준 사람도 바로 그였다.

딸들이 떠나자 사지다의 건강은 급격히 나빠졌다고 사지다의 동생 일함이 전했다. "그랬기 때문에 나는 언니를 감히 비난할 수 없었다. 우리 가족은 용서를 강조하는 교육을 받았고 가족 간의 유대관계는 그 무엇보다 중요했다. 높은 지위보다 더 중요한 것은 가족 간의 화목이었다." 사지다는 겉으로 아무렇지도 않은 척했고 사담은 아내의 내면적인 고통을 알지 못했다. "언니는 아주 내향적인 사람이었다. 모든 것을 억누르고 참았으며, 특히 그것이 가족의 삶이 걸린 문제라면 자신의 고통을 더더욱 드러내지 않았다."

딸과 사위들의 망명은 모두에게 고통스러운 사건이었다. 망명생활 역시 예상한 것만큼 자유롭지 못했다. 대통령 궁에서 호화로운 생활을 하며 지출에 전혀 신경 쓰지 않았던 사담의 두 사위는 요르단의 암만에서의 생활에 만족할 수 없었다. 밀고자들로부터 모든 정보를 입수한 CIA는 그들을 마치 페스트 환자처럼 취급했다. 시아파와 쿠르드족의 반란 진압과정에서 손에 피를 묻혔던 그들은 이라크 체제의 순교자가 될 수도 없었다. 이라크에서와는 정반대의 생활을 이어나가며 심리적으로 큰 고통을 받던 큰사위 후세인 카멜은 몇 달 후, 사담으로부터 수차례에 걸쳐 모든 것을 용서할 테니 돌아오라는 전갈을 받게 되었다. 이라크로 돌아가지 않을 이유가 없었다.

1996년 2월 20일, 라가드, 라나와 남편들이 국경을 넘었다. 후세인 카멜의 여권을 심사했던 담당자는 이렇게 회상했다. "수염은 덥수룩했고 잠옷 비슷한 옷을 입은 채 잠에 취한 모습이었다." 그러나 대통령의 사위는 그런 차림새에도 불구하고 권총을 소지하고 있었고, 그 무기는 압수되었다. 일행을 마중 나온 우다이는 두 여동생을 데리고 갔고 남편들은 따로 사담이 기다리고 있는 대통령 궁으로 안내되었다. 그는 사위들에게 용서할 뜻을 비추었으나 한 가지 조건이 뒤따랐다. 딸들과 즉시 이혼을 하라는 것이었다. 사위들은 장인의 관용에 대한 감사를 그 말에 따르는 것으로 표현해야 했다.

이틀 후, 종교축일 행사에서 사담은 일가친척 앞에서 다시 한 번 선언을 했다. "나는 사위들을 벌하지 않겠다고 약속했다." 그러나 그가 정치권에 입문한 이후로 오른팔 역할을 해 온 알리 하산 알 마지드의 한 마디에 그는 설득을 당하고 말았다. 그는 사담이 개인적으로 그들을 용서했을지는 몰라도, '그것은 가문 차원에서 해결해야 할 문제' 라고 주장했다.

우다이가 모는 차를 타고 어머니의 곁으로 온 라나와 라가드는 재회의 기쁨을 누릴 여유를 갖지 못했다. "어머니가 갑자기 쓰러졌다. 마치 엄청난 무게가 어머니의 어깨를 짓누르기라도 한 것 같았다. 어머니는 우리의 손을 놓지 않으려고 애를 썼다. '내 딸들아, 내게 재앙이 닥쳤구나.' 어머니는 이 말만 기계적으로 반복했다."[54] 라나는 고통스러운 기억을 떠올리며 이렇게 전했다. 사담과의 짧은 만남 후, 사위들은 엄청난 양의 무기를 가지고 바그다드 근교에 있는 고모의 집으로 피신했다. 대통령이 알리의 의견에 대해 승인을 내리자, 바로 그날 밤 공격이 개시되었다.

새벽 5시, 공격부대에 포위된 카멜 형제는 죽을 준비로 옷을 차려입은 채 그들의 명령에 모자를 벗어 던지는 것으로 답을 했다. 아랍 세계에서 신발을 던지는 것보다 한층 더 심한 모욕인 그 행동은 그 자리에서 처형할 수 있는 충분한 이유가 되었다. 그들에 대한 공격은 세 시간 동안 계속되었고 그 동안 우다이와 쿠사이는 자동차 안에 앉아 난투극을 지켜보았다. 배반자 후세인 카멜의 장례식에서 "사담은 그 어느 누구도 울어서는 안 된다고 명령했다. 누가 되었건 눈물을 한 방울이라도 보인다면, 그 사람은 죽음을 면치 못할 것이라고 했다."[55] 한 측근은 이렇게 회상했다. 평소 신경쇠약증을 앓던 라나는 일주일 동안 음식을 넘기지 못하고 말도 하지 못했다. 어머니의 소파에 파묻힌 그녀가 살아 있다는 증거는 숨쉬는 소리와 우는 소리뿐이었다. "우리는 더 이상 인생에서 아무런 책임을 지지 않아도 되었던 대통령의 버릇없는 딸들이자 바라는 것은 모두 가질 수 있었던 아내가 아니었다." 라나의 고백이다.

두 딸이 과부로서의 삶에 적응하는 동안, 가장 힘들어했던 사람은 사지다였다. 총애하던 호위병이자, 자신이 직접 딸의 배우자로 선택했던 후세인 카멜의 죽음은 친척들과 남편이 그녀에게 가한 일종의 모욕이었다. 배신당한 사지다는 정신적 불안 증세를 보이기 시작했고, 그 이후로도 불행은 계속 그녀를 덮쳤다.

그로부터 겨우 6개월 후, 우다이는 '여자 사냥'을 즐기던 고급 아이스크림 집 앞에서 칼라슈니코프 자동소총으로 공격을 당했다. 사지다는 사담을 원망했다. 언제나 완벽한 머리 모양을 유지하던 그녀가 머리를 산발한 채 병원 복도에서 울부짖었다. "사담이 내 아들들을 죽일 거예요!" 이라크인들이 사지다의 자식들에게 표현하는 증오의 직접적인 원인은 바로 그녀의 남편이었다. "결국에는 끝이 좋지 않을 거예요." 그녀는 의사를 붙들고 이런 말을 되풀이했다.

사담과 쿠사이가 회복 중인 우다이를 찾아왔다. 쿠사이가 형의 상태를 걱정하는 사이, 사담은 큰아들에게 경고를 했다. "이 사건 말고도, 최악의 경우를 대비해야 한다." 이라크에 대한 애정이 그의 인생 전체를 앗아가려 하고 있었다. "사지다는 현명한 어머니였다. 그녀는 자식들의 목숨이 위험하다는 것을 알고 있었고 이라크인 모두가 위험하다는 것을 감지하고 있었다. 그리고 자신의 불행을 감추기 위해 많은 힘을 쏟아붓고 있었다." 알라 바쉬르는 이렇게 전했다.

사지다는 이제 일가친척에게 영향력을 발휘할 수 없었고 우다이 역시 통제 불능이었다. "어느 날, 우다이가 나에게 정부 고위직에 있는 누군가를 비방하는 글을 써 달라고 했지만, 나는 그 요청을 거절했다. 다음 날, 그가 경영하는 신문사에서 발행한 신문에 나를 비판하는 기사가 일면 가득 실렸다. 내가 얼마나 나쁜 사람인지를 묘사하는 글이었다. 나는 대응하지 않았다. 그러나 그로부터 일주일 후, 사지다를 만나러 갔는데, 영부인은 충격에 휩싸여 있었다. '우다이에게 물어보았지만 자기가 사주한 일이라는 것을 부인하더군요. 왜 그런 짓을 할까요? 어째서 존경하고 아끼는 사람들에게 그런 식으로 고통을 주는 걸까요?'" 알라 바쉬르의 회상이다.

모델 같았던 대통령의 두 딸의 인생은 나라의 가장이 되고자 했던, 그리고 가정에서는 철인이 되고자 했던 아버지의 정치에 휩쓸려 산산조각났다. 라가드는 "다음 생에서는 아버지가 그저 평범한 변호사이고 어머니는 교사인 삶을 살고 싶다. 권력으로 인한 이기주의와 모든 문제들로부터 멀리 떨어져 평범하게 정상적으로 자라나고 싶다. 그랬다면, 우리 가족은 모두 행복했을 것이다. 남들이 견뎌야 하는 것들만 견디면 되었을 테니."

가족의 환상

별안간 일가친척들과 그들의 우두머리격인 사지다로부터 배신자 취급을 받게 된 사담은 사미라를 심리적 도피처로 삼았다.

몇 년 새에 사미라의 관심사도 바뀌게 되었다. 수년간에 걸친 전쟁의 흔적은 바그다드의 벽에만 남은 것이 아니었다. 대통령의 가족이 사미라의 존재를 알아차린 이후, 그녀의 인생은 방랑자의 신세가 되었고 문 뒤에는 언제라도 떠날 수 있도록 여행 가방이 준비되어 있었다. 2000년 초, 그녀는 드디어 티그리트 강을 가로지르는 다리 곁에 비밀리에 마련된 단출한 집에 여행용 트렁크와 잡동사니들을 들여놓을 수 있었다.

사담과 함께 보내는 시간은 짧았다. "그는 아내건 애인이건, 그 어떤 여자와도 밤을 보내지 않았다." 전 대통령 의전실장은 이렇게 회상했다. 사미라는 위성 TV를 시청하며 외로움을 달랬는데 우연히 성형수술에 관한 방송을 보게 되었다. "내 얼굴과 목에 주름이 많이 생기기 시작했어요." 그녀는 곧 알라 바쉬르에게 한탄을 늘어놓았고 다음 주 금요일에 리프팅 시술을 하기로 예약이 되었다. 환자는 대통령과 대통령 가족 전용 스위트룸으로 안내되었다. 시술을 끝낸 후, 의사는 간단한 절차상의 확인을 했다.

"남편께서 시술에 대해 알고 계십니까?"

"아뇨."

규칙은 지켜야 했다. 사담은 각 가족구성원의 병원 치료를 모두 보고하라고 명령해놓았다. 최악의 상황을 걱정한 의사가 핑계거리를 생각해 낼 틈도 없이, 복도에서 사담의 발소리가 들려왔다. 그가 걱정스러운 표정으로 들어와 알라 바쉬르를 다그쳤다. 의사는 대응책을 찾아내 사미라가 귀 뒤에 난 사마귀를 제거하기 위해 공식적으로 병원을 찾았다고 둘러댔다. 작은 지방종으로 피부를 조금 잘라냈고 목 뒤에도 같은 시술을 해서 흔적이 남지 않도록 했다고 설명했다. 안심을 한 사담은 그를 향해 미소를 지었지만 한 마디 말도 건네지 않았다.

사미라는 수술 이후의 처치를 위해 병원에 다니는 동안, 의사와 대화를 하는 기쁨을 누렸다. "아직도 나는 이해할 수가 없어요. 그렇게 가난하고 촌스러운 배경에서 자라난 사담이 어떻게 그런 자리에 오를 수 있었을까요?" 그녀는 남편에 대한 사랑과 존경이 가득한 마음으로 외과의사에게 이렇게 말했다. 장남을 제외한 그녀의 두 아들과 전남편이 그녀의 집에서 함께 살았지만, 그들에게는 속내를 털어놓을 수 없었다. 사미라에게는 딸도 한 명 있었는데, 사담이 그 아이를 특히 좋아해서 만날 때마다 아이를 공중으로 던지며 즐겁게 해주었다. 그러나 2000년 여름, 사담의 방문이 뜸해졌다. 언제나 현관문 옆에 놓여 있는 빨간색 여행 가방을 보며 사미라는 자신은 아주 이따금씩만 그의 아내가 될 수 있는 존재라는 것을 새삼 깨달았다. "매일 저녁, 나는 경호원이 데리러 올 때를 대비해 준비를 해야 했다. 그가 어디서 나를 만나고 싶어 하는지, 어느 집에서 내가 밤을 보내게 될지, 전혀 알 수가 없었다. 사람들은 나를 부족한 것 하나 없는 여자라고 생각했지만, 내 인생은 그렇게 요약되는 인생이었다."

사담 후세인 정권은 위기를 맞고 있었다. 1998년 12월에는 미국의 빌 클린턴 대통령의 지시로 걸프전 이후 이라크에 금지된 군사시설을 파괴하기 위한 몇 번의 공격이 있었고 2003년 3월 19일 조지 W. 부시 대통령에 의해 이라크 침공이 결정되었다. 사담의 저항은 몇 주를 넘기지 못했다. 이번만큼은 그도 실패를 성공으로 끌어올릴 수 없었다.

연인의 운명은 바그다드가 함락된 4월 9일 추락을 맞이하고야 말았다. 사담은 처음으로 사미라에게 약한 모습을 보이며 최측근 중 한 명으로부터 배신을 당했다고 털어놓았다. "그는 내가 숨어 있는 곳으로 찾아왔다. 너무나 의기소침하고 슬픈 모습이었다. 그가 나를 옆방으로 데리고 가더니 울기 시작했다." 사담은 사미라에게 두려워하지 말라고 했으나 도망 중인, 그것도 울고 있는 남자의 말에는 힘이 없었다.

호송대가 사미라를 시리아 국경으로 데려갔다. 작은 레스토랑, 그리고 작은 회교 사원이 사담과 이미 몇 년간 숨어 살아야 했던 그의 정부의 마지막 약속장소였다. 사담은 베두인으로 변장을 하고 나타났다. "내가 어떻게 될 것인지는 묻지 마시오, 나는 당신이 안전하길 바라오." 만남은 짧았다. 현금 5백만 달러와 "정말로 사정이 어려워질 때를 대비해" 마련해준 보석이 든 여행가방. 그것이 이별의 대가였다. 그는 마지막으로 사미라의 손을 잡고 품에 안았다. 다마스쿠스에 도착할 때까지 울음을 그치지 못하던 그녀를 위로해준 유일한 것은 사담이 준 여행용 가방이었다. 금괴 10킬로그램. 그녀의 말에 의하면, 그것은 사랑의 징표였다. 또한 사담은 그녀를 위해 '하디자' 라는 이름으로 레바논 여권을 마련해 주었다.

사지다 역시 이라크를 떠나 두 번 다시 사담을 보지 못했다. "사지다는 남동생, 아들, 손자, 남편이 죽임을 당하는 것을 보아야 했다…… 그녀가 범죄행위를 저지를 수도 있지 않을까." 이야드 아프락은 이렇게 말했다. "사지다는 사담과 결혼한 대가를 혹독하게 치렀다. 그녀에게는 슬픔에 잠길 여유조차 없었다." 세익스피어 연극의 여주인공 같았던 그녀는 무대를 떠나 화려한 궁도 없는 곳에서 쓸쓸한 망명생활을 이어나갔다.

그리스계 정부(情婦)

이라크 정부가 몰락하는 시점에, CIA와 미 국무성 요원들은 사무실 뒤편에서 사담 후세인의 정체를 알 수 없는 그리스계의 정부(情婦)에 관한 토론에 열을 올렸다. CIA는 회의적인 태도를 고수했으나 미 국무성은 반대로 그녀의 존재가 '눈앞에 있는 정보마저 놓치는 CIA의 무능함' 을 증명하는 증거라고 주장했다.[57] 미국 최대의 정보국인 CIA가 놓친 그녀를 우리는 그녀가 신분을 숨긴 채 살고 있는 스웨덴에서 만날 수 있었다. 사담 후세인 정권에서 가장 미스터리한 부분 중 하나인 그녀가 서민용 아파트단지 안에 있는 자신의 작은 아파트 문을 열며 우리를 맞아주었다. 겉으로 보아서는 아파트의 주인이 사담 후세인의 대통령 궁에서 호화로운 생활을 영위하던 인물이라는 것을 전혀 짐작할 수 없었다.

"나는 우리의 관계가 왜 그렇게 오래 지속되었는지 모르겠다. 사담은 사랑이 뭔지 모르는 사람이었다. 어렸을 때 사랑을 받지 못해서일까. 나는 사랑을 많이 받았고 그것이 나의 힘의 원천이 되었다. 물론 권력에도 나름대로의 역할이 있다. (……) 나는 그의 가족이나 일가친척과 관련이 없었다. 그 때문에 그가 나와 함께 있을 때 안전하다고 느꼈던 것 같다."58)

인터뷰에 응한 사담의 지인들은 '그리스의 마리아'라고 자신을 소개한 그녀를 전혀 알지 못하는 것 같았다. 그녀는 자신감이 넘쳐 보였고 유명세를 바라지도 않았으며 그저 자신의 이야기를 하고 싶어 했다. 아직 의심을 하는 이들이 있었지만, 그녀의 말에 의하면 "사담의 가족 중 누군가가 나를 찾아와 면전에서 내가 거짓말쟁이라고 말한 적은 없었다."

그러나 사담의 전 의전실장은 자신의 회고록에서 아주 오래전에 만난 사담의 또 다른 여인의 존재에 관해 언급했다. "샤크라, 즉 금발머리라는 별명으로만 불리었던 여자."

토요일 밤의 열기

1969년 바그다드.

"이제부터 저 여자는 내 거니까 아무도 저 여자를 관심 있게 쳐다보아서는 안 된다."59) 사담이 그를 따라온 이복형제 바르잔에게 명령했다. 형제는 바그다드의 상류층을 고객으로 둔 아르메니아 출신의 재단사 아루트 알 카야트의 집에서 열린 댄스파티에 요란하게 등장했다. 사담은 곧 민첩하게 움직이는 금발의 10대 소녀, 파리술라 람소스를 점찍었다.

재단사의 아내는 그날 저녁 손님들을 위한 요리에 몇 가지 특별 요리를 곁들이기로 했다. 손님들을 깜짝 놀라게 하는 데에는 그리스 출신인 이웃의 타불레가 제격이었다. 혼자서는 타불레를 대접할 자신이 없었던 그녀는 친절한 이웃집 부인 헬렌에게 딸아이의 손을 빌려도 되겠느냐고 물었다. 열여섯 살의 파리술라는 흔쾌히 도와주겠다고 대답했다. 댄스파티에 가고 싶었던 소녀는 1960년대 서방 최신 유행인 꽃장식이 달려 있고 치맛단이 화려하게 퍼지는 핑크색 체크무늬 원피스를 차려입었다. 그리고 옷 색깔에 어울리는 리본으로 머리를 꾸미고 발목과 팔목을 금팔찌로 단장한 다음 마지막으로 반짝반짝 빛나는 구두를 신고 제일 좋아하는 향수를 뿌렸다. 잔뜩 멋을 부린 소녀가 나서자, 어머니는 고함을 쳤다. "타불레를 대접하러 가는데, 그런 차림을 해야 한다는 말이니? 얘가 왜 이럴까, 가지 마."[60] 그러나 소녀는 그런 차림으로 타불레 접시를 들고 담을 넘었다.

파리술라는 파티를 주최한 이웃집 아주머니가 시키는 대로 감자 칩을 테이블 위에 가지런히 놓았다. 손님들을 기다리는 동안, 아루트는 시험 삼아 축음기를 틀었다. 그리고 〈밤의 이방인(Strangers in the Night)〉이 온 집안에 울려 퍼지는 가운데 파리술라에게 춤을 청했다. 집주인은 소녀를 빙글빙글 돌렸고 흥겨운 파티가 시작되었다. 바로 그때, 티크리티 집안의 두 형제가 도착했다. 아루트는 서둘러 그들을 맞이하러 나갔고 사담은 파트너를 잃은 소녀의 손을 잡고 방 안을 빙글빙글 돌았다.

파리술라의 관심은 갑자기 들이닥친 두 남자 중 한쪽에게로 쏠렸다. 그녀는 실크로 된 푸른 양복과 짙은 색 머리를 더욱 돋보이게 하는 순백색 셔츠에 주목했다. "그런 금갈색의 아름다운 눈을 나는 그때 처음 보았다. 사담의 눈은 마치 금속처럼 반짝거렸다." 그녀는 대담하게도 자신이 받은 인상을 그에게 전했다. "눈이 참 야성적이네요. 눈빛은 너무나 차갑지만." 자신이 상대하고 있는 인물이 사담이라는 것을 그녀는 알지 못했고 사담은 그 말에 웃음을 터뜨렸다. 그때 이미 모든 이의 두려움의 대상이었던 그는 밝은 색 눈을 한 대담한 소녀가 마음에 들었다. 소녀는 낯선 사람들과 춤을 추고 있다는 이야기가 어머니의 귀에 들어가는 것 외에는 두려운 것이 없었다.

사담은 소녀에게 다가가 그녀의 허리를 잡아 끌어당겼다. 파리술라는 비명을 질렀다. 두려운 동시에 화가 났다고 했다. "눈이 참 예쁘군." 사담이 그녀를 놓아주며 말했다. 그러나 금발의 파리술라는 여배우처럼 대꾸하는 대신 이만 가봐야 한다고 냉정하게 얘기했다. 먹잇감을 손에 넣지 못한 사담은 아루트에게 그녀의 가족에 대한 질문을 했다.

그날 저녁 손님들은 훌륭한 잉어 요리를 맛보았다. 아랍 전통에서, 생선 머리의 뒷부분은 가장 맛있는 부분으로 간주되어 '어부의 선물' 이라는 별칭으로 불렸다. 누군가에게 그 부분을 대접한다는 것은 관심이 있다는 영광의 제스처였다. 사담은 잉어 머리 뒷부분을 잘라낸 다음 파리술라에게 말했다. "입을 벌려요." 그의 행동과 말에 자리에 있던 사람들은 모두 깜짝 놀랐다. 사담이 기대한 바와는 다르게, 그녀는 자리에서 벌떡 일어났다. "당신은 내 남편도 아니고 약혼자도 아니에요. 당신의 말에 복종해야 할 이유가 없어요." 찬물을 끼얹은 것 같은 침묵 속에서 그녀가 차갑게 말했다. 사담의 웃음소리 덕에 초대 손님들은 겨우 생선 가시를 삼킬 수 있었다.

혈기에 넘치는 멋쟁이 사담은 파리술라를 그녀의 집 대문까지 따라갔다.

"우리 어머니가 보면, 당신을 죽이고 말 거예요."

"마음대로 하라고 해요, 난 상관없으니까."

그는 뾰로통한 그녀의 얼굴을 보고 웃음을 터뜨렸다. "변하지 말고 있는 그대로의 모습을 간직해 줘요. 내가 다른 마음을 먹기 전에 어서 들어가요."

그녀는 사담을 흘깃 쳐다보고는 재빨리 집 안으로 들어가 버렸다.

웃고 있는 콧수염

웃는 듯한 콧수염에 깊은 인상을 받았으나 파리술라는 아직도 사담의 정체를 몰랐다. 그녀의 가족은 그리스 출신으로 그녀가 세 살이 되던 1956년에 레바논으로 이민을 왔다. 이후 그녀의 아버지 스타브로스 파리시스 람소스는 석유산업에 투신했고 아내와 여덟 명의 아이들을 데리고 바그다드의 상류층이 모여 사는 알 사둔 지구에 정착했다. 파리술라는 좋은 교육을 받았고 바그다드의 국제 학교에 다니며 불어를 배웠다.

서구적인 교육을 받으면서도, 파리술라는 외출할 때마다 반드시 일곱 명의 형제 중 두 명과 함께 외출을 해야 했다. 그들은 한창 발전 중이었던 이라크의 상류층 자제들만이 모이는 사교클럽 '알 위야'에 드나들었다. 음료도 마시고 춤도 추고 수영도 할 수 있는 곳이었다. 아가씨들이 그곳에 가는 목적은 좋은 신랑감의 눈에 띄기 위함이었다.

포기할 줄 모르는 사담은 대담하게도 그녀의 집에 직접 전화를 걸었다. 파리술라는 잘못 걸린 전화라며 사담으로부터 처음 걸려온 전화를 끊어버렸다. 곧 두 번째 전화가 걸려왔고 이번에는 그녀의 어머니가 전화를 받았다. 사담은 자신이 클럽 회원인데 파리술라가 놓아두고 간 책을 가져다주고 싶다는 핑계를 댔다. 그의 목소리에서 아무런 낌새도 느끼지 못한 파리술라의 어머니는 약간의 의심을 떨쳐 버리지 못하면서도 딸에게 전화기를 건네주었다. "곧 만납시다. 당신 친구 파리알이 당신 집으로 가서 내가 있는 곳으로 데리고 올 거요." 정말로 몇 시간 후, 우연처럼 파리알이 찾아와 콜라를 마시러 클럽으로 가자고 제안했다. 그러나 두 소녀가 향한 곳은 바그다드 시내에 위치한 호화로운 집이었다. 경호원들이 그녀들을 집 안으로 안내했다. 정교하게 세공한 대문 앞에서 파리알은 파리술라를 두고 돌아갔다.

문이 열리자 거실이 나왔고 그 한가운데에는 사담이 당당히 상석을 차지하고 있었다. "나는 어색하게 웃었다. 약간 신경질적인 억지웃음이 나왔다." 그녀는 이렇게 회상했다.

"앞으로는 내 전화를 절대 끊지 말아요." 웃고 있는 것 같은 콧수염을 기른 사담이 엄하게 명령했다.

"당신이 누군데 나에게 그런 명령을 하는 거죠?"

"사담."

파리술라는 그와의 첫 대면에서 여러 가지 복합적인 감정을 느꼈다고 말했다. "다시 생각하면 얼굴이 붉어진다. 내가 정말로 바보 같았기 때문에. 내게 중요했던 것은 그가 나를 쳐다보고 만지는 방식이었다. 그의 손길에 나는 전율을 느꼈다." 그가 다시 말했다. "나는 사담이오. 그것으로 충분하지. 더 이상 알 필요가 없어. 곧 알게 될 테지만 사담은 어디에나 있소. 당신이 어디에 가는지, 당신이 무엇을 하는지, 나는 다 알 수 있소." 그가 그녀의 볼에 입을 맞추었다. "이제 가도 좋아요. 그냥 당신을 보고 싶었을 뿐이오." 그의 손길은 곧 그녀에게 없어서는 안 되는 것이 되었다.

두 달 동안, 파리술라는 힘들게 그를 만나며 감정적으로 성숙해졌다. 잦지는 않았으나 두 사람의 만남은 선물과 케이크 등으로 어머니의 의심을 잠재워준 파리알의 공모 덕분에 이루어질 수 있었다. 파리알과 부통령의 집에 드나들면서도, 파리술라는 그곳이 어디인지 알지 못했다. 그저 집안 장식이 유럽풍이라는 것, 갖가지 술이 갖추어진 개인 바에 앉아 파이오니아 전축으로 LP판을 들을 수 있다는 것이 신기할 뿐이었다. 파티가 열렸던 어느 날 밤, 엘비스 프레슬리와 폴 앵카의 노래를 들으며 즐거운 시간을 보내던 손님들이 모두 돌아간 후, 파리술라와 단둘이 남은 사담은 그녀의 허리에 팔을 감고 옆방으로 데리고 갔다. 어린 파리술라는 빨간 장미로 장식된 순백색 침대를 발견하고 감탄을 했다. "유럽 아가씨의 마음에 들도록 완벽하게 꾸미고 싶었지. 마음에 드나?" 모든 것이 완벽했다. 특히 장미가 순진한 그녀의 마음을 사로잡았다. "그날 밤을 결코 잊을 수 없을 것이다. 한 세계에서 다른 세계로 가는 경계를 넘는 것 같았다."

사담은 그녀를 다정하게 대했고 사랑한다는 말까지 했다. "나는 그의 마음을 얻은 줄로만 알았다. 그러나 사담에게는 마음이 없었다." 파리술라는 이런 결론을 내렸다. 곧 그녀는 자신과 결혼할 의사가 전혀 없는 남자에게 몸을 바쳤다는 것을 깨달았다. 처녀성을 잃은 그녀와 아무도 결혼을 하려고 들지 않았다. 클럽에서는 사담과 그녀와의 관계가 일파만파로 퍼졌고 그 소식은 집안으로도 전해졌다. 파리술라의 아버지가 다짜고짜 물었다.

"네가 사담 후세인을 만난다는 것이 사실이냐?"

"아니에요."

"사담 후세인이라는 정치인과 아는 사이냐?"

"아뇨. 제가 아는 사람은 다른 사담이에요. 평범한 공무원인걸요."

"사담이 누구인지 알기는 하는 거냐? 사람을 죽인 적이 있는 인물이다."

"아니에요, 그는 그런 사람이 아니에요……"

"내일 아침 일찍 떠나는 비행기를 예약해놓았다. 레바논에 있는 친척 집으로 가라. 베이루트 학교에도 등록을 해 두었다. 어서 가서 짐을 싸라."

건널 수 없는 도랑

파리술라의 아버지는 1년 만에 딸에게 내린 벌을 거뒀다. 사담과의 관계가 정리되었다고 생각한 그녀의 부모는 바그다드로 돌아와도 좋다는 허락을 내렸다. 부르주아 클럽에 출입하기 시작한 파리술라는 남자들이 다시 돌아볼 정도로 매력을 풍겼다. 마침내 젊은 바람둥이 백만장자 시롭 이스칸다리안이 자유를 갈망하는 그녀의 마음을 사로잡았다. 그가 청혼을 하자 가족들은 어서 승낙을 하라고 그녀를 재촉했다. 곧 두 딸이 태어났고 시롭의 재산 덕분에 흰색 메르세데스 벤츠를 타고 가정부를 부리는 여유로운 생활을 할 수 있었다. "당시 나는 공주처럼 살았다." 파리술라는 이렇게 말했다.

사담은 그녀의 삶에서 멀어진 것 같았으나 "그는 언제나 소리 없이 움직였다." 어느 날 저녁, 두 딸과 함께 TV를 시청하던 부부는 정부가 재산과 토지를 몰수하기로 결정한 시민들의 명단을 보게 되었다. 명단 첫 부분에 시롭 이스칸다리안의 이름이 올라 있었다. 비밀정보국 무카라바의 요원들이 곧 들이닥칠 것을 예감한 시롭은 당장 피신하기로 결정했다. 그러나 이유 없는 도망은 곧 저지르지도 않은 죄의 시인으로 여겨질 터. 두 사람이 헤어질 만한 정당한 이유가 필요했다. "당신 얼굴에 멍이 있어야 해. 그래야 내가 떠난 것이 합리화될 거야. 아버님께 전화를 해서 내가 당신을 때렸다고 해. 그럼 아버님이 데리러 오실 거야. 친정으로 가." 그는 용서를 구한 다음 파리술라를 때렸다. "그날 밤 떠난 남편은 영원히 돌아오지 않았다." 레바논으로 몸을 피한 그는 그곳에서 이혼 절차를 밟았고 파리술라는 서명만 하면 되는 이혼서류를 받았다.

몇 달 후, 사담의 경호원이 파리술라를 궁으로 데려오라는 명령을 받고 그녀의 집을 찾아와 대문을 두드렸다. "나는 그 순간이 올 줄 알고 있었다." 스스로도 왜 그러는지 알지 못한 채, 그녀는 자신의 삶을 망친 남자를 위해 가장 예쁜 옷을 골라 입었다. 대통령 궁에 도착한 그녀는 문 앞에 멈추어 서서 움직이지 않았다. "내가 들어가기를 원한다면, 문 앞으로 나와서 나를 데리고 들어가세요." 그것은 사담에 대한 일종의 도전이었다. 경호원들이 숨을 참았다. 결국 문이 열리고 안쪽 끝에 자리를 잡고 앉은 사담의 모습이 보이자, 그녀는 그의 눈을 피하며 의연한 척하려고 애를 썼다. 그는 온 방 안이 울리는 큰 목소리로 그녀를 칭찬하며 환심을 사려고 했다.

"샤크라, 더 아름다워졌군."

"그런 소리를 많이들 하더군요."

사담은 가련한 그녀에게 양보를 하기로 하고 경호원들이 지켜보는 가운데 방을 가로질러 문으로 나왔다. "어서 와요, 파리술라. 들어오겠소?"

그녀는 미소를 지었다. 제복이 사담의 권위를 증명해 보이고 있었다. 그러나 그녀는 그의 제안을 호락호락 받아들이지 않고 팽팽하게 맞섰다. 첫 대결은 그녀의 승리였다. 식사를 하자는 그의 말에 그녀는 배가 더부룩하다고 답했다. 두 번째로 그가 술을 한잔하자고 제안하자, 그녀는 짓궂은 표정으로 두 사람이 처음 만났을 때 마셨던 마티니 드라이를 달라고 했다. 그리고 전략적으로 가족 이야기를 꺼내 그를 꼼짝도 하지 못하게 하리라고 마음먹었다. "어머니 집에서 두 딸이 나를 기다리고 있어요." 궁지에 몰린 사담이 그녀를 와락 끌어안는 것으로 반격을 했다. 한순간에 무너진 그녀는 그의 품안에서 한없이 작아지는 느낌을 받았다. 그의 체취가 그녀의 마음을 사로잡았다. 사담은 자신의 승리를 감지했다. "다시 오게 될 거요." 반문의 여지가 없는 단호한 말투였다. 한 여자의 자유는 마침표를 찍었다. 두 사람은 다시 만나기 시작했으나 그것은 더 이상 순진한 만남이 아니었다. 사담에 대한 그녀의 증오와 사랑은 두려움으로 바뀌었다.

세 가지 은혜

대통령 산하 조직의 비밀감시로 인해 이라크를 떠날 수 없었던 데다가 가

까운 사람들의 안전이 걱정되었던 파리술라는 끊임없이 사담을 즐겁게 해
주어야 한다는 것을 깨달았다. 특히 그는 그녀가 자기의 여자라는 것을 확
인하고 싶어 하는 동시에 자신에게 맞서고 대드는 그녀의 모습을 보고 싶어
했다. "다른 모든 이들은 '나는 사담이다'라는 말을 듣는 즉시 그의 발치에
엎드렸다. 그러나 나는 당당하게 맞설 수 있었다. '그래요, 당신은 사담이에
요. 그래서 뭐가 어쨌다는 거죠? 나는, 파리술라라고요.' 나의 대꾸에 사담
은 웃으며 긴장을 풀었다." 자유로운 영혼의 소유자인 그녀는 위로하고 아
껴주고 이야기를 들어줄 사람이 필요했던 대통령의 어머니이자 연인이고
친구였다.

곧 이란과의 전쟁이 발발했다. 이라크 국적을 소지하지 않은 여자들은 이
혼을 하거나 귀화를 해야 했다. 이런 갑작스러운 상황에, 파리술라는 그리
스로 떠나야 했다. 이라크에 상당한 재산을 남겨두고 온 그녀는 그것을 찾
기 위해 아테네 주재 이라크 대사관에 신청을 했다. "그러자 비밀정보국 소
속 요원 두 명이 그녀를 소환해 돈을 주며 사담으로부터 그녀를 바그다드로
데려오라는 임무를 맡았다고 했다." 의전실장 하이담 라쉬드 위하입은 이렇
게 전했다. 그로부터 이틀 후, 그녀는 다시 사담의 침대로 돌아왔다. "가끔
씩 나는 아무 말 없이 사담이 휴식을 취하도록 했다. 나와 함께 있으면 그는
본연의 모습을 되찾았다. 문을 쾅 닫는다든지 내 무릎에 머리를 둔다든지.
나는 위스키를 한잔 마시겠느냐는 말 외에는 말을 아꼈다." 사담은 파리술
라와 이제 아름다운 십대 소녀가 된 그녀의 두 딸을 위해 대통령 궁과 같은
울타리 내에 있는 호화로운 저택을 내주었다. "6개월 동안, 그녀는 대통령의
공식 연인으로 호화로운 생활을 영위했다. 자동차, 보석, 아름다운 옷들. 그
녀에게 부족한 것은 하나도 없었다. 단지 자유가 없었을 뿐." 하이담 라쉬드
의 생각이다. 그러나 사담과 관계가 있는 한 티크리티 집안 사람들을 피할

수는 없었다. 이라크에서 사담의 정부로 사는 것보다 더 어려운 일은 없었다. 어디에서든 사담의 그림자가 그녀의 주위를 배회했다. 그러나 티크리티 집안을 통치하는 최고 지위의 여인은 그녀를 절대 찾아오지 않았다. "사지다는 영부인이라는 지위를 대단해 좋아했다. 더 큰 권력을 원했던 사미라는 사지다의 자리를 탐냈고 사담의 마음 속에서 그녀보다 더 큰 비중을 차지하고 싶어 했다." 파리술라는 이렇게 말했다.

대통령의 여인들은 파리술라 앞에 모습을 드러내지 않았지만, 집안 남자들은 그녀의 집을 자주 방문했다. 그것은 위험한 일이었다. "내 집에서 그들 중 누군가에게 무슨 일이 일어난다면, 그것은 내 책임이 될 터였다." 그런 점에는 아랑곳없이, 대통령의 골칫덩이 아들들은 그녀의 집에 자주 드나들었다. "쿠사이는 내가 해주는 음식을 좋아했고 내 집에 머물며 이야기하는 것도 무척 좋아했다. 한밤중에 경호원 없이, 혹은 늘 붙어 다니는 아루트와 함께 불쑥 찾아와 계란 두 개만 익혀 달라고 부탁하곤 했다."

어느 날 저녁, 사지다의 이복남동생이 파리술라의 집에 찾아와 전통요리를 해달라고 했다. 그가 자기 집에서 아플 수도 있다는 생각에 겁을 먹은 그녀는 대통령 궁에서 물을 포함, 모든 음식재료를 조달해 왔다. 위기를 훌륭하게 넘겼다고 안심한 이후, 겨우 잠이 들려는데, 누군가가 방문을 두드렸다. 경호원이 망연자실한 표정으로 조금 전에 왔던 손님이 병원으로 실려 갔다는 소식을 전했다. 그녀가 제정신을 차리기도 전에, 그는 이미 자기 집으로 돌아갔다. 단순한 소화불량이었던 것이다.

또 다른 날, 새벽 1시 30분경, 우다이가 술에 잔뜩 취한 채 경호원도 없이 그녀를 찾아와 딸들과 그녀를 티그리트 강가로 데려다 주겠다고 우겨댔다. 운전을 할 수 없을 정도로 취한 상태였지만 대통령의 장남의 말을 거역할 수 없었다. "부탁이에요. 나한테 이러지 말아요. 아버지가 이 사실을 알면 노발대발하실 거예요!' 그날 밤의 에피소드는 조용히 마무리되었다. 우다이는 자신을 다룰 줄 아는 파리술라를 존경했다.

사지다의 난폭한 두 아들과 위태롭게 이어나가던 균형은 어느 날, 딸 엘리자베스가 우다이에게 강간을 당했다는 사실을 파리술라에게 털어놓음으로써 무너져 버리고 말았다. "엄마가 그 자식을 죽여줄까? 응? 내가 죽여 버릴까?" 파리술라는 어찌할 바를 몰랐다. 몇 주 동안, 엘리자베스는 의자에 웅크리고 앉아 꼼짝을 하지 않았고 학교에도 가지 않았다. 순백색 침대 시트도, 빨간 장미도 없이, 우다이의 배에서 열린 파티에 갔다가 어두컴컴한 구석으로 끌려가 능욕을 당했던 것이다. 딸들의 안전을 위해 그녀가 할 수 있는 일은 별로 없었다. 그저 우다이를 피하는 방법뿐이었다. 그러나 우다이는 무시당하는 느낌을 견딜 인물이 아니었다. "뭐라고 말 좀 해 봐요!" 어느 날, 그가 파리술라의 면전에서 고함을 쳤다. 이제 그녀는 우다이를 딸을 범한 잔인한 가해자로밖에 볼 수 없었다. "나에게 넌 이제 존재조차 하지 않아! 난 사람하고만 얘기해, 짐승은 상대하지 않지. (……) 무슨 일이 있었는지 아버지에게 말씀드리겠어." 사담은 또다시 아들을 감옥으로 보냈고 이번에는 우다이가 앙심을 품을 만큼 상당히 긴 기간 동안 풀어주지 않았다. 석방되고 나서 얼마 지나지 않아, 그는 파리술라의 집에서 응징의 드라마를 펼쳤다. 그녀가 볼일이 있어 나갔다 돌아와 보니, 집안일을 하는 고용인들이 거실 한 구석에 모여 서 있고 우다이는 다른 쪽에 버티고 서 있었다. 그리고 고용인들 앞에서 그녀를 마구 때렸다. 그 사건이 있었던 2001년 초, 그녀는 떠나야 한다는 사실을 깨달았다. 우다이와 싸워보았자 이길 가망성이 없었다. 딸들의 안전을 위해 아무 설명도 없이 조용히 떠나야 했다. 그러나 마지막으로 사담을 보지 않고는 이라크를 떠날 수 없었다.

"파리술라, 당신은 변했소."

"변한 건 당신이에요, 사담."

"아니, 당신은 내가 알던 파리술라가 아니야. 언제까지나 당신 본연의 모습으로 남아달라고, 내가 몇 번이나 이야기했잖소?"

그녀는 사담을 가만히 바라보았다. 두 사람은 모두 변해 있었다. 그리고 상황도. 곧 미군이 바그다드를 폭격했다. 우다이는 폭격에 숨졌고 사담은 수감되었으며 모델 같았던 그의 두 딸은 도망쳐 수배 중이었다. 티크리티 가문은 완전히 몰락하고 말았다.

사담 나라의 앨리스

2004년 1월, 바그다드, 캠프 크로퍼.

수감된 사담 후세인에 대한 감시와 심문을 위임받은 FBI 요원 조지 피로는 딜레마에 빠졌다. 사담이 편지에서 끊임없이 언급하는 앨리스라는 이름의 이 여자 간호사는 대체 누구일까?

2003년 12월 미군에 의해 체포된 이후, 사담이 수감된 장소는 포위당한 바그다드에서 가장 보안이 철저한 비밀 장소로 유지되어 왔다. 책임을 맡은 사람들을 제외하고는 캠프의 그 어느 누구도 그의 정체를 몰랐다. 그들에게 사담은 새로운 암호인 '빅터'로 통했다. 너무나 영국적이고 너무나 프랑스적이어서 사담의 취향에 맞지 않을 이름이었다.

조지 피로는 언제나 '빅터'의 곁에서 그와 연결된 존재에 대한 실마리를 찾아낼 수 있을지도 모른다는 기대감에 매일 그의 편지를 감시했다. 그러나 앨리스라는 여자의 정체는 파악되지 않았다. 사담 후세인을 웃게 만드는 유일한 존재. 그가 아직도 낙관적일 수 있도록 도와주는 여자. 그녀는 그의 말을 들어주고 위로를 해주었다. 두 사람은 폐쇄적인 캠프의 두꺼운 벽을 뚫고 아주 조금의 인간적인 따스함을 나누고 있었다. 조지 피로가 가장 먼저 해결해야 할 문제는 그 여자가 보안망을 위협하는 존재인지, 사담이 그녀를 통해 자신이 놓친 암호로 외부 세계와 메시지를 주고받고 있는지를 알아내는 것이었다.

중동에서 가장 경비가 삼엄한 감옥에서 나온 구겨진 편지지를 쳐다보던 그는 마침내 몇 주 전부터 자신의 임무에 걸림돌이 되어왔던 문제의 열쇠를 찾았다. 앨리스라는 이름의 인물은 없었다. 문제의 주인공은 앨리스(Alice)가 아니라 엘리스(Ellis), 로버트 엘리스. 정체 모를 사담의 여인은 사실 439 부대 소속, 간호대학을 나온 남성으로 큰 키의 미주리 출신 흑인 상사였다.

캠프는 조사실 3개, 병영, 행정실에 체육관까지 갖추어진 거대한 복합 시설이었다. 물론 정확한 규모는 국방비밀이었으나 이 모든 것이 $7km^2$의 부지 내에 들어가 있었다. 수감 구역은 '숲' [61]이라는 별명으로 불렸다.

미군 의료진이 차츰 이 '숲'을 떠나는 시점에서 로버트 엘리스에게는 새로운 임무가 부여되었다. 무슨 수를 써서라도 '빅터'의 건강상태를 정상으로 유지하라. 이라크의 전 대통령이 미군의 감시하에 죽는다는 것은 있을 수 없는 일이었다. 살아서 법정에 서야 했다. 현재 환자의 의료기록에는 고혈압, 양성 전립선 비대증, 그리고 그가 한 번도 고통을 호소한 적이 없는 발목 염증이 보고되어 있었다. 로버트 엘리스가 감방으로 갈 시간이 되자, 그의 전임자가 마지막 충고를 해 주었다. "조심해. 그자는 상대가 아무 말 하지 않아도 기미를 잘도 알아차린단 말이야. 거의 심리학자 수준이라고."

사담은 읽고 있던 책을 놓고 새로운 간호사를 맞이하기 위해 일어났다. 사담과 몇 센티미터를 두고 마주 선 로버트는 그의 외모에서 강한 인상을 받았다. 흰머리가 섞인 그의 머리는 완벽하게 정리되어 있었고 짙은 밤색

샌들은 반질반질했으며 그가 입은 디슈다샤는 티 없는 순백색이었다. 로버트는 매일 아침 8시와 저녁 8시에 '빅터'의 건강상태를 체크하게 되었다.

그가 크게 놀란 점은 사담이 대단히 모범적인 환자라는 것이었다. 단, 어디가 아프다는 말을 절대로 하지 않아 의사나 간호사를 당황하게 만들기 때문에 그의 병을 진단하기가 힘들었다. 자신의 신체적 결함을 감추는 것을 명예를 지키는 것으로 간주하는 사담은 로버트를 '앨리스 간호사'라고 부르며 내면적인 이야기를 주고받기 시작했다. 로버트가 고혈압 치료를 하려고 하자, 사담은 고집을 부리며 그를 말렸다. "당신이 이해하지 못한다는 것은 잘 알지만, 이 구절을 읽어주고 싶소." 그는 작은 공책을 꺼내더니 부드러운 목소리로 직접 쓴 아랍어 시를 낭독하기 시작했다. 3~4분 후, 그는 만족스러운 눈으로 로버트를 바라보며 칭찬을 기다렸다. 로버트는 미소를 지었지만 알아듣지 못했다는 것을 감추지 않았다. 그러나 그는 사담의 낭송을 들어주었고 그것만으로도 충분했다. "이제 치료를 받겠소." 사담은 처치를 허락했다. 사담과의 협상은 언제나 예기치 않게 진행되었다. 매일 저녁, 그는 손에 노트를 들고 로버트를 기다렸다가 그날 쓴 시를 낭송해주었다. 시 속에서 그는 자신의 이상뿐 아니라 꽃과 여인과 감옥의 새들을 노래했다.

감옥의 새들이란, 사담의 운동장으로 지정된 먼지 날리는 앞마당에 나갈 때마다 그의 주위에 모여들어 짹짹거리는 새들을 가리키는 것이었다. 식사 때마다 그는 빵조각을 떼어두었다가 자신을 기다리는 깃털 달린 손님들에게 나누어 주었다. 바깥으로 나가는 즉시 오케스트라 지휘자가 되는 그는 새들에게 가까이 오라는 명령이라도 내리는 듯 양손을 치켜들었다. 그리고 새 친구를 돌아보며 환하게 미소를 지었다. "보시오, 내게로 오는구려."

어느 날, 새들이 오지 않자, 그는 슬픈 목소리로 말했다. "이미 배불리 먹었나 보오." 그리고는 산책도 하지 않고 감방으로 돌아가 버렸다. 날개 달린 친구들을 되찾기로 결심한 그는 운동장 구석에 작은 정원을 만들기로 했다. 한 간수가 어머니에게 부탁해 받은 씨앗 덕분에, 사담은 초라하나마 작은 풀밭을 가꿀 수 있게 되었고 그곳을 '나의 정원' 이라고 부르기 시작했다. 이 후로 새들은 그의 정원을 떠나지 않았다.

시 낭송으로 두 남자는 가까워졌고 가끔 낭송을 중단하고 속내 이야기를 나누었다. 로버트는 이라크에 오기 전 두 번째 결혼을 했다고 털어놓았다. 몰락한 이라크의 대통령의 눈에 생기가 돌았다.

"아내가 두 명이라는 뜻이오?"

"네, 하지만 동시에 두 명이라는 말이 아닙니다." 로버트는 웃음을 터뜨렸다. "우리나라에서는 법에 저촉되는 일이죠."

이번에는 사담이 껄껄 웃더니 자신은 아내를 여러 명 두었다고 자랑스럽게 말했다. 속내를 털어놓은 참에, 그는 '비밀' 하나를 더 알려 주었다. 대추야자. 사담에 의하면, 대추야자는 최음제 성분이 있다고 했다. "대추야자를 먹을 때에는 반드시 곁에 여자가 있어야 하지." 농담을 마친 그는 간호사에게 결혼사진을 보여 달라고 했다.

그날 저녁, 로버트는 사담이 부탁한 사진을 가져다주었다. 그는 로버트의 아내를 유심히 살펴보았다. "그가 내 아내를 위해 아름다운 이야기를 써 주겠다고 약속했다." 다음날 사담은 친구에게 약속한 시를 자랑했다. 로버트의 아내 엘리스 부인을 하늘의 별로 묘사한 시였다.

밤은 인생의 마지막에 무릎을 꿇고
별들은 빛을 잃고 사라진다.
그러나 새벽이 기쁘게 밝아오고 있으니
그녀의 꿈에 다다른 나의 심장은 부풀어 오른다.

평안이 찾아오고 고통은 사라졌으니

내 영혼은 활짝 피어나고 그녀의 꽃도 만개한다.

신이시여, 우리의 남은 인생을 축복하소서.[62]

익숙한 비유였다. 사담은 향기롭고 신선한 여자들과 꽃을 사랑했다. "여자와 꽃 이야기를 할 때면, 그의 몸짓이 훨씬 부드러워졌다."

어느 날, 사담은 탈장을 일으켜 쓰러졌다. 대대 전체와 헬리콥터 몇 대가 동원되어 그를 병원으로 후송했고 즉시 수술이 이루어졌다. 사담은 자신의 운명에 신경을 쓰지 않는 것 같았다. "그는 마취담당 간호사를 곁눈질했다. 그녀는 엉덩이가 아주 예뻤고 사담은 그 점을 특히 눈여겨보았다. 그녀가 방 안에 있는 동안, 그는 그녀에게서 눈을 떼지 않았다. 수술대에 오른 뒤에도 그는 그녀를 계속 쳐다보았다.

"내가 여자를 못 본 지 다섯 달이 되었소." 그가 변명조로 말했다.

"저도 마찬가집니다." 로버트가 대꾸했다.

"당신도?" 당황한 사담은 간호사가 왜 죄수인 자신과 같은 고통을 겪어야 하는지 이해하지 못했다.

그는 아내들의 면회 허가를 위해 미국 당국과 협상을 벌이고 싶어 했다. 아이가 새로 태어나면 외로움을 달랠 수 있을 것 같다는 생각이었다. 로버트는 전문의와 함께 폐경과 세월이 여자들로부터 앗아가는 것이 있다는 점을 설명했다. 설명을 들은 사담은 놀라는 동시에 실망했다.

모델 같았던 딸들이 보고 싶었다. 프루스트가 마들렌 과자를 먹으며 예기치 않았던 추억을 떠올렸듯이, 갑작스럽게 떠오른 기억들이 그를 괴롭혔다. 어느 날 저녁, 간호사가 준 진통제 중에서, 그는 막내딸 할라가 배가 아프다고 할 때 주곤 했던 약을 발견했다. "내가 딸아이를 위해 약을 반으로 잘라

주었다오." 수술보다 더 고통스러운 향수에 잠긴 그가 이렇게 회상했다.

라가드는 미국의 공습에도 피신을 하지 않고 아버지의 곁에 머물렀다. 2003년, 전쟁이 극에 달했을 때 사담은 딸에게 이라크를 떠나지 말라고 했다. "나는 이라크를 떠나고 싶지 않았다." 그가 담당 변호사에게 했던 말이다. "미군의 폭격이 거세어지고 적들이 이집 저집으로 우리를 찾아다니기 시작하자, 라가드는 내게 외국으로 피신하라고 했다. 나는 그럴 수 없다고 했다. 그러자 딸이 이렇게 말했다. '아버지는 30년 동안 권세를 누렸어요. 권력의 특권을 모두 누렸죠. 이제 그 권력이 아버지를 태워 버리려 하고 있어요. (……) 아버지의 나라를 순식간에 태워 버리려 하고 있다고요.'"[63]

4월 28일, 아버지의 생일날, 반항적인 딸 라가드는 캠프 크로퍼로 꽃다발을 보냈지만 그 선물은 즉시 간수들에게 압수되었다. 화가 난 사담의 변호사는 그 꽃이 위험하지 않다는 것을 증명하기 위해 자신이 그 자리에서 꽃을 먹어 보이겠다고 했다. "그녀는 의지가 굳은 여인이었다."[64] 캠프의 책임을 맡았던 웨인 실베스터 사령관은 이렇게 증언했다. "아버지와의 편지 교환 허가가 떨어지자, 그녀는 계속해서 편지를 써 보냈고 아버지의 몸과 정신 건강을 걱정해 매달 커다란 소포를 보내곤 했다. 소포 안에는 시가, 음식, 옷, 그리고 가족의 추억이 담긴 소품들이 들어 있었다." 라가드의 선물은 군인들의 감탄을 불러일으켰으나 라나가 보낸 물건은 그렇지 않았다. 그녀는 아버지에게 미군의 눈에는 너무 위험하게 보이는 생강 씨앗을 보냈다.

석방 소식 없이 몇 달이 흘러갔다. "아버지, 사랑합니다. 그리고 그립습니다." 라가드는 텔레비전에 출연할 때마다 이렇게 말했다. 이런 고백 때문에 그녀는 인터폴과 이라크 점령군이 발표한 수배자 명단의 상위 자리를 차지했다. 41명의 이름이 올라 있는 이 명단의 16번째 인물이 '바트당의 전 당원으로 폭도들에게 자금전달책을 지원하여 실질적인 재정지원'을 했다는 혐의의 라가드 후세인이었다. 인터폴의 영장은 좀더 구체적이었다. "수배, 알 마지드 라가드 사담 후세인. 2006/54606 알 마지드 라가드. 혐의 : 생명을 위협하는 범죄행위 선동, 테러행위."

17번째 인물은 라가드의 어머니 사지다였다. 인터폴이 주장한 혐의는 "이라크 폭도들에 대한 물자 및 자금 지원 및 집행."이었다. 사지다는 몰락 후에도 사담을 버리지 않았고 이라크의 새 지도자들은 사담 후세인이 탈취한 재산에 직접 접근할 수 있는 그녀가 폭동을 주관한 인물들과 긴밀한 관계를 맺었다고 생각했다. 실제로 대통령의 수석 변호사는 탈주할 준비를 갖춘 후보자들을 사담의 첫 번째 부인으로 여전히 건재한 그녀에게 보냈다.

사지다가 계속적인 지원을 보냈지만, 사담이 감옥에서 매주 전화를 건 상대는 레바논으로 도주한 사미라 샤반다르였다. "전화로는 한계가 있었기 때문에 사담은 자세한 이야기를 편지에 적었고 전화가 걸려온 지 이삼일 후면 그 편지가 도착했다."[65] 사미라가 자랑스럽게 말했다.

재판이 다가왔다. 사담은 마지막으로 체포 당시에 찍힌 영상 속의 모습과는 다른 좋은 이미지를 보여주고 싶었다. 재판 참석을 위해 제공된 양복은 재단도 엉망이었고 색도 너무 칙칙했다. 로버트 엘리스가 소속된 연대에서 사담의 마지막 부탁을 들어주었고 그는 크리스천 디오르 양복을 입고 법정에 섰다.

2006년 11월 5일, 교수형 판결이 내려졌다. 형장에서 이라크의 전 대통령은 마지막 순간의 고통을 완화해 줄 약물의 도움을 거절했다. "큰 산에게는 진정제가 필요 없다." 이어 아직 힘이 남아 있음을 증명하기 위해, "신앙으로 인도되는 아랍인의 진정한 본성을 보여주려고" 실내 자전거로 체력을 키우고 있다고 말했다. "나는 매일 12분씩 하던 운동을 35분으로 늘렸다."

사형 집행일이 밝았다. 그는 흰 셔츠와 검정 재킷 몇 벌, 코히바 시가 한 상자, 그리고 시를 적은 노트를 챙겨 그것을 라가드에게 전해주고 자신이 평온하게 맨손으로 천국으로 가는 길에 올랐다는 말도 전해달라는 부탁을 했다.

"그들은 내가 아버지와 이야기를 할 수 있도록 허락하지 않았다. 내가 원했던 것은 아버지가 그립고 아버지를 사랑한다는 말을 하는 것뿐이었다. 내 전화는 모두 연결되지 않았다." 라가드는 눈물을 흘리며 한탄했다. 그러나 라가드의 마지막 전화를 거절한 것은 엘리스 상사가 속한 부대원들이 아니라 사담 자신이었다. "나는 가족들과 감정적인 이야기를 하고 싶지 않다. 내 딸들이 울음을 터뜨릴 것 같기 때문에."[66] 그는 첫 번째 아내 사지다에게 바치는 시를 남겼다. "내 마음은 아직도 여리기에, 나는 언제나 사랑을 할 수 있다오."

4

오사마 빈 라덴,
아내들의 전쟁과 평화

세상에 나 혼자뿐이라는 느낌이 들었다.
부르카를 입은 나를 모든 이들이 잊었다는 생각이.
지구상에 나지와 가넴 빈 라덴의 존재를 아는 사람은 거의 없었다.
하지만 대체 누가 내가 살아 있다는 것을 부인할 수 있단 말인가?
— 나지와 빈라덴

나지와여, 영원히

자신도 모르게 매력을 풍기는 남자

2000년 브뤼셀.

말리카와 그녀의 남편 압데사테르는 아파트에서 무심히 텔레비전을 보다가 화면에 나타난 얼굴을 보고 예기치 못한 감정에 휩쓸렸다. "저 얼굴을 좀 봐. 정말 멋지지 않아?" 압데사테르는 텔레비전에 등장한 인물에 매료되었다. 몇 분을 더 쳐다보던 그는 너무나 완벽한 외모를 가진 그를 좋아하게 되었다. "나도 저 사람이 좋아요." 아내 말리카가 말했다. "그 순간, 머릿속에서 오사마와 남편이 혼동되었다. (……) 두 사람의 얼굴에 나타난 그 차분함. 나는 남편의 얼굴을 쳐다보다가 시선을 돌려 이슬람주의 지지파의 지도자를 바라보았다. 카메라에 잡힌 그 표정은 가난한 사람들과 힘없는 사람들에게 탄압에 맞서 싸우라고 격려하는 표정이었다."[1]

벨기에에 정착한 튀니지 출신의 젊은 부부는 황홀경에 빠졌다. 그를 알게 된 지 1년 만인 2001년 9월 9일, 압데사테르 다만은 지극히 행복해 보이던 그 얼굴을 기억하며 기자로 위장을 하고 아프가니스탄 북동부 지방에서 카메라 속에 감추었던 폭탄을 이용해 자살폭탄 테러를 벌였다. 이 테러에서 10년 이상 탈레반에 저항해 온 '판지셰르의 사자' 아흐마드 샤 마수드 장군이 목숨을 잃었다.

한 달 후, 얼굴 표정 하나로 그토록 맹목적인 열정을 불러일으킨 장본인의 모습이 전 세계 텔레비전 뉴스에 연이어 나타났다. 애매한 태도로 3주를 보낸 이후, 오사마 빈 라덴은 9월 11일 미국을 강타한 테러를 지시한 사람이 바로 자신이라고 밝히는 동시에 서방에 대항하는 전쟁을 다시 한 번 부르짖었다. 이제 서방 문명에서 그는 광신과 두려움과 비이성의 표상이었다. 거의 무명이었던 44세의 그가 몇 달 만에 세상 사람들이 가장 주목하는 인물이자 불가사의한 존재인 동시에 모든 맹신의 구심점이 되었다. 2001년 10월, 압데사테르 다만과 그의 아내에게 나타났던 증세는 세계 도처의 여자들에게 번져갔다. 중동에 대한 미국의 영향력을 제거한다는 목적의 성전(聖戰)에 동참한 것은 아니었으나 많은 여자들이 흰옷을 입은 그의 깊고 흔들리지 않는 눈에 압도되었다. 오사마에게 열광한 여자들이 과연 몇 명이었는지 헤아리기는 힘들다.

그해 말부터 '오사마의 어머니'라는 뜻의 여성자폭부대 '움 오사마'는 가장 명예롭고 인기 높은 별명이 되었다. 헤이그의 이슬람 조직 호프스타드에 소속된 젊은 여자들은 그 별명에 열광했다. "그가 텔레비전에 나온 이후로, 모두가 움 오사마라고 불리고 싶어 했다."[2] 그들 중 한 명이 이렇게 전했다. 서구에 정착한 젊은 여자들은 경쟁적으로 빈 라덴의 결연한 금속성 목소리와 미소 띤 얼굴에서 로맨틱한 면을 찾았다.

"컴퓨터 바탕화면에 빈 라덴의 사진을 올렸다." 그의 매력에 사로잡힌 한 십대 소녀의 고백이다. "부모님도 그에 관한 비디오를 보거나 방에 사진을 붙이는 것에 대해 반대하지 않으셨다. 감출 필요가 없었다."[3] 초등학교 여교사라고 밝힌 다른 여자는 또 이렇게 전했다. 그에게 매료된 여자들은 새로운 지도자의 목소리가 녹음된 카세트테이프를 돌려가며 들었고 그의 확

‘오사마의 어머니’ 라는 뜻의 여성자폭부대 ‘움 오사마’ 는 가장 명예롭고 인기 높은 별명이 되었다.
헤이그의 이슬람 조직 호프스타드에 소속된 젊은 여자들은 그 별명에 열광했다.

고한 태도와 흔들리지 않는 눈빛에 대해 의견을 나누었다. 빈 라덴을 거의 신적인 존재이자 구원자로 받아들이는 사람들도 있었다.

그러나 오사마가 '빈 라덴'이 되기 훨씬 이전에 한 여자가 이미 그의 장점을 알아보았다. 사우디 출신의 젊은 오사마를 죽을 때까지 사랑하겠다고 맹세할 당시 나지와 가넴은 아직 십대 소녀에 불과했다. "그를 볼 때마다, 나의 두 눈은 그가 완벽한 이미지의 남자라고 내게 말하곤 했다."[4]

시리아에서의 바캉스

1966년 여름, 라타키야.

여름이면 늘 그랬듯이 가넴 가족은 제다에서 오는 사촌들을 맞을 준비로 바빴다. 요리를 잘 하는 안주인은 아들 셋, 딸 둘 때문에 무척 바빴지만 시누이의 도착에 맞추어 모든 것이 완벽하게 준비될 수 있도록 신경을 쓰는 동시에 이집트 콩 퓌레, 향신료를 넣은 후무스 등의 음식을 장만했고 정원에서 토마토와 오이, 가지를 따다가 미리 박하, 호두를 뿌려 놓았다.

보수적인 그녀는 언제나 베일로 머리를 가리고 발목까지 오는 옷으로 몸을 감추었다. 시누이인 알리아는 시리아에서의 휴가를 기회로 최신 유행의 옷을 입었다. 정숙해 보이는 우아한 드레스에 가벼운 베일을 맞추어 둘렀다. 이렇게 유행하는 차림을 한 그녀는 산이나 바다로 떠나는 가족 소풍을 계획했다. 가넴 집안의 딸로 여덟 살이 된 나지와는 해마다 여름이 되면 기다리던 한 살 많은 사촌오빠 오사마를 다시 만났다. 아이들은 신이 나서 해변을 뛰어다니거나 숨바꼭질을 하거나 그네를 탔다. 오사마는 즙이 많은 포도를 따서 사촌여동생에게 주었다. 갓 따낸 신선한 과일을 먹게 해주려는 친절한 배려였다. 그들은 열매가 촘촘히 달린 수풀 속에 손을 넣고 햇볕을 잔뜩 머금은 과일을 찾았다. 오사마는 또 사촌여동생이 단맛이 강한 동그란 사과가 매달린 사과나무 위로 올라갈 수 있도록 도와주기도 했다.

'작은 코트다쥐르'라는 별명이 붙은 작은 항구마을에는 지중해의 미풍이 불어왔다. 그곳에서 아이들은 저녁 시간이 다 되도록 즐겁게 놀았다. 나지와는 공부를 열심히 하는 학생인 동시에 테니스 선수였다. 그녀는 점프를 할 때 다리가 드러나지 않도록 긴 옷을 입은 채로 남학생들에 못지않은 강한 서비스를 하기 위해 몇 시간 동안 쉬지 않고 연습을 했다. 테니스 연습을 하지 않을 때면 인물화나 풍경화를 그렸고 도자기를 가지고 방을 장식했다. 오빠인 나지는 여동생이 세계적으로 유명한 화가가 될 것이라고 말했다. 예술 애호가였던 가넴 가족은 예술에 대해 개방적이었다. 딸들 중 한 명은 기타를 연주했고 나지는 나지와에게 아코디언을 선물했다. 사우디아라비아에 사는 사촌의 차분하고 부드럽고도 친절한 태도는 곧 그녀의 감수성을 자극했다. "툭하면 나를 놀려대며 소란을 피우는 남자형제들과 함께 지내던 나에게 그는 광명이었다."

나지와의 다른 오빠 솔리만은 이렇게 회상했다. "오사마는 자연을 무척 좋아했다! 자연 속에서 수영을 하거나 동물을 잡거나 말을 타는 것을 정말로 좋아했다."[5] 그러나 사우디아라비아의 사촌에게는 대담한 면이 있었다. 어느 날 아침, 그는 나지와 함께 아이들끼리만 먼 길을 가서는 안 된다는 가족의 금기를 깨고 수도 다마스쿠스에 다녀오기로 결심했다. 오래 걷는 것을 그 무엇보다 좋아했던 오사마는 동행한 나지와 사촌들을 격려해 깡패들이 나타나는 다마스쿠스의 오솔길을 빠른 걸음으로 지나갔다. 그러나 얼마 지나지 않아 아이들은 지쳐 버리고 말았다. 피곤한 데다가 배까지 고픈 그들의 눈앞에 신의 은총같이 사과나무 한 그루가 나타났다. 나지는 오사마에게 망을 보게 하고 나무 위로 올라갔다. 그는 사촌이 자기 것이 아닌 나무열매를 따지 않으리라는 사실을 잘 알았다. 보초를 서던 오사마는 화가 잔뜩 난 남자들이 혁대를 휘두르며 자신을 향해 달려오는 것을 보았다. 도망을 칠 시간이 없었기 때문에 소년들은 나무에서 내려와 꼼짝없이 설교를 들어야 했다. 나지는 나무에서 내려오며 사촌에게 소리를 쳤다. "도망쳐! 최대한 빨리 뛰란 말이야!"

고모가 장남인 오사마를 자신의 눈동자처럼 아낀다는 것을 잘 아는 나지는 사촌이 매를 맞게 내버려 둘 수 없었다. 그러나 그는 곧 남자들에게 붙잡혀 벌을 받았다. "남자가 오사마의 팔을 세게 물어 상처가 났다." 오사마는 사촌들을 구하기 위해 화가 난 남자들과 당당히 맞섰다. "난 시리아 사람이 아니에요. 날 조용히 보내주는 것이 좋을 겁니다. 난 외국에서 온 손님이에요. 나를 때리고는 무사하지 못할걸요." 아홉 살짜리 소년의 입에서 나온 그 말이 얼마나 효과가 있었는지는 상상에 맡기겠다. 그러나 그날 밤 집에 돌아온 오빠가 숨을 헐떡이며 들려준 이야기는 여덟 살짜리 소녀에게 깊은 인상을 남겼다. "오사마의 눈빛이 남자들의 태도를 바꾸었다고 했다. 그들이 혁대를 내려놓았던 것이다." 그녀는 감탄 섞인 어조로 이렇게 전했다.

마음속에 일어난 예기치 않은 감정의 정체를 알아차리기에는 너무 어렸던 나지와였지만, 그녀의 눈에 예민한 동시에 용감했던 오사마는 말을 타고 나타난 동양의 기사로 보였다. "왠지 모르게 나는 우리의 관계가 특별하다고 느꼈다. 오사마는 나에게 아무 말도 하지 않았으나 내가 그가 있는 방에 들어갈 때마다 그의 반짝이는 갈색 눈이 기쁨으로 빛났다. 그가 나를 주목할 때마다 나는 흥분으로 몸을 떨었다."

빈 라덴 가문의 아들들은 결혼보다는 공부를 생각할 나이였다. 그들 대부분은 베이루트의 명망 높은 교육기관인 브루마나 학교에 다녔다. 19세기 중반, 신교 선교사가 창립한 브루마나 학교는 리비아의 왕 이드리스나 레바논의 에밀 라후드 대통령, 혹은 사우드 가문의 상속자들과 같은 중동의 명문가 자제들이 다니는 학교였다. 남녀공학으로 서양식 교육을 추구하는 그 학교는 빈 라덴 가문의 자제들에게 수준 높은 교육을 제공했으나 플레이보이였던 그들은 레바논의 수도 베이루트의 향락적인 생활에 빠져들었다. 학교 앞에 음반가게를 열면서 대중음악문화를 제공해주었던 전직 체육교사는 '빈 라덴 파이브'를 이렇게 회상했다. "그들은 언더그라운드 음악을 무척 좋아했다. 특히 비틀스, 시카고, 지미 헨드릭스와 믹 재거를 즐겨들었다."[6] 가끔은 자동차를 타고 베이루트의 극장으로 몰려가 문화적인 허기를 채우기도 했다. "아랍 영화가 아닌 엘비스 프레슬리, 브루스 리가 출연하는 영화를 즐겨보았다." 영화 속에서 마음에 드는 자동차를 발견하면, 그들은 친구들과 함께 비행기를 타고 미국으로 날아가 그 차를 구입하곤 했다.

폭이 넓은 바지, 배꼽이 드러날 정도로 단추를 풀어헤친 꽃무늬 셔츠, 흑인 머리스타일은 필수였다. 욕망과 돈을 바탕으로, 그들은 베이루트의 밤을 색색으로 물들이며 최고의 인기를 누렸다. "그들은 정말 이국적이었다."[7] 오사마의 형이 사귀던 영국인 설리 바우만은 이렇게 회상했다. 빈 라덴가의 형제들 중 몇 명은 실제로 학교에서 만난 유럽 여학생들과 연애를 했다.

1966년 말, 형들과 같은 학교에 다니기 시작하면서부터 오사마는 공부에 심취했고 집안 사람들과는 거의 어울리지 않았다. "일등은 아니었지만 중간 정도의 성적을 받아왔다." 그의 어머니는 이렇게 회상했다. 서양 음악에 관심이 없었던 그의 유일한 즐거움은 극장에서 카우보이와 가라테 영화를 보는 것이었다.[8] 그러나 갑작스러운 아버지의 죽음으로 오사마는 세속적인 즐거움에서 완전히 멀어지고 만다.

1967년 9월 3일, 그의 아버지 무함마드 빈 라덴을 태운 경비행기가 추락했다. 가족들의 충격은 어마어마하게 컸다. 무함마드 빈 라덴은 사우디 국왕 압드 알 아지즈 이븐 사우드와의 특별한 친분 덕분에 사우디아라비아에서 가장 영향력 있는 인물 중 한 사람으로 자리 잡으며 막대한 부를 축적했다. 그는 예멘에서 젊은 나이에 사우디아라비아로 이주해 제다 항구에서 벽돌공으로 일하며 돈을 벌었다. 점점 더 큰 책임을 맡아오던 그는 1930년, 마침내 자신의 이름을 딴 건설 회사를 차렸고 세계에서 가장 큰 유전을 보유한 사우디의 굵직한 공사를 도맡았다. 친구이자 보호자인 국왕 압드 알 아지즈처럼, 그는 많은 사람들을 거느렸고 여러 조직을 이끌었다. 정확하게 조사되지는 않았으나 그의 아내는 20여 명, 자식은 55여 명 이상인 것으로 알려졌다. 무함마드 빈 라덴은 자신의 이름을 딴 제국을 건설했다. 그가 죽은 이후 관습에 따라 아들들은 각자 3억 3천만 달러의 유산을 받았고 딸들은 그 절반을 물려받았다.

부자의 인연은 아버지가 죽기 훨씬 전에 끝이 났다. 알리아는 외아들 오사마를 낳은 이후 이혼을 요구했다. "어머니는 오사마의 전부였다. 그는 어머니의 말에 순종하는 아들이었다." 지인인 할레드 바타르피는 이렇게 회상했다. 알리아는 아버지가 없는 아들에게 각별한 애정을 쏟았다. "내 아들은 수줍음을 많이 탔고 더없이 착했으며 순종적이었다. 그리고 늘 남을 도우려고 했다. 나는 아들에게 신을 두려워하는 동시에 사랑하고 가족과 이웃, 그리고 스승을 존경해야 한다고 가르치려고 노력했다."[9]

알리아는 첫 남편의 명령에 따라 빈 라덴 그룹의 고용인이었던 무함마드 알아타스와 재혼했다. 친절한 남편이자 좋은 아버지로서의 역할을 다했지만 오사마가 보기에 새아버지는 막강한 친아버지를 대신할 수는 없었다. 오히려 그는 외가인 가넴 가족에게서 위안을 찾았다. 2년 동안 그는 초등학교 한 학년이 끝날 때마다 라타키아에서 방학을 보냈다. 오사마를 가르쳤던 영어 선생은 그가 "늘 혼자 있기를 좋아하던" 학생이었으며 "아버지의 죽음으로 크게 타격을 받았다"고 기억했다.[10] 나지와는 열 살밖에 되지 않은 어린 소년의 변화를 목격했다. "원래 내성적이고 말을 아꼈던 그가 더 말을 하지 않게 되었다. 몇 년 동안, 오사마는 그 사건에 대해 거의 이야기를 하지 않았다." 나지와의 오빠 솔리만은 오사마가 우울한 기분에서 벗어날 수 있도록 도와주기 위해 종교 교육을 받으라고 권했다. "오사마는 커서 아버지의 사업을 물려받고 싶다고 말하곤 했고 어서 일을 시작하고 싶어 초조해하는 모습을 보였다."[11]

십대에 접어들면서 나지와는 사촌에게 즐거움을 선사하는 방법을 찾아냈다. 어머니의 뜻을 거역해 가며 전통의상보다는 화려한 색깔의 현대적인 옷을 즐겨 입었던 것이다. 오사마가 돌아오는 여름이면 그녀는 팔을 덮는 상의와 발목까지 내려오는 치마를 벗어던졌고 마침내는 머리를 덮는 베일을 거부하기에 이르렀다. "오사마와 결혼할 생각에 심장이 떨렸다. 어른들의 삶에 대해서는 아는 것이 거의 없었지만, 그의 외모에서부터 부드러운 태도, 그리고 강직한 성격에 이르기까지 그의 모든 것이 좋았다."[12] 그러나 오사마는 침묵을 지킬 뿐이었다. "우리는 한 번도 우리의 감정 혹은 결혼에 대해 터놓고 이야기하거나 분명한 의사를 밝혀본 적이 없었다."

해가 거듭되어도 상황은 마찬가지였다. 오사마의 수줍음 때문에 나지와가 소원하는 결혼은 성사되지 않았다. 마침내 그는 우물쭈물하며 그녀에게 말을 걸어왔다. "그의 부드러운 눈길 속에 내 두 눈을 고정시켰던 것이 기억난다. 마음속으로는 그가 '베일을 쓴 처녀'처럼 부끄러워한다는 생각을 했다." 오사마는 라타키아에서 평화와 안정을 찾아가는 것 같았다. 그는 외삼촌 집 근처의 호수 중간에 떠 있는 작은 섬을 자주 찾았다. 그는 그 오아시스를 무척 마음에 들어 했다. "이 섬을 사서 여기에서 살 수 있을까?" 어느 날 그는 솔리만에게 이렇게 물었다.

오사마와 나지와의 결혼을 공식화해야 할 순간이 다가왔다. 1973년, 열네 살이 되면서 나지와는 혼기에 이르렀다. 알리아는 자신의 아들과 오빠의 딸이 결혼을 한다는 것에 크게 기뻐했으나 나지와의 어머니는 반대 의견을 내놓았다. "제발 이 결혼 신청을 받아들이지 말아라. 나는 널 가까이에 두고 싶단다. 만일 네가 사우디아라비아로 떠난다면 집에 자주 오지 못할 게 아니냐." 그녀는 딸에게 간청했다. 나지와는 어머니의 말이 옳다는 것을 잘 알았다. 그리고 오사마의 아내가 되면 온몸을 감추는 긴 옷을 입고 사우디아라비아 여자들이 쓰는 베일인 니캅을 써야 하며 집에 틀어박혀 살아야 한다는 것도 잘 알고 있었다. "어머니, 이건 내 인생이고 결정은 내가 해요. 나는 오사마를 사랑해요. 그와 결혼하겠어요."

1974년, 라타키아에서는 성대한 결혼식이 열렸다. "나의 하얀색 웨딩드레스는 우아했고 머리도 최신 유행을 따라 꾸몄다. 내가 그렇게 예뻤던 적이 없었다. 나는 내 모습이 미래의 남편의 마음에 들기를 간절히 바랐다." 가넴 가족이 사는 수수한 저택에서는 평소 오사마의 성품 그대로 조용한 예식이 거행되었다. 여자들과 남자들이 방을 한 쪽씩 차지하고 구운 고기와 빻은 밀, 그리고 포도 잎사귀로 차린 전통 음식을 대접받았다. "후식도 여러 가지가 있었으나 나는 배가 고프지 않아서 조금밖에 먹지 않았다. 저녁 내내 나는 꿈을 꾸고 있는 기분이었다. 사랑하는 남자와 결혼을 하다니."

그러나 어린 신부는 흥분한 기색을 내보일 수 없었다. 즐겁거나 기쁜 마음을 드러내는 것은 금기였다. 악사들은 악기를 정리해 달라는 부탁을 받았고 손님들도 가락에 맞추어 움직이는 발을 멈추었다. 웃음도 자제해야 했다. "시리아에서는 보통 화려한 결혼식을 올리지만 우리는 검소한 결혼식을 올리기로 했다. (……) 오사마의 얼굴 표정에서 내가 그의 마음에 들었고 나의 선택이 그가 바라던 바였음을 알 수 있었기 때문에 나는 행복했다."

신랑의 친한 친구들 때문에 결혼식은 낭만적일 수 없었다. 특히 할레드 바타르피가 훼방을 놓았다. 여자에 대한 본능적인 욕망이 자라나는 것을 느낀 오사마는 아직 십대 소년이었음에도 불구하고 그런 뜻밖의 갈망을 가장 적절하게 만족시킬 수 있는 방법은 결혼을 하는 것이라는 생각에 예식을 서둘렀다.[13] 결혼식을 올린 날 저녁에 두 사람은 한 몸이 되었다. 육체적인 이유로 오사마는 신부 곁을 오래 떠나 있을 수 없었으나 그는 제다로 돌아가 거의 일 년간 어머니의 집에 머물렀다. 나지와는 초조한 마음을 은근히 드러내는 오사마의 편지를 기다리며 몇 달을 보냈다. 오래전부터 짐을 꾸려놓은 그녀에게 마침내 좋은 소식이 전달되었다. 연말이 되기 전에 빈 라덴 집안 사람들이 그녀를 데리러 온다는 것이었다.

나지와는 조국과 가족을 떠나면서 양차 세계대전 사이에 시리아에 영향을 미쳤던 프랑스식 생활을 포기했다. "이제부터 자동차를 운전하거나 직업을 가질 기회를 포기하고 모든 것이 제한된 삶을 살아야 하겠지." 그녀는 현실을 직시했다. 며느리의 체면이 걱정되었던 알리아는 헐렁한 검은색 외투와 머리를 덮는 아바야 베일, 그리고 얼굴을 감추는 용도의 베일을 가져다주었다. 사우디아라비아행 비행기가 이륙하자마자, 나지와는 옷을 갈아입었다. "그날, 나는 처음으로 얼굴과 몸을 검은 베일로 가렸다. (……) 갑자기 숨이 막히는 것 같았고 비행기에서 내릴 때가 걱정이 되다 못해 공포에 사로잡혔다. 사람들을 헤치고 나갈 만큼 앞이 잘 보일까? (……) 그런 생각을 하며 오사마를 쳐다보았더니 그가 미소를 지었다. 복면을 사이에 두고 일상적인 대화를 하는 것이 너무나도 이상했지만, 남편은 굉장히 만족해했다."

다른 사우디아라비아 여자들과 섞이게 되자, 나지와는 갑갑하면서도 어색한 느낌을 받았다. 아바야 베일을 떨어뜨릴까봐 조심을 하면서 그녀는 갑자기 덫에 걸려 치즈 조각을 떨어뜨린 검은 새가 등장하는 우화를 떠올렸다. 베일을 쓴 여인들 속으로 내딛는 그녀의 첫 발걸음은 자신도 모르게 되뇌는 라퐁텐의 우화 구절과 박자를 맞추었다.

바다의 약혼녀

"내 평생 그렇게 많은 기중기를 본 적이 없었다." 당시 제다를 방문한 영국의 엘리자베스 2세 여왕은 이렇게 회상했다. 원유파동으로 푸른 바다는 하나의 대로로 변해 사우디아라비아 정부의 과도한 요구에 따라 물건을 실어 나르는 배들로 붐볐다. 성스러운 도시 메카로 향하는 순례자들이 드나들던 수수한 항구는 인구 백만 명의 거대 도시로 변모했다. 오사마는 사원과 고급상점이 즐비한 부촌 무쉬라프 지구에 위치한 어머니의 집에서 성장했다. 헌신적인 어머니 알리아는 신혼부부가 저택의 이층에 살림을 차릴 수 있도록 다소 어지러운 집안을 말끔하게 정리했다.

"나는 소중한 진주를 지키는 두꺼운 조개껍질처럼 당신을 보호하겠어." 오사마는 나지와에게 이렇게 단언하고 무엇보다 먼저 에티오피아 출신의 하녀를 비롯한 하인들을 고용했다. 테니스 라켓과 붓을 놓은 나지와는 정원에서 코란을 읽으며 시간을 보냈다. 경전에 대한 지식이 뛰어난 오사마는 선생 역할을 도맡았고 곧 어린 아내는 예언자 무함마드의 말씀을 막힘없이 인용하는 놀라운 기억력을 가진 남편을 존경하게 되었다. 하루하루는 기도의 박자에 맞추어 흘러갔고 젊은 부부는 그런 삶을 기쁘게 받아들였다.

얼마 지나지 않아 나지와는 오사마의 취향을 그대로 따랐다. 그가 가장 좋아하는 요리는 속을 채운 호박이었는데, 곧 그녀도 그 음식을 가장 좋아하게 되었다. "언니는 형부가 확신하는 모든 것을 그대로 믿었다."[14] 나지와의 여동생 레일라 가넴은 이렇게 회상했다. 빵 조금에 약간의 기름을 찍어 먹는 것만으로도 충분했으나 그녀는 긴 하루를 보낸 남편을 위해 영양가 있는 음식을 준비하려고 애를 썼다. 아직 고등학생이었던 오사마는 매일 아침 교복을 입고 사우디 국왕 파이잘이 창립한 명망 높은 알타게르 사범학교로 등교했다. 뿐만 아니라 무위도식하는 다른 형제들과는 달리 가족이 운영하는 회사에서도 중요한 임무를 맡아 18세의 나이에 처음으로 공사 프로젝트를 이끌기도 했다. 1976년 고등학교 졸업과 동시에 그는 제다에서 몇 시간 거리에 있는 곳에서 진행되는 공사 지휘를 맡았다. 보통 사막을 건너는 긴 여정을 피하기 위해 비행기를 타는 것이 일반적이었으나 오사마는 아버지의 목숨을 앗아간 사건 이후로 비행기라는 단어조차 듣고 싶지 않아했다. 대신 그는 이미 몇 대를 망가뜨린 적이 있는 최신형 스포츠카를 몰고 최고 속력 기록을 깼다. "걱정 마, 어렵지 않은 코스야. 아버지가 직접 공사 감독을 하신 도로니까 최고로 안전하다고."

집안 여자들은 차 한 잔을 앞에 두고 왕족들의 소식과 제멋대로인 세 형제의 이야기를 하며 대부분의 시간을 보냈다. 그날 저녁 그들이 무사히 집에 돌아올지의 여부가 집안에 틀어박힌 채 경전을 읽으며 마음을 가라앉히는 그 여인들의 최대 관심사였다. 그러나 신앙만으로는 걱정을 가라앉힐 수 없었고 당시의 유행에 관심사를 분산시켜야 할 필요가 있었다. 나지와는 몸소 디자이너가 되기로 했다. "늘 단순한 디자인의 옷들을 입어야 했지만 잡지들을 보면서 내가 좋아하는 스타일을 고르는 기쁨을 포기하지 않았다. 그렇게 고른 옷본을 종이 위에다 정성껏 그렸다." 그러나 필요한 재료의 조달이 쉽지 않았다. 혼자서 쇼핑을 할 자유가 없었던 그녀에게는 신중한 공모자가 필요했다. "예멘의 작은 마을에서 생의 대부분의 시간을 보낸 운전사에게 옷감의 무게와 색깔이 여자들에게 얼마나 중요한지 이해시키는 것은 절대로 만만한 일이 아니었다." 그러나 창작의 기쁨을 포기할 수는 없었다.

그보다는 어설프나마 운전사에게 심부름을 시키는 것이 나았다. '완벽한 아내'인 나지와의 하루는 오사마가 돌아오는 저녁때까지 이렇게 흘러갔다. 남편이 돌아올 즈음이면, 그녀는 서둘러 몸단장을 했고 두 사람은 저녁을 먹으며 서로 하루를 보낸 이야기를 나누었다.

결혼한 지 일 년 만에 나지와는 몸의 변화를 느꼈다. 17세의 나이에 그녀는 첫 아기를 가졌다. 오사마는 그 소식에 무척 기뻐하며 아기가 아들이기를 바랐다. 나지와 역시 공식적으로는 아들을 바라는 척했으나 마음속으로는 다른 소망을 품었다. "나는 예쁜 옷을 입히고 긴 머리를 땋아줄 수 있는 딸을 원했다." 오사마는 집에서 해산을 한다는 가문의 관례를 따르기로 했다. 그러나 첫 해산 당시 나지와는 너무나 심한 산통을 겪었고 아내가 아이를 낳다가 죽을까봐 피가 마르는 공포를 느낀 오사마는 새로운 규칙을 정했다. "앞으로 나지와는 병원에서 아이를 낳을 겁니다."

1976년, 압둘라 빈 라덴을 낳은 후 나지와는 곧 다시 임신을 했다. 몇 개월 뒤 둘째아들이 태어났다. 1979년에는 세 번째 아들이 태어나면서 빈 라덴 가문은 다시 한 번 경사를 맞았다. 곧 22세가 되는 젊은 아버지는 당시 킹 압둘아지즈 대학에서 경제학과 경영학을 공부하고 있었다. 건강한 세 아들, 사이 좋은 남편, 필요한 것은 뭐든 살 수 있는 돈. 나지와의 선택이 옳았음이 증명되었다. "나는 우리가 영원히 이렇게 행복했으면 하고 바랐다."

완벽한 결혼생활을 하는 것 같았으나, 그 이면에는 다른 현실이 숨겨져 있었다. 오사마의 형제들 중 한 명과 결혼한 스위스인 카르멘 빈 라덴은 나지와가 히스테리를 부렸다고 회상했다. 견디기 어려운 더위에 지친 큰아들이 울음을 그치지 않았다. "아기가 목이 말랐던 것 같다. 나지와는 작은 숟가락으로 아기에게 물을 떠먹이려고 했으나 그러기에는 아기가 너무 어렸다."[15] 카르멘은 딸아이가 젖병을 힘차게 빠는 모습을 가리키며 젖병으로 물을 먹여보라고 했다. 그러나 그녀는 눈물을 쏟으며 그 제안을 거절했다. "아기가 목이 마르지 않은 거예요." 시어머니 중 한 분이 오사마가 아들에게 젖병을 빨리지 말라고 했다는 말을 전해주었다. 나지와는 남편의 말을 거역할 수 없었던 것이다. 나지와는 어쩔 줄을 몰라 하며 아기를 안고 달랬다. 카르멘은 남편을 불러 오사마를 설득시켜 보라고 했으나 오사마의 생각을 바꾸는 것은 불가능했다.

빈 라덴 가문 여인들의 세계는 엄격한 체계가 잡혀 있었다. 오사마의 누이들 중에서 가장 열정적인 사람은 세이크하였다. "그녀는 여자 오사마라고 해도 과언이 아닐 정도로 그와 비슷했다." 카르멘은 이렇게 전했다. 대장격인 시누이와의 경쟁을 생각지도 못했던 나지와는 "어두운 옷을 입고 눈을 내리뜬 채 거의 존재감을 드러내지 못했다." 여자들의 모임이 있으면, 손님들은 문을 넘어서자마자 베일을 벗어던졌다. "누가 화장을 더 예쁘게 했는지, 가장 많은 보석을 걸쳤는지, 가장 비싼 디자이너의 옷을 입었는지 경쟁하는 자리였다." 카르멘은 또 이렇게 언급했다.

나지와의 순박한 디자인은 빈 라덴 집안의 여자들이 제다에 갑자기 들어선 쇼핑센터에서 열심히 사들인 옷들에 비하면 웃음거리가 될 만큼 하찮았다. "여자들끼리 모여 운전사가 운전하는 차를 타고 쇼핑센터에 가곤 했다. 서양에서 들어온 상품이 진열된 매장에서 우리는 입을 벌리고 감탄하며 마음속에서 우러나오는 기쁨의 탄성을 질렀다."[16] 동서들은 갑자기 인테리어 디자이너가 된 듯이 행동했다. "그들은 상스럽고 요란한 가구에 열광했다. (……) 가구들이 하나같이 번쩍거렸고 플라스틱 꽃으로 장식되어 있었다." 오사마가 곁에 있는 한, 일상생활에서의 어려움은 중요하지 않았다. 그는 곧 자신의 소중한 '진주'를 80킬로미터 떨어진 곳에 위치한 성스러운 도시 메카로 데리고 갔다. 전세계 사람들을 끌어들이는 메카의 전경을 본 젊은

아내는 크게 기뻐했고 오사마는 이런 신비로운 경험을 그녀와 함께 하는 것
에 대한 흥분을 감추지 않았다. "나는 성스러운 땅을 발로 밟으며 꿈속에서
처럼 어른거리는 신전을 향해 걸었다."

1979년 : 판도라의 상자

오사마에게 메카 여행은 단순한 부부동반 여행이 아니었다. 1979년 초여
름, 정치계를 바라보는 그의 시각에 어떤 변화가 일어났다. 아라비아 반도
는 침략자들로부터 보호되어야 했다. "외부 세계에 대한 새롭고도 넓은 인
식이 그의 정신을 차지하기 시작했다는 것을 깨달았다." 날이 갈수록 그는
국제 정세를 점점 더 안타까워했다.

1월에 접어들면서 오사마 빈 라덴의 운명에 아주 무겁게 작용할 일련의
사건들이 일어났다. 그해 초, 몇 달 동안 계속된 게릴라 운동 끝에 이란의 샤
가 왕좌에서 내려왔고 이맘 호메이니가 이끄는 저항세력의 압력을 견디다
못해 국외로 도피하는 사건이 있었다. 오사마는 한창 진행 중인 이슬람 혁
명을 반신반의하면서도 페르시아를 종교적으로 '옳은 길'로 이끄는 그 운
동을 반겼다. 사우드 국왕의 왕자들은 협박을 받고 두려움에 몸을 떨었다.
미국을 비롯한 서방 강대국들과의 교섭에 호의적인 그들의 체제 때문에 왕
족들은 이슬람주의 지지파들의 목표가 되었다. 왕국 내 거리에서 이슬람 혁
명의 기운이 솟구치자 왕족들은 국민들의 의견에 찬성한다는 뜻을 내비치
며 시간을 벌었다. 제다의 시장에는 적절치 못한 옷을 입은 자는 벌을 받을
것임을 경고하는 포스터가 나붙었다. 종교 경찰 '무타와'가 곤봉을 휘두르
며 정숙하지 못한 여인들을 단속했다. 여자들의 피부를 조금이라도 더 가리
기 위해 긴 옷에 불투명한 검은 스타킹이 추가되었다. 그러나 빈 라덴 집안

의 여자들은 그런 운동을 소극적으로 따르는 것만으로는 만족할 수 없었다. "집안에는 나지와와 시누이 라파, 세이크하를 따라 장갑까지 끼는 여자들이 많아졌다." 카르멘의 기록이다. 갑자기 사우디아라비아 내에서 인형, 술, 오디오가 사라지더니 밀수품으로 유통되었다. 종교 경찰 무타와는 가정집에 쳐들어가 신에 대한 모독을 상징하는 물건들을 때려 부수고 집주인들을 감옥에 가두었다. 빈 라덴 가문의 여자들은 저택의 담장 뒤에서 이러한 변화가 바람직한 것이라며 고개를 끄덕였다. "그들은 무타와가 명예롭고 정의롭게 맡은 바 임무를 다하고 있다고 생각했다. 종교는 아무리 엄격해도 지나치지 않다고 믿었다." 나지와보다 다섯 살 아래인 여동생 레일라는 언니의 변화에 대해 회상했다. "언니는 내 생활방식을 좋아하지 않았다. 나는 베일을 쓰지 않았는데, 그것도 언니는 탐탁지 않아 했다. 매번 베일을 쓰라고 나를 설득하려고 했다."[17] 어느 날, 카르멘은 대화 도중 독실한 라파에게 질문을 던졌다. 남자들은 여자의 얼굴을 쳐다보기만 해도 죄를 저지를 만큼 약하고 육체에 집착하는가? 대답은 짧았다. "라파는 내가 마치 외국어를 하고 있다는 표정으로 나를 쳐다보았다."

그러한 운동에 열중한 오사마는 어느 날 저녁 나지와에게 선언했다. "나지와, 우린 미국으로 갈 거야." 그렇게 젊은 부부와 아이들은 인디애나 주에 도착했고 그곳에서 아직 이름조차 모르는 어떤 남자를 만나야 했다. 압둘라 아잠은 이슬람 세계와 서방 세계 사이의 극단적인 대립이 불가피하다고 확신하는 팔레스타인 출신의 신학자였다. 특히 그는 이스라엘의 팔레스타인 점거에 반대하는 군사 작전을 펼치는 동시에 야세르 아라파트의 측근으로 활동하며 유명해졌다. 그러나 아잠은 아라파트의 민족 해방 사회주의 철학을 따르는 대신, 식민지화로 물려받은 이슬람 세계의 지도를 바꾸고 부패한 속세의 정부를 일소할 범회교주의적, 초국가적 운동 사상을 발전시켰다.

이런 사상들과는 거리가 먼 나지와는 여행 도중 몸이 아파진 아이 때문에 걱정이 많았다. 인디애나폴리스에서 의사를 찾아가야 했다. "다행히도 친절한 의사가 곧 아이 상태가 괜찮아질 것이라고 안심시켜 주었다." 인디애나폴리스에서 함께 일주일을 보낸 후, 오사마는 나지와와 아이들을 친구에게 부탁하고 꼬박 7일 동안 로스앤젤레스에 다녀왔다. "잠깐 동안이었지만, 나는 미국인들이 친절하고 상냥하다는 느낌을 받았다. 서로의 관계도 솔직하고 다정해 보였다." 그녀는 더 놀라운 지적을 했다. "오사마와 내가 미국을 특히 좋아하지는 않지만, 그렇다고 그 나라를 증오하는 것은 아니다." 그러나 한 사건이 이들 부부의 미국에 대한 미적지근한 태도에 찬물을 끼얹었다. 미국을 떠나던 때, 공항에서 어떤 무례한 남자가 나지와의 앞에서 얼쩡거렸다. 몸 전체를 베일로 가린 여자를 처음 본 그 남자는 놀라움에 입을 떡 벌리고 나지와를 샅샅이 훑어보았다. "남편이 어떤 생각을 하고 있을까 궁금해서 그의 얼굴을 흘깃 쳐다보았다. 오사마는 낯선 남자를 유심히 관찰하고 있었다." 오사마의 친구 할레드 바타르피는 그 성가신 남자를 시작으로 여러 명이 오사마 가족의 사진을 찍었다고 전했다.[18] 그러나 오사마의 반응은 뜻밖이었다. 그는 화를 내는 대신 무례한 남자의 행동을 재미있어하며 아내와 이야기를 나누었다.

1979년에 사우디아라비아에서 보다 극적인 사건이 일어났다. 세 명의 아기들을 돌보느라 힘든 가운데에서도 나지와는 "그해, 담 너머에서 일어나는 일들에 관심을 기울였다." 11월은 이란으로부터 전파된 혁명이 돌이킬 수 없는 지점에 다다른 시점이었다.

11월 20일 아침, 메카의 알하람 사원. 무장한 수백 명의 사람이 중동 최대의 종교건물을 점거했다. 매년 수만 명의 순례자들을 맞아들이는 그 사원은 보수 공사 중이었다. 공사는 사우디 왕국 최고의 건축회사를 운영하는 빈 라덴 일가에게 맡겨졌다. 오천여 명의 사람들이 회교원년 1400년의 첫날을 축하하려고 모였을 때 테러리스트들이 관 속에 감추어 두었던 소총을 꺼냈다. 메카에서는 무기소지와 유혈사태가 엄격하게 금지되었으나 테러리스트들은 요구사항을 주장하기도 전에 관리원 한 명을 사살했다. 이 신성모독적인 사건으로 사우드 국왕의 추종자들과 극단적 보수주의자들은 2주간 대립했다. 극단적 보수주의자들은 '사치와 방종으로 부패했을 뿐더러 급진적 서구화를 추구하는 정치로 사우디 문화를 파괴한' 왕권의 폐지를 주장했다.

수차례 인질 석방을 시도하면서 백여 명의 사망자를 낸 끝에, 사우드 국왕의 추종자들은 패배를 인정했다. 주변 국가들로부터 무시당할 위험이 있었음에도 불구하고 그들은 미국의 도움을 요청하지 않을 수 없었다. 그러나 카터 대통령은 그들의 요청을 묵살했다. 곧 프랑스 엘리제궁의 전화벨이 울렸다. 지스카르 데스탱 대통령은 즉시 새로 훈련한 GIGN(위험한 작전 전문 특별 헌병) 세 명을 파견했다. 첫 번째 공격에 실패한 후, 인질범들은 지하로 내려가 아무도 내부구조를 알지 못하는 지하묘지로 몸을 피했다. 어쩌면 사원 보수공사 담당자가 평면도를 가지고 있을지도 몰랐다. 현장에 도착한 특별 헌병대원들은 당황한 사령관들과 군인들 중 한 명이 사원의 벽 앞에서 소리치는 모습을 목격했다. "빈 라덴은 어디에 있지? 빈 라덴을 찾아와!"[19]

오사마의 맏형이자 아버지의 사망 이후 가장 역할을 해 온 살렘 빈 라덴은 도면 제출을 요구받았다. 사우디아라비아 병사들은 프랑스 헌병과 함께 참호로 사용할 만한 곳을 조사해 숨어 있던 자들을 찾아냈다. 250명의 희생자를 낸 끝에 마침내 그들은 인질범들을 소탕할 수 있었다. 생존한 62명의 테러리스트들은 참수형을 당했다. 당시 오사마는 모든 폭력에 반대하는 내성적인 젊은이였고 대결 구도도 되도록 피하려고 애쓰는 사람이었다. 어느 날엔가는 축구경기를 하던 중, 한 청년이 싸울 기세로 오사마에게 덤벼들자 친구 할레드 바타르피가 상대방 젊은이에게 달려들어 그를 거칠게 밀어냈다. 오사마는 친구를 비난했다. "네가 몇 분만 기다렸으면 내가 문제를 평화적으로 해결했을 텐데."[20]

그는 인질범들보다 인질석방을 위해 투입된 군인들에 대해 분노했다. "총을 쏘지 않고도 문제를 해결할 수 있었다. (상대의 무기는) 보잘것없었고 여분의 총알도 거의 없었다. 게다가 포위되었지 않은가." 특히 그는 파드 왕세자에게 책임을 돌렸다. "고집을 부려 테러리스트들을 무력으로 공격하는 통에 사원 바닥에 불도저와 방탄차량 자국이 남게 되었다."[21] 종말론적인 그 광경은 젊은 오사마의 뇌리에서 지워지지 않았다. "모든 사람들이 탱크 발포 후 검은색으로 뒤덮인 사원의 첨탑을 기억하고 있다." 수백 명에 이르는 신자들의 죽음에 대한 책임이 왕족들에게 있다는 생각에 적개심을 갖기 시작했을 때, 또 다른 사건이 일어나 나지와를 보호하던 사방의 벽을 무너뜨리고 말았다. 다음 달인 12월, 소련이 카불에 정착한 공산주의 체제를 지원하며 아프가니스탄을 침략했다. 공격 초반부터 오사마는 계속 아프가니스탄 전장의 소식을 알아보려고 애썼다. 뿐만 아니라 항상 걱정에 사로잡혀 있게 되었고 예민해졌으며 잠을 이루지 못했다. "저 먼 나라에서 무슨 일이 일어나고 있는지는 알 수 없었지만 그 일은 남편에게 정말로 큰 영향을 미치고 있었다."

나지와와 오사마에게는 암암리에 동의한 사항이 있었다. 남편에게 절대로 정치에 관한 질문을 하지 않는다는 것. 그러나 오사마가 정신을 차리지 못하는 이번만큼은 용기를 내어 그 묵계를 깨야 했다. "남편은 무슬림 여인들과 아이들이 감옥에 갇히고 고문을 당한다는 이야기에 정신적인 동요를 일으킨 것이었다." 그대로 있을 수는 없었다. 빈 라덴은 가족들을 설득해 기금을 마련했다. 여동생 세이크하도 그를 도왔다. 저녁마다 나지와는 내면에서 타오르는 불로 괴로워하는 오사마의 그림자를 볼 수 있을 뿐이었다. "아프가니스탄 전쟁은 남편의 삶을 독점하기 시작했다." 그는 수많은 반란자들이 모이는 파키스탄으로 갈 계획을 세웠다. 영원히 나지와를 보호하겠다고 약속했던 그가 이제는 음식과 약품과 무기를 구입해 파키스탄에서 빌린 트럭에 싣고 전투원들에게 나누어 주는 일에 헌신했다.

아프가니스탄 인들의 편에 선 압둘라 아잠은 오사마에게 반공산주의 저항세력의 후방 주둔지인 아프가니스탄과 파키스탄 국경 지대의 페샤와르로 합류하라고 종용했다. 그의 머릿속은 가정이나 아이들과 전혀 상관없는 걱정으로 가득했으며 그것은 나지와가 개입할 문제가 아니었다. 그녀는 지극히 개인적인 이유로 아프가니스탄 전투를 지지했다. "남편이 집으로 돌아와 이전과 같은 삶을 계속할 수 있도록 하기 위해서." 그러나 3개월 예정으로 나라를 떠나기 전, 오사마는 가족들이 최고의 조건에서 생활할 수 있도록 조치를 취했다. 그는 나지와를 위해 제다의 어머니 집 근처에 아파트 12채로 구성된 석재 건물을 구입했다. "나는 우선 그 방대한 규모에 놀랐고 아무리 열심히 아기를 낳아도 그 건물을 가득 채울 수는 없겠다는 생각을 했다." 아무런 장식이 없는 텅 빈 방들은 앞으로의 외로움을 예견해주는 것 같았다. 전통적인 페르시아산 카펫 몇 장과 벽에 일렬로 기대어 놓은 쿠션 몇 개가 썰렁한 새집에서 그녀를 맞아주었다. 실망이 되는 동시에 걱정이 밀려왔으나 그녀는 그런 기분을 억누르려고 애썼다. "나는 늘 우리 집을 가구로 예쁘게 꾸미고 싶었으나 오사마가 언제 파키스탄에서 돌아올지는 아무도 알 수 없었다." 거대한 건물은 결혼 초부터 그녀가 상상해 왔던 우아한 집이 결코 될 수 없었다. 오사마와 나지와는 평범한 생활로 되돌아갈 수 없었으며 그날 이후로 오사마는 고향에 머무는 시간보다 더 긴 시간을 아라비아반도 밖에서 보내기 시작했다.

소중한 사람과 멀리 떨어지게 된 고통은 나지와만의 것이 아니었다. 아들의 급격한 변화 때문에 오사마의 어머니 알리아는 고문에 가까운 고통을 겪었다. 전투원들을 지원하겠다는 단순한 임무를 띠고 떠났던 오사마는 현장에서 직접 전투에 참여하기로 결심했다. "이미 몸이 좋지 않았던 오사마 어머니의 상태가 더 나빠졌다. 이어 러시아아인들이 무자헤딘(이슬람 해방 전사)에게 가스를 살포한다는 이야기가 전해졌다. 그때부터 오사마의 어머니는 쉬지 않고 텔레비전을 보고 라디오를 들으며 혹시라도 좋지 않은 소식을 접할까봐 걱정했다."[22] 오사마의 친구 할레드 바타르피가 전한 말이다. 몇 주 동안 걱정에 걱정을 하던 알리아는 직접 나서기로 했다. "언니의 시어머니는 형부를 만류하며 사우디아라비아로 돌아오라고 했으나 형부는 그 말을 듣지 않았다. 형부의 결심이 굳고 절대 단념하지 않으리라는 것을 깨달은 그녀는 '신께서 보호해주시기를' 이라고 말했다."[23]

남편이 전장에 나가 있는 동안, 나지와는 몸 안에 또다시 새로운 생명이 자라나고 있음을 느꼈다. 그를 집으로 돌아오게 할 수 있을지도 모른다는 생각에 그녀는 어렵게 남편에게 좋은 소식과 함께 출산예정일을 알렸다. "오사마에게 병원에 간다고 말하자, 그는 마치 우리가 첫 아기를 가지기라도 한 것처럼 흥분했다. 남편은 특별한 임무를 띠고 집에 돌아왔다. 나를 자동차에 태워 부크샨 병원으로 데려가 주었다." 그는 약속을 저버리지 않았다. 힘든 출산이었지만 그는 아내의 곁을 지켰고 나지와는 1980년대 초반 몇 년 동안 '세상에서 가장 행복한 여자' 라는 느낌을 받을 수 있었다. 오사마 역시 넷째아들의 탄생에 크게 기뻐하며 아이에게 오마르라는 이름을 지어주었다. 그리고 아내에게 아이들의 탄생은 축복이라는 말을 여러 번 반복했다. 그러나 그 작은 에덴동산의 황홀함은 아프가니스탄의 산에서 전투를 벌일 그를 만족시킬 수 없었다.

네 아들과 함께 다시 외톨이로 남겨진 나지와는 기분전환을 할 방법이 없었다. 어느 날 막내아들의 머리가 금발이라는 사실을 깨달은 그녀는 딸아이를 키우고 싶은 욕구를 만족시킬 수 있는 가능성을 엿보았다. "나는 더 생각해 보지도 않고 아이의 머리를 땋기 시작했다. 그리고 남편의 멋진 머리 장신구로 아이를 꾸며주었다." 그녀의 내면은 허물어져 가고 있었고 증세는 날로 심각해졌다. "나는 오마르를 모델 삼아 여자아이의 옷을 지었다."

곧 그녀는 막내아들에게 예쁜 옷을 입힌 채 생활하기에 이르렀다. 나지와의 정신세계는 완전히 무너졌다. "오래지 않아 오마르를 위해 여자아이용 옷장을 만들어 주어야 했다." 그녀는 오마르가 아기이고 아무것도 기억하지 못하리라는 말로 자신을 합리화하려고 했다. 오사마가 집에 오지 않으니 문제 될 것은 아무것도 없었다. 그러나 파키스탄에서 한 달을 보낸 그가 예고도 없이 집으로 돌아왔다. 여자 옷을 입고 긴 머리를 땋아 내린 오마르가 아버지를 향해 아장아장 걸어왔다. "뱃속이 꽉 뭉치는 느낌이 들었다. 나는 남편의 얼굴에 눈을 고정한 채로 그의 반응을 기다렸다." 오사마는 신중한 사람이었다. 아무 말 없이 몸을 굽혀 아들을 살펴보더니 손가락으로 아이가 입은 옷과 머리를 만져 보았다. 그리고 주저하는 표정으로 아들과 아내를 번갈아 쳐다보았다. 옷을 만드는 아내의 재능을 칭찬하는 그의 반응은 정말 뜻밖이었다. 남편은 긴 손가락으로 아들아이가 입은 예쁜 원피스를 쓰다듬더니 차분하게 말을 하기 시작했다. "오마르, 여자애 옷을 입었구나. 하지만 넌 남자란다." 그리고 빗으로 오마르의 머리를 빗어주고는 "오마르, 여자아이처럼 머리를 꾸몄구나. 하지만 넌 남자란다." 남편을 한 번도 실망시키지 않았던 나지와의 마음속에서는 몇 초가 몇 시간처럼 흘렀다. "사실 나는 그 누구보다도 순종적인 아내였다." 그녀는 벌을 달게 받으리라고 결심했다. 그러나 빈 라덴은 목소리를 높이기는커녕 자신이 집을 비움으로써 아내가 심리적으로 허약해졌다는 사실을 인정했다. 그는 평소보다 더 부드러운 목소리로 아내를 현실로 이끌어오려고 애썼다. "나지와, 오마르는 남자아이야. 남자애 옷을 입히고 머리카락을 잘라 줘."

두려움에서 교훈을 얻은 그녀는 이후 정상적으로 행동했다. 최소한 남편이 집에 있는 동안만큼은. 그러나 그가 파키스탄으로 떠나자마자, 나지와의 증세는 다시 시작되었다. 치료는 예상보다 쉽지 않았다. 그녀는 다시 여자아이 옷에 집착하기 시작했다. "곱슬머리를 치렁치렁 기른 오마르에게 분홍색 원피스를 입히고 감탄을 하고 있는 중에 남편이 불쑥 들어왔다." 오사마는 아무 말도 하지 않았으나 그의 눈빛은 위협적이었다. "이번에는 요행을 바랄 수 없었다." 여자아이의 옷은 궤짝에 담아 딸이 태어날 때까지 보관하기로 결정되었다.

나지와는 다른 즐거움을 찾아야 했다. 시간을 죽이기 위해 텔레비전을 본다는 것은 있을 수 없는 일이었다. 오사마는 텔레비전 화면에 등장하는 이미지에 의해 가족들이 타락해서는 안 된다고 생각했다. 월트 디즈니의 만화영화도, 머핏 쇼도 금지되었고 뉴스를 볼 때에만 텔레비전 시청이 허락되었다. 의무적으로 뉴스를 보아야 했던 아이들은 광고가 나오며 다음 프로그램이 예고되면 즉시 소리를 낮추어야 했다.

그러나 한순간에 지루함은 사라지고 걱정이 그녀의 마음을 온통 차지하기 시작했다. 아프가니스탄에 다녀온 오사마의 전신에 흉터가 나 있었다. 그가 헬리콥터 운전을 배웠다고 고백한 이후 나지와는 일종의 긴장증 증세를 보이기 시작했다. 그녀가 더 질문을 하려고 했으나 남편의 명령이 떨어졌다. "나지와, 더 이상 아무것도 생각하지 마." 집을 자주 비우기는 했으나 오사마는 훌륭한 아버지였다. 기분이 좋을 때면 그는 아들들과 함께 앉아 전투 이야기를 들려주었다. 원래 진중한 그였지만 거인을 쳐다보듯 아버지를 바라보는 작은 아이들에게는 이야기를 더욱 흥미진진하게 들려주었다. 위험한 임무를 맡아 압둘라 아잠과 함께 무시무시한 소련의 헬리콥터가 쏘아대는 미사일을 피했던 에피소드도 들려주었다. 최후의 순간 산기슭의 동굴 하나를 발견했는데 그 안으로 몸을 피하자마자 포격으로 입구가 막히는 바람에 압둘라 아잠은 동굴 안에 갇혔다는 이야기였다. 그 대목에서 그는 아이들의 긴장이 고조될 수 있도록 질문을 던졌다. "그다음에 어떻게 되었는지 아니? 아버지는 기적을 보았단다. 신께서 두 번째 미사일을 보내 압둘라 아잠이 갇힌 동굴의 입구를 정확하게 명중시켰지. 마치 토목기사가 돌의 크기에 정확하게 맞춘 듯한 폭발이 일어나면서 입구가 열렸단다." 그는 추억에 잠기는 표정을 지으면서 고개를 끄덕였다. "압둘라 아잠이 신의 손길로 만들어진 바위틈으로 걸어 나왔어. 소풍을 가는 사람처럼 평온하게."

그러나 아내에 대한 오사마의 배려는 아이들에 대한 배려에 비기지 못했다. "나는 아버지가 할머니나 어머니나 누이들에게 소리치는 것을 한 번도 들어보지 못했고 여자를 때리는 모습도 본 적이 없다. 아버지는 아들들에게만 매를 드셨다." 오마르는 '부성애로 가득한' 낯선 남자에 대해 이렇게 회상했다. 집을 자주 비우는 아버지가 늘 그리웠던 막내 오마르는 오사마가 현관문을 넘어 집 안으로 들어오자마자 그의 곁을 맴돌며 장난을 치면서 관심을 끌었다.

오사마는 그런 종류의 장난에 대해 언제나 인장이 달린 지팡이로 답해주었다. 그리고 아들들이 성장해감에 따라 "조금이라도 말썽을 피울 때마다 나와 형들을 지팡이로 때리기 시작했다." 찌는 듯한 무더위에도 불구하고 에어컨과 냉장고의 사용을 허락받지 못했을 뿐더러 늘 전기를 아끼라는 소리를 들었던 형제들은 아무런 불평을 하지 않았던 나지와는 다르게 아버지의 교육에 넌덜머리를 내기 시작했다. 그러나 아이들이 반항을 하기라도 하면 오사마는 지팡이를 휘둘렀다.

가족들이 유일하게 화목했던 시간은 제다 남부에 지은 농가에서 지낼 때였다. 드넓은 대지에 여러 채의 건물과 마구간, 사원까지 갖추어진 곳이었다. 도심을 떠나 평온을 찾은 오사마는 여러 종류의 종려나무를 비롯해 백여 그루의 나무를 심고 과수원을 정성껏 가꾸었다. 또한 인공 오아시스를 만들고 갈대와 수상식물을 기르기도 했다. "아름다운 식물들을 보면서 아버지는 행복으로 눈을 반짝였다. 이리저리 뛰노는 말들을 바라보는 그 눈은 자부심으로 빛났다." 오마르는 또 이렇게 기록했다. 오사마는 아이들이 장난감을 가지고 노는 것은 금지했으나 애완동물로 염소를 기르게 해 주었다.

그런데 어느 날 그가 새로운 식구들을 데리고 왔고, 그 일로 나지와는 크게 화를 냈다. 새 식구들은 다름 아닌 새끼 영양이었다. 그녀는 그 동물들을 집 안에 들이는 것은 금지라고 선언했으나 아이들은 창문을 통해 새끼 영양들을 데리고 들어왔다. 어머니의 말을 어긴 증거는 금세 발견되었다. 가구 위에 쌓인 털을 발견한 나지와는 아이들에게 벌을 주었다.

엄격한 집안 분위기를 부드럽게 만드는 놀이들 중 하나는 축구였다.

"아버지가 축구공을 가지고 오셨던 날이 생각난다. 신이 난 우리들을 보며 부드럽게 미소짓는 아버지의 얼굴을 보고 나는 놀랐다. 게다가 축구를 무척 좋아한다고 고백하셨다. 시간이 있을 때면, 아버지는 우리와 함께 축구를 했다."

오마르는 이렇게 회상했다. 아들들과 시간을 보내는 놀이가 한 가지 더 있었다. 공 대신 모자를 이용해 즉석에서 럭비 경기를 벌이는 것이었다. 오사마는 막내아들이 자신을 악착같이 따라오는 것을 보고 깜짝 놀랐다. 오마르를 향해 쏜살같이 뛰어들던 그는 발목을 잡으려는 아들의 손길을 느끼고 요리조리 몸을 피하려다가 부드러운 진흙탕에 넘어지고 말았다. "넘어지면서 아버지는 오른쪽 어깨를 삐었다. 팔꿈치의 살갗도 벗겨졌다. 나는 아버지의 얼굴이 일그러지는 것을 보면서 많이 다치셨다는 것을 알았다." 오사마는 병원으로 실려가 소염제 처방을 받았다. 뿐만 아니라 어깨 재활 때문에 6개월 동안 파키스탄에 가지 못하게 되었다. 나지와는 무척 기뻐했으나 아들들은 다른 반응을 보였다. "이제 아버지가 제다에 계시는 것을 견디지 못하게 된 형들이 나를 비난했다. 형들은 아버지가 파키스탄으로 떠나기를 바랐다." 얼마 지나지 않아 그 바람은 이루어졌다. 그러나 이번에는 나지와를 파키스탄으로 데려가겠다는 약속이 있었다.

'아프가니스탄에서의 사소한 어려움들'을 제외한다면, 나지와는 더 이상 바랄 것이 없는 행복한 여자였다. "나는 그 어느 때보다 행복했다. 남편의 행동으로 미루어 보아 그 역시 나만큼 행복해하는 것이 분명했다." 그러나 그녀를 기다리고 있는 사건은 새끼 영양보다 더 받아들이기 힘든 것이었다. 다른 여자가 빈 라덴 집안에 들어오려 하고 있었던 것이다.

낯선 여자가 들어오다

"나지와, 내가 두 번째 아내를 맞는 것을 기뻐해준다면, 당신은 하늘에서 보상을 받을 것이오. 당신은 분명 천국에 가게 될 거요." 지칠 줄 모르는 전사의 아내 나지와는 다섯 번째 아이를 임신한 중에 평화로운 부부 사이에 금을 가게 하는 그 소식을 들었다. "남편을 다른 여자와 공유해야 한다는 말을 듣고 기뻐 춤을 추는 여자는 거의 없을 거예요." 그녀는 완곡하게 자신의 뜻을 밝혔다.

그녀의 걱정은 커져만 갔다. 자신은 남편과 함께 있어 행복하지만 남편은 더 이상 행복하지 않은 것이 아닐까라는 생각이 들었다. 킹 압둘아지즈 대학교 벤치에서 오사마는 친구이자 미래의 매제인 자말 할리파와 이야기를 나누다가 일부다처제 풍습에 따르기로 동의를 했다.

사우디아라비아에서 일부다처제는 사회적으로 거의 외면받는 제도가 되어가고 있었다. 두 남자는 그것이 아버지 세대의 잘못이라는 결론을 내렸다. "그 세대는 일부다처제를 좋은 방식으로 이용하지 못했지. 결혼한 바로 그 날 이혼을 하기도 했으니까! 우리가 직접 그 제도를 올바르게 적용할 수 있다는 것을 보여주자."[24]

오사마는 나지와를 설득하며 그녀의 허락이 그 결혼을 결정지을 것이라는 말을 반복했다. 부부는 몇 달 동안 그 문제를 가지고 열띤 언쟁을 벌이다가 마침내 오사마의 목적은 수많은 독실한 여자 신도들을 구하기 위한 것이라는 결론에 도달했다.

행동에 나선 오사마는 두 번째 아내를 찾기 시작했다. 선택된 사람은 예언자 무함마드의 자손으로 사우디아라비아의 명망 높은 가문 출신인 하디자 샤리프였다. 오사마보다 아홉 살이 많은 그녀는 수준 높은 교육을 받고 제다의 여학교 교사로 활동하고 있었다. 그러나 나지와는 자신의 평생 동반자이기도 할 그녀의 얼굴을 즉시 볼 수 없었다. 오사마는 그녀를 결혼식에 초대하지 않았다. 오사마 부부가 사용하는 넓은 건물 안의 한 아파트가 새로운 아내에게 배정되었다.

다른 놀라운 일이 나지와를 기다리고 있었다. 오사마는 앞으로 결혼생활을 올바르게 해 나가는 방법에 관한 이슬람교의 가르침을 따르기로 결심했다. 다시 말하자면 두 아내에게 공평하게 처신하겠다는 것이었다. 두 여자는 그의 사랑, 시간, 이야기, 그리고 열정을 공평하게 나누어 가져야 했다. 나지와는 불행을 불행으로 받아들이지 않기 위해 자신의 낙원을 보다 큰 것과 바꾸기로 했다. "그렇게 하지 않으면 나는 하늘나라의 보상을 받지 못할 테니까." 모든 것을 감수하겠다는 마음은 곧 후회로 바뀌었고 며칠 동안 계속되는 남편의 부재로 인한 침묵은 견디기 힘들었다. 위안을 찾을 수 있는 유일한 해결 방법은 아이들이 '작은어머니' 라고 부르는 여자와 협정을 맺는 것이었다. 각자의 고독에 파묻힌 두 여자는 매일 만나 경전을 함께 읽고 식사도 같이 했다. 얼마 지나지 않아 나지와는 남편과 보내는 시간보다 하디자와 보내는 시간을 더 열렬히 기다리게 되었다.

이런 '친구' 가 집으로 온 것은 어쩌면 축복이었는지도 몰랐다. 마침내 오사마는 나지와가 몇 년 전부터 기다리던 결정을 내리고 모든 가족을 파키스탄으로 데려가기로 했다. 1983년, 두 아내, 남편, 그리고 아이들이 페샤와르 행 비행기에 올랐다. 드디어 나지와는 4년 전부터 남편을 일 년에 몇 달씩이나 붙잡아 두었던 바로 그곳이 어떤 곳인지 알 수 있었다. 아프가니스탄 성전사(聖戰士)들의 후방 기지가 된 페샤와르 마을을 재빨리 둘러본 후, 나지와는 오사마가 가족들을 위해 마련한 아름다운 저택으로 갔다. 사방을 둘러싼 벽 뒤에서 가족들은 혼란한 도시와는 전혀 상관없이 안전을 보장받을 수 있었다. 그렇게 파키스탄에서 여름 석 달을 보냈지만 하디자와 나지와는 오사마가 드나드는 세계를 여전히 잘 알지 못했다. 이제 아들들이 제다의 학교로 돌아갈 시간이 되었다. 결정이 내려졌다. 가족들은 매년 여름을 페샤와르에서 보내게 되었다.

돌아오는 여행은 즐겁지 않았다. 나지와는 몸이 좋지 않았다. 이미 여섯 번째 아기가 그녀의 몸 안에서 자라나고 있었다. 이번에도 아들이라는 진단을 받았다. 그러나 또 다른 여자가 빈 라덴 집안에 들어올 예정이었다. 오사마는 세 번째 아내를 맞이하고 싶어 했다.

이번에는 나지와가 이면에서 움직일 결심을 했다. 남편에게 적합한 아내를 직접 고르기로 했던 것이다. "그렇게 하면 남편에 대한 사랑이 훨씬 더 커질 것 같았다." 그리하여 그녀는 아동심리학 박사 학위를 따고 제다의 킹 압둘아지즈 여자대학에서 강의를 하는 사우디아라비아인 하이리아 사바르에게 열을 올렸다. 나지와가 남편의 세 번째 아내로 고른 하이리아는 오사마보다 일곱 살 연상의 미혼이었다. "그 매력적인 얼굴을 처음 본 순간부터 나는 하이리아를 좋아하게 되었다." 너그러운 나지와는 오사마와 독실한 사바르 집안을 열심히 오갔다. 그리고 지참금과 약혼에 관련해 협상을 벌여 동의를 얻어낸 자신의 재능에 자부심을 느꼈다.

1985년 여름, 세 아내와 말썽 많은 일곱 아이들은 빈 라덴 건물 안에서 바쁜 일상을 보냈다. 학교에 가는 아이들의 시간을 관리하고 하인들과 하녀들과 요리사들과 운전사들을 감독하는 것은 보통 일이 아니었다. 필리핀, 스리랑카, 아프리카, 이집트, 예멘 출신의 고용인들이 모인 집안은 세계 방방곡곡으로 돌아다니는 오사마가 사무총장으로 있는 작은 UN을 방불케 했다. 벌집 안의 일은 끝이 없었다. "하인들은 일을 하느라 부산하게 뛰어다니며 요란한 소리들을 냈다." 첫 번째 부인으로서 나지와는 벌통의 여왕자리를 차지했으며 다른 두 아내도 그녀의 지위를 인정했다. 그러나 나지와는 하디자나 하이리아보다 더 우월한 위치에 있다는 느낌을 한 번도 받지 못했다고 말했다. "하디자와 하이리아는 나의 친구가 되었다. 우리 사이에는 그 어떤 갈등도 존재하지 않았다." 그러나 안정은 쉽게 깨지는 성향의 것이었다. 1986년, 아내들의 바벨탑은 불편한 곳이 되어버렸다. 하이리아가 임신을 하지 못하자 오사마는 네 번째 아내를 맞이하고 싶다는 뜻을 밝혔다. 이번에는 아기를 바로 갖지 못하는 여자를 고른 나지와가 개입할 여지가 없었다.

아프가니스탄에서 함께 활동하는 동지의 여동생인 아랍어 문법 교사가 선택되었다. 차분하고 체계적인 시함 사바르는 오사마가 무척 애착을 갖는

성스러운 도시 메디나 출신이었다. 나지와는 그 낯선 여인을 회색과 황갈색으로 꾸며진 집 안으로 들였다. 오사마는 여러 번의 결혼을 이론화시키며 이런 의견을 피력했다. "첫 번째는 그럭저럭, 마치 걸음마를 하는 것과 같다. 두 번째는 자전거를 타는 것과 같아서 빠르기는 하나 불안정하다. 세 번째 결혼은 세발자전거로 안정적이지만 속도가 늦다. 네 번째 결혼에 이르면, 마침내 이상적인 결혼생활을 할 수 있다. 네 번 결혼하면 모든 사람을 추월할 수 있다."[25] 그때까지만 해도 그는 자말 할리파에게 했던 아내들을 공평하게 대하겠다는 약속을 깨지 않았다. 아내들은 각각 아파트를 한 채씩 가지고 있었고 오사마가 강조하는 대로 검소한 생활을 했다.

몇 년 전 미국에서 만난 팔레스타인의 이론가 압둘라 아잠은 이제 대부분의 시간을 페샤와르에서 보냈고 제다에 있는 오사마의 집에서도 자주 묵어갔다. 빈 라덴은 그를 모델로 삼았고 아잠은 자신을 따르는 그를 실망시키지 않았다. 오사마는 그가 사는 모습을 보고 감탄을 했다. "그의 집에 가 보면 생활이 그렇게 청빈할 수 없었다. 테이블 하나, 의자 한 개도 없는 집이었다. 그러나 누군가가 백만 리알을 달라고 하면, 그는 즉시 수표를 써 주었다.”[26] 그러나 압둘라 아잠은 불쾌한 기색을 드러냈다. 사우디아라비아의 뜨거운 날씨에도 불구하고 빈 라덴은 에어컨을 틀지 않았다. “에어컨이 있는데 왜 사용하지 않지?” 그가 투덜거리자 오사마도 고집을 꺾었다. 페샤와르에서 아랍 르네상스의 영웅을 다시 만나야 할 여름이 다가왔다. 그가 내세운 슬로건은 전 세계적으로 유명했다. “오직 성전(聖戰)과 소총뿐. 회의도 교섭도 대화도 필요 없다.” 압둘라 아잠의 아내 움 무함마드는 페샤와르에서 전투는 “물고기에게 물”과 같은 것이 되었다고 말했다. “성전에 참여하는 남자는 아내를 페샤와르에 데리고 와서 후방에 살게 했고 우리는 한 가족처럼 지냈다. 여자들은 나를 어머니같이 여겼다.”[27] 압둘라 아잠은 그녀가 열두 살 때 다마스의 이슬람 법대에서 돌아와 청혼을 했다. 당시 빈 라덴의 정신적인 스승이었던 그는 엄격하고도 노련한 전사로 아프가니스탄의 험한 산악지역의 고된 생활이 몸에 배어 있었다. 빵 하나로 끼니를 때우기 일쑤였고 하루에 한 번만 식사를 했으며 바지도 두 벌밖에 없었다. “바지 두 벌로 번갈아 빨래를 해 가며 버텼지만 남편은 언제나 깨끗하고 단정했다.” 움 무함마드는 또 이렇게 말했다. 남편들을 따라와 궁핍한 생활을 하면서도 헌신적인 아내들은 서로 단합을 했다. “성전이 한창이던 파키스탄에 함께 있던 자매들 중에 슬프다는 생각을 한 사람은 단 한 명도 없었다.”

　나지와 빈 라덴은 압둘라 아잠의 아내 움 무함마드의 열정에 공감할 수 없었다. 제다에서 자주 만나던 친구를 다시 만난 것은 좋았으나 부유한 대학가에 위치한 2층짜리 옛 식민지풍 저택에 매일 드나드는 많은 전사들에게는 도무지 익숙해질 수가 없었다. 1986년 여름, 빈 라덴의 집에 새로운 인물이 초대되었다. 이집트의 근본주의자이자 외과의사인 아이만 알 자와히리는 빈 라덴과 아잠의 여름 원정에 동참하면서 그의 아내 역시 페샤와르의

'성전의 어머니들' 공동체의 일원이 되었다. 성 전사의 화신이었던 압둘라 아잠은 새카만 가닥이 몇 개 섞인 길고 흰 수염 덕분에 대중에게 영웅의 이미지로 다가갈 수 있었다. 전쟁 이야기를 시작하기만 하면 그의 눈은 마치 내면의 영화로운 장면을 보기라도 하듯 즉시 활기를 띠었다. 그러나 페샤와르에 정착한 자와히리는 압둘라 아잠에게 충성을 서약하지 않았다. 대신 그는 동지들이 벌이는 운동의 미래가 '하늘에서 보낸' 오사마의 손에 달려 있다는 의견을 공공연히 피력하며 그에게 접근했다.

자와히리는 오사마에게 없어서는 안 될 존재가 될 수 있는 방법을 찾았다. "오사마는 저혈압이어서 현기증을 느끼거나 누워 있어야 할 때가 있었다. 그럴 때마다 자와히리가 와서 그를 보살펴 주었다."[28] 한 측근은 이렇게 전했다. 그는 자신의 심복들을 주변의 요직에 앉히는 데 성공했고 특히 오사마와 그의 재산에 영향을 주는 위치를 차지했다. 빈 라덴과 아잠 사이의 의견 충돌이 잦아지기 시작했다. 아잠이 다른 이슬람 교도들과 맞서 싸우는 데 반대했던 반면 빈 라덴은 자와히리의 조언을 받아들여 사우디아라비아와 이집트에서 성전을 벌일 군대를 조직하려고 했다. "빈 라덴의 의견에 동의하지 않았던 세이크 압둘라는 그를 만류하려 했고 거리를 두려고 했다." 그 측근은 또 이렇게 기록했다. 자와히리는 압둘라가 미국에 매수된 스파이일지도 모른다는 말로 훼방꾼의 신용을 떨어뜨리려는 계략을 펼쳤다. 빈 라덴은 점점 더 극단주의자인 자와히리 쪽으로 기울었다.

1978년 자와히리는 아자를 아내로 맞아 사보이 콘티넨털 호텔에서 음악도, 사진도 없는 결혼식을 올렸다. 결혼생활은 빠르게 안정을 찾았다. 1981년 10월 6일, 안와르 엘 사다트 이집트 대통령의 암살로 지하운동가들에 대한 일대 검거가 있었다. 자와히리는 파키스탄으로 피신하기로 결심했다. 공항으로 가는 길에 그는 무바라크를 중심으로 하는 새 정부의 경찰들에게 체포되었다. "그들은 자와히리를 경찰서로 데려갔다." 한 지인이 이렇게 이야기했다. "대장 격인 경찰이 따귀를 때리자 자와히리도 상대의 따귀를 때렸다!" 그 일로 인해 그는 "주먹에는 주먹으로 돌려주는" 인물로 유명해졌다. 1984년, 석방될 때까지 그는 몸과 마음을 단련했고 명성도 더욱 높아졌다.

"빈 라덴의 성격이 변하기 시작했다. 남편은 그를 많이 좋아했고 훌륭한 사람이라고 이야기하곤 했다. (……) 그러나 그 이후로 우리는 빈 라덴과 모든 연락을 끊었다." 압둘라 아잠의 아내는 이렇게 말했다.

이제 자와히리가 마음껏 뜻을 펼칠 수 있는 장이 펼쳐졌을 뿐더러 그해, 그의 아내가 페샤와르에서 출산을 함으로써 그는 존경받을 만한 한 가족의 아버지라는 새로운 위치에 올라갔다.

움 무함마드가 더 이상 빈 라덴 집안에서 환영을 받지 못하게 되자 대신 자와히리의 아내 아자 노와이르가 그 집에 드나들기 시작했다. 1974년 당시, 서른 살이 다 되어가는 나이에 의과대학 학위를 딴 자와히리에게는 애인이 없었다. 혼기에 다다른 그의 신붓감으로 카이로의 명망 높은 가문의 변호사 부모를 둔 아자 노와이르가 거론되었다. 대학에서 철학을 공부하던 그녀는 카이로 상류사회의 사교계 출입을 거부했고 베일을 착용하고 다녔다. 대학교에 다니는 동안 그녀는 이슬람 율법에 더욱 충실하게 되어 얼굴을 가리기에 이르렀다. 어쩌면 그것은 그녀의 보수주의를 이해하지 못하는 수많은 구혼자들을 피하기 위한 한 방법이었는지도 몰랐다. "그녀는 있는 그대로의 자신을 받아들여 줄 누군가를 원했다. 그런 그녀는 자와히리가 찾던 유형의 여자였다."29)

메카 순례여행을 기회로 자와히리 부부는 사우디아라비아에 정착했다. 아자는 남편이 감옥에 있는 동안 딸을 낳았고 이제 두 번째 아기를 기다리고 있었다. 그녀는 어머니에게 자신이 얼마나 이집트를 그리워하고 있는지

고백했다. "딸애가 남편과 함께 파키스탄으로 떠나야 한다는 편지를 보냈다. 나는 딸이 그곳에 가지 않았으면 했지만 아무도 그들을 막을 수 없다는 것을 잘 알았다. 딸은 남편의 말을 성실히 따랐고 남편에 대한 의무에 충실했다. 남편을 따라 세상 끝까지라도 갈 태세가 되어 있었다."[30]

딸의 기운을 북돋아 주기로 결심한 아자의 어머니는 손녀와 손자를 위해 미국산 피셔프라이스 장난감들을 한 상자 가득 가지고 파키스탄을 방문했다. 물론 그녀의 선물은 사위를 자극했다. 아자의 어머니의 눈에 비친 딸의 가족은 "서로 너무나 가깝고 언제나 한 덩어리처럼 함께 움직이는 완전히 비정상적인 가족"이었다. 그런데 자와히리는 아내와 아이들을 점점 더 위험해져 가는 인물에게 노출시켰다. 그들 부부의 삶은 이제 파키스탄과 머지않아 '기지'라는 뜻을 가진 '알카에다' 그룹의 본거지가 될 페샤와르와 밀접하게 연결되어 있었다.

1988년 8월 20일, 나지와와 오사마의 집에서 알카에다 탄생을 위한 회의가 열렸다. 자와히리와 빈 라덴은 열세 명의 동지들을 맞아들여 범 회교주의 조직을 창설함으로써 침략자들에게 저항하기 위해 뭉친 아랍 의용군을 일으키겠다는 소망을 이루었다. 압둘라 아잠은 초대되지 않았다. 1989년 11월 24일, 이제 적이 된 과거의 스승이 사원에 가 있는 동안 그의 두 아들이 자동차 폭발사고로 목숨을 잃었다. 아무도 그 일을 테러라고 주장하지 못했다. 추도사 낭독은 자와히리가 맡았다.

유쾌한 가족의 이사

성스러운 메디나의 여교사와 결혼을 하면서 오사마는 왕족과 방임주의로 타락한 그 도시에 가고 싶다는 소망을 품게 되었다. 마침 빈 라덴 그룹이 시행하는 현장이 그곳에 있었다. 제다에서 300킬로미터 떨어진 곳에 위치한 메디나로 이사를 한다는 소식이 전해지자 네 명의 아내는 혼란에 빠졌다. 얼마 되지 않는 짐을 싸는 것이 마치 운동회에서 시합을 하는 것 같았다. 오사마는 자신의 왕국을 다스리면서 만족을 느꼈다. "여러 명의 아내를 두지 않으려는 사람들을 이해하지 못하겠다. 네 명의 아내를 두면 왕처럼 살 수 있는데."[31]

오사마에게 메디나행은 살림규모를 늘리는 것이 아니라 부와 유혹을 떠나는 일종의 피신이었다. 사실 그는 사우디아라비아 정부가 자신을 못마땅하게 여긴다는 느낌을 점점 더 강하게 받고 있었다. "결혼 초에 오사마는 무척 친절했으나 시간이 지남에 따라 점점 더 엄해져 갔다." 나지와가 본 남편의 모습이었다.

엄청난 넓이의 4층짜리 새 빌라에 멋진 가구를 들여놓는 것은 금지되었고 가족들의 음식과 옷도 간소해야 했다. 오사마가 아낌없이 돈을 쓰는 유일한 분야는 자동차였다. 그는 멋진 새 자동차를 좋아했다. 나지와는 제다와 바다, 시어머니 알리아, 그리고 시골집과 자신이 오사마의 유일한 아내였던 시기의 즐거움들을 두고 떠나는 것이 몹시 아쉬웠다.

그러나 다시 임신을 함으로써 새로운 희망을 품을 수 있게 되었다. 어쩌면 드디어 딸을 낳게 될 수도 있었다. 그렇지만 아들이 태어날 경우를 대비해 만반의 준비를 해 놓기도 했다. "궤에 넣고 열쇠로 잠가 둔 파스텔 색깔의 여자아기 옷을 생각하지 않으려고 애썼다." 아프가니스탄 전장으로 떠났던 오사마는 출산 시기에 딱 맞추어 집으로 돌아왔다. 결혼 13년 만에, 나지와는 기적적으로 딸 파티마를 낳았다. 오사마는 아내만큼 만족하는 것 같았으나 환희에 찬 아내의 모습에 자신도 기뻐한 것뿐이라고 딱 잘라 말했다. 그의 서른두 번째 생일인 1989년 2월 15일, 10년간 게릴라와 맞서 싸우고도 아무런 수확을 얻지 못한 소련군이 아프가니스탄을 떠났다. 미하일 고르바초프가 시작한 개혁운동으로 인해 해결책이 없어 보이는 요원한 분쟁을 더 이상 지속하는 것이 불가능해졌다. 차츰 붉은 군대는 반란군에 대한 미국의 지원과 미국이 보내는 스팅어 대공 미사일을 이유로 삼아 아프가니스탄을 외면하게 되었다. 나라는 해방이 되었지만 이미 너무나 많은 피를 흘렸고 사회 기반 시설들은 파괴되었으며 국민들은 분열되었다. 오사마가 파키스탄과 아프가니스탄으로의 여행을 그만두면서 아내들의 사기는 다시 고조되었다. "내가 받은 가장 큰 선물은 남편이 다시 일에 열중하는 사업가가 될 가능성이 생겼다는 것이었다. 오사마는 이제 더 이상 전사가 아니었다. (……) 더 이상은 나도 피가 바짝바짝 마르는 시간을 보내지 않아도 될 터였다." 나지와는 이렇게 소망했다.

생활은 빠르게 제 궤도를 다시 찾았고 1990년 나지와는 여덟 번째 아기를 임신했으며 마지막으로 가족에 합류한 시함은 세 번째 아기를 임신했다. 나지와가 첫 번째 진통을 느끼고 병원에 갈 준비를 하는데 시함의 아파트에서 하녀 한 명이 뛰어나오더니 시함 역시 진통을 시작했다고 알렸다. 험한 산을 뛰어다니던 전사 오사마는 우스꽝스러운 광경을 연출할 수밖에 없었다. "진통이 없었다면 배부른 우리 두 아내를 새로 산 메르세데스 뒷자리에 태우느라 애를 먹는 남편을 보며 미소를 지었을 것이다." 나란히 앉은 나지와와 시함은 진통으로 몸을 비틀며 호흡을 했고 오사마는 병원을 향해 차를 몰았다. 그날 두 명의 여자아기가 태어났고 빈 라덴 집안은 흥겨운 분위기에 휩싸였다.

그러나 유쾌한 일화 이면에 펼쳐지는 나지와의 일상은 즐겁지 않았다. 그녀는 오사마가 자식들의 교육을 위해 내세운 수많은 금지사항에 대처해야 했다. 아이들이 아주 어릴 때부터 그는 물을 꼭 필요할 때에만 아주 조금 마시게 했다. 오사마의 자식들은 강해야 했고 인내할 줄 알아야 했으며 사막의 법칙을 습득해야 했다. 딸들에게도 같은 규율이 적용되었으나 그것을 실천하게 하는 것은 나지와의 몫이었다. 오마르의 증언에 의하면 그녀는 "목이 마르거나 배가 고파 우는 딸들의 울음소리를 견디지 못했다." 또한 오사마는 아들들을 데리고 태양이 이글거리는 사막으로 나가 오랜 시간 걷는 훈련을 시키면서 돌아올 때까지 물을 한 방울도 마시지 말라는 명령을 내렸다. "아버지는 우리가 물을 생각하는 것마저도 금지했다."

한편 나지와는 십대 소년으로 성장한 아들들이 아버지의 권위주의에 반항하는 모습을 보며 무력감을 느꼈다. 딸들에게는 남편 몰래 관대함을 베풀 수 있었으나 아들들에게는 어떻게 해줄 수가 없었다. 큰아들 압둘라는 틈나는 대로 오토바이를 타고 몇 시간 동안이나 자취를 감췄다. 둘째아들은 자기 방에 틀어박혀 멍한 눈으로 허공을 주시하곤 했다. 차분한 그의 모습 뒤에는 가끔씩 폭발하는 거친 면이 감추어져 있었다. 오사마는 그런 둘째아들을 걱정했다. 어느 날 그는 넷째아들 오마르에게 이런 이야기를 들려주었다. "네 형이 어렸을 때 할머니 집에 갔던 일이 생각나는구나. 할머니가 기르시는 새끼 고양이가 방으로 들어오자 그 아이가 달려들어 고양이를 붙잡더니 이로 꽉 깨물더구나. 얼마나 놀랐던지. 불쌍한 고양이도 네 형을 물고는 달아났단다. 모두 그것이 사소한 사건이거니 생각했는데, 그날 밤 저녁 늦게 다시 고양이를 쫓는 둘째의 모습을 보고는 깜짝 놀랐다. (……) 고양이를 잡더니 그 녀석이 아파서 비명을 지를 정도로 세게 물지 뭐냐."

셋째아들 사드는 다른 문제로 고통을 받았다. 다리가 혀만큼 빨리 움직이는 것이었다. 과도하게 활동적인 그는 어머니의 잔소리를 피해 뛰어 달아나곤 하다가 결국 어느 날에는 마주 오는 자동차에 뛰어들고 말았다.

오마르는 승마를 즐겼다. 나지와 역시 그런 종류의 모험을 좋아했다. 그러나 어머니와 아들이 함께 승마를 즐기는 것은 금지였다. 말을 탄 나지와의 모습이 가족이 아닌 다른 남자의 눈에 띄어서는 안 되었기 때문이었다.

외딴 메디나에 살면서 소년들의 장난은 더욱 심해졌다. 찾아오는 사람도 거의 없는 가운데 어느 날 누군가가 문을 두드렸고 소년들은 달려 나갔다. 문을 열자 베일을 쓴 여자 세 명이 도움을 청했다. 소년들이 난감해하자 여자들은 포기하고 발걸음을 돌렸다. 그때 사드가 여자들을 붙잡을 수 있는 아이디어를 떠올리고 고함을 쳤다. "가지 마세요! 우리 아버지가 당신들을 아내로 맞고 싶어 하실 거예요!" 오마르는 문을 활짝 열고 들어오라는 손짓을 하며 결혼식에 대해서는 마음을 놓으라고 했다. "아버지가 여러 명의 아내를 두는 것을 좋아하시는 것 같았던 만큼, 형의 생각이 옳아 보였다." 정숙한 그 여자들은 기겁을 하고 긴 아바야 자락을 휘날리며 도망을 쳤다. "아버지가 한꺼번에 세 명의 아내를 얻는다면 얼마나 기뻐하실까 하는 생각에, 나는 그 여자들을 놓치지 말아야겠다고 결심했다." 두 소년은 여자들을 쫓아갔다. 사드가 길을 막아보려 했지만 소용이 없었다.

1990년 말, 나지와를 공포로 몰아넣은 사건이 터졌다. 8월 2일, 사담 후세인의 군대가 쿠웨이트를 침공했다. 그 소식에 또다시 남편의 전사 정신이 자극되어 그와 떨어지게 될 것인가? 소식을 접한 바로 그날, 오사마는 가족을 모아놓고 경고를 했다. "사담 후세인은 쿠웨이트를 손에 넣는 즉시 동부의 유전을 장악하기 위해 사우디아라비아를 공격할 것이다." 후세인의 계획을 꿰뚫어 보았다고 확신한 그는 전쟁에 대비해 집을 정비했다. 도시 안에서 산탄을 두르고 다니는 시민은 오사마뿐이었다. 빈 라덴 집안은 흥분으로 끓어올랐다.

공격에 대비하여 그는 창문마다 접착테이프를 붙였다. 게다가 비상식량, 양초, 가스램프, 워키토키, 라디오 등을 샀을 뿐더러 군용 가스 마스크까지 식구 수대로 준비해 두었다. 오사마는 사담 후세인이 곧 화학무기나 생화학 무기를 사용할 것임을 확신했다. 또한 급히 도망쳐야 할 때를 대비해 지프 차를 여러 대 사들여 시골집에 세워 놓았다. 그는 공격이 시작되면 국왕 가 족이 자신에게 도움을 청하지 않을 수 없으리라고 확신했다. 시골집을 군사 기지로 사용할 생각이었다. 즉시 출발할 수 있는 근사한 새 선외발동기 보 트도 제다 항구에 매어놓았다.

사우디아라비아에서는 국경 지방을 위협하는 이라크의 공격에 대비해 미 국에 원조를 요청했다. 수도 리야드로 파견된 미국측 밀사가 사담 후세인을 공격하기 위해 사우디아라비아 영토를 지나갈 수 있도록 국왕 가족을 설득 했다. 오사마는 언론을 통해 UN의 지시로 다국적군이 결성되었다는 소식을 접했다. "아버지는 당신의 조력 제의가 무시당했음을 알고 불같이 화를 내 셨다." 오마르는 이렇게 전했다.

다음 달인 9월, 미군이 사우디아라비아에 도착했다. 병사 중에 여군이 섞 여 있는 것을 본 빈 라덴은 큰 충격을 받았다. "여자들이! 여자들이 우리 사 우디 사람들을 지킨다는 말인가!" 그는 나지와를 시리아의 친정으로 보내며 오랫동안 머물고 오라는 명령을 내렸다. "부모님과 형제자매들을 다시 보기 까지 몇 년이 걸릴 수도 있소."

'사막의 폭풍' 작전 명령이 떨어지면서 이라크군에 대한 전면 공격이 몇 주간 지속되었다. 전쟁은 1991년 2월 말에 종결되었다. 그러나 왕가에 대한 오사마의 저항은 휴전을 몰랐다. 나지와는 시리아에서 사우디아라비아로 돌아왔으나 남편은 이미 한 마디 말도 없이 사라진 후였다. 집안일을 하는 한 고용인이 그가 사업 때문에 사우디아라비아를 떠났다고 알려주었다. "사 람들은 남편이 절대 돌아오지 않을 것이라고 했다. 우리도 아프리카로 삶의 터전을 옮겨야 했다." 나지와는 방 안을 둘러보았다. 결혼생활 17년 동안 사모은 낡은 물건들이 너무나도 비극적으로 보였다.

……그리고 나일강 위에 띄운 보트

1994년 2월 5일, 수단 하르툼.

오후 다섯 시, 나일 강가에 위치한 이곳 하르툼에 도착한 이후 매일 그래 왔듯이 오사마 빈 라덴은 손님을 맞기 위해 거실 문을 활짝 열었다. 손님들이 길을 건너 집 안으로 들어오려던 순간, 총성이 들리더니 폭발음이 집안에 울려 퍼졌다.[32] 오사마는 권총을 뽑아 들고 장남 압둘라에게도 무기를 들려주었다. 킬러들은 집 두 채 사이에 세워둔 자동차 안에서 총을 쏘아댔다. 그들은 오사마가 서재에서 늘 앉는 자리를 조준했다. 빈 라덴 부자는 반격을 하기 시작했다. 여러 명의 손님이 부상을 당했고 경호원들도 총상을 입었다. 상대방 측도 총에 맞아 두 명이 사망했다.

2년 전부터 빈 라덴은 하르툼 알리아드 교외의 아름다운 신축 주택들이 드문드문 들어선 세련된 지역에 안락한 집 네 채를 구입하고 새로운 생활을 시작했다. 그리고 나지와가 오래 전부터 소망해온 대로 사업에 다시 매진하면서 건설 사업에 막대한 자금을 투자했다. 수단으로 이주하면서 그가 내세운 명목상의 이유는 빈 라덴 그룹이 포트수단에 건설되는 공항 건설 계약을 따겠다는 것이었다. 불도저와 적재기들을 들여오며 오사마는 수단의 실력자 하산 알투라비가 자신을 환영해준 것에 대한 보답으로 수단을 동서로 관통하는 도로를 뚫어 주겠다고 약속했다. 런던과 소르본 대학교를 졸업한 거물급 관념학자 알투라비는 이슬람 법을 새로 제정하며 수단을 빈 라덴과 자와히리가 꿈꾸던 이상적인 공화국으로 만들려고 노력하고 있었다. 오사마에 대한 공격은 알투라비를 보호한다는 이유로 버림받은 자와히리가 다시 빈 라덴의 삶에 관여할 수 있는 가능성을 제시했다.

그는 하수인을 시켜 살인 시도에 대한 정보를 모았고 오사마는 칼라슈니코프 AK-74를 늘 몸에 지녔다. 오사마 부부의 삶은 고요하게 흐르는 나일 강과 달랐다.

제다의 집에서 그가 사라진 후 어느 날 아침, 가족들은 화물기를 타고 낯선 대륙으로 향해야 했다. 나지와, 하디자, 하이리아, 그리고 시함은 각자 아이들을 챙기기에 바빴고 베일 건너로 끊임없이 뒤를 돌아보았고 눈짓으로 서로를 위로했다.

비행기에서 내린 그들의 눈에 처음 들어온 것은 키 큰 오사마의 윤곽이었다. 그는 철저하게 무장한 여러 명의 경호원들에게 둘러싸인 채 안이 보이지 않는 검은색 긴 리무진 앞에 서 있었다. 나지와는 메는 듯한 가슴을 안고 오사마에게로 다가갔다. "나는 남편을 너무나 잘 알고 있었기 때문에 우리가 무사한 것을 본 이상 다른 말은 할 필요가 없었다." 감정이 배제된 재회는 고개를 끄덕이며 일상적인 대화를 나누는 것으로 제한되었다.

수단이라는 나라는 사람이 살기 힘든 환경이었으나 오사마는 살림을 도와줄 외부인을 집안으로 들이려 하지 않았다. 나지와는 여덟 명의 아이들을 혼자 도맡아야 했다. 첫 번째 아내의 조용하지만 확고한 태도에 그는 고집을 꺾었다. "오사마는 결국 상냥한 수단 여자 두 명을 고용했다. 일을 참 잘하는 사람들이었다." 남편이 다시 정상적인 활동을 하게 된 것으로 마음의 안정을 되찾은 그녀는 그를 설득해 큰 아이들을 좋은 사립학교에 등록시켰다. 수단에 온 이후로 오사마의 유머감각도 되살아났다. 그의 개인 경호원은 그가 어느 날 피부색이 새까만 남자를 응시하다가 재미있다는 듯이 한마디를 툭 던졌다고 회상했다. "천국의 여인들이 자네 같다면, 아무도 천국에 들어가고 싶어 하지 않을 걸세."[33]

오사마는 현장에 나가고, 집안일은 고용인들이 맡고, 아이들이 학교에 가면서 마침내 자신을 돌볼 수 있게 된 나지와는 운동을 시작했고 스케치북에 초상화를 그리기도 했다. 그리고 남편의 다른 세 아내들과 함께 이야기를 나누고 경전을 읽었다. 네 명의 여인들은 잔디와 꽃이 자라난 커다란 정원의 나무 그늘에 앉아 아이들이 놀며 나무 오두막을 짓는 모습을 바라보았다. 하르툼에서의 생활은 작은 천국에서의 삶 같았다. 오사마도 시간을 내어 아이들과 놀아 주었다. "남편은 아이들에게 질 좋은 채소와 땅에서 나는 먹을거리를 기르는 것이 얼마나 중요한지 몇 시간에 걸쳐 설명하곤 했다." 나지와는 이렇게 기록했다. 얼마 지나지 않아 아이들은 정원에서 수확한 팥을 가지고 신나게 요리를 했다.

오사마는 정원 일에 뛰어난 수완을 보였다. 그는 최고 품질의 밀과 가장 큰 해바라기를 키우는 것에 거의 편집증적으로 매달렸다. "남편은 세계에서 가장 큰 해바라기를 키우는 방법을 찾기 위해 머리를 쥐어뜯으며 고민했다." 농업개발 사업이라 해도 지나치지 않을 만큼 정원 일에 열중한 그는 아내들과 아이들을 동원해 수확물을 거두어들였다. 커다란 가위를 들고 각자에게 일을 나누어 주면서 특히 그가 주의를 기울였던 부분은 낯선 사람들이 우연히라도 가족들을 보지 못하도록 하는 것이었다. 해바라기 수확은 아내들에게 허락된 가장 큰 자유의 순간이었다. "우리는 해바라기를 제대로 자르기 위해 베일을 걷어 올렸다." 오사마는 단순한 애호가로 머물지 않았다. 풍성한 작물을 얻을 수 있게 되자 전체 이슬람 국가들이 양식을 자급자족하기를 바라던 그는 수단에 제대로 된 농업 계획을 도입하려는 시도를 했다.

그의 가족들은 이따금 하르툼 남쪽에 위치한 농장으로 내려가 그곳에 있는 초가지붕의 아담한 오두막집을 빌렸다. 원숭이들이 먹을 것을 훔쳐가는 중에 그들은 나무에 달린 망고를 실컷 따먹고 수영장에서 수영을 즐겼다.

가족들이 수영을 하는 곳이 또 있었다. 나일 강가에 도착한 날, 소년들은 수영으로 강을 횡단하는 모험을 감행했다. 원래 오사마는 집안일을 도와주는 고용인이 만들어준 작은 보트에 아들들을 태워 강을 건너가려고 했다. 그러나 허술한 배는 금세 좌초되어 물살에 휩쓸려 가고 말았다. 즉시 구출된 오사마는 굴욕적인 표정을 숨기기 위해 얼굴을 가렸다.

나지와는 오사마가 드디어 '엉뚱한 생각'을 접었다고 생각했다. 그러나 그것은 어림도 없는 생각이었다. 어느 날 그는 가족을 이끌고 사막으로 나가 정신과 육체 단련 계획을 밝혔다. "아버지의 그런 생각이 도대체 어디서부터 나오는 것인지, 나는 아직도 의문스럽다." 오마르는 이렇게 털어놓았다. 소지품이 금지된 상태에서 가족들은 오사마가 '생존 훈련'이라고 이름 붙인 기간 내내 노숙을 해야 했다. 소년들은 땅을 파서 잠자리를 마련했다. 밤에 한 아내가 춥다고 불평을 하자 오사마는 흙이나 풀로 몸을 덮으라고 했다. "자연이 준 것에서 온기를 찾아보시오."

놀랍게도 자식들을 그렇게 엄격하게 대하면서도 그는 몇몇 아내에게 자유를 허락했다. 아동심리학 교수인 하이리아와 아랍어 문법 교사인 하디자와 시함은 계속 직장생활을 하며 사우디아라비아에 다녀올 수 있었다. 수단의 실력자인 알투라비의 아내 위잘 알투라비는 어느 날 저녁 그 세 아내에게 식사를 대접했다. 그녀는 특히 하디자가 누리는 자유와 유럽식으로 꾸며진 집안 장식에 놀라움을 숨기지 못했다. "하디자는 아랍에서 공부를 한 학식이 높은 여자였다. 일도 계속 하고 있었고 하르툼에는 휴가차 들르곤 했다."[34] 하디자는 편안한 응접실에서 부잣집 자제들을 맞이하여 미묘한 코란법을 강의했다. "나도 한 번 강의를 들으러 간 적이 있었다. 그녀는 이슬람과 가족 안에서 여자의 지위에 관해 강론을 펼쳤다." 위잘 알투라비는 또 이렇게 회상했다.

다른 세 아내가 개인적인 필요에 대해 오사마의 이해를 얻는 특권을 누리는 반면 나지와는 늘 그의 곁에 남아 있어야 했다. 그녀가 어린 시절부터 가장 가까운 존재였기 때문일까? 위잘 알투라비가 대답을 알고 있는 것 같았다. "오사마가 다른 세 아내들과 결혼한 이유는 그들이 노처녀였기 때문이었다. 그녀들은 남편을 얻지 못할 상황에 처해 있었다. 그는 자비심에서 그들과 결혼했던 것이다."

하이리아 역시 집에서 여자들을 맞아 종교 강의와 보충 수업을 할 수 있는 허락을 받았다. 오사마가 여자들의 교육에 반대했기 때문에 그런 사실은 놀라운 것이었다. "아버지는 당신의 친딸들도 학교에 보내지 않았다. 여동생들에게 기본적인 지식을 가르쳐 준 사람은 작은어머니 하이리아였다." 오마르는 이렇게 기록했다.

그러나 이러한 자유도 아내들을 모두 곁에 붙들어 두기에는 충분하지 않았다. 하디자는 이혼을 요구했다. "우리는 처음부터 사이가 좋지 않았지."[35] 오사마는 친구이자 자형인 자말 할리파에게 이렇게 고백했다. 두 번째 아내인 하디자는 남편의 완고함에 넌더리가 난 것 같았다. 그러나 오사마는 그녀가 떠나는 것에 대해 아무런 반대의사를 표시하지 않았다. 하디자는 세 아이를 데리고 메카로 돌아갔다. 이슬람 관례에 정반대되는 행동이었다. 그녀가 떠남으로써 가족의 균형에 균열이 생겼다.

네 명이라는 숫자에 미신적인 의미를 부여했던 오사마는 이혼 후 새 아내를 얻었다. 그 정체불명의 여인에 관해서는 아무도 아는 바가 없었다. 이유는 간단했다. 알려지지 않은 이유로 인해 48시간 만에 결혼이 파기되었던 것이다. 빈 라덴의 개인 경호원이었던 나세르 알바흐리가 마침내 비밀의 장막을 열었다. "그녀는 예멘 동부의 야피라는 지역 출신이었다. 우리가 데리러 갔을 때 그녀는 수단에 살고 있지 않았다. 본인의 말에 따르면, 그녀는 빈 라덴과의 결혼을 강요받았다고 했다. 새 아내가 자신을 원하지 않는다는 사실을 깨달은 빈 라덴은 결혼을 취소했다."[36] 부드러운 표정 뒤로, 오사마는 하디자와의 이혼에 대해 단호한 반응을 보였다. "작은어머니가 수단을 떠난 이후로 아버지는 가족 중에 그런 사람이 없었다는 듯이 행동하셨다. 그렇지만 집안은 전과 같지 않았다." 오마르는 이렇게 회상했다.

빈 라덴은 특히 자신이 사우디아라비아를 떠나야만 했던 것에 대해 분노했고 가족 전부가 수단으로 건너올 수밖에 없었던 이유가 사우디 왕족 때문이었다고 주장했다. 그는 하산 알투라비는 미국의 압력이 아무리 거세도 자신을 수단에서 쫓아내지 않을 것이라고 생각했다. 그는 수단에 공장, 도로, 회사 등을 건설함으로써 그런 감사의 마음을 표현했다. 또한 그는 수단에 몇 년 전 자와히리 박사와 함께 페샤와르 집에 구축한 알카에다의 지부를 만들어 활동을 개시했다. 하르툼에서 명성을 얻은 그가 훈련 기지를 만들자 성전에 참여하겠다는 많은 후보자들이 모여들었다.

새로운 지도자와 사우디아라비아 사이의 대결은 해결이 날 기미가 보이지 않았다. 양측은 자극적인 편지로 서로를 공격했다. 오사마는 왕이 사우디아라비아를 망쳤다고 비난했다. "당신의 호화로운 궁전에 밤낮으로 불이 환하게 켜 있는 것이 훤히 보이는데, 어떻게 국민에게 에너지를 절약하라고 할 수 있단 말입니까? 국왕이시여, 우리는 그 돈이 다 어디로 갔는지 당신에게 물을 권리가 있습니다. (……) 당신의 주머니로 들어갔겠지요." 이어 그는 마지막 주장을 펼쳤다. 국왕이 사우디아라비아를 "당신의 왕관과 석유 자원을 보호하겠다는 이유 하나로 그 더러운 발로 전국을 짓밟고 다니는" 미군에게 갖다 바쳤다는 것이었다. 그리고 비난이 이어졌다. "당신은 우리 국민들에게 모욕과 가난을 안겨주었습니다. 지금 우리가 할 수 있는 최선의 충고는 왕위를 포기하라는 것입니다."[37]

사우디아라비아 국왕은 오사마의 어머니 알리아 가넴을 밀사 자격으로 하르툼으로 파견하기로 결정했다. 그녀는 아들을 설득하기 위한 제안서를 가지고 갔다. 사우디 정부는 20억 달러에 해당하는 오사마의 자산을 억류하고 있었다. 만일 그가 평화적으로 고국에 돌아와서 정부가 이슬람 법을 훌륭하게 적용하고 있다고 선언한다면, 왕가에서 그 금액을 두 배로 돌려주겠다는 제안이었다. 이 제안을 거절할 경우, 그 돈을 활용할 수 없을 뿐 아니라 사우디 국적을 빼앗긴다는 단서도 함께였다. 정부로서는 최고의 패를 던졌던 것이다. 사실 오사마는 거의 매일 어머니와 연락을 하고 있었다. "그는 어머니에게 거의 매일 전화를 걸어 여러 가지 사소한 안부를 물었다. 무엇을 하느냐, 무슨 요리를 할 것이냐, 외출을 하려고 하느냐……"[38] 그때까지 그는 한 번도 어머니의 뜻을 거역한 적이 없었다. "어머니를 위해서라면 내 삶을 다 포기할 수 있어요. 그런데 지금 하시는 말씀은, 나보고 이슬람에 등을 돌리라는 겁니다. 종교의 적들에 대항해 싸우고 있는 내게, 휴전을 선포하라는 말씀이세요?"[39]

오사마는 국적을 박탈당했다. 빈 라덴 일가와 친척들은 여세를 몰아 오사마와 인연을 끊겠으며 그가 사우디아라비아에 돌아와서는 안 된다는 공식 성명을 발표했다. "가족 전원의 이름으로 우리는 오사마 빈 라덴이 저지른 모든 행위에 대해 유감을 표시하며 그를 규탄하는 바이다." 그의 행동은 근본적으로 바뀌었다. 아이들에게 새끼 동물들을 데려다주며 즐거워했던 그였으나 그 동물들 곁에서도 위안을 얻을 수 없었다.

가족들은 그가 가족을 위해 마련한 농가에서 아무 고민 없이 수영을 즐기거나 좋은 시간을 보내며 다소나마 즐거움을 찾기를 바랐다. 이번에는 새끼 원숭이가 아이들과 어른들에게 즐거움을 안겨주었다. 그러나 빈 라덴의 부하 중 한 명이 녀석을 붙잡아 일부러 유조차로 치어버리는 사건이 일어났다. 그는 그 새끼 원숭이가 동물이 아니라 신의 손에 의해 원숭이로 둔갑한 유대인이라고 주장하며 자신의 잘못을 합리화하려고 했다. "유대인이 원숭이로 둔갑했다는 말도 안 되는 생각을 병사의 머리에 주입한 사람이 나의 아버지였다는 사실을 알고 나는 더욱더 비통해할 수밖에 없었다." 오마르는 한탄했다. 형제들은 즐거움이 잔인할 정도로 배제된 그들의 생활에서 유일한 재미를 안겨주던 원숭이의 운명에 눈물을 흘렸다. "아무리 함께 전투를 한다고 해도, 그렇게 교양 있고 부드러운 목소리를 가진 아버지 같은 분이 그런 불한당들을 참아낼 수 있단 말인가?"

1995년 6월 26일, 이집트 대통령 호스니 무바라크에 대한 암살 시도가 있었다. 이집트 내 이슬람 조직 EJI가 배후세력으로 지목되었다. 수단 EJI의 보호자는 빈 라덴이었다. 이제 그는 외교상 기피인물로 간주되었다.

일 년 후, 나지와의 아파트에서는 중요한 회의가 열렸다. 어머니 주위에 둘러앉은 빈 라덴 가문의 아들들은 번민에 빠진 아버지의 말이 떨어지기를 기다렸다. "아버지의 얼굴은 괴로움으로 일그러져 있었다. 처음으로 아버지 때문에 내 마음이 아파왔다." 오마르는 이렇게 회상했다.

"너희들에게 할 말이 있다. 나는 내일 이곳을 떠난다. 오마르를 데리고 갈 생각이다."

형제들이 항의했다. "왜 오마르만 데리고 가시는 거예요? 왜 우리는 아버지를 따라갈 수 없는 거죠?"

"묻지 말거라. 오마르, 짐을 챙길 필요는 없다. 칫솔도 빗도 가져가지 마라. 그냥 몸만 가는 거다."

오사마는 나지와에게 방으로 따라오라는 신호를 보내고 거실을 나갔다. 아내에게 작별 인사를 하고 마지막 명령을 내려야 했다. 새벽 기도가 끝난 후, 그는 아무도 모르는 곳을 향해 날아갔다.

칸다하르의 우물 파는 여인들

"오마르가 나를 살렸소."

1996년 9월, 아프가니스탄 잘랄라바드.

산 속에 파묻힌 비행장에서 작은 도요타 트럭의 긴 행렬이 하르툼에서 오는 아주 특별한 손님을 기다리고 있었다. 나지와, 하이리아, 시함, 그리고 아이들은 비행기 창을 통해 아프가니스탄을 처음 대면했다. "나의 가슴은 두방망이질 쳤지만 어디가 되었건 우리 가족이 다시 모였다는 사실에 기뻐해야 한다는 생각을 떠올리자마자 불안감이 덜해졌다." 족장 빈 라덴의 아내 나지와는 이렇게 이야기했다.

넉 달 전부터 오사마의 아내들은 불안과 막연함 사이에서 갈피를 잡지 못했다. 그 길었던 넉 달 동안 그녀들은 오사마의 행방을 알 수 없었다. 오사마 역시 나지와가 열 번째 아기를 임신했다는 사실을 몰랐다. 결혼한 이후 남편과 자주 떨어져 있었던 그녀였으나 이번에는 돌이킬 수 없는 변화가 가족들을 기다리고 있다는 것을 느꼈다. "평온한 바다 아래에서도 쓰나미가 다가옴을 느끼는 동물들처럼 막연한 예감이 나를 사로잡았다."

참을성이 많은 그녀에게도 오사마와 오마르의 부재는 견디기 힘든 것이었다. 어느 날 아침, 심장 박동이 빨라지기 시작했다. 집안 고용인들이 다음 날 하르툼을 떠나야 한다고 알려주었던 것이다. 오사마의 메시지는 그다지 분명하지 않았다. 각자 갈아입을 옷 두 벌 외에는 소지품을 가져오지 말라는 전갈이었다. 가재도구도 금지였다. 그는 바늘 한 개도 가져와서는 안 된

다고 못박았다. 그러면서도 가장 중요한 목적지에 관해서는 한 마디도 언급
이 없었다. 세 아내는 특별 전세기의 앞자리에 앉았고 다른 좌석은 가족들
과 동행한 오사마의 부하들이 차지했다.

아무도 이야기를 할 기분이 아니었다. 목적지에 도착했지만, 그의 모습은
보이지 않았다. 그가 가족들을 마중 나오지 않은 것은 이번이 처음이었다.
넓은 정원으로 둘러싸인 카불 강가의 아름다운 저택은 가족들을 안심시켜
주었다. 예전에 궁전으로 쓰이던 평지붕을 얹은 순백색의 저택에는 전기와
수도 시설이 갖추어져 있었다. 오사마의 친구이자 율법학자로 개인 재산에
연연해하지 않는 한 자선가의 소유인 그 저택은 이제 새로운 지도자의 아내
자리에 오른 세 여자의 거처가 되었다. 그러나 그가 아프가니스탄에 온 이
유는 화려하고 안락한 생활을 하기 위함이 아니었다. "친구여, 미래가 걱정
되오. 나는 아주 많은 것을 잃었소. 나에게 딸린 가족이 많다오. 아내와 아이
들을 거느린 동지들이 많기 때문이지. 모두가 나에게 의지하고 있소." 오사
마는 아량이 넓은 친구에게 이렇게 말했다. 그러자 친구는 칸다하르에 펼쳐
진 드넓은 대지를 그에게 선물했다. "여기에 집들을 짓고 친구들과 가족들
을 불러 오시오." 그는 토라보라의 '검은 먼지'라는 산을 통째로 선물하기
도 했다.

수단의 하르툼을 떠난 오사마는 아프가니스탄으로 건너와 1992년부터 권
력을 잡은 마수드 장군을 전복시키려는 전쟁을 벌이는 탈레반에 합류했다.
9월 27일, 카불은 모호한 신념의 소유자로 비밀에 싸인 전투원이자 율법학
자인 무함마드 오마르에게 장악되었다. 그는 '회교 국왕'이라는 칭호를 사
용했다. 빈 라덴은 완고한 무자헤딘 전사이자 명사수이며 나라가 침략당하
는 꼴을 보느니 차라리 자신의 얼굴에 멍을 내고 한쪽 눈을 잃을 각오를 한
오마르의 힘을 굳게 믿었다.

그러나 무함마드 오마르는 사우디아라비아에서 추방된 오사마와의 만남을 서두르지 않았다. 넉 달이 지난 후에야 그는 차를 함께 마시자고 그를 초대하기 위해 사람을 보냈다. 오사마가 보기에 그가 내민 손은 '모든 문제에 대한 답'이었다. 이로써 그는 새로운 '빈 라덴 산' 정상에 가족들을 불러 모을 수 있게 되었다.

무함마드 오마르의 관심을 기다리는 몇 개월 동안 오사마는 아들 오마르와 더욱 가까워질 수 있었다. 수단에서 축출된 일로 깊은 상처를 받은 오사마는 향수에 젖은 표정으로 아들에게 나지와의 조국인 시리아에서 보낸 행복했던 어린 시절의 이야기를 들려주었다. 그 시절, 세상은 그에게 이런 분노를 심어주지 않았다. 한편으로 그는 어머니 알리아와의 관계에 회의를 품었다. "사실, 우리 가족과 연관된 모든 사람들은 아버지가 어머니나 작은어머니들보다는 할머니에게 더욱 깊은 애정을 느낀다는 것을 잘 알고 있었다." 오마르의 의견이다. 오사마는 아들에게 자신의 친부모가 이혼할 수밖에 없었던 이유까지 털어놓기에 이르렀다. 알리아가 사우디아라비아 최고 부자로 손꼽히는 사람들 중 한 명과 결혼한 것은 분명했지만, 집에는 살림을 거들어줄 하녀가 단 한 명도 없었다. 심지어 그녀는 세탁탈수기를 들여놓고 뿌듯해했다. 그러던 어느 날, 그 기계가 과도하게 회전을 하더니 부속품들이 튀어나와 알리아의 배를 세게 쳤다. 바닥으로 쓰러진 그녀는 오사마의 남동생이나 여동생이 될 수 있었던 두 번째 아기를 유산했다.

또한 그는 감히 '아버지'라 부르지 못하는 '빈 라덴 할아버지'에 관한 다른 이야기도 들려주었다. "그분은 아내들에게 한 줄로 서서 베일을 걷어 올리라는 명령을 내리는 불쾌한 습관을 가지고 있었단다. 그리고는 젊은 남자 하인들에게 가장 예쁜 아내를 뽑으라고 했지. (……) 네 할아버지의 아내들은 물론 그런 식의 취급을 받는 것을 한탄했다. 그 당시, 여자들은 베일을 쓰는 것을 당연하다고 생각했고 창녀들처럼 한 줄로 서야 한다는 것을 모욕으로 받아들였기 때문이란다. 그렇지만 네 할아버지는 집안의 왕이었고 모두가 그분의 말에 복종해야만 했어."

나지와와 떨어져 있는 몇 달 동안 오마르는 성인이 되었고 그토록 바라던 아버지의 신임을 얻었다. 가족들이 도착한 다음 날, 오사마는 아프가니스탄과 파키스탄 국경지역에 어머니가 와 있다는 사실을 아들에게 알렸다. "아프간 무자헤딘의 복장을 한 아들을 거의 못 알아볼 뻔했다." 나지와는 이렇게 회상했다. 그러나 아들이 가져온 소식은 그리 반가운 것이 아니었다. 가족들이 묵을 아파트가 어디에 있느냐고 묻자, 오마르는 모두 토라보라로 가서 살아야 한다고 대답했다. "왜 거기로 가야 하는지 알 수 없었지만, 오사마의 곁에서 보낸 수십 년 동안 내가 배운 것은 절대로 질문을 하지 말아야 한다는 것이었다."

'빈 라덴 산'으로 가는 길은 험했고 베일을 썼음에도 불구하고 세 아내는 걱정스러운 표정을 감추지 못했다. "어머니, 이해해요. 처음에는 겁이 나지만 운전사들이 최고 실력자들이에요. 아직 아무도 떨어진 적이 없어요." 오마르는 나지와를 안심시키려 했다. 그는 특히 앞으로 펼쳐질 삶이 얼마나 고될지에 대해 언급하지 않으려고 애썼다. 산 위의 방 여섯 개짜리 협소한 집이 그들을 기다리고 있었다. 산에서 캔 화강암 덩어리로 벽을 올리고 짚으로 지붕을 얹은 후 나무 조각 몇 개로 받쳐 놓은 집이었다. 겨울이 다가오고 있었지만 집에는 창문도, 문도 없었고 전기며 수도시설도 마련되지 않았다. 오사마는 흙을 다진 바닥 위에 허름한 카펫 몇 개를 깔고 가스버너 세 개를 놓아두었다. 이웃집에서 물을 길어 오기 위한 양동이도 하나 준비되어 있었다. 나중에야 뚫린 창에는 유리문 대신 동물 가죽을 걸었다. 이번 생존 훈련은 하룻밤 만에 끝나는 것이 아니었다.

점점 가까워지는 산을 바라보면서 나지와는 떨리는 마음을 겨우 가라앉힐 수 있었다. "남편이 너무나 먼 나라의 이렇게 높은 산에 개인적인 애착을 가졌다는 점이 별로 마음에 들지 않았다." 그러나 놀라운 일이 그녀를 기다리고 있었다. "오사마가 여기가 나의 새 집이라고 말했을 때, 나는 그 말을 믿지 않았다. 그는 내가 겪어야 했던 일에 대해 절대 용서를 구하는 법이 없었다. 그 날도 마찬가지였다."

오사마는 산 위의 오두막집이 최고로 아름다운 궁전이라도 되는 듯이 집의 장점을 열정적으로 설명했다. 부대의 공격으로부터 가족을 보호해줄 철조망으로 둘러싸인 집, 길이 너무 험해 경찰조차 함부로 찾아올 수 없는 궁전. 용변과 설거지를 모두 해결할 수 있는 한 줄기 개울물이 옆으로 흐르는 궁전.[40] 손님들을 위해 매일 양을 한 마리씩 잡았던 그가 이제는 대추야자와 꿀, 그리고 빵으로 만족해야 했다. 나지와는 즉시 앞으로의 식사가 얼마나 단순할지 눈치를 챘다. "먹을 것이라고는 계란, 계란, 계란 아니면 (……) 쌀, 쌀, 쌀뿐이었다."

오사마의 아내들은 이제 익숙한 아바야를 버리고 아프간 방식으로 옷을 입어야 했다. 그들은 눈 부근에 구멍을 낸 텐트 모양의 긴 옷인 부르카를 입었다. 나지와는 베일 안에 남몰래 입었던 예쁜 옷들을 포기해야 하는 것이 아쉬웠다. 게다가 천 사이로 앞을 보고 과녁을 조준하는 것도 쉽지 않았다. 기지가 공격을 당할 경우에 대비해, 오사마는 직접 아내들에게 무기 사용방법을 가르쳤다.[41] 전장에서 남편과 처음으로 함께 살게 된 아내들은 환상에서 깨어나게 되었다. 나지와는 아이들의 건강이 걱정되었다. 그녀의 눈에 비친 오사마는 '숨을 쉬는 시체'였다.

아이들이 아버지를 못 보는 것에 대해 불평을 하며 아버지에게 자신들의 뜻을 전해달라고 부탁을 하자, 그녀는 무기력함을 느꼈다. "어머니, 아버지는 늘 우리 옆에 안 계셔요. 우리에게도 아버지의 관심이 필요하다는 말씀을 좀 전해주세요, 네?" 오사마에게 한 번도 반대의 뜻을 내비친 적이 없는 나지와였으나, 아이들에게는 뭔가를 해 보겠다고 약속했다. 그녀는 적당한 말을 찾아 단호하게 의사표시를 하며 '아이들의 뜻'을 전했다. 그리고 그 일을 두고두고 잊지 못했다. "당신이 이해해주어야 하오. 내 머리는 세계의 일로 꽉 차 있소. 나는 밤낮으로 아이들과 시간을 보내는 이상적인 아버지가 될 수 없다오." 나지와는 얼마 남아 있지 않은 힘을 다해 아이들을 격려하려 했다. 특히 얼마 전부터 남편이 그가 하는 일에 대해 입을 다물고 있다는 사실을 감추려고 애썼다. 그러나 작은 방 두 개가 전부인 집안에서 비밀을 지키기는 힘들었다. "결혼 초와는 달리 아버지가 더 이상 어머니를 믿지 않는다는 것을 눈치챘다. 너무나 여러 곳에서 아버지를 필요로 했던 나머지 당신의 개인적인 관계는 말린 대추야자처럼 하찮은 것이 되었다. (……) 그 때문에 어머니에 대한 아버지의 지극한 사랑도 치명타를 입었다." 오마르는 이렇게 기록했다.

또 임신을 한 나지와는 어느 날 밤, 당황한 채 가파른 벼랑가로 나와 차가운 돌 위에 앉았다. "세상에 나 혼자뿐이라는 느낌이 들었다. 부르카를 입은 나를 모든 이들이 잊었다는 생각이. 지구상에 나지와 가넴 빈 라덴의 존재를 아는 사람은 거의 없었다. 하지만 대체 누가 내가 살아 있다는 것을 부인할 수 있단 말인가?" 그날 저녁, 아이들에 대한 사랑과 깊은 신앙이 그녀의 파멸을 막았다. 어머니에게 검은 먼지 산에서 살아야 한다는 소식을 알렸던 오마르가 이번에는 구원의 소식을 전해주었다. 가족들이 도심으로 돌아간다는 것이었다. 남은 문제는 그 시기가 언제인지, 특히 그녀의 생명을 위협할지도 모르는 해산 전에 산을 내려갈 수 있을지였다.

아내의 길

모든 것이 결핍된 와중에서도 다행히 나지와는 잘랄라바드에서 건강한 딸을 출산했다. 오사마는 도시 외곽, '성전의 별'이라는 뜻의 '나즘 알지하드'라는 별명을 붙인 지역에 새로운 본부를 세우기로 결심했다. 250여 명의 사람들이 이 복합건물 단지 안에서 생활을 했고 각 가족은 벽으로 사생활이 보장되는 집을 배정받았다. 빈 라덴 가족은 한 아내당 한 채씩, 모두 세 채의 집을 차지했다. 물질적인 상황이 해결되었고 기지의 넓은 공간을 사용할 수 있게 되면서 '빈 라덴 산' 위를 지배하던 폐소 공포증도 사라졌다. 오사마는 지휘본부와 젊은이들을 훈련하는 훈련장을 마련했고 그들의 젊은 아내들에게는 마침내 무력 투쟁과 결혼 생활을 양립하는 기회를 가질 수 있다는 희망을 제공했다.

1997년 초, 남편이 마수드가 이끄는 북부동맹군과의 전투라는 임무 수행을 계획하는 동안 나지와, 하이리아, 그리고 시함은 전투원들의 아내들과 함께 시간을 보내며 지루함을 달랬다. 페샤와르에서 구성되었던 작은 사회가 이곳에서 다시 생겨났다. 그러나 그곳에서 누렸던 화려함은 허락되지 않았다. 오사마의 아내들은 마을에서 멀리 떨어진 지역에 사는 캐나다 출신 한 전사의 아내인 마하 엘삼나와 그들의 딸 자이납을 알게 되었다. "빈 라덴 부인들은 사귀기 쉬운 사람들이 아니었다. 아니, 어쩌면 굉장히 원만한 분들이었지만 금지된 부분이 너무 많은 것 같았다." 자이납은 이렇게 회상했다. "빈 라덴 부인들과 친밀한 관계를 맺는 것은 불가능했다. 어차피 그들과 자유롭게 교류를 할 수도 없었다. 매사에 조심하는 태도 때문이었다." 마하와 자이납은 결혼식이 있을 때 오사마의 아내들을 볼 수 있었으나 특히 공부 모임에서 주로 만났다. "두 시간짜리 그 수업은 그들의 집에서 진행되지 않았다. 금지사항이 너무나 많아서 사람들은 그들을 일주일에 한 번밖에 볼 수 없었다. 일주일에 한 번 집 바깥으로 나올 수 있었던 것이다.”[42] 마하는 이렇게 전했다. 오사마의 아내들은 코란 공부 시간에만 외출이 허락되었고 그 기회에 기지 내의 모든 여자들을 한꺼번에 만났다. “가끔씩 여자들이 작은 바자회를 열어 물건들을 파는 경우가 있었는데, 그때에 그들을 만날 수 있었다.” 마하는 이렇게 덧붙였다.

사회적인 생활을 매주 두 시간으로 정한 규율에 복종하여 자기를 헌신하는 태도로 인해 오사마의 아내들은 기지 내 많은 여자들의 존경을 받았다. “굉장히 부유한 집안 출신임에도 불구하고 아주 검소한 생활을 하는 그들을 매우 존경했다. 수도와 전기가 갖추어진 집에 사는 나는 그녀들에 비하면 여왕이나 다름없었다.” 마하는 또 이렇게 말했다.

오사마의 아내들이 똑같은 인기를 얻은 것은 아니었다. 다른 많은 여자들과 마찬가지로 마하와 자이납은 하이리아를 특히 좋아했다. “그녀는 모두의 이야기를 들어주었다. 상대가 몇 살이건 무슨 문제가 있건, 하이리아는 상대가 스스로 바보스럽다고 생각하지 않게끔 대해주었다.”[43] 그녀는 다른 여자들의 걱정거리에 귀를 기울였다. “우리는 주위의 모든 것이 무너질 수 있다는 사실을 알고 있었고 그 때문에 늘 의기소침해 있었다. 그러나 하이리아는 우리 모두의 사기를 북돋아 주었다.” 마하와 자이납은 모든 악조건에도 불구하고 언제나 깨끗하고 정리가 잘 되어 있는 하이리아의 집을 방문하는 것을 좋아했다. 집에는 침대 하나와 옷을 정리해 넣어둔 간단한 상자 하나가 있었다. 남편을 위해 하이리아는 언제나 문 뒤에 아프가니스탄 옷을 걸어 두었고 욕실에는 자신이 쓰는 향수와 남편이 쓰는 향수를 놓아 두었다. 여러 번 유산을 했음에도 불구하고 빈 라덴의 아내들 중 가장 연장자인 그녀는 항상 평온을 유지했다. 나지와가 오사마의 곁에 있는 한 하이리아는 두 번째 부인 이상의 존재가 될 수 없었기에 그가 청혼했을 때 그녀의 친정 식구들은 강하게 반대를 했다. 그러나 진정한 전사와 결혼하기를 바랐던 하이리아는 오사마의 청혼을 받아들였다.

오사마는 아내들을 평등하게 대하겠으며 동지 관계를 유지하겠다고 약속했다. 그러나 누가 보아도 오사마의 사랑을 가장 많이 받는 아내는 하이리아였다. 특권을 누리는 그녀를 향한 질투는 불가피한 것이었다. 시함은 박사 학위가 있는 하이리아에게 비교되어 자신의 지성이 인정을 받지 못하는 느낌 때문에 기분이 나빴다. 그녀 역시 차분하고 언제나 정리정돈이 잘 된 집을 유지하는 안주인이었고 아들이 기지 내 사립학교에 간 사이 세 딸들에게 공부를 가르치는 선생이었다. 또한 시함은 어린 자이납에게 아랍어 문법 기초를 가르쳤고 수업이 끝난 후에는 세 딸과 함께 먹을 수 있도록 저녁식사를 대접하기도 했다. 오사마는 매일 시함의 집에 들러 딸들에게 수학과 과학을 가르쳤고 가끔은 얼마나 열심히 공부를 했는지 알아보기 위해 필기시험을 보기도 했다.

나지와는 옷에 대한 집착을 더욱더 키우며 몇 년 전 제다에서 시작한 일종의 반란을 계속했다. 쇼핑과 화장은 거의 생명을 좌우하는 일이 되었다. 그녀는 캐나다에 자주 다녀오는 마하와 자이납에게 화장품과 란제리를 사다 달라고 부탁하곤 했다. 나지와는 오사마의 눈에 언제까지나 매력적으로 비추어지기 위해 최선을 다했다. 임신은 여전히 계속되었다. 그녀는 운동복을 입고 집을 빙 둘러싼 작은 마당에서 달리기를 하며 체력을 단련했다. 그러나 남편의 다른 아내들에 대한 질투로 결혼생활은 타격을 입었다. '나지와는 오사마와 끊임없이 다퉜다. 나는 그녀에게 늘 이렇게 조언했다. '오사마는 눈짓 하나로 당신을 제거할 수 있는 사람이에요. 같이 있어 주는 걸 고마워해야죠. 찾아올 때마다 괴롭히지 말아요.' " 나지와의 친구 마하는 이렇게 회상했다. 오사마의 경호원은 그의 아내들 중에서 "가장 반항적인 아내가 나지와였다. 가장 예뻤던 만큼 제멋대로이기도 했다. 오사마가 좋아하고 싫어하는 것을 환히 알고 있는 사람도 바로 그녀였다. 가장 헌신적인 아내는 하이리아였다."고 전했다.

하이리아와는 달리 나지와는 반란군으로 가득한 기지에서 살 수 있는 인물이 아니었다. 그녀는 따뜻하고 쾌적한 분위기를 만들려고 했다. 아이들을 위해 벽을 꽃과 포스터, 그리고 색깔이 예쁜 책들로 장식했다. "재미있는 시간을 보내고 싶으면 나지와의 집으로 갔고 조언을 듣고 싶으면 하이리아의 집으로 갔다." 마하와 자이납은 이렇게 회상했다. 그러나 자이납은 나지와의 딸들은 '어려서부터 어머니가 일을 하지 않았기 때문에' 집안일을 많이 해야 했다고 말했다.44) 어느 날 자이납과 놀던 나지와와 오사마의 딸 파티마는 아버지와 관계된 남자와는 절대 결혼하지 않겠다고 했다. "왜냐하면 어디를 가든 아버지가 뒤쫓아올 테니까." "뭐야, 그 사람이 너와 결혼했다는 게 죄가 된다는 거니!" 자이납이 이렇게 말하자 파티마는 크게 웃었다. 또 어느 날에는 파티마가 그녀에게 카세트 몇 개를 빌려달라고 했다. 자이납은 친구의 부탁을 받아주며 오사마가 그 카세트에 녹음된 음악을 들으면 카세트를 당장에 부수어 버릴까봐 겁이 나니 그에게는 비밀로 해야 한다는 조건을 내걸었다. "우리 아버지는 그렇게 엄한 분이 아니야. 절대 부수지 않아. 부하들 앞에서만 무섭게 하시는 거야." 사춘기 소녀 파티마는 이렇게 반박했다. 자이납은 깜짝 놀라 오사마도 가끔 음악을 듣느냐고 물었다. "당연하지, 음악은 아버지가 하시는 일에 전혀 방해가 되지 않는걸."

엄격한 오사마도 딸들에게는 너그러웠다. 말에 대한 사랑이 지극한 그는 동료들의 눈을 피해 하이리아의 집에 책장을 들여놓고 말에 관한 책들을 채워 넣기도 했고 색칠 공부 세트와 말 사진도 허락을 했다. 아들들은 닌텐도 오락을 하며 갑갑한 기지에서의 무료함을 달랬다.[45] 큰아들 압둘라가 사우디아라비아로 달아나 삼촌들과 화해를 하고 어린 시절을 보낸 궁전으로 되돌아간 이후 오사마도 지나치게 강압적인 태도를 버렸다.

그는 아내들과 딸들과 함께 오붓한 시간을 보내기 위해 가끔 기지를 벗어나 외출을 했다. "그는 무기와 말을 챙겨 외출을 하곤 했다. 아내와 딸들에게 사격과 승마를 가르치기 위해서였다. 그럴 때에는 부하들을 대동하지 않았다." 빈 라덴의 경호원이 들려준 이야기이다.

"빈 라덴 부인들과 자주 만날 수는 없었지만, 언제나 깨끗하고 다림질이 잘 된 그의 옷이며 경호원들에게도 감출 수 없는 그의 미소를 보며 나는 그 분들을 존경하게 되었다." 나세르 알바흐리는 이렇게 말했다. "나지와가 아무도 따라올 수 없는 미인이라는 데에는 모두가 동의했다. 하이리아는 덜 매력적이었지만 만장일치로 존경을 받았다. 그녀는 모든 성 전사들의 어머니 같은 존재였고 오사마의 아들들에게 코란을 가르쳤다. 나도 종교에 대한 의문이 들 때면 그녀에게 물어 답을 얻곤 했다."[46] 확실히 하이리아는 그 좁은 세계 속의 사람들을 자신에게로 끌어들이는 재능을 타고난 것 같았다. 오사마와의 사이에서 아들을 한 명밖에 낳지 않았기 때문에 다른 사람들에게 집중할 시간이 많았던 것은 사실이다. "그녀는 부부들의 문제를 해결했고 종교 활동을 준비했으며 전투원들의 아내들을 불러 이야기를 나누었다." 하이리아로부터 결혼생활에 관한 여러 가지 충고를 듣고 도움을 받은 나세르 알바흐리는 또 이렇게 증언했다. "나의 꿈은 성전에 참여하여 순교자가 되는 것이었지만 나의 첫 번째 아내는 아프가니스탄에서의 생활을 좋아하지 않았다. 그래서 같은 꿈을 꾸는 다른 여자를 찾았다." 오사마는 결혼의 위기를 맞은 부하들을 힘껏 도왔다. "두 번째 아내 움 하비브를 기지로 데려간 이후, 나는 오사마가 부부들을 상대로 가르침을 베푸는 자리에 참석했다. 그는 부부 생활에 관한 조언을 들려주었는데, 이를테면 부부싸움이 일어났을 때 남자가 어떤 태도를 취해야 하는지 등에 관한 내용이었다. 그는 화가 난 상태에서는 아내와의 언쟁을 피하라고 했다.” 역시 나세르 알바흐리가 전한 말이다.

그의 아내 움 하비브는 남편에게 모든 것을 헌신한 오사마의 아내들이 사는 모습을 처음으로 증언했다. “내가 기지에 도착했을 때, 방문한 유일한 곳은 하이리아의 집이었다. 그녀는 매주 일요일마다 ‘여성 모임’을 열었다. 오후 세 시에서 여섯 시까지 계속되는 그 모임에서 하이리아는 신을 기쁘게 해 드리기 위해 우리가 인내하고 견디는 것이 얼마나 중요한지에 대해 강의를 했다.”47) 움 하비브가 아기를 낳을 때 오사마의 세 아내는 다 같이 그녀의 곁을 지켰으나 이후까지 어머니의 역할을 가르쳐 준 사람은 바로 하이리아였다. “나의 아내는 엄격하지만 정말로 친절했던 하이리아에 대한 추억을 두고두고 간직했다.” 나세르 알바흐리는 이렇게 전했다. 움 하비브는 더 자세한 이야기를 들려주었다. “사람들과 같이 있을 때, 오사마의 세 아내들은 남편에 대해 거의 이야기를 하지 않았다. 그러나 하이리아와 함께 있을 때면 내가 마치 빈 라덴을 직접 만나고 있는 것 같은 기분이 들었다.” 하이리아는 학생들에게 남편이 자신의 갈 길을 선택했으며 정치적 상황에 대해 늘 차가운 태도를 유지한다고 설명했다. “모임에서 우리는 하이리아가 남편의 정치적 상황을 잘 알고 있다는 느낌을 받았고 그녀가 남편을 진심으로 지지한다는 것을 알 수 있었다.” 움 하비브는 아프가니스탄의 높은 산 위에서 가까이 지내며 알 수 있었던 오사마의 세 아내들의 성격에 대해 이야기했다. “나지와는 질투심이 강했다. 그녀는 언제나 첫 번째 아내의 자리를 지키려고 했다. 시함은 신경질적이었으나 교양이 있었고 대화를 할 때에도 개방적이었다. 하이리아는 차분한 성격의 소유자였다.”

나세르는 나지와가 모두의 사랑을 한 몸에 받는 하이리아를 많이 질투했고 이슬람교에 대한 그녀의 박식함에 샘을 냈으며 오사마의 아내들 사이에 전쟁에 버금가는 팽팽한 긴장감이 감돌았다고 전했다. "분위기는 좋은 편이었지만 다른 아내들과 스타일이 확실히 다른 나지와가 끼면 좋은 분위기가 유지되지 못했다." 그러나 오사마의 시중을 들어야 할 때에는 세 아내 사이의 갈등이나 분노는 깨끗이 사라졌다. "인터뷰가 있을 때마다 오사마의 아내들은 함께 그를 위한 준비에 몰두했다. 한 사람은 터번을, 또 한 사람은 옷을, 다른 한 사람은 머리와 수염을 맡았다." 아내들의 정성 덕분에 오사마는 인터뷰 때마다 멋진 차림새를 유지했다. 이를 기회로 사람들은 지도자에게 농담을 던졌다. "오늘 아주 예뻐 보이십니다."[48] 남편에게 음식을 대접할 경우, 경쟁은 더 치열해졌다. "오사마의 아내들은 있는 솜씨를 다 발휘하여 새로운 요리를 준비했고 특히 라마단 기간 동안에는 과자나 케이크를 만들기도 했다. 그들은 앞다투어 화덕 앞으로 달려가 전사들의 배를 풍족하게 채워줄 수 있는 음식을 만들었다."

오사마가 자식들에게 직접 과학을 가르치기는 했으나 기지 안에는 남자아이들을 위한 학교가 두 개 있었고 무기 다루는 법을 가르치는 학교도 하나 있었다. 탈레반은 여자아이들을 학교에 보내는 것에 반대했기 때문에 어머니들은 '기지'의 책임자들을 상대로 딸들의 교육을 위한 대책을 내놓으라고 압력을 가했다. 그러나 탈레반의 땅에 여학교를 세운다는 것은 일종의 도박이었다. 심사숙고 끝에 남자들은 하이리아를 교장으로 내세워 여학교의 문을 열었다. 하이리아는 그 선구자적인 역할을 맡으며 철학과 교수인 자와히리의 아내 아자의 도움을 청했다. 아자는 소외된 기지의 여자아이들을 위해 모든 노력을 아끼지 않았다. "그녀는 비범한 사람이었고 모범적인 여성상 그 자체였다."[49] 그녀와 함께 일했던 한 동료의 회상이다. "매우 지

인터뷰가 있을 때마다 오사마의 아내들은 함께
그를 위한 준비에 몰두했다. 한 사람은 터번을,
또 한 사람은 옷을, 다른 한 사람은 머리와 수염을 맡았다.

적이고 재미있었으며 신랄한 동시에 매사에 긍정적인 분이었다. 분명 여러
여자들에게 이야기를 하고 있는데, 마치 나 한 사람에게 이야기하고 있다는
느낌을 받게 하는 재능을 가진 사람이기도 했다."

칸다하르는 축제의 도시가 아니었다

1997년 봄. 빈 라덴이 내린 명령에 기지의 가족들은 불안감에 휩싸였다.
현재 기지에서 철수해 아프가니스탄 중남부의 도시 칸다하르로 옮겨 가야
한다는 것이었다. "철수한다는 것은 반드시 필요한 것만을 챙기고 나머지는
다 놓아두고 가야 한다는 것이지요."

빈 라덴의 아내들은 급히 150킬로미터 떨어진 지점에 있는 카불 공항으로
갔다. 500킬로미터 남쪽의 도시로 그들을 데려다 줄 비행기 한 대가 대기 중
이었다. 그런 결정적인 순간에도 오사마는 비행기 공포증을 극복하지 못했
다. 그는 비행기가 너무 낡아 믿을 수 없다는 이유로 비행기에 오르지 않고
가장 덜 험한 길을 골라 육로 여행을 하겠다고 선언했다. 무함마드 오마르
는 알카에다의 수장인 빈 라덴에게 소련이 아프가니스탄을 점령한 기간 동

안 소련군에 의해 건설된 거대한 복합건물단지를 내주었다. 비행장에서 십여 킬로미터 떨어진 곳에 위치한 그 단지에는 약 80여 채의 집이 들어서 있었다. 사방을 둘러싼 벽에 남아 있는 총알 자국과 미사일의 흔적은 10여 년 전에 이미 끝난 전쟁을 다시 떠올리게 했다. 물론 그곳에는 편의시설이 전혀 없었다. 전기도 수도도 기대하지 말아야 했다.

오사마의 세 아내들은 각자 집 한 채씩을 배정받았고 다른 250여 명의 사람들은 남은 집을 나누어 썼다. 오사마가 부하들에게 내린 첫 번째 명령은 부인들의 집을 보호하는 벽을 쌓아올리라는 것이었다. 칸다하르를 구경하고 싶다는 이야기는 거의 나오지 않았다. 도시의 일부는 파괴되었고 더러웠으며 하수도 역시 파헤쳐져 폐수가 거리의 인도 옆으로 흐르고 있었다.

그토록 너그럽던 아자는 다운증후군 장애를 가진 딸을 출산한 이후 전적으로 어머니를 필요로 하는 아기에게 전념하면서 다른 여자들에게 시간을 내줄 수 없게 되었다. 기지 내에서 가족만의 생활은 거의 불가능해졌다. 성전에 대한 열정에 사로잡힌 오사마의 곁으로 모여든 사람들은 전쟁으로 구원을 받고자 하는 이들로 정상적인 궤도를 벗어난 사람들이었다.

1998년 여름, 오사마의 광기는 극에 달했다. 칸다하르에 도착한 이후 '가족'이라는 단어는 '기지' 활동을 위한 암호명이 되었다. 8월 7일, 외부에 큰 파장을 일으킬 그의 첫 번째 계획이 실현되었다. 탄자니아의 다르에스살람과 케냐의 나이로비의 미국 대사관 앞에서 자동차 두 대가 동시에 폭발했다. 미국 비밀정보부는 곧 200명의 사상자를 낸 이 테러사건으로 위험하고도 주도면밀한 적의 존재를 알아차렸다. 오사마는 다시 태어난 것 같았다. "아버지가 그렇게 기뻐하시는 것은 처음 보았다. 아버지는 환하게 빛나고 있었다." 오마르는 이렇게 회상했다.

몇 년 전만 해도 민간인에 대한 폭력에 결사반대하던 그가 이제는 일말의 후회도 하지 않는 사람으로 변해 있었다. "적이 군사용 건물이나 정부 청사 앞에 민간인들을 세워 방패로 삼는다면, 그 민간인들을 먼저 제거해야 한다." 미국 수뇌부는 보복에 돌입했고 오사마는 잠시 오마르를 데리고 아프가니스탄 북부로 몸을 피하기로 결정했다. 칸다하르에 남겨지는 아내들의 운명을 걱정하는 것 같지는 않았다. "위험할 것 없소. 클린턴에게는 부녀자들이 있는 기지를 공격할 배짱이 없소." 나지와, 하이리아, 그리고 시함은 그 말을 그대로 믿을 수 없었다. 오사마가 자취를 감춘 한 달 동안 미국은 보복공격으로 기지에 토마호크 순항미사일을 발사했다.

아프가니스탄에 가해진 보복공격을 교묘하게 피한 이후, 다시 돌아온 오사마의 생활은 제 리듬을 되찾았다. 아들들을 데리고 기지 안에서 말을 타던 그는 말을 제법 잘 다루는 아들들을 보고 경주를 제안했다. 그러나 왼쪽 눈이 거의 보이지 않는 그는 앞에 깊은 구덩이가 있다는 사실을 알아차리지 못했다. 말이 넘어지면서 땅에 내팽개쳐진 그는 창백한 얼굴로 신음하며 몸을 움직이지 못했다. "자와히리 선생님이 작은어머니 하이리아의 집으로 왔다." 갈비뼈 몇 대가 부러진 탓에 그는 될 수 있는 한 오래 움직이지 말아야 했다. 한 달 내내, 빈 라덴은 자리에 누워 지냈고 세 명의 아내는 그의 곁을 지키며 시중을 들었다. "세 분 모두 결혼한 이후로 그렇게 오랜 시간을 아버지 곁에서 보낸 경험을 이전에는 못 해 보았을 것이다." 오마르는 농담조로 이렇게 말했다. 오사마는 낙마가 신이 내린 벌이라고 믿는 듯했다. "엄청난 파괴력을 가진 무기를 동원하고도 미국은 나에게 해를 입히지 못했다. 그런데 미물인 말이 내 생명을 앗아갈 뻔했구나. 아들아, 삶은 정말 신비로운 것이란다. 정말 신비로운 것이야."

그러나 훨씬 더 현실적인 처벌이 그를 기다리고 있었다. 칸다하르에 있는 무함마드 오마르의 집 앞에서 폭탄이 장착된 트럭이 폭발했다. 폭발로 무함마드 오마르의 세 아내 중 두 명의 몸이 갈가리 찢겨나가 집 주변으로 파편이 튀었다. 오사마 빈 라덴을 맞아들였다는 사실이 미국을 자극했던 것이다. 오마르를 따르던 사람들과 그의 아내들은 그 일로 어마어마한 대가를 치러야 했다. 무함마드 오마르는 배은망덕한 빈 라덴과의 관계를 끊기로 결심했다. 빈 라덴의 기지 앞에 안이 들여다보이지 않도록 짙은 색 선팅을 한 랜드크루저 차량 열두 대가 멈추어 섰다. 나지와의 집 바로 옆의 정원으로 안내를 받은 그는 의자에 앉았지만 오사마는 바닥에 앉았다. 분노한 오마르는 오사마에게 직접 이야기를 하는 대신 통역관에게 아프가니스탄어로 이야기를 했다. 그것은 상대에 대한 최고의 모욕이었다. 오마르는 오사마에게 베풀었던 모든 혜택을 취소하겠으며 그의 아내들과 아이들에게 대한 식량 공급도 중단하겠다고 선언했다. 쉽게 넘어갈 수 있는 순간이 아니었다.

"당신과 당신의 가족이 아프가니스탄을 떠나야 할 때가 왔소."

"지도자시여, 제 손으로 마을을 짓고 가족들을 불러왔으며 몸을 바쳐 싸운 이 나라를 절대 잊지 않았습니다. (……) 그들을 어디로 데리고 가라는 말씀이십니까?"

나지와는 지구상에서 가장 위험한 인물로 손꼽히는 두 남자에 의해 자신의 운명이 결정되고 있음을 감지했다. 무함마드 오마르는 양보하지 않았다.

"나는 1년 하고도 6개월 간 당신을 대접했소. 이제 떠날 준비를 하시오. 가족을 위해 다른 나라를 찾으시오." 그때, 마치 마술처럼 오사마의 후원자가 아프가니스탄에 도착했다는 소식이 들려왔다. 그가 너무나도 사랑하는 어머니 알리아 가넴이 왔던 것이다.

오사마는 직접 차를 몰고 공항으로 가기로 했다. 그런데 유난히 부끄러움을 많이 타는 알리아가 좌석에 베일을 둔 채로 비행기에서 나오는 것이었다. 오사마는 급히 달려가 손짓으로 어머니에게 머리와 얼굴을 가려야 한다는 뜻을 전했다. 알리아는 아들의 말대로 했고 오사마의 얼굴에는 미소가 번졌다. 그녀는 조카딸이자 며느리인 나지와의 집으로 데려다 달라고 부탁했다. 나지와는 시어머니에게 기쁜 소식을 전했다. 40세에 접어든 자신이 열한 번째 아기를 임신했다는 소식이었다.

두 여자는 애정과 걱정으로 가득한 눈길을 교환했다. 곧 어린 시절에 대한 이야기가 오가며 분위기가 밝아졌다. 오사마는 정이 듬뿍 담긴 눈으로 어머니를 바라보며 자신이 어렸을 때 애완동물로 염소를 기르게 해 달라고 졸랐던 일이 기억나느냐고 물었다. 즐거워하는 남편을 보는 나지와의 얼굴에는 행복이 넘쳐흘렀다. 갑자기 그가 평범한 사람으로 보였고 좀처럼 볼 수 없는 그의 미소 앞에서 궁핍했던 지난 세월이 사라지는 것만 같았다.

그러나 알리아는 과거를 추억하기 위해 아프가니스탄에 온 것이 아니었다. 이번에도 그녀는 국왕 파드의 밀사 자격으로 파견되어 아들에게 전투를 포기하고 조국으로 돌아오라는 메시지를 전했다. 또 한 번 오사마는 어머니에게 그럴 수 없다고 대답했다. 알리아는 무거운 마음으로 귀국길에 올랐다. 나이도 많았지만 적절한 영양분을 섭취할 수도 없었고 약도 구하지 못해 아기를 낳을 일이 걱정이었던 나지와 역시 크게 실망했다.

쇠약해진 어머니가 실망하는 모습을 본 오마르는 시리아로 돌아가 아기를 낳으라고 설득하기 시작했다. 오사마가 허락하지 않으면 함께 도망을 치자고도 했다. 결정은 이미 내려졌다. 며칠 후, 남편과 말다툼을 하면서 그 결심은 더욱 굳어졌다. 오사마는 아들들을 불러모아 사원 벽에 붙인 커다란 종이 한 장을 가리켰다. 자살폭탄테러 지원자의 이름을 적기 위한 종이였다. 아들들에게 이름을 적으라고 종용하는 그의 두 눈이 번득였다. 열흘 동안, 오마르는 아버지를 공격하고 위협해 마침내 나지와가 아프가니스탄을 떠나도 좋다는 허락을 얻어냈다. 아내가 반드시 돌아오도록 하기 위해 그는 아이들 중 두 명만을 데리고 가도록 했다.

나지와는 눈물을 흘리며 사륜구동차에 올랐다. "오사마가 나를 바라보는 것이 느껴졌다. 과연 그가 내게 작별인사를 하러 올 것인가, 나는 그것이 궁금했다." 아내가 떠난다는 소식을 들은 이후로 거리를 유지해 오던 그는 그녀가 자동차 뒷좌석에 자리를 잡은 것을 확인하고는 그녀에게 다가왔다. "나지와, 당신이 원하는 게 뭐든 상관없소. 난 당신과 이혼할 마음이 없으니 몸을 추스르고 나면 아기와 함께 곧 돌아오시오." 그녀는 고개를 끄덕였다. 그는 미소를 지었다. 그를 보려고 뒤를 돌아보았으나, 나지와의 눈에 들어온 것은 어린 아들 라덴이 울며 자동차의 뒤를 따라 뛰는 모습뿐이었다.

며칠을 자동차로 이동하고 밤에는 길가에서 잠을 자는 고된 여행에도 불구하고 나지와는 건강한 딸을 낳았다. 4개월 동안 시리아의 친정에서 원기를 회복한 그녀는 이제 칸다하르에 가야 할 때가 되었다고 생각했다. 사우디아라비아로 간 오마르는 어머니를 설득하려고 애썼다. "아버지가 엄청난 일을 꾸미고 있다는 소문을 들었어요. 아버지로부터 멀리 떨어져 계셔야 해요." 그러나 그런 소식은 나지와의 모성애를 자극할 뿐이었다. 위험이 다가오고 있다면, 더더욱 자식들의 곁을 지켜야 했다. 어디를 가든 자식들 중 누군가에게는 작별을 고해야 했다. 오사마의 곁으로 돌아가기로 결정하는 순간, 그녀는 아버지의 곁을 떠난 오마르를 포기해야 했다.

양 우리 안의 암 늑대

2000년 2월, 칸다하르.

"내가 어느 날 사자 입에 떨어진다 해도, 결혼을 할 수만 있다면 주저 없이 결혼할 것이다.”[50] 경호원들에게 이런 농담을 하곤 했던 오사마는 순교자가 되고 싶은 나세르 알바흐리에게 현금 5천 달러를 사나에 사는 예멘 족장에게 전달하라는 아주 중요한 임무를 맡겼다. 그 돈은 미래의 아내의 가족에게 주는 지참금이었다. 오사마는 ‘완벽한 균형’을 유지하기 위해 다시 한 번 네 번째 아내를 맞기로 했다. 그가 선택한 신부는 예멘 부족장의 딸이었다. 결혼을 통해 난폭한 예멘 부족들과 결속을 맺고자 하는 목적에서 내린 결정이었다. 그는 “언젠가 알카에다에 문제가 생기면, 예멘으로 몸을 피할 수 있을 것이다.”라고 주장했다. 그가 보기에 예멘 남서부 산악지역인 타에즈 출신의 미래의 처가는 자신이 요구한다면 은신처를 제공해 줄 수 있을 것 같았다. 현장으로 간 나세르 알바흐리는 맡은 바 임무를 완벽하게 해냈다. 협상 끝에 합의가 이루어졌고 칸다하르까지 신부를 보필할 동반자들을 위한 비행기 표도 확보되었다.

2년 전, 라샤드 무함마드, ‘아부 알피다’ 족장은 일생일대의 임무를 맡았다. “나는 아프가니스탄에서 싸우던 전투원이었고 사나에서 칸다하르로 자주 여행을 갔다. 그러던 중에 빈 라덴을 알게 되었다.” 이 책을 위한 인터뷰에서 그는 처음으로 이렇게 밝혔다. “나와 그는 무척 친했다. 1998년의 어느 날, 빈 라덴이 기지의 한 친구에게 예멘 출신의 아내를 맞고 싶다고 했다는 말을 전해 들었다. 소심한 면이 있었던 그는 나에게 직접 이야기를 하지 못했다. 그 말을 듣고 나는 그를 만나 의논을 했다.”[51]

또 한 번 결혼하고 싶었던 오사마는 그에게 신붓감을 찾는 일을 맡겼다. 라샤드 무함마드는 숨어 있는 보석을 찾기 위해 사방을 물색했다. “신앙심이 깊고 진중하고 나이는 열여섯에서 열여덟 정도의 젊은 여자라면 좋겠소. 예절바르고 존경받는 가문 출신인 데다가 특히 인내할 줄도 알아야 하오. 특이한 주변 상황을 참아내야 하니까.”[52] 예멘으로 돌아간 라샤드 무함마드는 아내에게 조언을 구했다. 어쩌면 그녀가 마흔네 살이 된 친구 오사마에게 완벽하게 어울리는 짝을 찾아줄 수 있을지도 몰랐다. "나의 이야기를 들은 아내가 그 자리에서 아말을 추천했다. 2년 전부터 아내가 가르치는 종교 수업에 참석하는 이브 마을에 사는 아가씨였다. 아말은 밭은 물론이요 다른 곳에서 일을 한 적도 없고 열여섯 살 때쯤부터 종교 수업을 듣기 시작했다." 라샤드 무함마드 족장의 아내는 특히 아말의 신중하고도 조심스러운 성품을 높이 샀다. 그런 성격이라면 전쟁 때에도 아내 역할을 훌륭히 할 수 있으리라 믿었다. "아말을 한 마디로 설명하라면, 침묵이라고 말하겠다."[53] 그녀는 이렇게 전했다.

라샤드 무함마드는 지체 없이 아말 알사다를 만나보기로 했다. "나는 아말에게 빈 라덴에 대해 이야기했다. 그녀는 아버지에게 이야기하기 전에 자신에게 시간을 좀 달라고 했다." 일주일 후, 아말은 결혼을 하겠다고 대답했다. "나는 그 결정에 확신하느냐고 물었다. 그러자 그녀가 이렇게 대답했다. '이 결혼으로 저는 제 꿈을 이룰 수 있을지도 몰라요.' 그 꿈이 무엇이냐고 묻자 '명예로운 전장에서 순교하는 것'이라고 했다." 이제 딸을 먼 곳으로 떠나보내도록 그녀의 아버지를 설득하는 일이 남았다. "처음에, 아말의 아버지는 그럴 수 없다고 했다. 그러나 딸의 고집에 마침내는 꺾이고 말았다."

떠나기로 예정된 날이 다가오자 아말의 아버지는 딸을 데리고 예멘의 수도 사말로 갔다. 그 여행에 동반하기로 한 사람들도 함께였다. 아말과 라샤드 무함마드는 신부의 언니와 그녀의 남편의 보호 속에 파키스탄을 거쳐 아프가니스탄으로 건너갔다. 이틀 뒤, 아말이 언니의 곁을 떠나 결혼한 여자로서의 새 삶을 향해 혼자 나아가야 하는 시간이 되었다. "우리가 도착한 다음 날, 오사마의 예비신부를 환영하는 작은 잔치가 벌어졌다. 여자들을 위한 잔치와 남자들을 위한 잔치가 각각 따로 마련되었는데, 그 자리에서 서로에 대한 소개를 할 수 있었다." 라샤드 무함마드는 이렇게 이야기했다.

신붓감이 친구의 마음에 들지 않을까봐 걱정을 하던 라샤드 무함마드는 그의 말을 듣고 마음을 놓았다. "사흘 후, 오사마가 내게 말했다. '탁월한 선택이었소.'"

오사마는 2000년 7월, 칸다하르의 기지에서 아말과 결혼했다. 그날, 사람들은 하루 종일 기쁨에 넘쳐 축제를 즐겼다. 그 자리에 초대받았던 손님들은 노랫소리와 탄성 소리가 하늘에 울려 퍼지는 가운데 칼라슈니코프로 축포를 쏘는 소리가 간간히 들려왔다고 회상했다.[54] "결혼식은 아랍의 풍습과 무슬림의 전통에 따라 치러졌다. 즉 남자들과 여자들이 따로 모여 축제를 즐겼다. 사람들은 전통 춤을 추었고 황소의 목을 땄다. 그러나 여자들의 축제에 참석한 사람들은 기껏해야 열 명 정도였다. 기지 안의 여자가 다 모여도 그만큼밖에 되지 않았던 것이다." 라샤드 무함마드는 이렇게 전했다.

제6호 건물에 아말을 위한 신방이 꾸며졌다. 방 안에는 더블베드와 꽃, 그리고 경전이 놓였다. "제6호 건물은 우리 부부가 거주하는 건물이었다. 아말을 아내와 가까이 있게 하려는 생각에서 방을 같은 건물에 잡았다. 특히 처음 며칠 동안은 그렇게 하는 것이 좋겠다는 생각이 들었다. 다른 결혼식과 마찬가지로 신부가 가져온 혼수며 옷가지를 정리해야 했다." 오사마의 세 아내도 결혼식에 참석했다. 그러나 몇 년 동안 헌신적으로 오사마를 섬겨온 그녀들이 양팔을 벌려 새신부를 환영한 것은 아니었다. "나지와는 분노했다. 당연한 일이었다. 그러나 결혼식 당일에는 아말에게 기분 나쁜 표시를 하지 않았다. 자신이 화가 난 것은 오사마 때문이지 아말 때문이 아니라고도 했다." 어린 신부의 등장으로 나지와, 하이리아, 그리고 시함은 무시당하는 느낌을 받았다. "세 사람 모두 아말을 질투했다. 특히 나지와의 질투가 심했다. 그녀는 내 아내를 강하게 비난했다. 예멘까지 가서 아말을 데리고 온 사람이 나라고 생각했기 때문이었다.” 오사마의 경호원 나세르 알바흐리는 이렇게 회상했다. “우리가 주는 돈을 받고, 우리 덕분에 이렇게 잘 살고 있으면서 내 남편에게 새 신부를 얻어줘요? 이럴 수는 없는 거예요!’ 나지와는 나세르를 몰아세웠다. 오사마의 아들들 역시 화를 내며 자신들보다 더 어린 낯선 여자를 받아들이지 못했다. “왜 우리 또래의 여자를 데려온 거예요?’ 그들 역시 나세르 알바흐리가 이 결혼에 책임이 있다는 착각 속에 그를 비난했다. 오사마는 아내들과 자식들의 분노를 가라앉히기 위해 이야기를 둘러댔다. 원래는 코란을 모두 외우고 있는 서른 살 가량의 ‘성숙한’ 여자를 얻으려 했는데 자신을 기쁘게 해주려던 예멘의 이맘이 아말의 나이를 속였다는 것이었다. 곧 아내들은 무거운 침묵에 잠겼고 나세르는 오사마가 “아말과의 결혼으로 무거운 짐을 짊어진 것 같았다”고 전했다.

이번에도 인격이 높은 하이리아가 가족들을 진정시키는 역할을 맡았다. “결국에는 세 아내들 모두 아말을 인정하고 받아들였다. 특히 하이리아가 아말을 친절하게 대해주었다. 아말은 굉장히 공손하게 행동했다. 다른 아내들은 그녀가 말이 많지 않다는 점을 높이 샀다.”

아말은 칸다하르의 기지 생활에 빨리 적응했고 행복해하는 것 같았다.

“나는 거의 1년 동안 아내 곁에 머물렀다. 그 해, 아말의 아버지가 딸을 찾아왔다. 결혼 후 거의 9개월 만에 딸을 만난 그 어르신은 어렵게 사는 딸의 모습에 충격을 받아 함께 예멘으로 돌아가자고 했다. 아말은 이런 생활이 자신의 소망을 이룰 수 있게 해줄 뿐 아니라 자기는 오래 살 마음도 없다고 대답했다. 아말의 아버지는 화를 냈다. ‘네가 결정한 것이니 마음대로 해라. 나는 다시는 여기에 오지 않겠다.’” 라샤드 무함마드는 이렇게 전했다.

아말의 어려운 생활을 짐작조차 하지 못한 채 예멘에서 아프가니스탄으로 건너온 그녀의 사촌 왈리드는 결정적인 장면을 목격했다. 나지와가 떠난 이후 불안해진 오사마가 굳은 결심을 하고 시함과 하이리아에게 자신의 곁에 남든지 사우디아라비아로 돌아가든지 좋을 대로 하라고 했던 것이다. 아말은 단호하게 자신의 뜻을 밝혔다. "나는 당신 곁에서 순교하고 싶어요. 당신이 살아 있는 한 떠나지 않겠어요." 오사마는 이어 아내들에게 조심할 것을 당부하며 '언제 죽을지 모르는 위험에 노출되어 있다' 고 말했다. 그러나 이번에도 아말은 위축되지 않았다. "나는 이미 결정을 내렸어."[55] 사촌은 경악했지만 아말은 이 한마디만을 했을 뿐이었다.

"오사마는 아주 늦은 밤에 나의 집에 찾아와 오랫동안 침대 위에 누워 있곤 했다. 그 시간 동안에는 아무와도 이야기를 하고 싶지 않아 했다."[56] 아말은 이렇게 회상했다. 가족들은 그의 '원대한 계획' 을 위해 모든 것을 바쳐야 했다. 오사마는 몇 시간이고 험상궂은 표정으로 혼자 앉아 있었고 잠도 두세 시간밖에는 자지 않았다. "내가 말을 건네려고 하면 남편은 화를 냈다. 그래서 혼자 있도록 내버려 두었다." 불안감에 지친 그는 진정제와 수면제를 복용하며 예민해진 신경을 다스렸다. 오사마는 일주일에 하루를 그녀의 집에 머물렀고 그녀는 형님들을 거의 만나지 못했다. "남편의 지시를 받은 아들이 어느 형님 댁으로 데려갈 때 외에는 우리는 서로 만나지 못했다."

다행히 계절이 바뀔 때마다 한두 번씩 오사마의 아내들은 카불로 나가 잠시 동안이나마 생의 활력을 되찾고 거리의 쇼윈도를 구경할 수 있었다. 그들이 아이들을 데리고 거리를 거닐 때에는 기관총을 든 경호원들이 잔뜩 들어앉은 여러 대의 자동차가 주변을 감시했다. 가끔씩 남편과 함께 대사관과 정부청사가 있는 위지르 아크반 칸에 살고 있는 아자 자와히리를 만나러 가기도 했다. 자와히리 부부는 장애를 안고 태어난 딸을 기르기 위해 그나마 편의시설이 제대로 갖추어진 낡은 식민지풍의 아름다운 저택을 구했으나 이층은 다른 가족에게 내주어야 했다. 그들이 다른 여자들에게 큰 슬픔을 안겨주며 칸다하르 기지를 떠난 것은 전략에 의한 것이었다. 2000년 10월, 미국 구축함을 파괴하기 위한 가미카제식 공격이 무산된 이후 빈 라덴은 참모본부의 조직을 개편해야 했다. 계란을 한 바구니에 담아서는 안 되겠다는 생각에 그는 수뇌부를 분리했다. 이제 미국이 공격을 해 올 경우에도 여러 조직으로 분산된 알카에다는 한 번에 머리를 잘리지 않을 수 있게 되었다.

몇 달 동안, 오사마는 아내들을 자주 찾아오지 않았다. "남편은 이삼 주에 한 번씩 나를 보러 오기 시작했다. 몸도 피곤하고 문제도 많다고 했다. 특히 무함마드 오마르, 그리고 탈레반 지도자들과의 문제는 심각하다고 했다." 아말은 이렇게 회상했다. 오사마는 지난번 오마르가 자신의 집 정원에서 했던 말을 마음속에 새겨두고 있었다. 오마르를 축출하는 프로젝트는 이미 카운트다운에 접어들었다. "남편은 언젠가 탈레반이 그를 적대시하거나 우리를 쫓아낼까봐 두렵다고 말했다. 미국이 공격해 올 것을 걱정하기도 했다." 무함마드 오마르는 오사마를 용서하지 않았다. 그가 보기에는 오사마가 계획한 미국 구축함 공격도 씻지 못할 과오였다.

8월의 태양은 칸다하르 기지를 뜨겁게 달구었다. 더위 속에 첫 번째 아기를 낳으면서도 아말은 비명을 꾹 참았다. 어려운 환경 속에서도 어린 아내는 맡은 바 임무를 충실히 이행했다. 라샤드 무함마드와 그의 아내가 아프가니스탄을 떠나야 할 시간이 다가왔다. "아말은 가족에게 인사를 전해달라고 했다. 그리고 특히 자신은 잘 지내고 있고 곧 꿈을 이룰 것이니 걱정 말라고 이야기 해 달라고 당부했다."

기지는 아이들을 기를 만한 분위기가 아니었다. 하루하루 계속되는 전쟁 속에 지칠 대로 지친 나지와는 용기를 내어 남편에게 시리아로 돌아가겠다고 말했다. 오사마는 감정 없는 얼굴로 그녀를 똑바로 쳐다보았다. 꿈을 꾸는 듯한 눈길이었다.

"떠나고 싶소, 나지와?"

"네. 시리아의 어머니 집으로 가고 싶어요."

"후회하지 않겠소?"

"시리아로 가고 싶어요."

"알았소. 떠나도 좋소."

그러나 오사마가 내건 조건에 나지와는 다시 한 번 가슴이 찢어지는 고통을 느꼈다. 자식들 중에서 제일 나이가 어린 세 아이만 데려갈 수 있다는 조건이었다. 완강하게 버티던 그녀는 마침내 남편의 뜻을 따랐다. "여행 준비는 내가 해주겠소. 몇 주 후면 떠날 수 있을 것이오." 그녀가 떠나기 전에, 그는 다시 한 번 자신의 뜻을 확실하게 해 두었다. "나지와, 난 이혼은 절대 요구하지 않을 것이오. 사람들이 내가 당신을 버렸다고 해도 신경 쓰지 마시오. 그 누구의 말에도 귀를 기울이지 마시오."

2001년 9월 초 어느 날 아침, 그녀는 함께 보낸 세월의 징표로 사랑하는 남자에게 반지를 선물하고 파키스탄을 향해 길을 떠났다. "아이들의 모습이 멀리 사라지는 것을 보며 내 마음은 찢어지는 듯이 아팠다." 오사마는 27년 전 그녀와 결혼했을 때와는 전혀 딴사람이 되어 있었다. 그의 계획은 곧 실현되려 하고 있었고 아무도 그를 막지 못했다. 이제 네 번째로 맞이한 아내 아말이 가족과 이별할 차례가 되었다. "남편이 전화기를 건네주며 가족에게 전화를 걸어 우리가 어디에 갈 예정인데 오랫동안 소식을 전할 수 없다고 이야기하라고 했다." 아말은 앞으로 어디로 가게 될지도 모른 채 어머니에게 마지막 작별을 고했다. 자동차를 준비한 오사마는 그녀에게 아들들 중에서 한 아이만을 데리고 경호원과 함께 파키스탄 국경으로 가라고 명령했다.

9월 11일, 바로 그날, 그가 꿈꾸던 세상의 주인공은 화염이었다. 라타키아의 어머니 집에 머물고 있던 나지와에게 아들 오마르가 전화를 걸어왔다.

흐느낌 때문에 목소리가 잘 들리지 않았다.

미국의 보복 폭격으로 온 산이 흔들리던 순간, 마하와 자이납은 누군가가 자신들이 몸을 숨긴 카불 남쪽 로가르 마을에 있는 집의 대문을 두드리는 소리를 들었다. 문을 열어 보니 외과의사 자와히리의 아내 아자가 서 있었다. 헝클어진 머리에 거의 알아볼 수 없는 모습을 한 그녀는 장애를 가진 딸을 품에 안고 있었고 아들아이는 맨발로 몸을 떨고 있었다. 아자는 폭격을 피해 달아났으나 남편은 함께 도망치지 못했다. 그녀는 당황한 기색을 감추지 못하며 믿을 수 없는 사실을 고백했다. 남편이 그런 일을 계획하고 있었다는 사실을 까맣게 모르고 있었다고 했다. "남편이 테러 조직의 지도자라고는 꿈에도 생각지 못했어요. 믿을 수가 없어요." 다음 날, 아자는 마하의 집에서 15분 거리에 있는 탈레반 측근의 집으로 몸을 피했다. 그러나 자와히리가 그곳으로 갔을 것이라고 믿은 미군이 그 집을 공격 목표로 삼았다. 무너진 시멘트 지붕 아래에 깔린 아자는 구급대가 도착하기 전에 이미 숨을 거두었다. 네 살이 된 딸아이는 움직이지 않는 엄마 곁에서 밤새도록 울어대다가 지쳐 추운 새벽에 역시 숨을 거두었다.

"오, 아내들이여. (……) 그대들은 처음부터 우리가 가야 할 길이 가시밭길이라는 것을 알고 있었소. 그대들은 형제자매들이 누리는 행복을 포기하고 나의 곁에서 역경을 함께 하기로 했소. 나와 함께 세상의 즐거움을 포기했다는 것을 아오. 내가 죽더라도 더 많은 것을 포기해 주기 바라오. 재혼할 생각은 하지 마시오. 자식들을 돌보아야 하고 희생을 해야 하며 아이들을 위해 기도를 올려야 하기 때문이오."[57]

5

호메이니,
이란의 완고한 낭만주의자

사랑하는 나의 여인이여, 나는 그대 입술의 작은 점에 매료되었다.
사랑의 슬픔을 호소하는 그대의 눈을 보고, 난 그 눈을 피해 버렸다.

— 루홀라 호메이니

아몬드 꽃 같은 여인

1963년 6월 2일 이란 북부, 성도 콤.

호메이니 부부는 15년 전부터 자식들과 함께 살아온 소박한 집에서 잠을 청했다. 안뜰에서부터 간단한 가구가 갖추어진 네 개의 방으로 통하게 되어 있는 집이었다. 유일한 사치품은 킬림이라는 페르시아 카펫 몇 점. 그나마 서민용 카펫인 데다가 무늬도 화려하지 않은 것이었다. 수수하고 조촐했지만, 호메이니는 무엇과도 바꿀 수 없는 그 집의 장점을 높이 샀다. 바로 메카를 향하고 있다는 점이었다.

그날 저녁도 평소와 같이, 루홀라 무사비 호메이니의 가족들은 쌀과 발효유, 피스타치오와 과일 몇 개를 섞은 제비콩으로 간단하게 저녁식사를 했다. 소박한 식사를 강조하는 엄격한 그가 가족들에게 허락한 먹거리의 즐거움은 그것이 전부였다. 저녁 기도를 올린 후, 가족들은 30년 동안 변함없이 고수해온 취침시간을 지켜 잠자리에 들었다.

새벽 세 시가 다가오는 시간, 시끄러운 소리가 평온해만 보이는 그 집의 고요를 깼다. 샤가 보낸 비밀경찰 사바크 요원들이 지붕을 통해 집안으로 침입했다. 잠을 깬 안주인 카디제 사카피는 깜짝 놀랐다. 비밀경찰요원들은 몇 시간 전부터 집 뒤쪽에 있는 과수원에서 가족들을 염탐하고 있었다. 문 부서지는 소리, 여자들의 비명소리가 요란한 가운데 집은 통제되었다. 그들은 호메이니를 찾기 위해 방을 샅샅이 뒤졌다. 그리고 집안 하인들을 한자리에 모아놓고 호메이니가 어디에 있는지 말하라며 쉴 새 없이 질문을 퍼부었다. 아무도 입을 열지 않는 가운데 45분이 흘렀다. 밖에는 총성을 듣고 모여든 사람들로 가득했다.

군화 소리에 위험을 느낀 호메이니는 길 건너에 살고 있는 장남 모스타파의 집으로 피했지만 워낙 가까운 거리여서 하인들과 아내의 비명소리가 그대로 들려왔다. 마침내 그는 전쟁터로 변한 집으로 돌아왔다. 무장한 경찰에게 다가가며 그가 외쳤다. "나는 루홀라 호메이니다. 당신들이 찾는 사람이 나라면, 불쌍한 사람들을 그만 괴롭혀라."[1] 그는 집에서 몇 미터 떨어진 곳에 서 있는 폭스바겐으로 끌려갔다. 차가 출발하려고 하자, 아들들이 길을 막고 나섰다. 아버지가 잡혀가는 모습을 지켜보던 18세의 아흐마드는 자기도 함께 데려가 달라고 울부짖었다. 결국 요원들 중 한 명이 권총을 꺼냈고, 아들의 절규는 멈추었다. 아버지의 특별 비서 역할을 맡고 있던 장남 모스타파가 차를 막아보려고 지붕 위로 뛰어올라 군중을 선동했다. "이슬람 국민들이여! 깨어나라!"[2] 그러나 비밀경찰은 이미 60대에 접어든 호메이니를 차에 태우고 테헤란을 향해 출발했다. 상황을 돌이킬 수 없다는 것을 깨달은 모스타파가 외쳤다. "아버지를 놓아주지 않으면 여기서 뛰어내릴 테다!" 이 슬픈 광경을 지켜보던 호메이니는 아들에게 어머니의 곁으로 돌아가라고 했다.

카디제는 어찌할 바를 몰랐다. 몇십 년 동안 한시도 떨어진 적이 없는 남편이 체포된 것은 이번이 처음이었다. 누구에게 의지해야 할지를 모른 채, 그녀는 친구에게 전화를 걸었다. "카디제는 울면서 테헤란에서 온 사람들이 남편을 찾았다고 말했다. 그리고 그의 손을 묶고 무장한 호송차에 태웠다고 했다. 나는 그녀를 안심시키기 위해 아침 일찍 그녀의 집으로 가겠다고 말

했다. 그러나 다음 날, 샤의 명령으로 도로가 모두 폐쇄되었고 학교와 대학
도 문을 닫았다.”[3]

　방법이 없었다. 호메이니는 한 달 동안 감옥에 갇혀 있었다. 샤에게 충고
를 했던 일은 벌을 받아야 했다. 얼마 전부터 호메이니와 샤 사이의 긴장이
특히 고조되었다. 모하마드 레자 샤는 사실 이란에서 종교의 영향력을 없애
고 싶었다. 종교는 완전한 근대화를 추구하는 그에게 정치적인 걸림돌로 작
용했다. 호메이니는 이란을 ‘당나귀 시대’에 머물게 하려 했고 샤는 이란 국
민이 ‘제트기 시대’를 살기를 원했다.

　결국 호메이니는 최고 특권층인 팔라비 왕조를 ‘비역질하는 자들이며 영
국에 매수된 선동자들’이라는 자극적인 표현을 써 가며 비난했다. 그러자
샤는 얼마 전에 제복을 입은 경호원을 호메이니에게 보내 개인적인 메시지
를 전달했다. “잠자코 계시지 않으면 뼈를 분지르겠습니다.” 호메이니는 눈
하나 깜빡하지 않고 응수했다. “우리에게도 특공대가 있다. 친애하는 샤께
서 그 사실을 알아주시길.” 이로써 조국 이란에 대해 상반된 견해를 가진 두
사람간의 전쟁이 시작되었다.

　호메이니의 첫 재판은 그날 오후, 연단 위에서의 열띤 토론 형식으로 진
행되었다. “불쌍하여라(……) 왜 사바크는 우리에게 샤와 이스라엘 사람에
대해 이야기하지 않으려 할까? 샤가 이스라엘인인가? 샤가 유대인이라는 말
인가? 위대한 샤여, 당신이 이교도이며 우리를 이 나라에서 쫓아내려 한다
는 것을, 내가 폭로해야 한단 말입니까? 당신의 백성이 봉기하여 역사의 페
이지가 넘어가는 날이 오리라는 것을 모르십니까? 그때, 당신의 친구들은
아무도 당신을 도와주지 않을 것임을 모르신다는 말입니까?” 샤 측의 대답
은 없었다.

　카디제는 카스르 감옥에 갇힌 후 연락이 없는 남편이 돌아오기만을 기다

렸다. 30년이 넘는 세월 동안, 그들 부부가 헤어졌던 적은 단 한 번, 1937년에 호메이니가 사우디아라비아의 메카로 순례여행을 떠났을 때였다. 그 여행 이후, 그는 하지(Hadji), 즉 메카를 순례한 무슬림으로 존경을 받게 되었다. 6개월 동안 아내와 떨어져 있어야 했던 호메이니는 사이다 항구에서부터 일부러 사진관을 찾아가 꽃병 옆에서 포즈를 취하고 사진을 찍은 다음, 뒷면에 "당신 꿈을 꾸고 있소."[4]라는 글귀를 적었다.

사실 카디제는 호메이니의 청혼을 거절했었다. 카디제를 만나기 전에 콤 신학교에 다녔던 그는 공부에 열심인 억척스러운 학생이었고 철학과 수피주의에 매료되었다. 그러나 공부에 열중하다 보니 남자의 인생에서 아주 중요한 한 부분을 잊고 있었다. 나이 스물일곱이 되도록 결혼을 하지 못했던 것이다. 호메이니가 시간을 많이 허비했다고 판단한 신학교 친구인 라바사니가 어느 날 불쑥 이런 제안을 했다.

"결혼하는 게 어때?"

"나는 마음에 두고 있는 사람이 없어. 그리고 같은 고향 출신 여자와는 결혼하고 싶지 않아."

"내 처형이 그러던데, 사카피 씨에게 결혼적령기의 딸이 두 명 있다고 하더라."[5]

사카피는 예언자 무함마드의 후손으로서 순수성을 지닌 샤르 에 레이 출신의 부유한 아야톨라(신의 징표라는 뜻으로 시아파 고위성직자의 지위—역주)였고 특히 호메이니 집안처럼 예언자 가문 출신이라는 징표인 사이이드(Sayyid)라는 이름을 부여받았다. 두 집안 사이에 결혼 이야기가 오간다는 것 자체가 좋은 징조였고 특히 공부를 열심히 하며 신분 상승의 물꼬를 튼 호메이니에게는 물질적으로나 사회적으로나 크게 좋아질 수 있는 기회였다.

사카피의 딸에게 청혼을 하기로 결정한 두 친구는 미래의 장인을 찾아가 청혼 의사를 밝혔다.

호메이니는 사프란, 터키석, 청금석, 기도용 카펫, 시아파 성인의 묘지 흙에서 골라낸 귀한 돌로 만든 묵주 등의 선물을 준비했다.[6]

사카피는 호메이니를 '교양 있고 단정하며 똑똑하고 독실한' 젊은이라고 평가했다. 일은 일사천리로 진행되었다. 곧 검은색 두꺼운 베일을 쓰고 두 눈만을 겨우 드러낸 호리호리한 몸매의 여자가 나타났다. 겨우 열세 살이던 카디제는[7] 간소한 차림의 청혼자를 여유롭게 관찰할 수 있었다. 앳된 겉보기와는 다르게 이란의 엘리트 교육을 받은 그녀는 여러 명의 하인을 부리며 집안을 꾸려 나가는 훈련을 받았다. 그녀는 어린 나이임에도 불구하고 존경받는 아버지의 딸로서 사람들이 표하는 경의에 익숙했고 높은 신분에 대한 자부심이 있었다. 호메이니와 카디제는 이야기를 한 마디도 나누지 않았다. 관습상, 가정교육을 제대로 받은 여자는 낯선 사람에게 목소리를 들려주지 않아야 했다. 사람의 눈이 찾아낼 수 없는 욕정을 귀를 통해 자극하지 않아야 하기 때문이었다.

아무튼 카디제는 공무원과 결혼해 수도 테헤란으로 가고 싶었지 성직자와 결혼하고 싶지 않았다.[8] 그녀는 호메이니의 청혼을 딱 잘라 거절했다. "그녀의 승낙을 받기까지 열 달이라는 시간이 걸렸다."[9] 한 친척은 이렇게 회상했다. 호메이니는 포기하지 않고 거의 매일 사카피에게 편지를 보냈다. 친구 라바사니의 어머니가 중재를 맡아주었다. 그러나 카디제의 마음을 움직인 존재는 더 높은 곳에 계신 분이었다.

꿈에서 그녀는 거부할 수 없는 분을 만났다. 예언자 무함마드, 그의 딸인 파티마, 그녀의 남편이자 제1대 이맘 알리가 그녀를 찾아왔던 것이다. 뒤를 이어 나타난 누군가가 손가락으로 그들을 가리키며 말했다. "이 세 분은 지금 너를 사랑하시지 않는다. 네가 이분들의 아들을 거부했기 때문이다."

다음 날, 그녀의 태도가 급변했다. "난 부모님께 마음이 바뀌었다고 말씀드렸다."[10]

재빨리 조사를 해 보니 호메이니가 파티마의 탄생일에 태어났다는 것을 알 수 있었다. 꿈에서 본 장면도 생생했다. 꿈에 파티마가 찾아왔던 집은 그들이 나중에 임대한 바로 그 집이었다. 특히 꿈에서 본 커튼이 부부가 사용할 방에 걸려 있었다. 카디제는 결혼 의사를 밝히면서 공부를 끝낼 수 있게 해 달라는 조건을 내놓았다. "그러나 신앙심이 깊은 여자가 혼자 학교에 갈 수는 없었으므로, 그녀는 호메이니에게 개인교수가 되어 달라고 했고, 그는 그 청을 흔쾌히 받아들였다."[11] 후에 문화부 장관이자 이슬람 지도부 장관이 된 아타올라 모하제라니는 이렇게 전했다.

상황이 변한 지 얼마 지나지 않은 1929년 말, 소규모 파티에서 라바사니의 주관으로 호메이니와 카디제가 부부로 맺어지는 의식이 거행되었다. 카디제는 검정과 흰색 자수가 섬세하게 장식된 옷을 입었다. 새로운 가족이 살 집을 구하기 위해 콤으로 떠나기 전, 호메이니는 마침내 신부의 얼굴을 볼 수 있었다. 그녀는 그에게 아내로서 자신에게 무엇을 원하느냐고 물었다. 그의 대답은 간결했다. "그는 자신은 내가 집안일을 모두 맡아 하기를 바라는 반계몽주의자가 아니라고 대답했다. 그가 원하는 것은 단 하나, 내가 이슬람의 법규를 잘 지키는 것이었다." 카디제는 이렇게 회상했다.

호메이니는 약속을 지키려고 노력했고 아내가 자라난 환경과 같은 수준의 생활을 유지하기 위해 노력을 아끼지 않았으며 직접 바닥을 문질러 닦기보다 누군가를 시키는 데에 익숙한 그녀를 위해 최대한의 배려를 했다. 그녀는 엄격한 종교인이면서도 의외로 시를 사랑했던 그에게 영감을 주는 존재였다. 호메이니가 쓴 「정원의 약혼녀」의 뮤즈도 그녀였다.

봄이 찾아와 아몬드 나무에 꽃이 피었다.

틀림없이 정원의 약혼녀는 아몬드 나무다.

피곤한 눈을 쉬게 하는 모습(……)

아몬드 나무는 신의 메시지,

신은 이렇게 말씀하신다 : 아름다움과 생명은

죽음 같은 겨울이라는 가면을 쓴 진창 속에서 태어난다.

젊은이와 노인들은 아무 근심 없이 들뜬 마음을 안고

꽃들이 영원할 것이라 순진하게 믿으며 정원으로 모여든다.[12]

결혼할 당시, 호메이니는 27세의 젊은이였고 카디제는 인생에 있어 봄에 해당하는 시기를 그에게 바쳤다. 이 땅에서의 사랑은 신이 그에게 준 사랑의 이미지에 불과했다. 아몬드 나무의 꽃, 혹은 사랑의 시간은 신에게 속해 있을 때에만 영원했다. 그는 봄이 영원하리라고 믿는 사람들에게 경고를 하려고 했다! 호메이니는 이미 사랑의 진면목을 엿보고 있었다. 사랑은 덧없는 것이었다.

갑자기 하늘이 어두워지고 폭풍우의 징조가 보인다.

비가 아몬드 나무를 흔들어 꽃잎을 흐트러뜨린다.

정원의 약혼녀는 헐벗은 채 몸을 떨며 서 있다.

마치 거리로 쫓겨난 늙은 거지처럼.

망각의 순간, 은혜를 저버린 순간,

신은 잊는 자를 쫓아내신다.

가족 이야기

이렇게 1930년 1월, 카디제는 콤으로 왔다. 가족을 떠나왔지만 호메이니는 그녀에게 새로운 가족을 약속해 주었다. 최고로 보수적인 도시 콤에 도착한 지 얼마 되지 않아 카디제는 첫 아이를 임신했다. 코란 전통 연구에 헌신한 콤에는 영화관을 비롯, 그 어떤 오락거리도 존재하지 않았다. 1930년 초, 콤은 아야톨라라는 지도자를 중심으로 이슬람교의 사상과 교리를 가르치는 교육시설 마드라사가 산재해 있는 도시였다. 콤의 모든 사회생활의 중심은 제8대 이맘 레자의 여동생 파티마를 기리는 사원이었다. 파티마 사원의 경비원들은 하루 종일 사원에 물을 뿌렸다. 여자들은 이 묵상의 사원을 찾아 행복한 결혼생활과 다산을 허락해달라고 빌었다. 소금호수가 마르고난 뒤 그 위에 건설된 콤에는 물이 귀했고 하수 시설도 형편없었다. 못 밑을 정도로 구불구불하게 이어진 도로 한가운데로 더러운 물이 흘렀다. 꼽추, 장님, 절름발이, 정신병자, 불구자들이 치유의 기적을 바라며 이란의 루루드 성지라고 할 수 있는 이곳으로 모여들었다.

좋은 집안에서 자란 카디제가 수도에서 150킬로미터 떨어진 콤으로 오기를 주저한 것은 당연한 일이었다. 결혼 전까지 아버지가 그녀의 교육을 맡아 중학교 4학년 수준까지 이를 수 있었다. 호메이니는 공부를 계속할 수 있게 해주겠다는 약속을 지켜 결혼 후 8년 동안 수업을 해주었다. 이로써 카디제는 그 시대 여자로서는 예외적인 수준의 교육을 받을 수 있었다.

호메이니는 여러 면에서 아내를 만족하게 해주는 자상한 남편의 면모를 보였다. "그는 나에게 언제나 방에서 가장 좋은 자리를 내주었고 내가 식탁에 앉기 전에는 식사를 시작하지 않았다. 그는 나를 무척 존중했고 내가 집안일을 하는 것을 원치 않았다. 그는 늘 이렇게 말했다. "빗자루질 좀 하지 마오!' 내가 빨래를 하려고 하면, 그가 다가와 "일어나요, 당신은 그런 일을 하면 안 되오." 놀랍게도 호메이니는 집안일이 아내에게 걸맞지 않은 일이라고 생각했다. "가끔, 어쩔 수 없는 상황이 되어 내가 집안일을 하면, 남편은 당황하곤 했다. 마치 내가 부당한 일을 당하고 있다는 듯." 임신한 아내가 피곤해지지 않도록 그는 세세한 부분까지 신경을 썼다. "내가 방에 들어갈 때에도 그는 문을 닫으라는 소리를 절대로 하지 않고 내가 앉기를 기다렸다가 직접 일어나서 문을 닫았다."[13] 카디제가 받았던 첫인상은 금세 지워졌고 두 사람은 그 어느 부부보다 조화로운 결혼생활을 해 나갔다. "나는 한 마리 새처럼 자유로운 느낌이었다."[14]

호메이니는 갖은 정성을 다했지만, 몇 달 후 벌어진 끔찍한 일에 카디제는 무너지고 말았다. 첫 아기를 유산했던 것이다. 숨막히는 콤의 날씨와 쉴 새 없이 공격하는 파리 떼, 그리고 염분이 섞인 물이 원인이었다. 카디제의 입장은 너무나 곤란해졌다. 아기를 낳지 못한 여자는 짐짝 취급을 받았고 '아키마(Aqueemah)', 즉 결실을 맺지 못하는 여자라고 불렸다. 딸만 낳은 여자들은 그나마 비난을 덜 받았으나 아들을 낳은 여자들보다 한참 못한 취급을 받았다. 이란의 부인들은 아들 둘을 낳고서야 존경을 받고 어머니로서의 특권을 누렸다. 아이들이 저마다 가족의 일원으로 짐을 덜어야 했던 시절, 그 어떤 아이에게도 젖을 낭비해서는 안 되었던 것이다. 일단 태어난 딸들은 가족의 품을 떠나 지참금과 노동으로 남편의 가정에 충실해야 하는 운명을 짊어지고 있었다. 다행히 1년이 채 안 되어 카디제는 아들을 낳았고 그녀를 바라보는 사람들의 시선도 다소 바뀌었다. 호메이니는 큰아들에게 한 번도 얼굴을 보지 못한 자신의 아버지와 같은 모스타파라는 이름을 지어 주었다. 호메이니의 조상들은 18세기에 페르시아 정복자들과 함께 인도로 이주해 카슈미르 지방에 정착했다. 호메이니의 조부는 그곳에서 이슬람 종교

학교를 운영했으나 영국이 인도를 점령하자 가족을 이끌고 다시 이란으로 돌아왔다. 작은 마을 호메인에 다시 정착한 후, 호메이니의 아버지 모스타파는 명예로운 가문의 전통에 따라 종교 활동에 전념하며 조상으로부터 물려받은 작은 땅을 경작했다. 그는 아내 사디카와 네 명의 자녀와 함께 메마른 땅 위에 세워진 마을의 작은 집에서 살았다.

1903년, 호메이니가 태어난 지 6개월 만에 모스타파는 수확 분배 문제를 놓고 다른 땅의 주인들과 언쟁을 벌이던 끝에 살해를 당했다. 그가 어린 아들의 개월수와 똑같이 칼에 여섯 번 찔려 죽었다는 소문이 퍼지면서 호메이니는 간접적인 죄인이 되고 말았다. 어린 호메이니는 불행을 불러오는 아이로 낙인찍혔고 친인척들이 그를 경계하고 증오하기 시작하더니 결국은 숙모의 집으로 보내 버렸다. 호메이니는 대부분의 시간을 길에서 보내다가 먼지와 상처투성이가 되어 집으로 돌아오곤 했다. 날렵하고 운동신경이 뛰어났던 그는 씨름과 개구리뜀의 동네 챔피언이었다. 그가 가장 좋아했던 놀이는 ‘도둑과 재상’ 이었다. 샤가 도둑을 붙잡아 재상에게 명령해서 처벌을 내리는 놀이였다. 어린 시절부터, 가족들은 그가 고인이 된 아버지의 성격을 그대로 물려받았음을 알 수 있었다. 화를 잘 내고 고집스럽고 집념이 강한데다가 조금의 불의도 참지 못하는 성격이었다. 공부를 열심히 하고 검소하고 금욕적이었던 그는 청소년 시절부터 고독을 즐겼고 세상은 악의 지배를 받고 있다는 생각에 친구들과 어울리기를 즐기지 않았다.

호메이니는 15살이 될 때까지 제2의 어머니라고 할 수 있는 숙모의 집에서 살았다. 그가 공부를 위해 콤으로 떠나려 하던 때, 어머니와 숙모가 1개월의 차이를 두고 사망하여 그는 고아가 되었고 호메인 마을과의 인연도 끝이 났으며 이후로 다시는 그 마을에 발을 들이지 않게 되었다. 그는 종교 공부에 빠져들었고 세상에 초연한 철학적 사고를 발전시켜 나갔다. 이렇게 죽음은 그의 일상이 되었고 곧 카디제도 같은 태도를 취하게 되었다.

알리라는 이름의 아들과 두 딸이 어린 나이에 그녀의 품속에서 죽었다. 아이들을 잃은 카디제는 1936년, 아흐마드를 낳고 이어 연년생으로 세 딸을 낳고 나서야 생기를 되찾았다. 그러나 운명의 여신은 슬픔으로 지친 그녀의 영혼에게 한 번 더 훈련의 시간을 갖게 했다. 1944년 카디제가 지켜보는 가운데 딸 한 명이 익사했다. 가까운 지인이 그때의 그 장면을 회상했다. "절망한 호메이니의 부인이 머리를 쥐어뜯었다. 곧 현장으로 달려온 호메이니는 딸의 시신을 마주하고 조용히 기도를 올렸다. 그의 얼굴은 평안했다. 그가 그 딸을 얼마나 사랑했는지 나는 잘 알고 있었다. 그러나 호메이니는 그 어떤 감정도, 그 어떤 괴로움도 겉으로 드러내지 않았다."[15] 기도를 올린 후, 호메이니는 침착하게 말했다. "신께서 이 아이를 내게 주셨다가 이제 거두어 가셨다." 아무런 동요 없이 죽음을 받아들이는 것, 그것이 그의 원칙이었다. 어느 연설에서, 호메이니는 이런 초연함의 근거를 설명했다. "이 세상은 잠시 머물다 가는 곳에 불과하다. 우리가 살아야 하는 세상은 이곳이 아니다. 이 세상에서 우리가 삶이라고 부르는 것은 삶이 아니라 죽음이다. 저 세상에서만이 참된 삶을 살 수 있다.(……) 좁은 길을 가지 않고는 그 어느 누구도 인간이 될 수 없다."[16]

가족을 잃고 남아 있는 식구들을 위해 호메이니는 자신의 이상에 상응하는 '가족 이야기'를 만들어냈다. 자신의 가족을 예언자 무함마드의 가족과 동일시하는 동시에 자신의 삶을 알리의 삶에 투영하면서 금욕적인 생활에 대한 정당성을 확립하고자 했다. 무함마드는 사촌인 알리를 매우 사랑해서 자기 집에 데리고 살았다. 알리의 아버지이자 무함마드의 삼촌인 아부 탈립은 알리가 여섯 살 때 사망했다. 무함마드의 가족이 된 알리는 그가 창시한 이슬람교의 첫 입문자가 되었다. 무슬림 영웅들은 모든 면에서 용맹을 떨친 그를 무함마드의 후계자로 보았다. 알리는 부정에 맞서 싸우며 모든 시아파들의 존경을 받았다. 부당하게도 아버지를 일찍 여읜 그는 역경 속에서도 투쟁을 계속해 나갔다.

호메이니는 알리에게서 자신의 모습을 보았다. 알리처럼 그도 고아였다. 완전무결하고도 타협을 모르는 신앙심으로 가치와 원칙을 지키려 했던 그는 이 땅의 즐거움을 마다하고 금욕적인 생활을 이어나갔다. 알리처럼, 그도 무함마드의 길을 헌신적으로, 그리고 진실하게 따르고자 했다. 무함마드의 슬하에서 자라난 알리가 어린 시절부터 그의 설교에 귀를 기울였던 것처럼 호메이니는 여섯 살 때 이미 코란을 외웠다. 기쁨이건 슬픔이건, 모든 감정에서 초연하기를 원했던 호메이니는 딸의 죽음에 대해 이렇게 말했다. "신께서 내 아들 아흐마드를 데려가셨다 해도, 나는 아무 말도 하지 않았을 것이다."[17] 그는 가족들에게도 금욕주의를 강조했다. 여기서 다시, 그는 독실한 신자였던 알리의 일화를 들며 그의 말을 인용했다. "알리가 허락 없이 보석함에서 목걸이를 꺼내 간 딸에게 말했다. '내가 분명히 말하노니, 처음으로 손목을 잘린 여인으로 기록될 사람은 바로 너이니라.'"[18] 그것은 호메이니의 가족에게 좋은 본보기가 될 수 있는 강도 높은 이야기였다. 콤의 악천후에 호메이니의 집이 일부 무너지자 미장이가 복도에 있는 계단의 오래된 벽돌을 바꿔야 한다고 말한 적이 있었다. 그의 대답은 간결했다. "낡은 벽돌을 뒤집어 끼우시오."[19] 그의 고집은 그를 찾아오는 사람들에게 조금씩 영향을 미치기 시작했다. 그의 추종자 중 한 사람이 절약에 대한 큰 가르침을 받은 일화를 소개했다. "어느 날, 석류 알 두 개가 개수대에 떨어진 것을 보고는 앞으로는 절대 음식을 낭비하지 말라고 말씀하셨다."[20]

호메이니는 알리의 가치관뿐 아니라 그의 개인적인 삶도 본받으려 했다. 그가 무함마드의 딸 파티마 외에는 다른 아내를 두지 않았던 것처럼, 호메이니도 네 명의 여자를 아내로 맞을 기회가 있었음에도 불구하고 일처제를 고집했다. "파티마는 나의 일부이므로 파티마를 분노케 하는 자는 나를 분노케 하는 자이니라."[21] 역시 호메이니의 일부였던 카디제는 자식들조차 넘볼 수 없는 위치를 차지하고 있었다. "아버지는 어머니를 너무나도 아껴 우리들과 어머니를 늘 따로 생각하셨다." 호메이니의 딸 시디카 모스타파비는 이렇게 말했다. 호메이니 부부의 다른 딸 파리데는 이런 증언을 했다. "아버지는 어머니에게 의지했고 가족들의 문제에 대해 언제나 어머니의 의견을 물으셨다. 아버지는 어머니가 식사를 하시기 전에 먼저 먹으면 안 된다는 규칙을 정해 놓으셨다. 우리 가족은 어머니가 드신 후에 음식을 먹는 습관을 들여야 했다."

파티마는 남편의 반대파들에게 강력하게 대항했다. 강인한 성격의 소유자였던 그녀는 후계자 지정 문제로 갈등을 빚고 아버지 무함마드에게서 물려받은 땅을 돌려주지 않은 제1대 칼리프 아부 바크르와 죽을 때까지 절연을 하기로 결심했다. 카디제 역시 남편의 투쟁을 지원했다. 1936년, 레자 칸샤가 비무슬림 나라인 터키를 모방해 이란의 현대화를 서두르려 했다. 그와 함께 테헤란의 한 학위수여식에 나타난 왕비와 공주는 파리와 런던에서 공수해 온 모자와 화장품으로 치장을 했다. 레자 칸은 이란 여성들이 그녀들을 본받아 '억압과 부끄러움의 상징인' 베일을 벗어야 한다고 주장했다.[22] 이후, 공공장소에서 베일 착용을 금지하는 법이 선포되었다. 방법은 강경했다. 반계몽주의의 상징인 베일을 착용하는 여자들은 경찰에 체포되었고 반항하는 경우 감옥에 감금되었다.

그래도 절대 굴복하지 않는 여자들이 있었다. 카디제는 거의 1년 동안 집에 칩거하는 것으로 저항의 뜻을 표시했다. 베일을 쓰지 않은 맨머리로 거리를 나다니느니 공중목욕탕을 포기하기로 했던 것이다. 격동의 시기가 지난 후 첫 외출을 하게 되었을 때, 그녀는 가장 두꺼운 베일 두 개로 몸을 가려 자신의 품격을 지켰다. 호메이니는 베일의 중요성을 강조하는 글을 썼다. "우리 여인들은 창녀가 되거나 집에 칩거하거나, 두 가지 중 하나를 선택할 수밖에 없었다." 카디제는 남편과 이란 남자들의 눈에 '창녀'로 비추어질 수는 없었다. 아야톨라의 아내는 모범을 보여야 했다. 그녀는 남편을 위해 헤나로 염색한 머리를 다른 사람에게 보여줄 수 없었다. 사실 그녀의 머리 색깔은 놀라웠다. 베일 밑에 호메이니 부인은 곱슬거리는 빨간 머리를 감추어 두고 있었던 것이다.

호메이니 부부의 집에는 이제 그의 가르침을 들으러 모인 활동적인 학생들로 붐볐다. 사람들은 호메이니의 설교에 귀를 기울였으나 중앙정부는 이슬람교 율법학자인 물라들의 입지를 점점 더 좁혀 나갔다. 호메이니는 샤의 군대에 개입한 미국에 대해 강한 증오감을 표시했다. "만일 이 나라가 미국의 점령하에 있는 것이라면, 사실대로 말해주십시오. 만약에 그렇다면 우리를 붙잡아 이 나라 밖으로 던져주십시오." 그는 이렇게 도전장을 내밀었다. 그의 바람은 곧 이루어졌다. 1964년 11월 4일, 선동적인 연설을 한 지 일주일 만에 호메이니의 집은 다시 급습을 당했다. 카디제는 다시 한 번 집을 포위한 사바크와 군인들과 대면해야 했다. 그러나 이번에는 지붕으로 특공대가 침입하지는 않았다. 호메이니는 그녀가 지켜보는 가운데 아무런 저항 없이 체포당했다. 놀랍게도 그들은 망명을 권하며 가족 중 몇 명을 데리고 가라고 제안했지만 그는 단호하게 그 제안을 거절했다. 카디제는 남편과 운명을 같이 하고 싶었으나 호메이니는 그래서는 안 된다며 따라오려고 하지 말라고 했다. 그는 아내의 강한 결심을 이해하지 못했다. 그가 터키 국경으로 끌려가는 동안, 카디제는 급히 짐을 챙긴 다음 자식들을 데리고 이란을 떠났다.[23]

호메이니는 앙카라를 거쳐 부르사로 보내져 알리라는 이름의 터키 정보부 대령의 집에 기거하게 되었다. 알리의 아내와 딸은 베일을 쓰지 않았다. 호메이니는 그녀들의 경박함에 기분이 상했다. "호메이니의 전 인생은 이미지에 기초하고 있었다. 내가 생각하기에(……) 만일 이란 대령이 그 자리에 없었다면, 내 아내와 딸을 보고 그렇게까지 단도직입적인 반응을 보이지는 않았을 것이다."[24]라고 터키 대령은 회상했다. 터키 생활의 괴로움은 그것이 다가 아니었다. 호메이니는 추위로 고생을 했고 그의 아들 아흐마드는 아버지가 마치 '물 밖으로 나온 물고기' 같았다고 말했다. 그는 카디제에게 편지를 썼다. 그녀를 생각하는 것만으로도 그 힘든 순간을 견디는 데에 도움을 받을 수 있었다.

"내 눈의 빛이요 내 가슴속의 힘인 당신을 못 보아서 아프다오. 나는 언제나 당신 이야기를 하고 있소. 내 마음의 거울 속에는 당신의 아름다운 얼굴이 비친다오. 나의 소중한 사람, 신께서 당신을 축복하고 안전하고 행복하게 지켜주시길. 내 인생은 최악으로 치닫고 있소. 그러나 지금까지는 그럭저럭 잘 견뎌왔고 지금 나는 부르사에 있소. 사실 당신이 너무나도 그립소. 도시의 전경이 멋지고 바다도 아름답지만 나의 소중한 사랑, 나는 당신이 나와 함께 있지 않다는 것 때문에 그런 것들을 즐길 수 없다오. (……) V씨와 VI부인에게 편지를 쓸 기회가 있다면 내 대신 인사를 전해주고(……) VIII선생에게도 안부를 전해주오."

망명지에서 호메이니는 두 아들에게 자주 편지를 보냈고 편지마다 어머니를 잘 보살피라는 부탁을 했다. 터키에 도착한 지 두 달 만에 앙카라에 가도 좋다는 허락이 내려졌고 그곳에서 그는 카디제 없이 오랜 기간 머물렀다. 그녀는 남편의 고독을 달래기 위해 장남 모스타파를 앙카라로 보냈다.

"신의 은혜로 모스타파가 무사히 도착했다오. 우리는 둘 다 잘 지내고 있

"아야톨라께서는 크리스천 디오르의 '오 소바쥬'를 좋아하십니다." 통역관이 덧붙였다.
"호메이니가 크리스천 디오르를요?"
"좋은 냄새를 풍기면 안 된다는 법이라도 있나요? 호메이니 부인께서는 파리 디오르 매장에서 옷을 사면서 대부분의 시간을 보내십니다." 헌신적인 통역관은 카디제를 변호하려는 의도로 말했다.　—변호사 프랑수아 세롱

소. 부탁이니 걱정하지 마시오. 모스타파와 나에게 따로 편지를 써 주시오. 당신이 어떻게 지내는지 알고 싶소. 이곳 날씨는 아주 쾌적하다오. 당신이 잘 지냈으면 하오. 가족들이 건강한지, 소식 전해주고 내 대신 인사 전해주시오.(……)"

이빨 빠진 늙은 상어

1965년 나자프.

호메이니는 드디어 카디제가 자신의 말을 거역하고 그를 만나러 온 것에 크게 기뻐했다. 아내와 멀리 떨어져 보낸 1년간의 터키 생활을 마치고, 그는 그나마 익숙한 분위기의 도시, 시아파의 최대 순례지인 이라크의 나자프로 보내졌다. 1대 이맘 알리의 영묘가 있는 그곳에서 자비를 털어 이라크로 건너온 카디제가 그를 기다리고 있었다.

두 사람의 능력으로 구할 수 있는 집은 방 두 개짜리 작은 집이 전부였다. 그들은 그곳에서 다시 가정을 꾸려 나가기 위해 노력했다. 카디제는 처음으

로 도와주는 하인들 없이 생활을 해야 했다. 부엌은 아주 좁았다. 한 가정의 주부인 그녀의 활동영역은 그 부엌이 전부였다. 아는 사람이 아무도 없는 그곳에서, 카디제는 수많은 물라의 아내들 중 한 명에 불과했다. 주변에는 온통 사원과 묘지뿐이었다. 시아파 신도들은 고인이 된 가족, 친지를 알리의 영묘에 조금이라도 가깝게 모시려고 큰돈을 썼다. 이곳에 묻힌 자들은 신의 심판을 받지 않고 곧장 천국으로 들어간다는 믿음 때문이었다.

이렇게 나자프는 죽음에 대한 숭배로 인해 삶에 대한 예찬이 설 자리를 잃은 숨막히는 도시였다. 카디제는 이란에 남아 있는 아들 아흐마드에게 많은 편지를 썼다. "자식에 대한 애착이 강했던 그녀는 그들과 떨어져 있던 그 기간 동안 무척 예민해져 있었다."[25] 한 지인의 회상이다. 사정이 허락될 때마다 그녀는 그 무덤의 도시를 떠나 바그다드로 갔다. 호메이니는 빽빽하게 짜인 바쁜 일정 때문에 그런 여유를 가질 수 없었다. 그는 새벽 다섯 시에 일어나 기도를 올리고 조금 더 잠을 잤다. 카디제는 빵과 약간의 꿀을 바닥에 깔린 누추한 돗자리 위에 놓았다. 열한 시가 되면 남편에게 과일주스를 가져다주었다. 그리고 정오에 제비콩이나 요거트, 혹은 치즈를 곁들인 소량의 밥을 준비했다. 점심을 먹은 후 그는 낮잠을 청했고 오후에 다시 일어나 기도를 올렸다. 유일한 나들이는 매일 해 뜰 무렵과 해 질 무렵, 20분씩 하기로 정해 놓은 산책이 전부였다. 그 외의 시간에는 소규모 그룹의 학생들을 가르치고 방문객들을 맞고 편지를 쓰다가 정확한 시간에 잠자리에 들었다. 이런 일과는 엄격하게 지켜졌고 절대 바뀌지 않았다.[26]

63세의 호메이니의 건강은 그 어느 때보다 좋지 않았다. 심장기능상실, 신장 장애, 그리고 만성 편두통에 시달렸다. 테헤란의 모든 사람은 그가 갈 때가 다 되었다고 생각했다. 나자프에서 그를 감시하는 사바크 요원들은 샤에게 "늙은 상어는 이빨이 빠졌습니다."라고 보고했다. 호메이니는 자신을 둘러싼 '부패할 대로 부패한 이 세상이 영원히 지속되는 것'을 한탄했다. 이제 그를 따르는 사람도 적어졌고 찾아오는 사람도 거의 없었다. 마지막 망명지가 될지도 모르는 이 도시의 사람들은 호메이니가 왔음에도 불구하고 크게 동요하지 않았다. 명성으로 보아 상대보다 우위에 있다고 생각한 그는 새집에서 나자프의 아야톨라들이 인사를 하러 오기를 일주일 내내 기다렸으나 아무도 오지 않았다. 결국에는 호메이니가 자존심을 꺾고 그들을 찾아가야 했다. 쇠약해진 몸에 굴욕감이 더해지자 그는 크게 낙담했다.

호메이니 부부는 고립된 생활을 했다. 종교지도자들도 찾아오지 않았지만 대중의 발길도 뜸했다. "호메이니는 처음으로 알리의 영묘에 갔다가 아무도 자신에게 주의를 기울이지 않는 것을 보고 크게 실망했다. 그에게 인사를 하러 다가오는 사람도 없었고 그를 에워싸는 군중도 없었다."[27] 후에 이란 공화국의 초대 대통령이 된 아볼 바니 사드르는 이렇게 회상했다. 위신이 떨어지면서 가족들은 재정적인 곤란을 겪게 되었다. 하인도, 고용인도 쓸 수 없는 상황이 되자 모스타파는 아버지의 특별비서 역할을 맡았다. 뒤늦게 가족과 합류한 아흐마드는 화학을 전공하기 위해 대학에 입학하려고 했으나 입학 허가를 받지 못했다. 카디제는 크게 실망했지만 아흐마드는 공부 대신 아버지가 나자프 전체에 배포하기 위해 쓴 전단을 손으로 베끼는 일을 선택했다.

아흐마드는 형인 모스타파와 많이 달랐다. 모스타파는 호메이니의 성마른 성격과 고집을 그대로 물려받았고 아흐마드는 사람들의 사소한 잘못에 대해 관대한 성품을 가지고 있었다. 그러나 아버지로부터 해방되고 싶었던 그는 이슬람 문화와 아랍어를 완전히 거부했다. 아랍어는 기초적인 것만 익히고 대신 아름다운 페르시아어와 프랑스어, 영어에 열을 올렸다. 그에게 다소나마 위로가 되었던 것은 도스토예프스키의 『카라마조프의 형제들』같은 서양 소설들을 아버지에게 읽어줄 수 있었다는 사실이었다. 신앙을 저버리고 방탕한 삶을 살다가 끝내 아버지를 살해한 부도덕한 남자를 그린 이 소설을 선택한 것은 아버지의 운명을 빗대어 말하기 위해서였을까?

가족들이 단체로 우울증에 걸리지 않은 것은 순전히 카디제 덕분이었다. 도와주는 사람이라고는 남편밖에 없는 작은 부엌에서 그녀는 모든 집안일을 해내며 불굴의 의지로 가족들을 단결시켰다. 호메이니도 설거지를 돕고 손수 잠자리를 정돈해야 했으며 하루 종일 마실 차를 준비해야 했다. 아흐마드로부터 받은 선물, 파코라반 애프터 셰이브 로션은 부부가 누린 유일한 사치였다. 집안의 남자들이 모두 풍성하게 수염을 기르고 있는 중에 그런 물건을 왜 샀는지, 그 이유는 아무도 알 수 없었다. 어쨌거나 호메이니는 이국적이고 부담 없는 향기가 마음에 들어 아들들과 함께 그 로션을 수염 위에 뿌렸다. 그러나 그는 가족들에게 향수 사용을 금지했다. "할아버지는 향수를 뿌리고 집 밖으로 나가면 안 된다고 자주 말씀하셨다. 어느 날, 할아버지가 결혼한 사촌언니에게는 향수 한 병을, 나에게는 다른 것을 사 주시고는 '넌 아직 결혼을 하지 않았으니까 향수를 뿌릴 필요가 없단다!'[28]라고 하셨다." 호메이니의 손녀딸 중 한 명이 이렇게 말했다. 애프터 셰이브 로션을 뿌린 호메이니는 이라크를 떠날 수 없었다.

카디제만이 이란으로 여행을 해도 좋다는 허락을 받을 수 있었다. 이란으로 돌아올 때마다 그녀는 자식들을 만나 아버지의 소식을 전하고 콤의 종교 집회에 참석했다. 호메이니는 카디제를 통해 새로운 이슬람 정신의 중추인 콤의 상황을 파악했다. 그녀는 많은 정보를 가지고 돌아와 초조하게 기다리던 남편에게 전했다.

정치를 위해서였지만 아내와 떨어져 지내는 것은 고통스러웠다. 1972년, 카디제는 거의 한 달에 한 번꼴로 이란으로 떠났고 호메이니는 걱정에 휩싸여 나자프에 남았다. 1972년 8월, 호메이니는 아내에게 편지를 썼다.

"존경하는 모스타파의 어머니,

당신이 잘 지냈으면 하오. 신의 은혜로 나는 잘 지내고 있소. 신께서 가장 좋은 것을 마련하고 계시니 내 걱정은 하지 마오. (……) 모스타파도 아무 일 없이 잘 지내고 있소. 난 그저 당신 소식을 듣지 못해 조금 걱정을 하고 있을 뿐이오."[29]

9월, 마침내 손자의 탄생을 지켜본 카디제로부터 소식이 왔고 호메이니는 조금 특별하게 생긴 손자에 대한 이야기로 농담을 했다. "아흐마드가 말하길 아기가 '정말로 못생겼다' 고 하더군. 당신은 아기가 아흐마드를 닮았다고 했고 말이오. 그런데 두 번째 편지에서, 아흐마드가 '아기 눈이 어머니의 눈을 닮았다' 고 썼다오. 당신 이야기를 해 주시오."

이란에서 카디제는 자식들을 챙기느라 바빴다. 우울증을 앓는 딸 파리데를 위해 그녀는 할 수 있는 모든 방법을 동원했다. 몇 주 후, 호메이니는 우울한 편지를 아내에게 보냈다.

"그 어느 여성보다 가장 존경하고 가장 위대한 나의 아내에게,

우선 파리데의 치료를 위해 마슈하드[30]에 데리고 갔다니, 정말 걱정이 되오. 그리고 당신은 테헤란에서도 또 편지를 보냈는데 파리데는 내게 한 줄도 적지 않았다는 사실이 실망스럽고 놀랍기도 하다오. 우리 손녀 페레흐테는 데리고 가지 않았나 본데, 왜 그랬는지 이해가 되지 않소. 아이가 아픈지, 아니면 파리데 가정에 문제가 있는지 소식 전해주오. 너무나 걱정이 되는구려. (……) 세 번째로 모호한 것들은 편지에 쓰지 말아주오, 내가 너무 혼란스럽다오. 네 번째로, 마슈하드 여행이 즐거웠으면 하오. (……) 다른 것보다 당신 이야기를 해주시오. 그래야 내가 행복하다오."

몇 달 동안 호메이니는 아내의 눈을 통해서만 이란과 이란의 정치적 상황

을 볼 수 있었다. 1972년, 물질적으로 궁핍한 생활을 하던 호메이니 부부는 그를 지지하는 사람들의 후원이 재개됨에 따라 조금의 여유를 찾게 되었다. 옆집을 사용할 수 있게 됨으로써 호메이니는 그의 가르침을 받으러 모이는 학생들을 위한 공간을 확보했다. 겉으로 보기에는 화려한 그 집의 내부는 그가 생활해 온 공간이 늘 그랬듯 검소하기 그지없었다. 응접실에는 청빈함의 상징이라 할 수 있는 양탄자가 깔려 있었고 가구는 없었으며 천장에는 평범한 팬이 매달려 있었다. 2층에 있는 그의 작업실에는 책 몇 권과 낮은 테이블, 그리고 양탄자가 구비되어 있었다.

모스타파는 세 자녀를 데리고 같은 거리에 있는 좀더 여유로운 집으로 거처를 옮겼다. 카디제가 계속 이동을 하느라 편지를 자주 보내지 못하자 호메이니는 외로움을 느꼈다. "한참을 기다린 후에야 당신의 편지를 받았소. 당신이 나를 완전히 잊기 위해 나자프를 떠난 게 아닌가 하는 생각이 드는구려. 당신 소식을 듣지 못하면 내가 얼마나 걱정을 하는지 당신은 모르고 있는 것 같소. 하지만 이건 사소한 것이니 신경 쓰지 마시오. 당신이 잘 지냈으면 하오." 1974년 7월에 쓴 편지이다.

망명과 가난과 사랑하는 자식들을 잃은 슬픔을 뒤로하고 삶이 안정되는가 싶었으나 1977년 10월 21일, 카디제는 다시 한 번 쓰디쓴 아픔을 맛보아야 했다. 모스타파가 45세의 나이로 사망했다. 갑작스러운 그의 죽음에 가족은 망연자실했다. 무절제한 식사와 비만이 심장에 치명적인 무리를 주었던 것이다. 카디제는 그대로 무너지고 말았다. 편지에서 버림받은 느낌과 외로움, 그리고 아내에 대한 사랑을 아낌없이 표현했던 호메이니였지만 아들의 죽음에 대해서는 간결했다. "신께서 그 아이를 우리에게 주셨고, 신께서 다시 거두어 가셨다." 그가 우울하게 말했다. 이 이야기를 두 번째 들은 카디제에게, 그 말은 이미 효력을 상실했다.

늘 그래 왔듯 호메이니는 장례식장에서도 금욕적인 자세를 취했다. "우리
가 사원에 도착하자 구슬피 울던 군중이 길을 내주다가 깜짝 놀라며 수군거
렸다. "뭐야? 이맘께서는 눈물도 흘리지 않으시잖아?"[31] 단상에 올라 기도를
맡은 성직자가 호메이니의 내적 고통을 배려해 그를 위로하며 모스타파의
이름을 부르면서 그의 눈물을 유도하려고 했다. 그러나 호메이니는 한 치의
흔들림도 보이지 않았다. "그가 기도문을 외우며 나를 쳐다보았을 때, 나는
오싹해졌다. 만약에 내가 눈물을 흘린다면, 그것은 신을 위한 눈물이 아니
라 내 아들의 비극 때문에 흘리는 눈물이 될 것이기 때문이었다." 호메이니
는 후에 이렇게 고백했다.

테헤란에서는 비밀경찰 사바크가 모스타파를 살해했다는 소문이 퍼졌고,
이로써 호메이니를 지지하는 목소리가 높아졌다. 이란 곳곳에서 그를 지지
하는 세력들이 시위를 했다. 호메이니는 이번 기회에 정부의 무력진압에도
불구하고 거리로 나선 군중의 모습을 담은 비디오, 보고서, 사진, 녹음, 그리
고 성직자들의 설교 등을 우편으로 받았다. 그리고 자신이 다시 한 번 샤의
권위에 대항하는 위험인물이 되었음을 확인함과 동시에 다수의 반체제인사
들이 그를 샤에 반대하여 일으킨 모든 운동의 리더로 받아들였음을 알게 되
었다. 늙은 상어가 새 이빨을 얻었던 것이다.

사담 후세인, 위험한 이웃

1978년 9월, 테헤란.

테헤란 국제공항 활주로에 이라크 항공의 보잉기가 먼지와 의문을 일으
키며 착륙했다. 비행기에 타고 있던 유일한 승객은 이란의 운명을 결정지을
임무를 맡고 있었다. 사담 후세인의 이복동생이자 이라크 비밀정보국장인

바르잔 티크리티는 이라크를 대표하여 십여 년 만에 처음으로 이란을 공식 방문했다. 이라크 내에서 최고 권력을 잡아가고 있던 사담은 주변국가의 중요한 문제를 해결하고자 했다. 이란과 이라크에서 샤의 위치와 아랍 공화국의 존재를 위협하는 '광신자' 호메이니를 제거하려 했던 것이다.

바르잔은 즉시 샤가 보낸 경호원들의 호위를 받으며 테헤란의 밤거리를 지나 니아바란 왕궁으로 갔다. 어둠 속에 잠긴 왕궁은 공식 접견을 할 만큼 화려하게 꾸며져 있지 않았고 포위당한 성채 같은 분위기를 풍겼다. 호메이니는 지지자들을 개입시켜 수도 테헤란 전역에 전기를 끊었고 샤는 그 일로 크게 분노했다. 그러나 사담의 메시지를 전하는 데에 화려한 분위기는 필요치 않았다. "샤께서 힘을 내시길 바랍니다. 그리고 이라크 정부는 샤를 돕기 위해 할 수 있는 모든 것을 할 것입니다." 바르잔은 호메이니를 제거하는 것이 가장 간단한 방법이라며 샤의 동의만 있으면 당장 실행할 수 있다고 말했다. "우리는 그 제안을 거절했다. 그렇게 되면 호메이니가 순교자가 되기 때문이었다."32) 샤의 부인 파라 디바의 고백이다. 사담은 호메이니가 곧 이란의 최고 권력자가 될 것임을 예감하고 두려움을 느꼈다. "개자식! 호메이니에게는 계획이 있어. 이란, 시리아, 레바논의 시아파들을 하나로 묶고 나마저도 묶어 버리려 하고 있다고! 시아파의 세상을 만들려 하고 있어! 그의 계획이 어디에서 멈출지, 어디까지 갈지 아무도 몰라. 그건 나도 알 수 없어."33) 후세인은 건축가 파우지 샬후브에게 속내를 털어놓았다.

비밀정보국장 바르잔이 사담이 주도하는 반호메이니 작전에 대한 보고서를 호메이니에게 전달했을 때, 그의 반응은 뜻밖이었다. 그는 보고서를 뒤집어 그 위에 시 한 편을 적었다. 신비주의적인 열 줄의 시, 호메이니가 사담에 대한 보복을 기대하던 바르잔에게 건넨 대답은 그것뿐이었다.34)

후세인에게는 자제심이 없었다. 그는 나자프에 망명한 호메이니가 이란

전역에서 신비주의 집단을 선동하고 있다는 사실을 잘 알았다. 호메이니의 장남 모스타파의 사망을 계기로 발발한 시위를 시작으로, 샤에 대한 이란인들의 반발이 호메이니를 구심점 삼아 구체화된 지도 1년이 되어가고 있었다. 아들을 잃은 카디제의 고통과는 반대로 호메이니는 76세의 나이에 한 사람의 정치인으로서 좁기만 했던 길이 드디어 넓게 펼쳐지는 것을 보았다. 군중은 모스타파를 순교자로 추대했고 호메이니를 도시에서 활약하는 새로운 게릴라들의 지도자로 여겼다.

한 달 전인 8월 19일, 이란 최대의 정유소가 들어서 있는 부유한 도시 아바단의 상류층 사람들이 드나드는 렉스 영화관에서 인기몰이를 하던 이란 감독의 영화가 끝난 후, 샤에 관한 다큐멘터리가 상영되었는데, 그 도중에 엄청난 규모의 화재가 발생했다. 1,000여 명의 관객들이 황급히 출구를 향해 달려갔으나 문은 굳게 닫혀 열리지 않았다. 뒤늦게 연락을 받은 소방관들이 출동했지만 아무런 도움을 줄 수 없었다. 호메이니의 지시로 파업이 진행되고 있었기 때문에 그때 아바단에는 수돗물이 공급되지 않았다. 거우 화염을 잡았을 때에는 생존자가 반으로 줄어 있었다. 그날 밤 477명이 목숨을 잃었다. 비극적인 사건 몇 시간 후, 호메이니는 성명을 발표했다. "이슬람법을 거스르는 이 반인류적인 불법행위를 샤의 반대세력의 책임으로 돌려서는 안 된다. 샤와 그의 측근들은 이 중죄로 이슬람 운동을 몰아세우려 하고 있다." 이 비극으로 이란을 뒤흔들던 혁명운동은 절정에 달했고 서로가 자기편의 무죄를 주장하고 상대를 비난했다. 우선, 의심의 화살은 호메이니에게 쏟아졌고 그는 샤의 체제를 강력하게 지탄했다. 이란 공산당은 이런 불안정한 정세를 틈타 호메이니에 합류했다.

그러나 수사 초기에 이미 범인이 드러나기 시작했다. 영화관 화재는 호메이니와 카디제가 머무는 나자프의 평화로운 작은 집에서부터 계획되어 있었다. 프랑스로 망명한 이란 국적의 자바드 비슈 타브가 계획을 실행에 옮겼다. 등유가 든 드럼통을 제공하는 책임은 아바단의 아야톨라 자미가 맡았고 군중에 섞여 들어간 남자 세 명이 방화를 했다. 또한 밖에서 문을 막고 망을 보는 공모자들도 있었다.[35]

혁명수비대 모호센 레자이는 렉스 극장이 첫 번째 목표가 된 이유를 설명했다. "이슬람 근본주의 운동은 카바레, 댄스 홀, 극장, 은행, 포르노 출판센터 등 모든 부패한 장소들과 역겨운 서양문물과는 공존할 수 없다. 그 때문에 많은 영화관이 불태워졌다."[36] 베를린 국회의사당 방화사건을 재현한 이 사건의 목표는 달성되었다. 이로써 혼란을 야기하고 샤를 규탄할 수 있었던 것이다.

이제 서양에서 들어온 부패의 상징에 대한 공격은 예상치 못했던 방향으로 진행되었다. 테헤란에서는 '알라의 오토바이 대원'을 자칭하는 게릴라들이 오토바이를 타고 팔에 초록색 완장을 찬 채 은행과 관공서를 급습했다. 그러나 호메이니의 작전이 늘 그렇게 직접적이고 공격적인 것은 아니었다. 그는 모든 국민이 반(反)샤 시위에 참여하도록 했다.

호메이니의 지시는 명확했다. 운동을 지속하려면 게릴라들은 경찰력과 정면으로 대치해서는 안 되며 행렬의 선두에 여자, 아이, 노인들을 내세워 경찰에게 민감한 선택을 하게끔 해야 한다는 것이었다. 약자에게 총을 쏘느냐, 아니면 대응하지 않느냐. 사실상 전투를 벌일 전투원들은 그렇게 엄호를 받으며 앞으로 나아갔고 '인티파다(Intifada, 봉기, 반란을 뜻하는 아랍어―역주)'의 기술을 발전시킬 수 있었다. "어린아이의 죽음은 중요한 의미를 지닌다. 그 죽음은 이 시온주의 체제의 진면목을 드러낸다." 그는 이런 이론을 폈다. 여자들도 집에서 나와 조국 해방을 위한 전투에 참여할 것을 권유받았다. 그러나 여자들이 자신들의 자유와 권리를 지키기 위해 너무나 격렬하게 시위를 하자, 호메이니의 지지자들은 지체 없이 면도칼을 휘두르고 염산을 뿌려 그들의 얼굴을 훼손했다.[37]

　사담이 샤에게 제안을 했지만 시기적으로 이미 너무 늦어 있었다. 이제 여론은 호메이니 쪽으로 기울어졌고 처형은 생각할 수도 없다는 것을 그는 깨달았다. 회담의 마지막 순간 중재안에 의견이 모였다. 이라크 정부는 위협적인 '상어'를 이라크 국경 밖으로 내보내기로 했다.

　몇 달 만에, 호메이니는 현 정권의 적이 되었다. 충실한 아내 카디제는 그녀가 피곤해질까봐 한밤중에 거실로 내려가 잊고 끄지 않은 전등을 끄고 오는 세심한 남편의 모습밖에 알지 못했다. 그녀는 50년간 헌신적으로 그를 돌보아왔고 이제는 간호사의 역할까지 담당하고 있었다. 이라크에서 호메이니의 건강이 많이 악화되었던 것이다. 카디제는 그의 심장이 그의 쉴 새 없는 활동을 더 이상 견디지 못할 것 같아 두려웠다. 남편이 정치적으로 움직이고 있다는 사실을 그녀는 알지 못했지만, 두 사람은 다시 한 번 더 정치적인 이유로 떨어져 있게 된다.

파리에서의 바캉스

　호메이니가 아들 아흐마드와 지인들과 함께 파리에 온 지도 벌써 몇 주가 지났다. 카디제는 너무나 싫은 나자프에 홀로 남았다. 이제 그녀는 남편을 보호할 수 없었다. 반세기를 함께 해 왔지만 두 사람이 이렇게 멀리 떨어진 적은 없었다. 호메이니가 단연코 전화를 사용하지 않겠다고 했기 때문에 카디제는 남편의 소식을 전혀 알 수 없었다. 그들은 1978년 10월 12일, 작별인사를 했고 그로부터 호메이니는 몇 시간 후 파리에 도착했다. 공항에서 카샹까지 가는 길 내내, 그는 퇴폐한 이미지들에 오염되지 않기 위해 눈을 감고 있었다. 소박하고도 작은 카샹 마을은 소르본에서 공부한 이란의 지식인 아볼 하산 바니 사드르가 이끄는 안내위원회에서 선택했다. "호메이니가 도착하자 한 친구가 카샹의 아파트를 비워 주었다. 그러나 아파트에 정착한 지 며칠 만에, 그의 아들 아흐마드가 나를 만나러 와서는 아버지가 다른 작은 집으로 거처를 옮기기를 원한다고 말했다. 아내를 불러 오고 싶다는 것이 그 이유였다."[38]

새로운 지휘본부에서, 호메이니에게는 카디제가 절대적으로 필요했다. 지도자의 부인을 맞이하기 위해, 안내위원회 위원들은 서둘러 그녀의 품격에 걸맞은 집을 찾아야 했다. 바니 사드르는 곧 파리 근교 이블린 주의 노플-르-샤토에 있는 작은 주택을 발견했다. 집주인인 이란 출신 부부가 선뜻 집을 내주었다. 그러나 사소한 마찰 때문에 준비에 차질이 생겼다. 호메이니는 터키식이 아닌 서양식 화장실을 보고 기겁을 하더니 그 화장실을 쓸 수 없다고 완강하게 버텼다. 카디제가 도착하기 전에 공사를 해야 했다. 공사를 시작한 김에 집안 내 여자들의 구역이 나머지 부분과 완벽히 구분되도록 하는 공사도 함께 진행했다.

1978년 10월 말, 카디제는 카샹의 아파트에 머물다가 남편을 따라 노플-르-샤토로 갔다. 한 목격자가 옛날식으로 간소하게 꾸며진 집안 모습을 전해주었다. "거실에는 투박한 난로와 멈춘 지 오래 된 스위스제 뻐꾸기시계가 걸려 있었다. 그다지 매력적이지 않은 실내 분위기를 완성해주는 것은 진홍색 커튼을 비춘 희미한 전구불빛이었다."[39]

조금씩 호메이니 부부는 일상의 습관을 되찾아갔다. 그들은 늘 닫아두는 덧창 뒤에서 바깥세상의 동요와 동떨어진 삶을 살았다. 카디제는 집안일을 도맡아 집으로 찾아오는 지지자들을 위해 계속 차를 준비했다. 그러던 중에 그녀는 '이란의 어머니'라는 의미의 '코즈에 이란(Qods-e Iran)'을 줄인

'코지' 라는 별명을 얻었다. 호메이니가 프랑스 음식을 거부했기 때문에, 카디제는 손님들을 위해 이란 전통음식을 만들었다. 콩이 드문드문 들어간 죽과 향신료로 끓인 국물에 감자를 넣은 '압구르흐' 라는 음식이었다. 특히 그녀는 세탁기, 가스레인지 등 여태 한 번도 들어본 적이 없는 현대적인 가전제품을 사용하며 집안을 꾸려나갔다.

5,000킬로미터 떨어진 곳에서도 샤를 무너뜨리려는 혁명을 일으키기 위해 애쓰는 이란 국민의 존경과 기대를 한 몸에 받는 호메이니였지만, 그는 집안일이라는 짐을 그녀가 혼자 짊어지는 것을 원치 않았다. 어느 날, 카디제는 남편이 평소보다 훨씬 오랫동안 화장실에서 나오지 않는다는 사실에 의아해했다. 45분 후, 그가 소매를 걷어붙이고 양동이를 손에 든 채로 새로 만든 터키식 화장실 문을 열고 나왔다. 그녀가 양동이를 받아 들려고 서둘러 다가가자, 그가 이렇게 말했다. "이 집에 와서 화장실을 사용하는 사람들은 나의 손님들이오. 화장실 청소를 돕는 것은 나의 의무요."[40]

남편이 집안에서 많은 일을 해야 했기 때문에, 사실 카디제에게는 도와줄 일손이 필요했다. 밤에도 집에서는 손님이 떠나지 않았다. 날씨가 그리 춥지 않던 그 가을, 호메이니의 경호원들과 지지자들은 거실 바닥 여기저기에 드러누워 잠을 잤다. 사실 노플의 지휘본부에 열두 명 이상이 머무는 것은 무리였다. 그러나 테헤란에서 급파된 50여 명의 경호원들이 들어오면서 노플의 집은 발 디딜 틈이 없게 되었다. 공간은 최대한으로 이용되었고 호메이니의 서재 옆방에는 부부의 조카들과 손자손녀들을 위한 임시 학교까지 마련되었다. 지방 체신부에서 설치해준 번호가 서로 다른 전화 여섯 대와 텔렉스 두 대가 있는 그 집에서는 공부와 명상에 집중하기가 힘들었다. 결국 호메이니는 집 앞에 버려진 푸른색과 하얀색의 줄무늬 서커스 천막을 임시 사원으로 삼았다.

지지자들과 전세계에 흩어져 사는 이란인들이 보내주는 돈으로 카디제는 어려움에서 벗어나 한숨을 돌릴 수 있었다. 맞은편에 있는 작은 집을 세내어 살림집으로 사용하면서 호메이니 부부와 자녀들은 다소나마 사생활을 보장받을 수 있었다. 이란에서는 샤에 반대하는 운동이 거세게 퍼져 나갔으나, 호메이니는 자신이 만들어낸 파도에 절대 휩쓸리지 않으며 엄격하고도 정확한 생활을 이어나갔다. 그의 보호를 맡은 프랑스 당국의 담당자들은 극도로 시간을 잘 지키는 그의 습성을 웃음거리로 삼았다. 시계가 맞는지 의심이 갈 때에는 호메이니가 집 밖으로 나오는 시간을 참고하면 틀림없었다.

너무나도 낯선 파리에서 긴장과 혼돈의 시간을 보내다 보니, 부부의 습관에도 변화가 생겼다. 익숙하지 않은 주변 세상에 대해 호기심을 느낀 두 사람은 약간의 자유를 누리는 것을 굳이 마다하지 않았다.

어느 날 저녁, 호메이니는 운집한 경비원과 기자들을 피해 혼자서 여전히 발음조차 하기 힘든 노플을 탐험하러 나섰다. '서양의 꾐'에 넘어가지 않으려고 공항에서부터 아파트까지 죽 눈을 감고 있었던 그가 집 앞에 모인 프랑스 경찰과 경호원들이 한눈파는 틈을 타 밤거리를 돌아다녔다. 그러나 그가 사라진 사실을 알게 된 경찰관들이 수색을 펼쳐 그 유쾌한 탈출은 잠깐 사이에 끝나고 말았다.

마을 사람들에게는 이 과묵한 종교인을 만나 볼 기회가 한 번 더 있었다. 겨울이 깊어 크리스마스가 가까워지자, 호메이니는 평화로운 마을을 소란스럽게 만든 것을 사과하는 의미로 마을 아이들에게 크리스마스 선물을 주기로 했다. 아이들은 풍성한 흰 수염을 기른 채로 크리스마스 트리 아래에 서 있는 노인을 보았지만, 그 노인은 산타클로스가 아닌 호메이니였다.

카디제는 파리의 화려하고도 아름다운 상점들을 구경하며 호기심을 채웠다. 그녀는 아침 일찍부터 지인들을 동반하고 파리 관광에 나섰다. 프랑스에서 공부한 여성운동가 수다베 소데이피가 주로 카디제의 안내역을 맡았다. 호메이니가 처음 프랑스에 도착했을 때, 카샹의 아파트를 빌려준 사람이 바로 그녀와 남편 아흐마드 가잔파르푸르였다. 프랑스 망명기간 동안 수다베는 카디제가 원할 때마다 함께 쇼핑을 나설 정도로 호메이니 부부와 가까운 사이가 되었다.

실제로 카디제는 미래의 이슬람 공화국 퍼스트레이디의 '참모'가 될 여성들을 거느리며 모든 면에서 결혼하기 전에 누리던 특권층으로서의 삶을 완전히 되찾았다. 그 구성원들은 미래의 국회의원 부인들과 장관 부인들, 혁명 후견인의 부인들이었다.

세련되지 못한 나자프에 없는 것들을 파리에서 찾을 수 있었다. 카디제는 우아하며 세련된 여성으로 거듭나는 동시에 고급 취향을 기를 수 있었다. "호메이니 부인은 실제로 세련된 감각의 소유자였다."[41] 후에 이란 대통령이 된 바니 사드르의 딸 피루제 바니 사드르는 이렇게 회상했다. "그녀는 정치현실과는 동떨어진 분이었고 때로는 아주 세속적으로 보이기도 했다." 피루제의 어머니 오즈라 바니 사드르는 카디제와 파리로 쇼핑을 갔던 일화를 소개했다. "호메이니 부인이 우리 집에 와서 외출을 하자고 했다. 신발 쇼핑을 하려고 했던 것이다. 운전수가 우리를 알레지아 구역에 내려주었고, 우리는 당페르-로슈로까지 걸었다. 그녀가 쇼윈도마다 멈춰 서는 바람에, 동행했던 남자는 싫증이 나서 오후 여섯 시에 카페로 와서 우리를 데려가겠다며 집으로 돌아가 버렸다. 그러나 그는 제시간에 나타나지 않았고 호메이니 부인은 크게 화를 냈다. 나는 따뜻한 곳에 앉아 뭘 좀 먹자고 했지만, 그녀는 외국 카페에서 뭔가를 마시는 것은 구정물을 뒤집어쓰는 것과 같다면서 내 제안을 딱 잘라 거절했다. 그러나 나는 전에 그녀가 다른 친구와 함께 갤러리 라파예트에서 케이크를 먹었다는 사실을 알고 있었다."[42]

호메이니는 퇴폐와 안일한 삶의 상징들에는 눈길도 주지 않았다. 특히 구스타프 에펠이 건설한 현대의 바벨탑 근처에는 절대로 가려 하지 않았다. "수술을 받던 날, 호메이니는 운전수에게 한참이나 돌아가는 길로 가자고 했다. 에펠 탑 근처에서 사진을 찍힐 위험이 있었기 때문이다."[43] 한 이란 지식인이 전한 말이다. "그렇게 되면 내 이미지가 큰 타격을 받게 될 것이오." 호메이니는 운전수에게 이렇게 고백했다.

렉스 극장 대학살 이후 그를 둘러싼 의심에도 불구하고, 호메이니의 이미지는 서서히 부드러워졌다. 차츰 그를 최후의 보루로 여기게 된 카터 미 대통령과 지스카르 데스탱 프랑스 대통령이 이란 혁명 이후의 상황에 대비하기 시작했다. 미국은 이란의 정치적 자유를, 프랑스는 종교적 소수자의 운명을 보장할 것을 요청했다. 합법적인 이면공작의 책임을 맡은 세 명의 변호사 중, 프랑수아 세롱은 호메이니의 특별통역관으로부터 뜻밖의 비밀 이야기를 듣게 되었다.[44] 노플의 사원에서 회의를 한 후, 호메이니가 가이드에게 줄 물건을 사러 파리에 가야 한다고 말했다는 것이다. 그 물건이란 바로 향수였다.

"아야톨라께서는 크리스천 디오르의 '오 소바쥬'를 좋아하십니다." 통역관이 덧붙였다.

당황한 변호사가 참지 못하고 웃음을 터뜨렸다.

"호메이니가 크리스천 디오르를요?"

"좋은 냄새를 풍기면 안 된다는 법이라도 있나요? 안 될 것 없잖아요. 호메이니 부인을 아시지요? 부인께서는 파리 디오르 매장에서 옷을 사면서 대부분의 시간을 보내십니다." 헌신적인 통역관은 카디제를 변호하려는 의도로 말했다.

"글쎄요, 그분들께 그럴 만한 돈이 있었는지 몰랐네요. 그럼 부인께서는 차도르 아래로 굉장히 우아한 차림을 하고 계시겠군요.”

“그렇답니다.”45) 통역관이 심각하게 대답했다. 1979년 1월 16일, 호메이니가 아침 기도를 마쳤을 때, 지지자들 중 한 명이 망명생활 15년간 기다려 온 소식을 전했다. “우리 형제들이 샤가 나라를 떠났다는 소식을 전해 왔습니다. 테헤란 라디오에서 발표했다고 합니다.” 양반다리를 하고 자리에 앉은 호메이니는 잠시 잠자코 있다가 입을 열었다. “다른 소식은?” 더 이상 전할 소식은 없었고, 그것으로 대화는 끝났다. 노플에 살던 사람들은 곧 이란으로 돌아갈 수 있게 되었다.

비밀의 여인과 시인 왕

1979년 2월 1일, 테헤란.

호메이니의 지지자들은 테헤란 국제공항으로 발걸음을 서둘렀고 모든 국민은 성스러운 지도자의 귀환을 기다리며 준비를 갖추었다. 그때까지 금지곡이었던 〈호메이니는 우리의 안내자〉라는 노래가 녹음된 카세트테이프가 전국에 배포되었고 사람들은 집안에서 하루 종일 그 노래를 들었다.

호메이니야말로 자신들의 명예를 지켜줄 수호자라 믿은 이란 여성들은 생애 처음으로 거리에 나와 기다리고 기다리던 호메이니 부인을 맞을 준비를 했다.

호메이니는 샤에게 충성하는 마지막 군부대가 비행기를 공격하지 못하도록 백여 명의 기자들과 함께 에어 프랑스 항공기에 올랐다. 카디제에게는 위험에 대비하기 위해 따로 오라고 일렀다. 결국 이란 여성들은 새 이란을 이끌어갈 그녀의 얼굴을 보기까지 며칠을 더 기다려야 했다.

이란에 도착한 카디제는 곧 상황이 완전히 바뀌었음을 깨달았다. 남편과 남편의 지지자는 멀리서 반란을 지휘하는 것이 아니라 이란에서 세계 최초의 이슬람 공화국이 태어나도록 하는 중대 임무를 맡은 주역이었다. 호메이니 부부는 안전한 파리 교외의 허름한 집 대신 예사롭지 않은 궁에서 보수적 혁명을 이끌게 되었다. 그 궁이란 테헤란 남부, 이란 국회의사당에서 몇백 미터 거리에 있는 레파 여자고등학교 건물이었다. 300명이 넘는 학생들을 수용할 수 있는 이 건물에서 호메이니는 수많은 협력자들과 공동생활을 하며 '이상적인 공화국' 창설의 싹을 틔울 수 있었다.

새로운 지도자의 아내 자리에 오른 카디제는 몇 시간 만에 레바논을 거점으로 한 근본주의적 종교 민병대 '헤즈볼라' 즉 '신(神)의 당(黨)' 전사 800명에게 둘러싸였다. 레파 여학교가 있는 지역은 봉쇄되었고 호메이니는 가족 모두가 궁에서 살든지 같은 거리에서 살아야 한다고 주장했다. 이렇게 그의 자식들과 손자손녀들은 다정한 할머니 곁에서 살게 되었다. "카디제는 옛날에 살았던 집처럼 좀더 세련되고 나은 집을 원했으나 어쩔 수 없는 상황이었으므로 그 투박한 집으로 들어갔다."[46] 한 지인은 이렇게 회상했다.

위협은 계속되었고 매일 테러 시도가 있었다. 호메이니는 건물이 크다는 점을 이용해 매일 밤 다른 방에서 잠을 잤고 지하통로로 인근 집들을 연결해 지하대피소의 영역을 넓혔다. 레파 여자고등학교는 곧 순례지가 되었고 학교 철책 앞에는 매일 수천 명의 사람들이 모여들었다.

카디제는 이런 격렬한 분위기에서 잠시 벗어나기 위해 테헤란 북쪽, 상류층이 주로 사는 평화로운 지역 다루스에 '응접실'을 마련해 놓고 방문하는 새 체제 고관들의 부인들을 맞이하거나 위대한 지도자의 부인에게 경의를 표하고자 하는 시민들의 대표단을 만났다. 대표단으로 뽑힌 한 소녀가 카디제를 만났던 경험을 들려주었다. "우리는 할머니를 따라 호메이니 부인께

"샤를 물러나게 한 것이 나의 선언이나 나의 연설이라고 생각하시오?
샤를 왕위에서 쫓아낸 주인공은 바로 그 여자들이오. 그들의 명예를 존중하시오!'   ——호메이니

인사를 드리러 갔다. 우리 차례가 되었을 때, 부인은 이미 바닥에 앉아 계셨다. 우리는 그녀의 볼에 입을 맞추고 이란에 돌아오신 것을 경축하기 위해 무릎을 꿇었다. 그런데 할머니가 나를 부인 쪽으로 조금 미는 바람에 나는 부인의 무릎에 엎드리게 되었다. 그러자 부인은 나를 바라보며 내가 지금 막 은총을 받은 것이라고 말씀하셨다.”[47]

여자들만 새 영부인에게 경의를 표하러 오는 것은 아니었다. 많은 정부관계자들이 그녀를 방문했고, 후에 혁명수비대 대장이 된 알리 하메네이도 친히 그녀를 찾아왔다. 부부를 자주 찾아온 그를 카디제는 ‘친구’라고 불렀는데, 이는 그녀처럼 조심스러운 여자에게는 의미하는 바가 큰 것이었다.

호메이니 역시 기적을 행하는 이상한 힘을 발휘했다. 레파 여학교 앞으로 모여든 여자들은 신의 대행자이자 복수자인 그를 향해 열렬한 환호를 보내며 마음이 움직이는 것을 느꼈다. 무엇보다 호메이니가 내건 공약들이 매력적이었다. 그는 한 연설에서 수도, 전기, 주거 무상공급을 약속하며 대중의 환심을 샀다. “그날, 정말 엄청난 사람들이 몰려들었고 그 혼란 속에 약 817명의 여자들이 기절을 했다.” 누군가는 이렇게 증언했다. 그러나 신실한 이슬람 교도들은 수치심으로 괴로워했다. “우리로서는 실신한 여자들을 들것에 싣고 머리와 손과 발을 남들이 보지 못하도록 하는 것 외에 할 수 있는 것이 없었다. 우리는 호메이니에게 그 이야기를 전했다. ‘여자들이 아야톨라를 만나러 오지 못하게 하는 금지령을 내려주십시오.’ 호메이니의 대답은 단호했다. ‘샤를 물러나게 한 것이 나의 선언이나 나의 연설이라고 생각하시오? 샤를 왕위에서 쫓아낸 주인공은 바로 그 여자들이오. 그들의 명예를 존중하시오!”[48]

샤를 물러나게 한 것으로는 충분치 않았다. 새로운 체제를 정착시키고 그것을 합법화하는 등, 아직 할 일이 많았다. 종교계에서도 많은 물라들을 설득하고 정치에 개방적이 되도록 만들어야 했다. 카디제의 아버지 모하메드 사카피도 마찬가지였다. 존경하는 장인어른의 반대에도 불구하고, 호메이니는 연설을 통해 자신의 길을 가로막는 자는 그 누가 되었건 '이를 부러뜨리겠다.' 고 공언했다. 그리고 새로 조직된 민병대를 파견해 반혁명 세력의 축소와 제국에 마지막 충성을 바치는 자들의 집을 화염으로 없앨 것을 공언했다. 다양한 견해의 표현은 제한되었고 반대파들은 칼, 사슬, 식칼 등으로 공격을 당했다. 1979년 여름, 호메이니는 이란의 단독 지도자가 되었다.

혼돈의 몇 달을 보낸 후, 호메이니 부부는 콤에서 잠시 휴식을 취하기로 했다. 그곳에 가면 그들은 결혼 후 처음 40년 동안 그들을 지탱해주었던 종교적인 분위기에 다시 젖을 수 있을 것 같았다. 가족들이 모두 한 방에 모인 가운데, 자동차 몇 대를 이용해 이동할 것인지에 대한 의논이 오갔다. 누군가는 일찍 떠나고 싶어 했고, 또 누군가는 늦게 돌아오자고 했다. 결정이 내려지지 않은 채 이야기는 오랜 시간 동안 계속되었다. 처음부터 한 마디도 없이 다양한 의견을 듣고 있던 카디제가 일동을 놀라게 했다. "갑자기 할머니가 무릎을 탁 치시더니 '이렇게 합시다! 라고 외쳤고 그 말에 모든 가족들이 동의했다. 할머니는 거의 말을 하시지 않았지만, 할머니가 말을 시작하시면 모두가 입을 다물었다! 손자 아드난 타바타바이의 회상이다.

콤에 도착한 카디제는 훨씬 안전하다는 느낌을 받았고 호메이니는 경호원을 두지 않았다. 카디제는 여름 동안 파리 망명기간 때처럼 안마당을 꾸몄다. 집을 방문한 호메이니 측근의 부인들이 안뜰에서 식사를 했다. 그녀는 꽃무늬가 찍혀 있는 멋진 차도르를 입고 손님을 맞았다. 그 옷은 소규모 모임에서만 입는 옷으로 손님들에게 일말의 친근감을 보여주는 차림이었다. 엄격한 공식 의례는 커튼 뒤에서 한참의 거리를 두고 거행되었다.

그러나 콤에서조차 새로운 특권층인 카디제에게는 지켜야 할 것이 있었다. 호메이니는 매일 고결한 행동으로 이슬람의 권위를 높이려고 노력했고 그녀 역시 국민에게 '모범' 이 되는 생활을 해야 했다. 15살이 된 피루제 바니 사드르는 그 작품의 조연을 맡았다.

"나의 어머니가 호메이니의 저작들을 프랑스어로 번역하자 프랑스 출판 사에서는 출판 허가를 받기 위해 여성 편집자를 콤으로 보냈다. 어머니와 프랑스인 편집자, 그리고 내가 호메이니의 집, 남자들의 출입이 금지된 곳에서 점심식사를 하게 되었다. 하인이 과일을 가져왔는데 접시가 모자랐다. 내가 옆에 앉은 프랑스 편집자와 한 접시로 같이 먹겠다고 하자, 호메이니 부인이 나를 호되게 나무랐다. "왜 그러는 거니, 저 여자는 무슬림이 아니잖아!"[49] 호메이니의 집에서는 세계교회통합운동이 설 자리가 없었다. 카디제에게는 집안에서조차 전통을 철저히 지켜야 할 의무가 있었다.

가을에 접어들면서 이슬람 혁명은 승리를 거두었고 권력은 둘로 나뉘었다. 혁명위원회의 최고 지도자는 이란의 진정한 수장으로 남았으나 대통령 선거 결과, 비성직자가 정치 기관의 최고지도자 자리에 오르게 되었다. 1980년 1월, 파리 망명시절의 측근이었던 아볼 하산 바니 사드르가 호메이니의 지지를 받으며 이란이슬람공화국 대통령으로 선출되었다. 호메이니는 곧 바니 사드르의 행보를 제한하기 위해 이슬람 공화당 출신의 알리 라자이가 수상이 되도록 힘을 썼다.

남편의 뜻에 따라

80세를 바라보는 호메이니에게 1980년은 좋은 징조들과 함께 시작되었다. 마침내 이란 내에서 세력을 잡은 그는 측근들의 배신을 용서할 수 없었다. 한 인간이 영원한 충성을 바치도록 하는 가장 확실한 방법은 숙청이었다. 그는 주변에서부터 서서히 투옥과 처형을 감행했다. 프랑스에서 그를 수행했던 통역관은 체포되었고 신임을 잃기 시작한 바니 사드르 역시 신변에 위협을 느꼈다. 그의 아내 오즈라가 카디제에게 전화를 걸어 남편을 위해 중재에 나서 줄 것을 부탁했다. 카디제의 대답은 모호하면서도 소극적이었다. "이맘께서는 남편분이 잠시 감옥에 가 있는 것이 본인을 위해 좋을 것이라고 하셨습니다."[50]

카디제는 남편에게 관용을 베풀어 달라고 전화를 건 부인들의 이야기를 동정적인 태도로 들어주었지만 절대로 남편의 일에 개입하지 않았다. 그녀는 남편에 대한 확고한 믿음을 가지고 있었고 그의 결정이 전적으로 옳고 선을 추구하는 것이라고 생각했기 때문에 이의를 제기할 마음이 전혀 없었다. 한 투사가 지명수배를 받고 은신을 했다. 카디제와 친분이 있는 그의 친척이 그녀를 찾아왔다. "그가 와서 이맘의 뜻을 따르면, 자유롭게 해주겠어요."[51] 카디제가 대답했다. 그녀의 말대로 했던 그는 투옥되었다.

또 한 번은, 어떤 부인이 죄 없는 구체제 인사가 처형을 당하게 되었다며 그녀를 찾아왔다. 카디제는 눈썹 하나 까딱하지 않고 대답했다. "만일 그분에게 죄가 없다면, 천국에 가실 겁니다. 문제 될 게 없네요." 호메이니의 신실한 아내는 권력이 씌워준 눈가리개를 한 사람 같았다.

어느 날, 공식 영부인인 오즈라 바니 사드르가 카디제를 방문하려고 했으나 경호원들이 막아서는 바람에 집안으로 들어가지 못했다. "나는 대통령의 부인이에요." 그녀가 곧 길이 열리리라고 예상하며 이렇게 말했다. "상관없습니다." 경호원들의 무뚝뚝한 대답을 들은 오즈라는 카디제에게 직접 개입해달라며 연락을 취했다. 군대를 전복하려는 시도가 일어난 직후라 많은 물라의 부인들이 카디제를 찾아와 그 일을 거론했다. "그 부인들은 반역자들을 비난하며 사형을 당해 마땅하다고 했다. 나는 폭력적인 그녀들의 말에 충격을 받았다." 오즈라는 이렇게 회상했다.

몇몇 지인들이 그녀를 독단적인 침체상태에서 꺼내려고 시도해 보았으나 헛일이었다. 그녀가 악의적이어서인지 맹목적이어서인지 알 수 없었지만 그런 시도는 늘 제자리걸음을 할 수밖에 없었다. 피루제 바니 사르드는 이렇게 전했다. "어느 날 호메이니 부인이 우리 숙모의 집을 찾아왔다. 나는 화가 나서 부인에게 물었다. '성직자들이 사람들을 처형하고 있어요. 그게 무슨 뜻이죠? 그리고 물라의 터번을 손으로 가리켰다. 부인은 나의 행동에 기분이 상했다. '네 할아버지는 아야톨라셨다. 성직자들을 존경해야지! 그리고 네 아버지가 군대의 수장인데, 그런 일을 막는 것은 아버지의 책임이 아니겠느냐?" 노부인과 10대 소녀 사이에 고성이 오갔다. 기억에 남을 만한 언쟁이었다. "부인은 내 말을 받아들이지 못하고 반박을 했으나 언쟁은 곧 끝났다. 호메이니 부인은 다시 냉정을 되찾았다."

자신의 측근들이 숙청의 칼날에 희생될 때에도, 카디제는 뒤로 물러나 있었다. 다음 해 6월 10일, 몇 달 간 대통령직을 맡았던 바니 사드르가 퇴임했다. 호메이니가 직접 그의 직함을 박탈하면서 자신이 이란의 최고 권력자임을 증명해 보였다. 호메이니에게 카샹의 아파트를 빌려주었던 수다베 소데이피와 아흐마드 가잔파르푸르 부부도 체포되어 감옥에 갇혔다. 자신과 함께 파리의 고급 상점을 드나들던 그녀가 고문을 당할 때에도 카디제는 아무런 도움을 줄 수 없었다.[52]

오즈라 바니 사드르 역시 체포되어 심문을 받았다. 혁명수비대는 그녀로부터 영화의 한 장면 같은 탈출을 감행한 남편이 숨어 있는 장소를 알아내려고 했다. 헌신적인 과격파인 무자히딘 전사들이 여장한 전 이란 대통령을 보잉 707기에 태워 이란을 떠났다. 호메이니 부부가 알고 지내던 집안은 풍비박산나고 말았다.

전쟁 중인 가족

사려 깊은 카디제는 충돌을 싫어했고 언제나 남편의 정치적 행보에서 멀찍이 떨어져 개입하지 않았다. 새로운 공화국의 탄생과 함께 갇혀 지내던 몇 년간의 생활도 끝이 났다. 그녀는 하나로 모아지지 않는 의견을 가진 가족들을 이끌어 나가야 했다.

이라크 망명 시절부터 이미 갈등은 시작되었다. 죽은 아들 모스타파는 아버지의 정치적 의도에 의구심을 품지 않았을까? "나는 아버지가 샤의 자리를 대신하기를 바라지 않는다. 아버지는 샤보다 더 혹독한 정치를 펼 것이다."[53] 모스타파의 장남 후세인은 바니 사드르에게 아버지가 이런 말을 한 적이 있다고 전했다. 1980년부터 할아버지의 반대파로 기울던 손자가 약간의 내용을 덧붙인 것으로 보아야 할까? 1980년 6월, 그는 마슈하드에서 군중에게 공개적으로 할아버지의 통치로 '최악의 종교적 파시즘이 창시' 될 것이라는 의견을 발표했다.[54] 호메이니는 손자를 소환해 6개월 간 감옥살이를 시켰다. 모스타파의 아내, 즉 후세인의 어머니는 그 일의 이면에 있었던 이야기를 친구에게 털어놓았다. "시어머니께서 할아버지에게 대항한 내 아들을 구해주셨어. 시아버님이 그 아이에게 더 심한 벌을 내리지 못하시게 하려고 애를 써 주셨지."[55]

후세인이 체포된 후에는 며느리가 배신자 대열에 합류했다. 호메이니의 형 모르테자와 '아버지를 살해' 할 수는 없지만 삼촌을 죽일 수는 있다는 그의 아들 레자도 이미 그들 대열에 들어가 있었다. 그러나 모르테자도 한때는 호메이니와 함께 투쟁했던 투사였다. 1964년 호메이니가 망명을 떠날 때, 그는 이란에 남아 있는 동생의 가족들을 책임져 주었다. 그리고 샤에 반대하는 동생을 대신해 콤의 성직자들에게 연설을 하고 자금을 모아 사원과 학생들에게 전달하기도 하며 긴 세월 동안 타지를 돌아다닌 동생의 귀환을 준비했다. 그러나 정치적으로 그는 동생보다 훨씬 더 자유로운 견해를 가지고 있었다.

레파 학교를 본부로 삼은 혁명재판소의 권력 남용으로, 두 형제는 영원히 등을 돌리게 되었다. 모르테자는 공공연하게 혁명재판소의 의장 할할리(Khalkhali)에 대한 거부감을 표시했다. 할할리 의장은 반 시간 만에 60명의 쿠르드인을 처벌하고 수천 명의 이란인들을 처형 부대의 총구 앞으로 보낸 무자비한 법 집행자로 '교수형 판사'라는 별명을 얻은 바 있었다. 바니 사드르 대통령에게 보내는 전보에 모르테자는 "이런 행위가 범해진 것은 역사상 처음 있는 일입니다. 국민들은 이런 이슬람 공화국을 기대하지 않았습니다."라고 썼다.

원만한 성격의 카디제는 아들 아흐마드로 인해 인내심을 시험당하게 되었다. 아흐마드는 형 모스타파를 대신해 아버지의 특별비서직을 맡았을 뿐더러 집무실의 실질적인 책임자 역할을 하고 있었다. 그러나 그의 견해는 아버지에게 완전히 인정받지 못했다. 그는 온건파뿐 아니라 민주주의자들과도 좋은 관계를 유지했다. 성직자들의 권력을 제한하려던 바니 사드르 대통령을 지지한 후, 문화부 장관으로 후에 개혁운동에 뛰어든 모함마드 하타미와 친분을 쌓았고 개혁파인 아야톨라 몬타제리와도 교류했다. 몬타제리는 호메이니의 후계자로 알려져 있었지만, 인권 보호와 여성해방을 위한 행보에 더욱 박차를 가하다가 결국 1988년에 후계자에서 제외되었다. 몬타제리의 생각에 강한 지지를 보내던 아흐마드는 아버지가 그에게 썼던 마지막 경고의 편지를 공개하지 않고 호메이니가 사망할 때까지 감추어 두었다.

가족들이 모두 남편에게 반대하지는 않았기에, 카디제는 그나마 마음을 놓을 수 있었다. 아흐마드의 아들 하산은 할아버지의 생각에 누구보다 더 큰 동조를 보냈다. 이슬람 근본주의자였던 그는 할아버지를 따라 아야톨라 가 되었다.

호메이니 부부의 막내딸 자흐라 모스타파비 역시 아버지의 이념을 좇았 다. 철학 박사 학위를 받은 그녀는 이란 이슬람 공화국 여성 조합의 수장을 맡아 호메이니의 뜻을 따랐다. "히잡은 여성을 성적 학대로부터 보호하고 가족을 보호한다. 여성들이 히잡을 씀으로써 남성들은 가족 외의 여성에게 관심을 두지 않고 아내에게 신실할 수 있다." 카디제는 집안 분위기를 다소 나마 평화롭게 만들기 위해 딸에게 많은 의지를 했다.

참 좋은 할아버지

호메이니의 얼굴에는 감정이 드러나지 않았다. 이란 국민들에게 비추어 진 그의 모습은 늘 심각하다 못해 화가 난 모습이었다. 어느 젊은 여자가 카 디제에게 호메이니가 너무 '엄격해' 보인다고 하자 놀라운 대답이 돌아왔 다. "그렇지 않아요. 할할리 의장과 함께 계실 때에는 크게 웃으시며 농담을 하신답니다!"[56] 이란에서 가장 악명 높은 재판소 의장이 호메이니 앞에서는 익살꾼이 되었던 것이다.

그러나 호메이니가 '교수형 판사' 곁에서만 웃었던 것은 아니다. 그를 만 났던 여성 기자의 증언에 따르면, 호메이니를 가장 크게 웃게 했던 존재는 바로 그의 손자 손녀들이었다.

"내가 방 안으로 들어갔을 때, 호메이니는 이미 가부좌를 하고 바닥에 앉 아 있었다. 그는 내게 악수를 청하지도 않았고 일어나 나를 반겨주지도 않 았다. 인터뷰를 하는 45분 동안, 그는 단 한 번밖에 미소를 짓지 않았다. 그

것도 그의 손자가 방 안으로 들어와 무릎에 올라앉으며 뽀뽀를 해 달라고
했을 때."[57]

호메이니의 딸 파리데는 아버지가 자식들 각자로 하여금 자신이 '가장 사
랑받는 아이'라는 느낌이 들도록 해주었다고 전하며 "하지만 아무래도 아
들들보다는 딸들을 더 예뻐하셨던 것 같다."고 덧붙였다. 또 다른 딸 자흐라
는 가끔씩 자식들을 웃기곤 하던 아버지의 모습을 회상했다. "아버지는 우
리가 숨바꼭질을 할 때, 아버지의 긴 튜닉 안에 우리를 숨겨주시곤 했다."[58]
그러나 파리데를 비롯한 호메이니의 딸들은 아버지가 자식들보다 손자 손
녀들을 더 많이 사랑했다고 했다. "아버지는 자식들보다 손자 손녀들에게
더 개방적이고 친근한 모습을 보여주셨다."[59]

그는 손자 손녀들에게 세심한 관심을 쏟았다. 어느 날, 아흐마드의 아내,
파트메가 아들 하산에게 무릎을 기운 바지를 입혔다가 시아버지로부터 호
된 꾸중을 들었다.

"하산이 왜 저런 옷을 입었느냐?"

"저것이 가난한 사람들의 모습입니다. 돈이 없는 사람들은 저렇게들 옷을
입지요." 그녀가 농담조로 대답했다.

곧, 호메이니의 얼굴이 일그러졌다.

"생각이 부족하구나. 누군가에게 보이는 겉모습을 무시해서는 안 된다.
특히 신께서 기뻐할 만한 차림을 해야지."

호메이니는 며느리나 딸들에게 도움이 되는 충고를 아끼지 않는 편이었
다. 결혼식을 앞둔 딸에게 그는 마지막으로 이런 조언을 했다. "만일 네 남
편이 화를 내거나 너를 비난하면, 그 이유가 무엇이건, 혹은 별다른 이유가
없어도, 아무 말 없이 그 순간을 넘겨라. 네가 옳다고 해도 그렇게 해야 한
다. 남편이 마음을 가라앉힐 때까지 가만히 있다가, 흥분이 가라앉은 다음

에 네 마음에 있는 말을 해라." 그는 장래의 사위에게도 똑같은 조언을 했다. 그는 사람의 마음을, 특히 여자들의 심정을 정말로 잘 알고 있었다.

"여성 여러분, 그분은 여러분 덕분에 기뻐하십니다."

여성에 관해, 호메이니의 주된 걱정은 이란 여성들이 서구의 혐오스러운 풍속에 물들어 변질되는 것이었다. 그는 "여성들이 아름다워 보이기 위해 얼굴에 화장품으로 칠을 하거나 히잡을 쓰지 않고 거리에 나서도 된다고 생각해서는 안 된다.(……) 그런 것은 여성의 역할을 하는 것이 아니라 인형놀이를 하는 것이다."[60]라고 말했다.

그의 말대로라면 전설의 여기자 오리아나 팔라치는 그런 이탈리아제 '인형'이었다. 테헤란에서 서양 기자로는 최초로 이란의 새 수장을 인터뷰한 그녀는 베일이라는 민감한 부분에 관해 질문을 했다. 대답은 따귀처럼 모욕적이었다. "혁명을 이루어낸 여성들은(……) 당신처럼 우아하지도 않았고 화장을 하지도 않았소. 몸을 드러내고 뒤로는 한 트럭의 남자들을 이끌며 거리를 쏘다닌 여자들이 아니었단 말이오. 화장을 하고 목이며 머리카락을 드러내놓고 거리에 나다니는 행실이 나쁜 여자들은 샤에 반대하여 투쟁하지 않았소. (……) 그런 여자들은 쓸모가 없소. 사회적으로도 정치적으로도, 그리고 직무에 있어서도."[61]

그 발언이 그가 매일 고민하는 여성 문제와 별 관련이 없다고 생각한 팔라치는 이데올로기적인 방편으로 호메이니를 몰아세우며 당돌한 질문을 던졌다.

"차도르는 남녀차별의 상징이에요.(……) 이런 옷을 입고 어떻게 수영을 하죠?"

"당신과 상관없는 일이잖소. (……) 이슬람 옷이 마음에 들지 않으면, 그 옷을 입지 않으면 될 것 아니오. 그 옷은 그 옷에 걸맞은 젊은 여성들이 입어야 하는 옷이라오."

그의 공격은 50대 여기자의 정곡을 찔렀다.

"참 친절하시군요. 그렇게 말씀하시니, 지금 당장 이 시대착오적인 우스운 천쪼가리를 벗어 버리겠어요. 하지만, 다시 한 번 말씀해 보시죠. 이맘께서는 저처럼 (……) 전쟁터에 나가 군인들과 함께 전장에서 잠을 자는 여자들을 부도덕한 여자, 혹은 존경받지 못할 늙은이로 보십니까?"

"당신이 자각해야 할 문제요. 나는 개인적인 경우들은 판단하지 않소."

오리아나 팔라치는 모르는 사이에 호메이니주의가 가장 강조하여 선전하는 부분인 여성 문제에 손을 대고 말았다. 호메이니에게 여성은 최전선에 위치한 정치적 지지자이자 그가 이루고자 하는 사회를 구성하는 필수적인 요소였다. "여성은 남성의 가장 깊은 호흡의 화신이다. 명예로운 여자와 남자들을 길러낸 존재가 바로 여성들이다. 여성의 품 안에서 남자는 영적으로 고결해지기 시작한다."[62]

그가 말하길, 토대의 역할을 하는 여성들이 없다면 국가는 퇴폐해질 수밖에 없다고 했다. 여성들은 아이들의 교육을 맡고 있으며, 따라서 미래의 세대에게 옳은 이야기를 전할 수 있는 1차적인 위치에 있다는 것이다.

아흐마드의 아내 파트메 타바타바이는 그 문제로 시아버지의 역정을 샀던 일을 회상했다. "우리가 아버님께 여자는 항상 집에 있어야 하는 것이냐며 농담을 했다. 아버님은 '집을 무시하지 말아라! 아이들 교육은 사소한 일이 아니다! 한 사람을 올바르게 교육해 낸 여자는 사회에 큰 공헌을 한 것이다! 라고 말씀하셨다."

호메이니는 남자들에게는 아이들의 교육을 맡을 능력이 없고 여성들만이 너그러운 마음을 가지고 있고 가족의 의미를 알고 있으며 아이들을 키우는 데에 반드시 필요한 사랑을 줄 수 있다고 보았다. 그러나 반대로 타락한 여자 한 명이 전세계를 타락시킬 수 있다고도 했다. "시아버님은 차도르를 혁명의 상징으로 여기셨다." 파트메는 이렇게 말을 이었다. 국민에게 '모범의 원천'이 되겠다는 규칙을 위반하지 않기 위해, 호메이니는 주변의 여자들의 옷차림을 엄하게 단속했다. "식사를 하다가 우리가 필요 이상으로 손을 소매 밖으로 내놓으면, 아버님은 꼭 지적을 하셨다."

가장에게 감히 아무 말도 하지 못하던 여성들은 호메이니 체제가 내놓은 선전에 매료되었다. 사회적 평등을 추구하는 새 체제는 여자들이 남자와 동등한 사회적 지위에 있다고 주장했다. "이슬람은 여성들을 남성들과 마주 보는 위치에 놓았으며, 남자와 여자의 평등 또한 허락했다." 그러나 그는 잊지 않고 이렇게 덧붙였다. "물론, 여자들이 지켜야 할 계율과 법이 있다."

호메이니는 "남편이 도덕적으로 타락했을 때, 아내에게 행패를 부릴 때, 학대할 때"에 한해 이혼을 허락했다. 결국에는 여자들의 정치참여를 '의무'라고 강조하며 정치적인 역할을 맡기기에 이르렀으나 고위직에는 임명하지 않았다. 아볼 하산 바니 사드르는 그가 "여자들은 어떤 경우에도 극단적인 결정을 내릴 수 없으며 국민들을 상대로 권력을 행사할 능력이 없다"는 것을 이유로 내세웠다고 했다.

사려 깊은 여인

호메이니가 정말로 중요하게 생각하는 여자는 예언자 무함마드의 딸 파티마였다. 그는 그녀의 순수함을 끝없이 칭송했다. "파티마에게는 한 사람의 여자, 한 인간이 상상할 수 있는 모든 선함이 깃들어 있다. 파티마는 보통 여자가 아니라 영적이며 천사와 같은 여성이었다. 그녀는 완전한 존재였고 완벽한 존재의 화신이었다. 파티마는 여성의 본질이자 모든 인간의 본질이었다."[63]

이러한 완벽한 존재의 강생은 상상에 그치지 않았다. 오래 전부터 진정한 파티마의 화신이 호메이니의 곁을 지켰다. 그 존재는 바로 카디제였다. 그의 '가족 이야기'에서 사실상 그녀는 수년 동안 남편 알리에게 헌신한 파티마의 본을 받아왔다. 고결한 알리의 본을 받아, 호메이니는 후에 대통령이 된 라프산자니의 표현대로, '남편과 가장 가깝고 인내로 그를 지원해 온'[64] 카디제 외에 다른 아내를 두지 않았다.

카디제는 단 한 번, 남편을 테헤란에 혼자 남겨두고 사우디아라비아의 메카로 긴 순례여행을 떠났다. 두 사람은 떨어져 지내야 하는 상황에 괴로워했다. 1987년은 수니파와 시아파의 갈등이 최고조에 달했던 시기였고 이란 이라크 전쟁도 절정으로 치달았던 때였다. 흥분한 이란의 순례자들은 호메이니의 슬로건을 외치며 카바 신전으로 들어가려 했다. 그리고 예언자 무함마드가 중동 정복 길에 오르며 지났던 좁은 골목길로 물밀듯이 몰려들다가 사우디아라비아 군대의 강경진압을 당하게 되었다. 도로 위에 400여 구의 시체가 뒹굴었다. 호메이니는 아내를 걱정하기 시작했다. 그의 곁에 남아 있던 딸들이 상심한 아버지의 기분을 풀어주려고 했다. "어머니가 계실 때에는 웃으시더니, 어머니가 안 계시니까 슬픈 얼굴로 짜증을 내시네요." 딸들 중 한 명이 그에게 말했다. "우리가 재미있는 얘기를 해도, 계속 얼굴을 찌푸리시잖아요." 어떤 방법으로도 그의 상심을 달랠 수 없다는 것을 깨달은 딸은 마지막으로 이렇게 말했다.

"아버지께서 이토록 사랑하시니 어머니는 정말로 큰 축복을 받은 분이세요!"

"그런 아내가 있는 나는 얼마나 축복받은 사람이냐! 너희 어머니처럼 희생을 한 사람은 그 어디에도 없다! 너희가 어머니 같았다면, 남편들이 정말로 너희를 사랑했을 것이다!' 카디제에 대한 호메이니의 사랑은, 자식들조차도 농담삼아 거론할 수 없는 것이었다. 다행히 가까운 지인들이 그의 기분을 바꾸어 주었다. 아드난 타바타바이는 카디제가 집을 비웠을 때, 호메이니를 중심으로 가족이 모였던 어느 날을 회상했다. 그녀의 언니가 새 핸드백을 들고 나타났다. "고급 상표의 세련되고 여성적인 가방이었다. 나의 어머니가 언니에게 그 가방을 어디에서 샀느냐고 물으셨다. 그런데 갑자기 이맘께서 그 가방을 쳐다보시더니 이렇게 말씀하셨다. '아, 예쁜 것들은 모두 여자들 물건이니, 이렇게 안타까울 수가!'"[65]

순례여행에서 학살된 시신을 목격한 카디제는 일가친척을 갈라놓는 증오를 가라앉히고 싶었다. 메카에서 그녀는 프랑스에 망명 중인 바니 사드르에게 편지를 썼다. "호메이니 부인이 편지로 용서를 구하며 과거 일로 남편에게 한을 품지 말아달라고 부탁했다. 부인은 이란의 이름으로 화해를 하라고 했다. 나는 그녀의 태도가 위선이라고 생각했다." 바니 사드르는 후에 이렇게 말했다.

테헤란에 남은 호메이니의 병이 깊어졌다. 암세포가 퍼져 심장을 공격했다. 시력이 많이 약해진 그는 권력을 거의 행사하지 못했다. 그러나 그는 강력한 지도자로서의 이미지에 치명적인 타격을 입을 것을 두려워해 안경을 쓴 모습을 국민에게 보이려 하지 않았다.

1981년 6월 28일, 정부 요직에 있던 10명을 포함, 이슬람 공화당 고위인사 70명이 목숨을 잃은 끔찍한 테러 이후, 호메이니는 제자들이 마련해 준 자마란 지구의 집에 칩거했다.

비틀거리는 새 체제의 혼란을 틈타, 사담 후세인이 이끄는 숙적 이라크가 공격에 박차를 가했고 테헤란을 그 어느 때보다 강하게 압박했다. 혁명수비대는 서서히 자마란의 주민들을 다른 곳으로 대피시켰고 1984년에는 호메이니와 그의 측근만이 인근한 집들을 차지하고 남아 있었다. 호메이니는 사실상 집에 갇힌 처지였다. 결국 그는 그 집을 영원히 떠나지 못했다.

카디제가 긴 순례여행을 무사히 마치고 건강한 모습으로 돌아왔고 호메이니는 그녀가 돌아올 때까지 안간힘을 쓰며 버텼다. 그러나 두 사람 모두에게, 떨어져 있던 시간은 후유증을 남겼다. 1988년, 8년간의 전쟁 끝에 마침내 이라크 국경이 평화로워진 후, 승리할 때까지 저항하자고 주장한 호메이니는 비난을 면치 못했다. 휴전협정이 이루어지던 순간, 그는 독배를 마시려 했다.[66] 이번에도 카디제 혼자 그를 위로해 주었고 무기력 상태에서 그를 깨어나게 해 주었다.

그의 건강은 이제 희망이 없었다. 병들고 늙은 호메이니의 생명의 불씨는 가족들에게 둘러싸인 채 서서히 꺼져 갔다. 그는 의식을 잃었고 카디제의 염려는 극에 달했다.

"아버지는 눈을 뜨실 때마다, 말씀하실 기력이 있으면 어머니가 어떠시냐고 물으셨다." 호메이니의 딸들 중 한 명이 이렇게 회상했다.

"어머니는 괜찮으세요. 어머니를 모셔올까요?"

"아니다. 허리가 아플 게다. 쉬도록 그냥 둬라." 그는 이렇게만 말할 뿐이었다.

1989년 6월 3일, 가족들이 죽어가는 이맘의 침대 주위에 모였다. 분위기는 무거웠고 아무도 입을 열지 않았다. 애써 눈물을 참는 이들도 있었다. 힘이 없는 상태에서도 호메이니는 미소를 지으며 최후의 권고를 했다. "나는 돌아오지 않을 것이다. 고통스러워하거나 두려워하지 마라. 나는 너희들에게 인내심을 주십사고 신께 부탁드릴 것이다. 울거나 눈물을 흘리지 않도록 조심해라." 그의 며느리 파트메의 회상이다. 호메이니는 아들 아흐마드의 아내이자 특히 예뻐했던 며느리인 그녀와 마지막 대화를 나누었다.

"신의 은총으로 건강을 회복하실 거예요." 그녀가 시아버지를 안심시키려 했다.

"나는 돌아오지 않을 것이다…… 하지만 한마디만 하게 해 주렴. 다른 세계로 가는 길은 상당히 어려운 길이다…… 다른 세계로 가는 길은 상당히 어려운 길이다."

"그렇게 말씀하시면 저희는 아무런 희망을 가질 수 없습니다. (……) 그 길이 아버님에게 힘든 길이라면, 우리는 어떻게 해야 하나요? 두렵고 혼란스럽습니다."

"나는 스스로 만족할 만한 좋은 일을 하지 못했다. 그저 신의 은혜를 바랐을 뿐이지. 확신을 가질 만큼 좋은 일을 하지 못했어. (……) 다른 세계로 가는 길은 어려운 길이다, 다른 세계로 가는 길은 어려운 길이다."

그는 같은 말을 반복했고 의사들은 그가 좁은 길로 이어진 마지막 길을 혼자 갈 수 있도록 나가달라고 가족들에게 부탁했다.

카디제는 다시 한 번 사랑하는 사람을 잃은 슬픔을 견뎌야 했다. '혁명의 어머니'로 공표된 그녀는 국민에게 자신의 진짜 이름을 불러달라고 부탁했다. 남편이 권력을 잡은 이후로, 모든 사람이 그녀를 '성모'라는 뜻의 '바툴'이라고 불렀다. 그녀의 딸 자흐라가 오해로 인한 코미디 같은 일화를 들려주었다. "어느 날, 누군가가 어머니의 이름을 '바툴'이라고 적는 실수를 했다. 사실 바툴은 어머니를 수발하는 하녀의 이름이었다. 어머니는 그 이름을 무척 싫어하셨다."[67] 그러나 호메이니가 그런 모욕적인 행동에 대한 시정을 요구함으로써 아내에게 관심이 쏠리게 되는 것을 원치 않았기 때문에, 그 이름은 그대로 남게 되었다.

남편을 잃고, 자식을 잃고

아이러니하게도 호메이니 부인은 과부가 되어 세상과 단절되었어야 하는 73세가 되어서야 익명을 탈출해 본명 카디제 사카피로 불리게 되었다. 남편이 세상을 떠난 후, 그녀는 머리가 하얗게 세었는데도 더 이상 헤나로 염색하지 않았다. 함께 살던 집을 떠나지 않은 채, 카디제는 찾아오는 사람들을 맞이했다. 그녀는 끝까지 지도자의 아내로서의 역할을 해내고 싶었다.

귀족 출신이라는 사실을 잊은 채, 카디제는 청빈과 겸손을 서약한 남편의 뜻을 이어나갔다. 손님을 대접할 때에도 오리 그림이 들어간 이상한 플라스틱 접시에 고인이 즐겼던 대추야자와 수박을 담아 내놓았다. "너무 차린 것이 없어 죄송합니다만, 87년의 생애 동안 남편은 간소함을 강조했습니다."

평화로이 지낼 수 있었던 그녀에게 정치는 다시 한 번 충격을 가했다. 마지막까지 아버지의 비서실장 역할을 했던 아흐마드는 아버지의 사망 몇 개월 이후, 이란 대통령직에 도전했으나 결국 라프산자니가 선출되었다. 강력한 라이벌과 경쟁을 벌였지만, 아흐마드는 지지 세력도, 아버지가 가졌던 도덕적 위엄도 갖추지 못했다. 1995년, 그는 50대 초반의 나이에 심장마비로 사망했다. 유일하게 남은 아들을 잃은 카디제는 무기력 상태에 빠졌다. "호메이니 부인은 아무 말도 하지 못했다. 라프산자니는 가족들에게 그에 대한 애도가 공개적으로 이루어져서는 안 된다고 경고했다. 그 죽음이 새 체제의 과오로 돌아가서는 안 된다는 이유에서였다."[68] 피루제 바니 사드르의 증언이다. 자식을 앞세우는 것만큼 사람을 늙게 하는 것도 없다.

운명의 마지막 공격에 너무나 약해진 그녀는, 가족들을 곁으로 불러 모으기로 결심했다. 말이 많고 탈이 많아도 상관없었다. 미국으로 가 샤의 아들인 레자 팔라비 2세와 악수를 함으로써 다시 한 번 호메이니에게 반발한 손자 후세인을 불렀다. 이라크를 여행 중이던 후세인은 할머니로부터 현 정권이 그에게 아무런 해를 끼치지 않을 것이니 가족의 행복을 위해 돌아오라는 긴급한 메시지를 받았다. 카디제는 남편의 뒤를 이어 권력을 장악한 이들에게 집안에 마지막 남은 남자들의 목숨을 보장하겠다는 약속을 얻어내는 데에 성공했다. 그녀는 자신이 친구로 여긴 대상이자 남편이 '소중한 나의 아들' 이라고 불렀던 하메네이가 약속을 번복하지 않을 것임을 확신하며 손자 후세인에게 편지를 보냈다. 그는 그 약속을 2009년, 카디제가 호메이니가 안치된 베헤스테 영묘에 함께 묻히는 마지막 순간까지 지켜주었다.

아가(雅歌)

이 세상을 떠난 후에도, 호메이니는 이란인들을 놀라게 할 만한 방법을 찾아냈다. 언제나 엄격한 이미지를 고수해 오며 테헤란 거리의 벽에서 자신이 미소 짓고 있는 초상화를 너무나 '유약해 보인다' 는 이유로 떼어내게 했던 그가 아무도 모르게 로맨틱하고도 관능적인 시를 써 왔던 것이다. 그의 시들에는 한 여자로부터 영감을 받은 흔적이 역력했다.

> 사랑하는 여인의 엉켜 땋은 머리가 풀리고,
> 고행의 길을 걸어온 노인은 젊은 애인처럼 그녀의 발치에 엎드렸다.
> 그대의 축복이 깃든 술잔으로, 나는 포도주 한 방울을 마셨지.
> 그러자 나의 영혼은 그대 고통의 파도 속에 휩쓸렸다. (……)
> 선술집에 모인 유쾌한 친구들이 결혼을 선포하자,

다 같이 소란스럽게 춤을 추며 기쁨을 나누었다.[69]

땋아 늘인 머리가 얼마나 아름다웠기에 이런 시적 격정을 일으켰을까?

85세에 호메이니는 젊은 날의 열정을 한 자루 펜에 그대로 담았다. 샤에 반대하는 격렬한 연설을 하면서도, 엄격한 이슬람 율법을 기반으로 10년간 권좌에 있었으면서도, 그의 섬세한 감각은 고스란히 남아 있었다. 이란 국민은 시를 낭송하는 호메이니보다는 이슬람법에 따른 명령을 내리는 그에게 익숙했다. 그러나 그는 시를 쓰는 노력을 멈추지 않았고 이미 50년 전에 시인의 혈관에서 카디제를 위한 시를 길어 올렸다.

호메이니는 권력으로 가는 오랜 여행을 시작하면서부터, 꽃이 핀 아몬드 나무를 거의 잊었다. 지치고 병든 몸으로 딸 자흐라와 아들 아흐마드의 보살핌을 받기 위해 자식들과 한집에 살게 되었을 때, 그는 집안의 다이아몬드 같은 존재를 발견했다. 그 주인공은 바로 며느리 파트메였다. 그녀는 거의 앞을 보지 못하는 시아버지를 보필하고 매일 신문과 공식 보고서를 읽어주었으며 가끔씩 책을 읽어주기도 했다.

이로써 호메이니는 15년 전, 아들의 배필로 선택한 예언자 무함마드의 자손으로 사이이드라는 이름을 물려받은 지체 높은 타바타바이 가문 출신의 며느리에 대해 더 많은 것들을 알 수 있었다. 나자프 망명시절에 파트메를 본 그는 우아한 그녀가 마음에 들었고 이란에 남은 아흐마드와 결혼을 시킴으로써 한 가족으로 삼게 되었다.

매일 산책을 하면서 시아버지와 며느리는 속 깊은 대화를 나누었다. 1984년, 호메이니는 자신에게 개인적으로 철학 수업을 해 달라는 청을 한 그녀에게 장문의 편지를 썼다. 그 부탁에 호메이니는 강한 호기심을 느꼈다. 배움에 대한 그녀의 열망이 얼마나 강한지 확인하기 위해, 우선 그는 주의를 주는 것으로 시작했다. "파티야, 철학공부를 하고 싶다고는 했다만, 너는 아직 철학이라는 단어밖에는 모르지 않느냐. 신의 은총으로 네가 철학으로부터 구원되기를 바란다." 그는 파트메의 청원이 얼마나 엄청난 것인지도 잊지 않고 지적했다. "비교(秘敎)적인 편지를 써 달라는 부탁을 함으로써, 파티는 한낱 개미에 불과한 나를 솔로몬 왕의 왕좌 위로 올려놓았다."

그러나 철학에 입문하고자 하는 파트메의 결심은 진지한 것이었다. 그녀는 결국 걱정하는 연로한 시아버지를 설득해냈다. 그는 이슬람교와 명상에서 완벽을 찾고자 하는 사람들을 위한 일종의 정신적 지침서인『사랑의 술잔』집필을 시작했다. 그것은 마치 녹음이 우거진 산책로를 거닐며 강의하던 아리스토텔레스처럼 70세부터 하루도 빼놓지 않고 계속해 온 산책 중에 전달한 그의 가르침을 기록한 저작이었다. 가끔씩 그는 자신의 가르침을 마음 깊이 새기는 제자 파트메에게 지적 깨우침의 길을 함께 걷는 상냥한 동료를 둔 기쁨을 노래한 시를 적어 건네기도 했다.

"파티, 우리는 타인을 향해 여행을 해야 한다. 우리 안의 자아를 초월해야 하지. 너를 네 자신에게 되돌아가게 하는 것은 악마이니 너는 무슨 수를 써서라도 그것을 억눌러야 한단다."

짤막한 격려의 메모에 감동한 파트메는 시아버지가 교훈적인 내용과 감수성이 풍부한 시를 자유로이 쓸 수 있도록 공책 한 권을 선물했다. 그때까지 호메이니는 신문 한 귀퉁이, 편지봉투 뒷면 등 손에 잡히는 대로 아무 곳에나 메모를 했다. 너무나 평범하지만 사려 깊은 그 선물 덕분에, 호메이니의 마음속에 남아 있던 마지막 돌파구가 활짝 열릴 수 있었다.

사랑의 길에서 기쁨을 찾아야 하느니,

한번 한 맹세는 끝까지 지켜야 한다!

그대가 그대 자신인 한, 사랑하는 사람과의 결합은 이루어질 수 없다!
내 자신은 사랑의 길에서 소멸되어야 하는 것이다!

50년 전에 이미 세속적인 사랑과 신의 사랑을 비교해 보았던 호메이니는
파트메를 조언자이자 신에 대한 사랑이 이 땅에 나타난 화신으로 보았다.

술잔을 손에 들고 술을 따르는 사람이 나의 영혼을 깨웠다:
연인들이 모인 술집에서, 나는 하인이 되었구나,
술에 취하고 사랑에 빠진 저 남자가 이 앞마당에서
나를, 하인으로 만들었다.

철학 강의에서, 그리고 지적인 교류와 대화 끝에 종교와 사랑을 노래하는
시가 탄생했다. 페르시아어에는 남성과 여성의 구분이 없기 때문에, 이해하
기가 쉽지 않은 부분이 있다.

인생의 말년에, 호메이니는 그가 평생 동안 고민해 왔던 것을 표현할 수
있었다. 신의 은총으로, 혹은 파트메의 조력으로, 그는 정치보다 우위에 있
는 진정한 주인을 인정하게 되었다. 그것은 바로 사랑이었다.

사랑하는 그대가 사랑의 항아리에서 한 모금을 내게 허락한다면,
그 묘약에 중독된 나는 내 존재를 잡아맨 모든 인연을 벗어 버릴 것
이다.
그대의 눈에 비친 희망을 볼 수 있다면, 나 같은 늙은이도 다시 젊어
질 수 있을 것이다.

슬로보단 밀로셰비치,
유고슬라비아의 악몽

"내 남편이, 이 나라의 아버지가 된다고요? 됐어요.
그 사람은 우리 아이들의 아버지인 것만으로도
이미 할 일이 충분히 많아요."
— 미라 마르코비치

슬로바가 미라를 만났을 때

2001년 3월 31일 베오그라드.

우지카 가 15번지의 저택에서 밀로셰비치 가족은 깊은 잠을 이루지 못했다. 10년이 넘게 권력을 잡아왔던 미라 마르코비치와 슬로보단 밀로셰비치는 모든 면에서 궁지에 몰렸다. 발칸 반도 내 내전(內戰)을 조장한 대통령 부부는 명예로운 퇴장을 할 수 없었다. 국내 선거에서도, 국제사회의 여론에서도 그의 축출을 원했다. 이제 두 사람이 헤어질 시간이 다가오고 있었다.

새벽 2시 30분. 복면을 한 남자들이 저택을 습격했다. 집안에서도 세르비아 특전대대에 맞서는 총성을 들을 수 있었다. 밀로셰비치는 자신에게 충성하는 마지막 저항세력들을 가까이 불러 모았다.

밖에서는 백여 명의 지지자들이 전 대통령의 이름을 연호했고 열 명 가량의 기자들과 카메라가 사건을 생방송으로 전했다. 텔레비전 앞에 모인 미국 정부 관계자들은 밀로셰비치 부부가 공격에 목숨을 잃을까 봐 걱정했다. 슬로보단 밀로셰비치는 생포되어 헤이그 전범재판소의 재판을 받아야 했다. 26시간에 걸친 협상과 협박 끝에 마지막 공격을 감행하기로 결정한 특전대대가 집 앞에 모인 군중들을 해산시켰다.

4월 1일 새벽 4시, 슬로보단은 권총을 손에 들고 특전대대 앞에 섰다. "나는 언제나 선 자세로 살아왔다. 죽을 때에도 서서 죽겠다!' 그가 협박을 했다. 미라는 무표정한 얼굴로 그의 그런 모습을 바라보았다. 그녀의 세계는 무너지고 말았다.

가족 없는 미라

"나는 '숲'에서 태어났다."[1] 미라 마르코비치는 수수께끼 같은 말을 했다. "그건 유격대원들이 쓰는 표현이다…… 나는 우리 부모님이 빨치산들과 함께 머물던 모라바 강변에서 태어났다." 친절하게도 그녀는 이런 설명을 덧붙였다. 1942년 6월 말, 한 소규모 빨치산 부대가 빠르게 침공해오는 독일군을 피해 세르비아 중부 숲으로 들어갔다. 인민 해방을 꿈꾸는 티토를 따르던 충복들은 고향을 떠나 나치와 페테르 II세에게 헌신한 왕정주의자들에게 대항했다.

칠흑같이 검은 머리를 길게 기른 베라 밀레티치는 프랑스 문학을 전공하는 대학생이었다. 임신한 몸으로 빨치산 활동을 하는 것은 무척 힘들었다. 조국의 당파분열로 그녀의 가족도 분열되었다. 혈기 넘치는 22세의 베라는 열성 공산주의자였으나 그녀의 아버지 드라고미르 밀레티치는 유고슬라비아에서 가장 부유한 인물들 중 한 명으로 손꼽히는 지주에게 고용된 지배인이었다. 사실 그는 확고한 왕정주의자였다. 부르주아의 고용인으로 그는 서구주의 문화와 관행을 받아들였다. 이탈리아산 신사용 모자와 양복을 입은 그의 모습에서는 프랑스 시를 즐겨 읽는 신사의 분위기가 풍겼다. 안타깝게도 낭만주의 작가들은 베라를 비롯한 자식들에게 그리 큰 영향을 주지 못했다. "가문의 전통과 피아노 레슨과 보들레르의 시로 자식들을 키우려고 했으나, 어느 새 나는 손에 폭탄을 든 채 내 집 다락방에 숨은 네 명의 공산주의자들과 함께 살고 있었다."[2] 그가 가슴 아파하며 옛 시절을 그리워하는 것은 당연했다. 조국은 점령당했고 티토는 보스니아에서 포위되었으며 항독일 운동가인 딸은 쫓기고 있었다.

게슈타포가 이미 드라고미르 고용주의 소유지에 몇 번이나 찾아와 험악한 표정으로 수사를 벌였다. 이로써 그는 딸이 단순한 투사가 아니라 정식으로 수배중인 과격 행동주의자라는 것을 알게 되었다. 그러나 드라고미르는 베라의 임신 사실을 몰랐다. 1941년, 그녀는 베오그라드 대학교에서 같은 학교 학생 모마 마르코비치를 만났다. 그는 베오그라드 남쪽에 위치한 작은 마을 포자레바크 주변 지역의 봉기를 선동하기로 다짐한 공산주의자였다. 그가 정치적 야심과 다른 여자를 좇아 떠난 여름, 출산을 코앞에 둔 베라는 아버지에게 연락을 취했다.

1942년 7월 10일, 전투원용 가명으로 '미라' 라는 이름을 사용하던 베라는 미르야나 마르코비치를 낳았다. 모마는 딸의 출생에 거의 관심이 없는 것 같았다. "아이가 태어나고 나서 몇 주 후, 한 빨치산 대원이 내게 빈정거리며 '아빠가 된 걸 축하해! 라고 말했을 때에야 비로소 미르야나가 태어난 것을 알게 되었다." 모마는 이렇게 이야기했다. 아기는 몇 달 동안 외할아버지 곁에 숨겨져 있었으나 어느 날 공산주의자들뿐 아니라 왕정주의자들에 맞서 전투를 벌이던 체트니크(Cetnik, 제2차 세계대전 중 유고슬라비아 망명정부의 국방장관이었던 미하일로비치가 세르비아 건설을 위해 조직한 군사조직—역주) 부대원들이 아기를 데리러 왔다. 그들의 목적은 아기를 어머니에게 데려다 주는 것이 아니었다. 드라고미르는 사령관의 눈을 피해 미르야나를 이불로 감싸 깨끗한 빵 상자에 넣어두고 자리에 앉아 심문을 받기 시작했다. 체트니크 부대원들이 담배를 피우며 가택수사를 하는 동안, 그는 마음속으로 미르야나가 울음을 터뜨리지 않게 해 달라고 기도했다. 손녀딸을 위해 모든 것을 헌신한 할아버지는 모자를 쓰거나 머리에 색색가지 물을 들이고 웃기는 표정을 지으며 아이를 즐겁게 해주려고 애썼다.

다음 해 가을인 1943년 10월 5일, 결국 피신해 숨어 있던 베라는 경찰에 체포되어 발칸반도의 테러리스트들을 담당하는 게슈타포 사령관 직속 부하, 한스 헬름에게 넘겨졌다. 그녀는 뼈에 거친 줄질을 하는 등의 가혹한 고문에 저항하려 했으나 견디다 못해 몇 명의 이름을 발설했다. 그럼에도 불구하고 그녀는 바니차 수용소로 보내졌다.

드라고미르는 딸에게 편지를 전달하기 위해 간수들에게 엄청난 뇌물을 주었고 재산을 축내며 그녀를 빼내오기 위해 노력했다. 어느 날에는 딸을 만나기 위해 어린 미르야나를 데리고 수용소 철창문 앞까지 찾아갔으나, 면회는 허락되지 않았다. 1944년 9월, 미르야나에게 자신의 당원명 '미라'를 물려주고 싶다는 바람을 내비친 후, 베라 밀레티치는 총살형에 처해져 공동 묘혈에 묻혔다.

어린 시절에 이런 상처를 받은 미르야나는 미라 마르코비치라는 이름을 간직했고 고인이 된 어머니가 그랬듯이 머리에 장미 한 송이를 꽂곤 했다. 그녀에게는 반 고아 상태로 외조부모 집에 사는 것 외에 다른 선택이 없었다. "내가 겨우 글을 읽을 수 있게 되었을 때부터 나는 외할아버지를 고골리 소설의 주인공 타라스 불바와 비슷하다고 생각했다. 그러나 나의 타라스 불바는 내 앞에서만큼은 그 어떤 저항의 투쟁도 하지 않았다. 힘이 넘쳤던 할아버지는 나를 정말로 예뻐해 주셨다. 꽃과 작은 진주를 섞어가며 내 머리를 땋아주시기도 하며 많은 시간을 나와 함께 보내주셨다." 미라 마르코비치는 다정한 어조로 이렇게 회상했다.

19세기 말에 지어진 저택의 성벽 안에는 로마 유적과 갖가지 종류의 나무가 있었다. 그 안에서 삶은 제 궤도를 찾고 기쁨으로 채워졌다. "정말 낭만적인 시절이었다.(……) 다정한 분위기 속에서 나는 많은 사랑을 받았다."[3]

전쟁이 끝나고 얼마 되지 않아 모마 마르코비치가 다시 나타났다. 1933년 부터 공산당에 입당해 활동해오던 그는 프롤레타리아적 선동의 중추역할을 맡고 있었다. 1941년 히틀러의 군대가 유고슬라비아를 침공했을 때, 그는 티토가 거느리는 빨치산의 수뇌부에서 세르비아 내의 민중 봉기 조직책으로 활약했다. 어렵게 평화가 찾아온 후, 그는 티토가 이끄는 새 유고슬라비아 공화국의 장관이 되었다. 새로운 직함을 얻은 후, 그는 장인 장모가 데리고 있는 딸의 친권을 주장할 여유를 찾게 되었다. 그러나 밀레티치 집안은 베라를 아직 생생하게 추억하고 있었다. "아버지에게는 이미 결혼할 다른 여자가 있었다. 외할아버지는 모든 수단을 동원해 아버지와 맞섰다."

'타라스 불바'는 딸을 빼앗아간 공산당에게 신물이 나 있었다. 주변에서는 모두가 평등한 사회, 노동자가 주인이 되는 사회를 부르짖었지만 그는 끊임없이 스스로에게 물었다. "하지만 저들은 어떻게 공장에서 제일 바보 같은 자가 수장이 되어 명령을 내릴 수도 있다는 점을 생각하지 않을 수 있단 말인가?" 마침 드라고미르의 아들 미할로는 나치를 물리친 후 이어진 숙청과정 중에 밀려나 자신이 지휘하던 주둔지에서 막 쫓겨난 참이었다. 미라의 외조부모는 이제 난폭한 반란자들이야말로 딸을 죽음으로 몰아간 자들이며 가까이해서는 안 된다는 생각을 가지고 있었다. 그들의 유일한 걱정은 미라가 같은 길을 걷지 않도록 해야 한다는 것이었다. 그러나 모마 마르코비치는 다시 미라를 데리러 와서 결혼한 아내가 곧 아기를 낳을 것이라는 소식을 전했다. 외할아버지와 아버지는 결국 미라가 고등학교를 졸업할 때까지 포자레바크에 남되, 여름 방학 때는 베오그라드에서 아버지와 함께 지낸다는 합의점에 도달했다.

미라가 아버지를 만나기 위해 마을을 처음으로 떠난 것은 그녀의 나이 겨우 11세 때였다. 아버지에게 애정을 느끼려 해 보았으나 재회는 그다지 기쁘지 않았다. "그때 나는 이복동생들을 만났다. 우리는 서로 예의를 지켰으나 본심에서 우러나온 것은 아니었다." 그녀는 이렇게 회상했다. 붕괴된 가족은 총사령관 티토와 그의 특권자 명단에 오른 아버지를 따라 수도 베오그라드를 떠나 브리오니 섬에 있는 그의 여름 별장으로 갔다.

세계대전과는 전혀 무관한 크로아티아의 브리오니 섬은 양차 세계대전 사이 기간에 유고슬라비아 명사들이 즐겨 찾던 휴양지였다. 섬에는 세련된 손님들이 바랄 수 있는 모든 편의시설이 마련되어 있었다. 2차 세계대전 이후 위대한 티토의 소유가 된 이후, 이 작은 낙원은 빠르게 변모했다. 수도와 전기를 끌어들였고 오래된 저택과 오두막을 허물고 열대 나무들을 심었으며 동물원과 카지노까지 들여놓았다. 어린 미라는 불안한 가운데 칩거해야 했던 생활에서 벗어나 공화국의 부와 명예를 마음껏 누렸다.

호사스러운 여름휴가를 보냈지만 아버지와의 관계는 최악이었다. 영웅인 아버지가 자주 집을 비웠기 때문에 미라는 아버지와 함께 할 기회를 거의 갖지 못했다. 그는 정치에 헌신한 멀고도 냉담한 사람이었다. 새어머니와 이복형제들과의 만남은 하나의 충격이었다. 여섯 살 아래의 이복여동생 리주비카는 미라와의 첫 만남을 이렇게 기억했다. "난데없이 우리 앞에 나타난 그녀를 소개하며 부모님은 "자, 네 언니란다."라고 말씀하셨다. 전혀 준비가 되어 있지 않은 상태에서 당한 충격이었다. 나는 언니를 제대로 소개해주지 않은 아버지를 원망했다. 그러나 곧 미라는 리주비카의 좋은 언니가 되었다. 리주비카가 미라를 모르고 지내던 과거의 시간을 따라잡고 싶어 했을 정도였다. "나는 언니를 따라하고 싶었다. 언니처럼 옷을 입고 말도 언니처럼 하려고 했다. 그러나 나는 너무 어렸다."

사람들과 거리를 두는 편이었는데도 미라는 모든 관심을 한 몸에 받았다. 포자레바크 학교에서, 그녀는 도스토예프스키에 매료되었다. 외할아버지는 그녀가 위대한 문학에 관심을 갖는다는 사실에 크게 기뻐했으나 아버지인 모마 마르코비치는 미래의 공산주의자 교육에 역효과를 내는 소설에 빠지는 것을 반대했다. "아버지 집에 가 있을 땐, 화장실에 숨어서 도스토예프스키를 읽었다. 아버지는 아무 말도 하지 않았으나 아버지의 부인은 내가 화장실에 너무 오래 있는다고 빈정거렸다."

외할아버지와 아버지는 미라를 데리고 있는 문제를 가지고 팽팽하게 맞섰으나 이복자매는 서로를 그리워했다. "나는 어머니에게 왜 언니가 우리와 함께 살지 않느냐고 물었다. 그러자 어머니는 언니의 외조부모님께 부탁을 했으나 그분들이 언니를 못 데려가게 한다고 대답했다. 언니는 필요한 사랑을 모두 받고 있었다. 어머니는 본인도 할 만큼 했다는 생각에 더 이상 고집을 부리지 않았다.(……) 어린 소녀였던 언니에게 그 일은 무척 고통스러웠을 것 같다."4)

사랑의 시작

1958년. 눈보라가 포자레바크를 후려쳤다. 고등학생인 미라는 최근에 치른 시험 점수를 받아 보고 크게 실망했다. "역사에서 C를 받았다. 언제나 A만 받았었는데, 역사에서 C를 받다니…… 나는 너무나 절망했다. 내가 바랐던 건 뛰어난 학생이 되는 것이 아니라 최고의 학생이 되는 것이었다."5)

역사는 결정적으로 그녀에게 큰 실망을 안긴 과목이었다. 십대 소녀에 불과했던 미라는, 수업 중에 선생님이 자신의 어머니를 배신자라고 비난하는 소리를 들어야 했다. "어머니가 용감한 사람이라고 믿던 미라에게는 충격적인 일이었다." 그녀의 외삼촌 드라자는 이렇게 회상했다.

충격으로 당황하던 시절, 그녀는 우연히 한 학년 위의 슬로보단을 만났다. 언제나 단정했던 그는 재킷에 넥타이까지 맨 차림으로 시골 고등학교에 등교했다. 그러나 그때까지 두 사람은 한 마디도 나눈 적이 없었다. 슬로보단은 수줍음을 탔고 미라는 길들여지지 않는 성격의 소유자였다. "눈에 띄는 남학생이었지만, 내가 그에게 한눈에 반했다고는 할 수 없다." 미라의 의견이다. 슬로보단이 여학생들에게 인기가 없었던 것은 아니었다. 반대로, 그는 십대 소녀들을 매혹시킬 만한 큰 장점을 가지고 있었다. "어딘가 모험을 즐기는 청년의 분위기를 풍기는 헤어스타일"이 바로 그것이었다. 슬로보단은 미라의 특별한 관심을 끌지는 못했으나, 그녀의 친구가 그의 매력을 알아보았다. "슬로보단에게 푹 빠졌던 그 친구는 나를 끌고 그를 찾기 위해 포자레바크를 돌아다니곤 했다."

그날, 미라는 도서관에서 소포클레스의 『안티고네』를 읽으며 우울한 마음을 달래려고 했다. 죽어서 짐승의 밥으로 던져진 오빠를 묻어주려다가 외삼촌에 의해 감옥에 갇힌 오이디푸스의 용감한 딸 안티고네는 아버지에게 버림받고 처형까지 당한 어머니를 떠올리게 했다. 그러나 도서관 출입증의 유효기간이 지나 그녀는 비극의 여주인공들을 더 이상 만날 수가 없었다. 낮은 층계에서 그녀는 막 도서관으로 들어온 슬로보단과 마주쳤다. "왜 그래? 무슨 일이야?' 그가 듬직하게 물었다.

두 사람은 갑자기 쏟아지는 눈에 걸음을 멈출 수밖에 없었다. 현관 밑으로 몸을 피한 슬로보단과 미라는 추위 때문에 서로 몸을 가까이 붙인 채 좀 더 깊은 대화를 나눴다. 그녀는 절망의 눈물을 쏟으며 속내를 털어놓았다. 도서관 사서, 크레온과 안티고네, 역사과목. "외롭다는 이야기, 추워서 손이 얼 것 같다는 이야기, 그리고 내가 생각하는 이야기들을 모두 해 버렸다. 그가 나를 보며 미소를 짓더니 입을 열었다. '장갑을 끼지 그래?' 두 사람은 이렇게 순수하게 연인 사이로 발전했다. 미라의 표현에 따르면 그것은 '완벽하게 어울리고 서로를 보완해 줄 수 있는' 두 존재가 서로를 발견하고 알아본 것이었다. 친한 친구들이 처음으로 사랑을 하는 그들에게 곧 '로미오와 줄리엣 II' 라는 별명을 붙였다. 갑자기 그녀는 추위도, 어두움도, 나쁜 점수도 두려워하지 않게 되었고 수줍음을 타고 내성적이던 슬로보단은 십대들의 콤플렉스에 정통한 어떤 마법 같은 힘을 갖게 되었다.

슬로보단 밀로셰비치는 1941년, 포자레바크에서 태어났다. 그도 역시 전쟁 이후 아버지를 잃었다. 몬테네그로에서 그리스 정교의 부사제이자 고등학교에서 종교학, 러시아어, 세르보-크로아티아 어를 가르치던 교사로 일하던 아버지 스베토자르 밀로셰비치는 가족을 떠나 고향으로 돌아갔다. 안타깝게도 그는 가정생활도, 전쟁의 기억도 이겨내지 못했다. 1962년 슬로보단이 소련으로 수학여행을 간 사이, 이미 집을 나간 아버지의 자살 소식이 포자레바크에 전해졌다.

스베토자르가 정신적으로 균형을 잃은 이유는 외로움과 죄책감이었다. 아들 나이의 남학생에게 나쁜 점수를 준 것이, 그 소년을 죽음으로 몰아갔다. 그 젊은 영혼을 파괴한 책임이 자신에게 있다고 느낀 그 역시 스스로 목숨을 끊었다. 수학여행에서 돌아와서야 슬로보단은 아버지의 사망 소식을 들었다. 장례는 이미 치러진 후였고 어머니 스타니슬라바는 15년 전에 가족을 버린 그의 무덤을 다시 찾을 생각이 전혀 없었다. 그는 그날 저녁 미라의 집을 찾아가 심각한 얼굴로 말했다. "사람들이 몬테네그로에서 내 아버지가 자살을 했다고 알려줬어." 미라는 그가 아무런 감정 없는 얼굴을 하고 있다는 것에 놀랐다. "분명 그는 흥분상태였지만, 슬픔 때문에 무너지거나 하진 않았다."

학교 교장이었던 스타니슬라바는 교장 선생님답게 아들을 엄하게 길렀다. 업무 부담이 컸음에도 불구하고 그녀는 슬로보단에게 아낌없는 사랑을 주었다. 그는 또래 친구들과 많이 어울리지 않아 친구들의 원성을 샀으나 어머니는 그런 아들이 마음에 들었다. 스타니슬라바는 슬로보단이 동네 꼬마들과 어울리다가 천박하게 될까 봐 걱정을 했다. 그는 축구를 하지도 않았고 다뉴브 강에 수영하러 가는 무리에 섞이지도 않았다. 사실, 그는 양말에 진흙이 묻는 것을 견디지 못했다. 스타니슬라바는 아들이 '몸이 약하다'는 이유로 체육 시간에 빠질 수 있게 조치를 했다. 슬로보단은 자기 서재의 차분하고도 정돈된 분위기를 더 좋아했고 수학에 뛰어난 재능을 보였으며 다른 과목에서도 우수한 성적을 거뒀다. 미라는 에너지가 넘치는 스타니슬라바의 집에 자주 드나들었다. 수업이 끝난 후 슬로보단을 만날 수 있는 곳은 그곳뿐이었다. 세대 간의 격차로 인한 충격을 피할 수는 없었다. "우리는 서로 다른 관점을 가지고 있었지만, 나는 슬로보단의 어머니를 무척 존경했다. (……) 예를 들어, 그분은 아들이 외출을 하자고 해도 집안에 틀어박혀 계시려 했고 간혹 꾀병을 부리곤 하셨다. 슬로보단의 어머니는 피해의식이 상당한 분이었고 동시에 최고 결정권을 행사하려고 했다."

고등학교를 졸업한 슬로보단은 베오그라드 대학에 입학했다. 미라는 그가 자신이 보기에 '가장 아름답고 로맨틱한 직업'인 건축가가 되는 길을 걷기 원했으나 그는 법학을 선택했다. 미라는 고등학교를 1년 더 다녀야 했다. 그녀는 슬로보단이 없는 시간을 견디지 못해 매일 그의 어머니를 찾아갔고 주말을 애타게 기다렸다. "슬로보단의 어머니에게는 내가 이해하지 못하는 부분이 있었지만, 그분의 확고한 의지를 나는 존경했다. 여성의 조건에 대해 처음으로 생각해 보도록 해 준 사람도 바로 그분이었다."

이듬 해, 마침내 대학에 진학하게 된 미라는 철학 전공과 영화 전공 사이에서 갈등했다. 결국 슬로보단이 그녀를 대신해 사회학을 선택해 주었다. 미라는 사르트르와 카뮈를 접했고 누벨바그 영화에 심취했다. "실존철학이 공산주의자들이 포기한 많은 문제들에 대한 해답을 제시해 주는 것 같았다. 결론적으로 내 생각의 중심은 사회주의가 아니었던 것 같다." 그들에게 포자레바크 시절은 이미 한참 전에 지나간 과거였다.

대학생활을 시작하면서 슬로보단은 보다 정돈된 삶을 살 수 있었다. 어느 날, 미라는 아직 쓰지 못한 칼 마르크스의 '루이 보나파르트의 브뤼메르 18일'에 대한 리포트 제출 기간이 바로 내일이라는 것을 깨닫고 슬로보단에게 하소연을 했다. 그는 또 한 번 아무렇지도 않은 표정을 한 채 그녀를 구해주었다. "주제를 알려줘. 내가 알아서 처리할게." 다음날 아침, 그는 완벽한 리포트를 그녀에게 건넸다. 헌신적인 노력은 가상했으나 효과는 기대 이하였다. 리포트를 읽은 교수가 미라에게 건강상태와 가족에 관한 질문을 했다. "걱정이 되어서 그러네. 자네같이 뛰어난 학생이 이렇게 평범한 리포트를 제출하다니, 혹시 무슨 문제가 있나 해서."

베오그라드 대학 벤치에서, 슬로보단은 미라 외의 그의 유일한 친구가 된 이반 스탐볼리치를 만났다. 다섯 살 연상의 그는 그때까지 코소보의 어느 공장에서 일하다가 대학 공부를 다시 시작했다. 슬로보단과 미라는 모든 과목에서 최고점을 노렸지만, 이반은 평균 점수를 받는 것으로 만족했다. 처음부터, 두 사람은 서로의 성격이 너무나 상반된다는 것을 알았다. 이반 스탐볼리치는 열정적이고 따뜻한 성격의 소유자였고 그만큼 인기도 많았으나 슬로보단은 공부 외의 시간을 모두 미라와 함께 보냈다.

1964년 12월 31일, 같은 법대를 다니는 슬로보단과 이반은 각자의 여자친구를 동반하고 새해를 축하했다. 이반은 그가 보기에 '범상치 않은'[7] 친구의 약혼녀에게서 받은 인상을 속으로만 간직할 수밖에 없었다. 각자가 새해와 찬란한 미래를 위해 잔을 들려고 하는 순간, 미라가 이반이 가져온 농가에서 만든 포도주를 마시지 않겠다고 했다. 그녀가 덧붙인 한 마디는 거의 모욕적이었다. "난 평민의 술은 마시지 않아." 슬로보단의 관심을 독차지하기 위한 두 사람의 경쟁은 치열했다.

다음 해 3월 14일, 슬로보단과 미라가 결혼을 결심하면서 분위기는 바뀌었다. 이반은 신랑의 증인을 맡았다. 전통적으로 신랑과 증인은 '피로 맺은 형제'가 되었다. 미라는 임신 3개월째였다. 그녀의 짧은 단발머리에 흰 나비가 날아와 앉아 환상적인 모습을 연출했다. 무릎까지 오는 우아한 크림 색 드레스와 잘 어울리는 세련된 하이힐로 단장한 그녀는 예복을 차려입은 슬로보단을 바라보았다. 몇 명 안 되는 지인들이 참석한 결혼식이었다.

음울한 영세민용 아파트

1965년 9월. 손님들이 도착하기 전, 미라와 슬로보단은 마지막으로 집안 정리를 했다. 그들은 베오그라드 외곽지역에서도 끝 쪽에 위치한 카라부르마의 엘리베이터도 없는 신축 아파트 맨 꼭대기층에서 신혼생활을 시작했다. 노출 콘크리트 테라스가 딸린 40㎡ 면적의 작은 그 아파트에서 버스 정류장까지는 20분을 걸어야 했다. 미라는 그 점이 마음에 들지 않았다. 슬로보단은 공산당 관리로 취직이 되어 하루 종일 밖에 나가 있어야 했다. "배가 부른 상태에서 계단을 오르내리기가 힘들었기 때문에, 괴롭지만 외로움을 참아야 했다. (……) 어느 날 아침, 욕조에서 미끄러지는 바람에 그날은 하루 종일 침대에 누워 움직이지도 못한 채 남편이 돌아오기를 기다렸다." 이번에도 그녀의 곁에는 슬로보단이 있었다. 9월 22일, 드디어 미라는 딸을 낳았고 두 사람은 아기에게 마리야라는 이름을 지어주었다. 아기는 곧 슬로보단의 모든 관심을 독차지했다. "부녀 사이에는 곧 절대적인 사랑이 싹텄다. 가끔씩 내가 소외된 느낌을 받을 정도였다." 미라는 그때의 서운함을 이렇게 표현했다. 퇴근하는 슬로보단의 머릿속은 딸을 목욕시켜야겠다는 한 가지 생각으로 가득했다. 미라는 새로운 가족이 된 아이와 특별한 관계가 되고 싶다는 생각에 대학교 교재를 큰소리로 읽어주곤 했다.

그러나 신혼 생활은 그리 쉽지 않았다. 돈이 떨어지는 경우가 많았고, 그럴 때마다 시어머니 스타니슬라바가 포자레바크에서 올라와 식료품을 살 돈을 보조해 주었다. "나의 아버지는 시어머니보다 훨씬 능력이 있었고 금전적으로 여유도 있었지만, 우리에게 한 푼도 주지 않았다." 그러나 슬로보단은 아내를 고생시킬 마음이 없어 당의 다른 관리와 아파트를 바꿀 수 있도록 조치를 취했다. 밀로세비치 가족은 신 베오그라드의 새로 생긴 지구로 이사를 했다. 그곳에서는 현대문명의 발명품이 그들을 기다리고 있었다. 그것은 바로 전화기였다.

두 사람의 아파트에는 고집 센 총사령관 티토의 주변을 맴도는 젊은 지식인들이 자주 드나들었다. 티토는 남부 슬라브의 독립을 위해 스탈린의 보호령제를 단호히 거부했다. 아파트 내부는 대학생 신분인 그들이 가진 돈의 한계 내에서 취향을 최대한 살려 꾸몄다. 미라는 가구 위치를 이리저리 바꾸는 데 열을 올렸다. "내가 좋아하는 색, 나의 아이디어가 집안 곳곳에 나타났다."[8] 그녀가 자랑스럽게 말했다.

슬로보단은 거울 앞에서 머리를 손질하는 "베이비"[9]를 방해하지 않도록 주의하면서 진공청소기를 돌렸다. 영원히 계속될 것 같은 미라의 머리손질은 하나의 신성한 의식이었다. 아내가 그 까다로운 작업 중에 방해를 받으면 굉장히 짜증을 낸다는 것을 그는 잘 알았다. 미라의 말에 의하면, 머리손질은 "자신의 존재의 심연에 빠지는"[10] 작업이었다. 그녀는 무표정한 얼굴과 언제나 반쯤 감겨 우울한 분위기를 내는 두 눈을 더욱 돋보이게 하는 검고 숱이 많은 머리에 가장 많은 신경을 썼다. 어쩌면 슬로보단을 매료시킨 것은 미라의 눈길에 깃든 그 "순수하고도 진지한 슬픔"이었을지도 모른다. 그는 그녀가 언제 어디서나 강하고 단호한 표정을 지으며 늘 고수하는 검은색 옷으로 10대 시절의 상처를 감추는 점에 매혹되었다. 미라는 사랑하는 사람들을 죽게 내버려둔 신을 믿으려 하지 않았고 그 대신 더 선한 초월적 존재를 찾아냈다. 그녀가 곧잘 자랑하던 월장석 반지는 그녀를 "보호해주는 하나의 행성"[12]이었다.

그날 저녁에는 프롤레타리아적인 분위기 속에서 유고슬라비아 연방공화국의 노동자들과 이상을 품고 정권을 장악한 베오그라드의 공산주의자들의 미래에 관해 논쟁을 벌일 예정이었다. 논쟁을 이끌 사람은 미라였다. 밀로셰비치 부부에게 있어 각자의 역할은 엄격할 정도로 동등했으나, 사실 미라의 영향력이 조금 더 컸다. 사람들 앞에 아름다운 모습으로 나타나고 싶었던 그녀는 머리손질의 마지막 정점을 찍었다. 머리에 보석을 단 적은 없었다. 플라스틱 장미 한 송이면 충분했다. 계절에 상관없이 언제나 같은 것으로. 그녀는 어머니를 기리며 머리에 장미 한 송이를 조심스럽게 꽂았다.[13]

가족이 없는 그들 부부는 잇단 슬픔을 겪으며 서로에게 크게 의지했다. 두 사람 모두 헤어져 있는 것을 견디지 못했다. 슬로보단이 크로아티아 자다르에 6개월간 입대해 있는 동안, 미라는 남편을 만나기 위해 이웃집에 아이를 맡겨두고 하루 종일 집을 비웠다. 그녀는 허둥지둥 기차를 잡아타고 병영으로 달려가 비에 젖은 몸을 덜덜 떨면서 30분간의 짧은 면회를 마치고 다시 급하게 역을 향해 뛰어야 했다.

원대한 희망

슬로보단은 베오그라드 시청의 고문역을 맡았고 미라는 사회학 박사학위를 준비했다. 1968년 여름, 소련이 체코슬로바키아를 침공하자, 두 사람은 저녁마다 저명한 언론인들과 함께 아카 데베카타 레스토랑에 앉아 발칸 지역의 미래에 관한 토론을 벌였다. 보헤미안 학생들처럼 여름을 보내다 보니 가정생활이나 공부에 충실할 시간이 없었다. 밤이 되어서야 미라는 외출복을 입은 그대로 소파에 앉아 박사논문을 준비할 수 있었다. "집에는 아직 서재가 없었고 바퀴벌레가 득실거렸다. (……) 아무튼 나는 불편한 자세로 공부를 했다." 미라는 요리에 시간을 빼앗기려 하지 않았고, 슬로보단도 설거지를 좀처럼 하지 않았다. 슬로보단의 어머니 스타니슬라바는 아들 집을 방문할 때마다 엉망인 집안 모습이 거슬려 여기저기 널려 있는 더러운 그릇들을 모아 설거지를 해주었다. 어느 날, 어머니는 비꼬는 듯한 한 마디를 내뱉었다. "이 집안에는 제대로 작동하는 게 하나도 없고 넌 잘 하는 게 하나도 없구나!" 스타니슬라바는 아들의 결혼 이후 버림받은 느낌을 받았고 차차 시력을 잃어 책을 보는 즐거움도 잃었다. 활발한 활동을 벌이며 새 삶을 시작한 슬로보단은 어머니를 거의 찾아가지 않았고 그녀도 아들 집 방문을 곧 그만두었다. 며느리와의 관계도 좋지 않았다. "스타니슬라바가 슬로보단을 만나러 베오그라드에 오면, 미라는 그녀가 아파트에 발을 들여놓기가 무섭게 밖으로 나갔다."14) 한 친구는 이렇게 회상했다.

스타니슬라바는 가족의 붕괴 이후 인생의 의미를 찾지 못했던 것 같다. 1972년, 전남편이 자살한 지 10년 만에 그녀 역시 목을 매 자살했다. 죄책감으로 괴로워하던 슬로보단은 어느 날 한 친구에게 속내를 털어놓았다. "어머니는 미라를 선택한 나를 끝내 용서하지 않으셨다."15) 그는 어머니의 무덤을 자주 찾아갔으나, 미라와는 한 번도 동행하지 않았다. 미라 마르코비치 동지는 묘지를 혐오했다.

'노동자 자주 관리에 있어 교육에 관한 사회학적 조망' 이라는 논문을 발표하고 사회학 박사학위를 취득한 미라는 대학 강의를 시작할 수 있었다. 이제 그녀는 이름 앞에 자랑스럽게 박사라는 직함을 붙였다. 슬로보단은 대학 시절 그의 트레이드마크였던 "반질거리는 흰 나일론 셔츠"[16]를 버리고 유고 국영 가스회사의 간부자리에 올랐다. 그의 "감정을 드러내지 않는" 태도와 "귀족적인" 외모는 준엄하다 못해 거의 강박관념에 사로잡힌 모습으로 바뀌었다. 그런 분위기 덕분에 그는 빠른 시일 내에 가스회사를 떠나 유고슬라비아 최고의 은행, 베오그라드 은행의 임원직을 맡을 수 있었다.

미라는 부러울 것이 없었다. 곧 그들은 살던 아파트를 같은 지역의 유리-가가린 가 187번지의 좀더 넓은 아파트로 바꿀 수 있었다. 러시아제 빨간색 라다 승용차를 구한 슬로보단은 미라를 태우고 전속력으로 차를 달려 두브로브니크로 휴가여행을 떠났다. 1974년 7월 3일, 아들 마르코가 태어나 가족이 늘면서 급히 가정부까지 두게 되었다. 모든 것이 좋은 방향으로만 흘러갔다. 그런데 젖먹이 마르코에게 이상이 발견되었다. 태어난 지 며칠 후부터, 아기는 한 쪽 눈을 뜨지 못했다. 의사들의 소견을 들은 미라는 걱정에 발을 동동 굴렀다. 슬로보단은 느긋하게 아내를 안심시켰다. "걱정 마. 이 아이는 남자야. 남자는 잘생길 필요가 없어." 그 말에 기분이 상했는지, 감겼던 한쪽 눈이 며칠 후 기적적으로 떠졌다.

슬로보단은 은행에서 뛰어난 실력을 발휘했고 집안의 자랑거리가 되었다. "나는 은행에 관해서는 별로 아는 것이 없고 재정에 관한 한 문외한이지만, 내가 보기에 남편은 앞으로 전 세계적 거물급 은행가가 될 것 같았다." 미라는 능력 있는 남편에게 완전히 매료되었다.

실제로 그는 지구상의 거물급 금융가들과 연락을 주고받았고 그 유리한 위치 덕분에 서방세계로 가는 문을 열 수 있었다. 1978년 베오그라드 연합은행 총재가 된 그는 연말에 뉴욕으로 여행을 갔다가 현지에 베오그라드 은행 사무소를 개설했다. 그리고 저 유명한 하버드 대학교를 방문하고는 농담을 했다. "이제 누가 나에게 학력을 물어보면 하버드 대학교에 잠시 있었다고 대답할 수 있겠군." 그러나 두 사람은 서로 멀리 떨어져 있는 기간을 오래 견디지 못했다. 미라는 2주 동안의 관광을 계획하고 미국으로 와서 남편과 합류해 뉴욕과 나이아가라 폭포를 구경했다. 대도시의 생동감과 요란한 물소리를 미라는 딱 잘라 평했다. "도스토예프스키를 모르는 문화는(……) 나를 매료시킬 수 없다." 집에서는 아이들이 성공이라는 후광으로 둘러싸인 아버지를 애타게 기다렸다. 슬로보단은 마리야와 마르코의 선물에 돈을 아끼지 않았다. 미라는 남편을 자랑스러워하며 침대 머리맡 소탁 위에 록펠러 빌딩의 자석과 함께 미국에서 찍은 사진을 올려두었다.

"우리는 세상 돌아가는 분위기에 많이 휘둘리지 않았다." 미라는 이렇게 단언했지만 평화로운 포자레바크를 떠난 이후 부부의 취향은 크게 발전되었다. 미라는 중세음악에 관심을 가졌다. 슬로보단은 양차 세계대전 기간 동안 전쟁에 나선 두 형제 병사의 이야기를 그린 소련 영화의 고전, 〈두 전사〉를 위해 작곡된 〈어두운 밤〉을 우연히 듣게 되었다. 이후 그는 러시아 노래들을 즐겨 불렀을뿐더러 가족들이 모인 자리에서는 큰 목소리로 프랑스 노래와 세르비아 전통 노래들을 부르곤 했다.

문학에 있어서 부부의 취향은 달랐다. 슬로보단이 미국 문학을 선호했고 특히 20세기 후반 작품을 즐겨 읽었던 반면 미라는 러시아 고전작품들이야말로 귀족적이며 슬라브 민족들만이 이해할 수 있는 정신이라고 높이 샀다. "비이성적이고 감정적인 인생과 이성과 감정 사이의 불균형이야말로 슬라브 고유의 것이다." 그녀는 가슴 속으로부터 원했던 문학 대신 사회학을 선택하라고 조언한 남편을 비난했다.

슬로보단의 취향은 보다 구체적이었고 즉각적이었다. 그는 최신 유행의 옷이나 고급 세단이나 어마어마한 값의 보석에 거의 관심이 없었다. 대신 퇴근 후에 작은 여송연을 피우며 고급 위스키를 마셨고 유고슬라비아 명물인 해산물을 먹으며 드라이한 백포도주를 곁들여 마시는 것을 즐겼다. 고기류는 구운 양고기와 어린 돼지고기 꼬치요리라면 지옥에라도 갈 만큼 좋아했다. 그러나 무엇보다 그가 가장 좋아했던 것은 사람들과 어울려 푸짐하게 차린 음식을 함께 먹는 것이었다. 자신이 예측하는 21세기 계급 간 투쟁에 관해 이야기하는 것을 즐기는 미라는 이 땅의 모든 음식에 애착이 없었다. 특히 남편이 좋아하는 유쾌한 모임에서는 심드렁한 모습을 보였다. "둘의 취향은 굉장히 많이 달랐다." 미라의 삼촌 두잔 미테비치의 회상이다. "그들이 함께 있을 때 둘을 모두 만족시키는 것은 거의 불가능했다. 미라는 너무 까다로워서 먹을 것을 대접할 때마다 정말 골치가 아팠다."

슬로보단이 은행가로서의 지위를 확고히 다진 덕분에 밀로세비치 부부는 물질적으로 훨씬 풍요롭고 예술적으로 고상한 새 삶을 살 수 있었다. 가족에 대해 원한을 품었던 것은 이미 먼 과거의 일이었고, 미라는 아내로서 어머니로서 부족한 부분이 거의 없는 생활을 했다. 슬로보단의 성공 이후, 그녀는 고개를 빳빳이 들고 아버지와 화해할 수 있었다. 재회의 분위기는 예상한 것만큼 따뜻하지 않았다. "마리야는 아직 십대 소녀였지만, 이미 굉장히 자기 멋대로 하려고 들었다." 리주비카 마르코비치는 조카를 보고 이렇게 평했다. "화장을 진하게 하고 금반지를 여러 개 끼고 있었다. 버릇도 없었고 친척들의 이름도 제대로 알지 못했다."

어린 나이에 헤어진 가족들에게 돌아가는 것은 불가능했다. 고아로 자란 그녀를 얌전한 딸로 바꿀 수는 없었다. 그때부터 만남이 뜸해져 6개월에 한 번쯤 겨우 얼굴을 보았다. 그런데도 아버지가 오면, 미라는 안절부절못했다. 리주비카도 1년에 두 번, 언니 집에 가야 하는 그 운명의 날을 두려워했다. "그 만남은 굉장히 냉랭한 의식이었다. 나는 언니 집에 가는 게 싫었다. 너무 불편했다. 아버지와 언니는 자주 다퉜다."

리주비카는 그 이유를 설명했다. "밀로셰비치는 정치에 입문했고 아버지는 그를 비판했다. 언니는 그것을 견디지 못해서 자주 눈물을 쏟았다." 그녀의 눈이 젖으면, 아무도 그녀가 존재하는 유일한 이유인 슬로보단을 비판하지 못했다. 그는 범접 불가능한 대상이었다. 물론 슬로보단에게도 단점이 있었지만, 그는 미라를 버리지 않은 유일한 사람이었다.

아버지가 어떻게 생각하든, 미라는 밀로셰비치를 무조건적으로 지지했다. 국제적인 은행가로서의 그의 위치는 세르비아 공산당 내에서 높은 지위를 차지하는 발판이 되었다. 그의 대부는 모두가 유고슬라비아의 다음 지도자라고 예상하는 이반 스탐볼리치였다. 스탐볼리치의 도움으로 빠르게 정치의 사다리를 오른 슬로보단은 재정분야에 완전히 몰입한 것 같았던 1984년, 모든 이들의 기대를 뒤엎고 유고슬라비아 공산당 베오그라드 지구당 위원장에 당선되었다.

좌파의 세기… 그리고 여인들의 세기!

미라는 대학에서의 지위를 이용하여 수많은 회의, 리셉션, 논문 등을 기획했고 그 기회를 통해 확고하지만 정통에서는 벗어난 자신의 마르크스 사상을 전파했다.

미라의 이상은 무엇보다 그녀가 자신의 소원이라고 끊임없이 밝혀온 남녀평등과 자유였다. 그녀는 개방적이고 관용적인 여성해방운동으로 집안에서나 사회에서나 남녀의 역할에 균형이 이루어져야 한다고 주장했다. 다행인 점은, "남성에 대해 공격적인 태도를 취하지 않았다는 점이다. 오히려 그녀는 남성에게 호의적이었다."[17] 미라의 주장에 의하면 "21세기는 좌파, 과학, 그리고 여성들의 세기"가 될 것이었다. 그녀는 자신의 개인적인 정체성의 일부를 간직하겠다는 의도로 결혼 전 성인 마르코비치를 포기하지 않았다. 그 이름은 시민권이나 생년월일과 같은 의미를 지닌 것이었다. 그녀는 "밀로세비치 부인"이라고 호칭하는 편지에는 답장을 하지 않았다. 슬로보단은 성을 바꿀 여자였다면 아예 결혼을 하지 않았을 것이라며 아내를 지지했다. 미라에게 마르코비치라는 성은 하나의 깃발이었다. "누구누구의 부인이 되기를 꿈꾸는 여자는 결코 온전한 인간이 될 수 없다."[18] '동지'라는 호칭을 사용하는 것도 그녀의 환심을 사는 데에는 꽤 괜찮은 방법이었다.

골수 마르크스주의자였던 미라는 역사적으로 계속되어온 여성에 대한 압제를 환기시켰다. "여성에 대한 착취는 인간이 인간을 노예로 만든 가장 오래되고 가장 부도덕한 형태의 악습이다."[19] 그녀의 상식으로 보기에, 문제의 근본원인은 강자라고 주장하는 남성이 여성들을 "경제적으로 독립이 불가능하고 감정적으로 남성에게 예속된" 존재라고 규정한 것이었다. 마르코비치식 여성해방운동으로, 이러한 불의는 종식될 것이었다. 그러나 그녀는 "생물학적으로, 아니 보다 정확하게는 선천적으로" 자신의 의견에 반대하는 남성들을 넘어서야 했다. 미라의 여성해방주의는 과거 여성참정권을 주장하던 여성들의 목소리와는 거리가 있는, 투쟁의 스포츠였고 오랜 여성 착취에 대한 복수를 예상한 것이었기 때문이었다. "남성은 약해지고 있다. 그들은 여성보다 병에 잘 걸리고 더 일찍 죽으며 허약하다. 그들은 비판을 수용하지 못하고 물질적인 손해나 정치적 실패로 우울증에 빠진다. 일단 은퇴를 하면, 남성들은 급격히 늙어가고 권위마저도 상실한다."

그녀는 가장 가까운 남편과의 대립도 두려워하지 않았다. 아내가 여성해방주의자라면, 남편이 대통령이건, 바이올리니스트이건, 북극곰 사냥꾼이

건, 선택은 두 가지밖에 없다. "남편이 아내의 의견에 전적인 지지를 보내거나 두 사람 사이의 전쟁이 발발"하는 것이다. 사랑과 전쟁 사이에 미지근한 태도는 불가능했다. 시기적으로 이른 감이 있었지만, 여성들의 본질을 신뢰했던 미라는 모든 논쟁에 맞설 준비가 되어 있었다. "여성들은 다음 세대를 위해서라도 더 평등해져야 한다. 강자의 위치를 차지하고 과거를 청산해야 한다."[20]

그러나 극렬 여성해방주의자인 그녀의 가정은 사랑에 빠진 소녀로 인해 위기에 빠졌다. 고등학생인 마리야가 어느 날 오후, 정말로 멋진 남자와 결혼을 하기로 결심했다고 선언했던 것이다. "열일곱 살밖에 되지 않은 마리야가 외교관으로 사회생활을 시작한 이웃집 남자를 보고 첫눈에 반했다. 그는 곧 도쿄 주재 유고슬라비아 대사관으로 파견될 사람이었다. 슬로보단은 아내의 조언에 따라 딸의 뜻을 받아들여 유망한 그 젊은이를 집에 불렀다. 알고 보니 그의 나이는 35세였다. 그의 청혼에 슬로보단이 대답했다. "음, 우리 딸보다 스무 살이 더 많군. 차라리 내 아내에게 청혼하지 그랬나."

미라는 포기할 줄 모르는 그 청년이 다음 주 토요일로 결혼 날짜를 잡았다는 사실을 알게 되었다. "남편에게 어떻게 말을 해야 할지 몰라서 아들을 데리고 포자레바크로 도망을 갔다. 아들은 이런 식으로 아버지를 모욕할 수는 없다고 목소리를 높였다." 슬로보단에게는 비밀이 통하지 않았다. 포자레바크를 향해 전속력으로 차를 달린 그는 마리야를 가족회의로 소환했다. "그러나 마지막에 가서, 남편은 화를 내기보다는 물밀듯 밀리는 감정을 못이기고 딸아이를 위로했다. '두려워하지 마라. 모든 게 잘 될 거다.'" 미라의 회상이다. 그로부터 며칠 후, 마리야는 결혼을 하고 도쿄로 날아갔다. 어머니와 딸은 전화기를 붙들고 몇 시간이나 눈물을 흘렸고 슬로보단은 매달 날아오는 청구서에 숨이 막혔다.

쟁취

티토가 35년간의 통치 끝에 87세의 나이로 사망하면서 유고슬라비아는 지도자를 잃었다. 상냥한 성격과 자제력 덕분에 슬로보단은 소련 공산당 중진들의 신임을 얻을 수 있었다. 그의 플로베르적인 웅변술과 감정이 드러나지 않는 얼굴에 상대방들은 그의 머릿속에서 위대한 생각이 무르익고 있다고 생각했다. 그는 차츰 인정을 받아 결국에는 체제의 가장 큰 기대를 받는 인물이 되었다.

유고슬라비아 정치에서 없어서는 안 될 존재가 된 이반 스탐볼리치는 세르비아 공산당의 새 지도자 자리에 오르는 데에 성공했다. 이러한 승리는 그가 세르비아 연방공화국 대통령으로 선출되는 데에 밑거름이 되었다. 성향이 자유롭고 변화에 개방적인 스탐볼리치 대통령은 절친한 친구 슬로보단의 승진에 신경을 써 주었다. 1986년 1월 25일, 슬로보단 밀로셰비치는 장인 모마 마르코비치의 격렬한 반대를 딛고, 이반의 뒤를 이어 세르비아 공산당 당수로 임명되었다.

미라는 남편과 함께 공식석상에 모습을 드러내려 하지 않았고 내조를 잘하는 정치인의 아내들에게 부과된 의무로 자신의 스케줄을 채우지도 않았다. "그건 내가 조심성이 있어서가 아니라 정치라는 면에 전혀 관심이 없어서였다." 그러나 일부 언론인들과 고위직을 노리는 당원들은 '미라와 이야기하는 것'이 미래의 자리를 위한 '열려라 참깨!'라는 것을 감지했다. 다만, 그런 의도를 가진 이들이 미라를 지식인이 아닌 한 남자의 아내로 여겼다는 것이 문제였다. "그들은 내가 무슨 요리를 하는지, 저녁에 슬로보단을 위해 무엇을 준비했는지를 물었다. 그것은 품위를 떨어뜨리는 질문이었다." 슬로보단이 곧 이 나라의 아버지가 될 것이라고 아첨하면서 그녀의 환심을 사려는 사람들에게 그녀는 일침을 놓았다. "내 남편이 이 나라의 아버지가 된다고요? 됐어요. 그 사람은 우리 아이들의 아버지인 것만으로도 이미 할 일이 충분히 많아요."

슬로보단의 신념을 이끌어 준 사람은 미라였다. 그녀는 이념을 무엇보다 중요한 것으로 생각했으나 그는 그다지 중요하게 여기지 않았다. "남편은 절대 '사회주의를 위해 죽겠다.' 라거나 '세계주의를 위해 목숨을 바치겠다.' 같은 말은 하지 않을 것이다. 나에게는 정말로 자연스러운 말인데."[21] 당 내에서는 시대에 뒤떨어진 프롤레타리아 남성우위론자들이 머리를 쥐어뜯으며 남편에 대한 미라의 영향력을 논했다. 슬로보단 밀로셰비치는 당을 지휘했으나 집안에서는 그렇지 못했다.

슬로보단은 자기 집 식탁에서 첫 번째 연설문을 작성했고 미라는 그 글을 읽고 자신의 의견을 가미하며 수정을 했다. 밀로셰비치 가족의 친구이자 변호사인 브란코 라크비치는 슬로보단이 "서정적이고 시적인 영감을 아내로부터 받았다."[22]고 증언했다. 정치적 경쟁에 전념한 그에게 아이들과 함께 있을 시간은 거의 허락되지 않았다. 가족 모두가 그의 승진을 원하는 것은 아니었다. 특히 아들 마르코는 뉴욕 사무소로 가게 될 가능성이 없는 직위를 받아들인 아버지를 이해할 수 없었다.

슬로보단이 첫 번째 공적을 세운 곳은 미국땅이 아니라 좀더 익숙한 코소보였다. 코소보 지역의 대다수 인구를 차지하는 알바니아계 무슬림들은 몇 주 전부터 역사적으로 기독교도들의 땅인 그곳에서 세르비아인들이 자신들을 막무가내로 몰아내려는 것을 두려워하여 강력한 이의를 제기하기 시작했다. 최초로 일어난 민족적 충돌에 당황한 당국은 1987년 4월 떠오르는 스타인 밀로셰비치에게 군중을 진정시키라는 임무를 부여하여 프리슈티나(현

"미라 마르코비치는 남편 슬로보단 밀로셰비치의 좋은 점은 모두 자신에게서 기인한 것이고,
나쁜 점은 자신이 어쩔 수 없는 부분이었다고 말했다."

재 코소보의 수도—역주) 무대로 급파했다. 슬로보단은 베오그라드의 지시보다는 아내의 의견에 의지했다. "남편이 내게 의논을 했다. 어느 수준까지 일을 진행시켜야 하는지 알고 싶어 했다. 나는 코소보의 세르비아인들의 편에 설 순간이 왔다고 말했다."[23] 마르코비치 동지는 에둘러 말하지 않았다. 베오그라드에 남은 그녀는 자신의 대학 연구실에 있는 작은 텔레비전을 통해 자기가 개입한 일의 진행사항을 점검했다. 화면에 등장한 영상은 모든 기대를 넘어서는 것이었다. "나는 내 남편을 잘 안다고 생각했었다. 그러나 그런 유형의 반응은 정말 예상 밖이었다." 알바니아의 지도자와 문화회관에서 회담을 하던 슬로보단은 창문을 통해 "살인자!"라고 외치는 분노한 군중들에 의해 대화를 중지당했다. 텔레비전 카메라가 바싹 쫓고 있는 중에, 그는 연단에 올라 화해적인 방법으로 위기를 빠져나가 보려고 했다. "진정하십시오. 당에서 모든 문제를 해결할 것입니다." 모욕적인 말들과 고함이 그를 완전히 바꾸어놓았다. "그의 눈에서 빛이 났다. (……) 자세를 바꾼 그가 목소리 톤을 약간 높여 말했다. "앞으로 다시는 아무도 여러분에게 해를 입히지 않도록 하겠습니다. 다시는!'

스탐볼리치를 비롯한 유고슬라비아의 지도자들은 그 소식을 접하고 경악했다. 그때까지 철저하게 종교와 무관한 입장을 취했으며 평등을 고수하던 그 나라에 특정 민족을 내세우는 정치적 언급이 있었던 것은 그때가 처음이었다. 알바니아계와 세르비아계가 대립한 위기를 해결하는 임무를 부여받고 파견된 밀로세비치가 처음으로 600년 전, 투르크족의 침입에 용맹하게 저항하며 조상의 땅을 지켜온 세르비아인들의 권리를 옹호하고 나섰다. 봉기한 사람들의 눈에는 위대한 세르비아의 건설을 주장하는 그가 하늘에서 보낸 인물처럼 보였다. 그러나 베오그라드에서는 의심이 싹트기 시작했다.

미라가 멍한 상태로 대학 연구실 책상을 뜨지 못하고 있는데, 한 친구가 들어와 소리쳤다. "미쳤어? 어서 경찰을 불러!" 밀로셰비치 부부의 아파트 문은 부서져 있었다. 서둘러 찾아보았지만 폭탄 같은 것은 없었다. 그날 저녁은 정말 이상한 분위기 속에서 흘러갔다. 늦은 시간에 귀가한 슬로보단은 아무 말도 하고 싶지 않아 했다. 그 역시 자신의 연설이 불러온 파장에 충격을 받았다. 주말까지 침묵을 지키던 슬로보단은 고향인 포자레바크로 내려가 두 사람이 즐겨 앉던 보리수나무 아래에 이르자 마침내 자신이 쏟아낸 발언에 대한 설명을 했다. "나는 한 사람의 개인으로서 말을 한 거였어. 세르비아인으로서." 미라는 여전히 이해할 수가 없었다. 평소에 너무나 소극적이던 남편이 몇 마디 말로 군중과 전 나라의 관심을 한 몸에 받게 되었던 것이다.

스탐볼리치와 당국의 반대는 상관없었다. 미라는 남편의 기분을 바꾸어 주려고 즉석에서 밀로셰비치에게 동조하는 측근을 불러 작은 모임을 가졌다. 부부는 슬로보단의 경제고문 미하일로 크르노브르냐와 그의 아내 고카와 시내에서 연극을 관람하고 저녁을 먹으며 즐거운 시간을 가진 후, 가볍게 술을 마시기 위해 함께 집으로 돌아왔다. 슬로보단은 한결 가벼워진 기분으로 오디오를 켜고 소파에 앉아 크르노브르냐 부인의 발이 리듬을 타는 것을 알아차리지 못한 채 감미로운 술을 음미했다. "여보, 고카가 춤을 추고 싶어 하는 걸 모르겠어? 춤 상대를 해주지 그래." 손님을 친절히 대접하는 것을 신조로 삼는 남편에게 미라가 신나는 말투로 권했다. "로봇처럼 벌떡 일어나"[24] 아내의 말에 따르는 밀로셰비치를 본 그의 경제고문은 그 모습에 웃음을 터뜨렸다.

정치는 즉흥적으로 추는 춤과 비슷했다. 1987년 9월 27일, 이반 스탐볼리치는 자신이 보호하던 친구에 의해 권력의 장에서 밀려나게 되었다. 거의 30시간이나 계속된 세르비아 공산당 중앙위원회 회의 중에, 밀로셰비치는 이반의 최측근들의 부정행위와 부패를 고발하는 기밀 편지를 읽었다. 이반은 친구가 신뢰 상실을 암시하는 이중적 의미의 말들을 쏟아내는 것을 들어야 했다. "나는 스탐볼리치 동지가 이용을 당한 것이고 사실은 무죄이기를 간절하게 바라고 또 믿습니다."

대학에서 미라는 다시 한 번 경찰들이 자신의 인생에 난입하는 것을 보아야 했다. 경찰관들이 그녀를 차에 태워 집으로 데려갔다. 혼비백산한 그녀의 아들 마르코와 딸 마리야도 극도로 불안해했다. 이런 무력개입이 누구의 지시에 의한 것인지, 물어 볼 필요도 없었다. 스탐볼리치와 그의 경호원들은 슬로보단의 가족을 공격함으로써 배신자에게 복수를 하려고 했다. 그러나 그날, 죽음의 신은 낫을 휘두르지 않았다. "남편이 밝은 모습으로 집에 돌아왔고 스무 대 가량의 친구들의 차가 그의 뒤를 따랐다. 나는 정치적으로 그 순간이 얼마나 중요한지에는 관심 없었다. 내게 중요했던 것은 슬로보단이 살아 있다는 것이었다." 그러나 스탐볼리치는 그 일로 흙탕물을 뒤집어쓴 꼴이 되었고 두 달 후 해임되었다.

슬로보단은 무엇보다 우선 코소보의 소외계층의 지지를 얻어냈고, 점차 베오그라드의 행정부를 장악해갔다. 그때부터 미라는 우아한 철의 여인의 이미지를 풍기는 복장을 고수했다. 타임지 특파원 데사 트레비잔으로부터 1930년대풍으로 장식한 요트에 초대받았을 때, 미라는 "검은 드레스, 검은 스타킹, 검은 하이힐, 검은 머리"로 상대방에게 강렬한 인상을 심어주었다. 물론 언제나 머리에 꽂는 장미꽃도 잊지 않았다. 검은색 일색의 그녀는 노란색 코트로 몸을 감싸고 나타났다. 일상적인 이야기와 인사가 오간 뒤, 데사는 미라에게 연회를 위해 캐비아를 구하느라 정말 힘들었다며 우는소리를 했다. "나는 캐비아를 먹지 않아요." 미라가 엄숙한 어조로 대꾸했다.

저항할 수 없는 언변으로 이목을 집중시키는 미라에게 음식은 그리 중요하지 않았다. "저녁 시간 내내, 그녀는 쉬지 않고 이야기를 했다……" 파티를 주최한 데사 트레비잔은 이렇게 전했다. "'서양에는 이제 더 이상 개인 소유가 없다'는 등의 말을 했다. 그녀가 이야기하는 동안 나는 슬로보단을 쳐다보았다. 그는 별 말 없이 생선요리를 먹으며 끊임없이 고개를 끄덕였다."[25] 미라는 청중에게 강한 인상을 남기는 법을 잘 알았고, 그날 저녁, 정치판에서 자신을 고려해야 한다는 사실을 확실하게 부각시켰다.

4년 만에 슬로보단은 정치적으로 큰 도약을 하면서 공산당을 사회당으로 바꾸는 등의 개혁을 단행했다. 그러나 미라가 그의 곁에서 승리를 맛보려면 마지막으로 남은 과거의 발자취, 바로 아버지 모마를 희생시켜야 했다. 몇 년간의 불화 끝에 승승장구하는 슬로보단과 모마 사이에 전쟁이 시작되었다. 사실, 모마가 중심이 된 보수 저항세력에게 개혁은 넘기기 힘든 알약과도 같았다.

미라는 공산주의의 기수인 아버지에게 남편의 대대적인 개혁을 도와달라고 부탁했다. 모마는 딸에게 등을 돌리는 쪽을 선택하고 슬로보단이 원하는 체제의 현대화를 공개적으로 비판했다. 그것은 불명예였다. 미라는 모욕을 준 아버지를 결코 용서하지 않았다.

2년 후인 1992년 8월, 아버지가 사망했지만, 그녀는 장례식에 참석하지 않았다. 모마는 더 이상 아버지가 아니었고 한 사람의 반대자였다. 어린 시절부터 품어온 원한은 아버지의 새 여자와 그녀가 낳은 아들에게로 이어졌다. 미라는 모마의 유산분배를 두고 새어머니와 길고 긴 법정 싸움을 벌였다. 밀로셰비치 부부의 공격이 얼마나 심했던지, 미라의 이복형제는 이런 말을 남겼다. "내가 가장 증오하는 적이라 해도 그에게 그런 이복누나와 자형이 있기를 바라지는 않겠다."[26]

발칸의 안티고네

밀로셰비치 부부는 L. 바웬사가 이끈 폴란드의 솔리다르노시치(자유노조) 운동이 한창이던 세대를 살았다. 동구권에서 연속된 반응이 일어나면서, 보수 공산주의 체제는 점차 약화되었다. 슬로보단이 단행한 개혁에도 불구하고, 세르비아 지방도 분쟁을 피할 수는 없었다. 유고슬라비아 동북부의 노비사드에서는 15만 명의 군중이 의회 주위에 모여들어 요구르트 단지를 투척하는 예상치도 못한 형태의 반란이 일어났다. 코소보와 몬테네그로에서도 노비사드의 '요구르트 혁명'과 유사한 사건이 일어나 결국 베오그라드 정부는 무너지고 말았다. 밀로셰비치는 자유로운 들판에 뿌리를 내리고 1989년 5월, 당 간부들에 의해 유고슬라비아 대통령으로 선출되었다.

그 다음 달에, 그가 텔레비전 중계를 통해 처음으로 파장을 일으켰던 땅이 그를 다시 불렀다. 슬로보단은 6월 28일 코소보의 가지메스탄에 모인 천여 명의 군중들 앞에서 연설을 했다. 좋지 않은 시기에 대통령직을 맡은 그는 처음으로 '무력충돌'의 가능성을 언급했다. 무력에 호소할 수 있음을 최초로 표시하자 그의 진영에 대립이 일어났다. 슬로보단은 미라에게 자신이 세르비아 사태를 진압할 수 있으며 전쟁을 개시하려는 자들을 단념시킬 수 있는 확실한 메시지를 전달했다는 것을 알리려고 했다. 미라는 그의 활약을 전혀 다르게 해석했다. 특히 헬리콥터로 요란하게 도착한 것을 지적했다. "내가 그런 무대연출을 강력하게 비판하자, 남편은 당면한 문제는 왕정주의자, 전통주의자 혹은 파시스트를 처리하는 것이므로 너무 예민하게 받아들여서는 안 된다고 대답했다."

아내의 비판은 유고슬라비아 전체에서 가장 두려운 비판이었으나 가장 유용하기도 했다. 새로 대통령에 취임한 슬로보단은 복수정당제를 허용하도록 헌법을 개정하여 긴장을 완화시켜 보기로 했다. 그리고 확고한 애국심과 강력한 정권이 운영하는 경제에 대한 캠페인을 벌였다. 1990년 9월, 그가 이끄는 사회당은 입법정책에 관한 첫 여론조사에서 높은 지지율을 확보했다. 야망이 없다는 이유로 고등학교 친구들이 고작해야 동네 철도 역장이 될 것이라고 생각했던 슬로보단과 그의 안티고네는 이제 세르비아의 영웅이었다. 소련의 위성국가였던 유고슬라비아는 민주주의 운동으로 전복된 소련의 손아귀에서 벗어나 좌익과 골수민족주의가 결합된 절충형 체제의 국가가 되었다.

아내의 영향을 받는 남편

"밀로셰비치 부부의 평소 행동이나 정치적 · 사회적 행보를 살펴보면, 세르비아의 의사거나 세계 다른 나라의 의사거나, 그 누구라도 그들 부부를 정상이라고 할 수는 없으리라는 생각이 든다." 전 외무부 장관 부크 드라스코비치는 슬로보단과 미라를 이렇게 보았다. 떼려야 뗄 수 없는 두 존재에 대한 지적은 반대파들에게서만 나오는 것이 아니었다. 미라의 삼촌 두잔 미테비치는 조카와 그녀의 막강한 남편에 대한 인상을 피력했다. "슬로보단과 미라는 거의 병적이라 할 만큼 서로 강하게 묶여 있었다. 밀로셰비치는 원래부터 똑똑한 사람이었으나 미라의 부추김으로 권력에 눈을 떴고 야심을 가지게 되었다. 지금의 그를 만든 사람은 바로 내 조카 미라이다."[27]

그러나 그 중요한 인물은 무거운 책임으로 피곤하고 지친 남편에게 완전히 헌신하는 아내의 역할을 기꺼이 맡아 해냈다. "남편은 집에 돌아오면 정치가 아닌 다른 이야기를 하고 싶어 했다. 대체 우리가 함께 정치에 대한 계획을 세운다는 생각이 어디에서부터 나왔는지, 나는 정말 모르겠다. 그건 너무나도 웃기는 이야기이다." 과격한 여성혁명운동가 미라는 사랑과 슬로보단의 평안을 위해 자신의 공적인 활동을 희생할 준비가 되어 있었다. "하루 열 시간, 처참한 정치문제를 다루는 남자가 아내와 그 이야기를 더 할 수 있다고 생각하는가? 만일 그러고 싶다고 해도 그럴 만한 힘이 없다." 그러나 농담은 잠시, 미라는 마침내 인정했다. "첫 해에는 나도 관심이 있었다. 하지만 내가 할 수 있는 일은 없었고, 그래서 남편에게 질문을 그만두었다."

호기심은 많은 부부들의 관계를 망치는 단점으로 작용한다. 행복한 가정의 울타리 안에서는 소통이 그 무엇보다 중시된다. "30년을 함께 살아온 우리 부부 같은 사람들이 서로에게 영향을 주지 않았다고 말한다면, 그것은 거짓말일 것이다. 슬로보단은 학창시절부터 나에게 빠져 있었다." 미라는 일기장에 이렇게 기록했다. 그녀가 남편에게 큰 영향을 미친다고 비웃는 중상모략가들에게 그녀는 비아냥거리는 식의 대답을 했다. "나는 남편에게 영향을 미치고 남편은 나에게 영향을 미친다. 그런데 그 '영향을 미친다' 라는 게 대체 무엇인가? (……) 여러분과 내가 세 번 연달아 함께 식사를 한다면, 당신들은 내게 영향을 주고 나는 당신들에게 영향을 주지 않을까?' 권력을 휘두르는 여성 정치인이라는 악명은 그녀에게 중요하지 않았다. 중요한 것은 강한 남자라는 슬로보단의 이미지를 고수하는 것이었다. 그리고 그가 집에서 팬티를 입지 않는다는 등의 소문을 퍼뜨리며 남편을 웃음거리로 만들려는 사람들에게 그녀는 '그런 비판은 중세적인 의식의 잔재에서 나오는 것' 이라고 강하게 맞받아쳤다. "그런 정신을 가진 사람들은 여자를 집에 있어야만 하는 존재로 본다. 촌스러운 사고방식이다."

베오그라드 반대자들 사이에는 미라와 10대 때부터 그녀를 사모하던 빵집 주인이 만난다는 소문이 퍼졌다. "당신이 빵집 주인의 아내가 되었을 수도 있었네." 슬로보단이 농담을 했다.

"그게 아니지. 나를 만나지 않았다면 당신이 빵집 주인이 되었을 수도 있
는 거지."

사생활에서 성격이 드셌던 미라는 늘 상냥한 슬로보단보다 우위를 차지
했다. 그녀가 흥분한 상태에서 세계와 남자들을 도매금으로 비판할 때에는
그로서는 견디기 힘든 말이 튀어나오는 경우도 있었다. 그러나 대부분 슬로
보단은 아무런 반응 없이 침묵을 지키고 있다가 폭풍이 지나간 후, 그녀를
위로하곤 했다. 그런 장면을 목격한 사람들은 가슴 속에 분명한 교훈을 새
겼다. "머리가 두 개인 이 히드라 부부의 머리들 중에서 생각하는 머리는 미
라 마르코비치의 머리이다."[29] 책을 탐독하는 쪽도 그녀이고 유고슬라비아
땅을 쇄신할 위대한 아이디어를 세상에 내놓는 쪽도 그녀였다. 미라의 친구
리일랴나 하브야노비치 드주로비치는 그녀가 자신이 없었다면 남편이 여러
가지 면에서 아주 많이 달랐을 것이라고 언제나 자랑스럽게 말하곤 했다고
전했다. "미라는 남편의 좋은 것은 모두 자신에게서 기인한 것이고 나쁜 것
은 자신이 어쩔 수 없는 부분이었다고 말했다."[30]

집안의 점쟁이

마침내 미라는 남편을 통해 유고슬라비아에 큰 영향력을 행사하는 인물
이 되었다. 어쩌면 머지않아 유럽 전체에 영향을 끼치게 될지도 몰랐다.

그때까지 세상에 알려지지 않은 채 비밀리에 글을 쓰던 지성인 미라는 갑
자기 선망의 대상이자 대통령의 조언자라는 위치에 올랐다. 남편에게 영향
을 끼치는 그녀의 방식은 독창적이었다. "나는 스스로에게 이렇게 말한다.
'쏟아지는 유성의 비가 그치면 모든 게 잘될 거야. 우주 먼지가 가라앉으면,

혜성이 그 영원한 움직임을 다시 시작하면, 모든 게 잘될 테니까.' (······) 그리고 지구를 지배하고 크렘린이나 프리슈티나에서 일어나는 사건에 형태를 주는 우주의 신비하고도 범접 못할 힘의 효과에 집중하며 명상을 한다." 미라의 일기에 기록된 내용이다.

그녀가 이런 예상 밖의 영감을 얻게 된 것은 책 홍보를 위해 인도에 갔던 것이 계기가 되었다. 미라 마르코비치는 인디라 간디(인도 외무부 장관, 재정부 장관을 거쳐 인도 최초의 여성총리로 선정된 여성 정치인—역주) 덕분에 점성술을 접하게 되었다. 간디는 그녀에게 자신과 가까운 점성가를 소개했는데, 그 점성가가 미라의 아버지 사망일을 제대로 맞혔다.[32] 그리고 손금을 보며 좋은 일이 있을 해와 부귀가 따를 해, 그리고 사랑이 풍성할 해를 자세히 예언해주며 미라를 즐겁게 해주었다. "점성술에 대한 나의 태도는 다른 사람들의 그것과 다르지 않다. 약간 재미로 믿는다고나 할까. 내 별자리인 게자리에 해당되는 운세 같은 것을 읽기도 한다. 좋은 이야기가 나오면 '이렇게만 된다면 얼마나 좋을까······' 라고 생각하고 나쁜 이야기가 나오면 '어리석은 소리' 라고 생각하는 식이다."[33]

사회학자인 그녀는 자신에게 '마녀' 운운하는 자들에게 강력하게 이의를 제기하면서도 자신의 정치적인 신념에도 러시아 문학처럼 비이성적인 부분이 있다고 밝혔다. "나의 아이들과 나는 오래 전부터 점성술에 관심이 많았다. 어떤 면에서 보면 점성술은 우리 삶의 일부를 이루고 있다. (······) 슬프고도 아이러니한 이야기지만, 나는 별들이 정부나 장관들이 끝까지 해결해주지 못하는 문제들을 해결해줄지도 모른다는 이야기를 가끔 한다······"[34]

이러한 '우주의 위안' 을 찾게 된 근본적인 이유는 남편을 통제하기 어려워서라기보다는 사회의 현실적인 어려움 때문이었다. "사람들은 경제적으로나 사회적으로나, 아니 존재적으로도 더 이상 안전하다고 느끼지 못하면,

제도가 안전을 보장해 주지 못한다면(……) 그리고 과학이 아무런 답변도, 희망도 주지 못하게 되면, 비이성적인 것에 의존하게 된다.”[35]

그리하여 세르비아의 미디어에는 점쟁이와 초 심리학자들이 마구 등장하게 되었다. 미라는 신비학의 잠재적인 가치를 높이 샀고 이를 적용해가며 나치 독일의 정치가 괴벨스의 뒤를 이었다. “우리는 신비학을 선전선동에 편입시켜야 한다. (……) 모든 예언가들이 우리를 위해 일할 수 있도록 압력을 넣어야 한다.” 괴벨스는 일기장에 이렇게 적은 바 있다.

베오그라드 점술 에이전시의 대표에 의하면, 1994년부터 여러 점성술, 마술 전문 잡지들을 출간하는 폴리티카 미디어 그룹을 발판으로 백 명 이상의 예언가들이 당국으로부터 “정부를 비방하지 말 것. 반대로 긍정적인 에너지를 확산시킬 것.”이라는 지시사항을 받았다고 한다. 이에 가장 긴 역사를 자랑하는 점성술 잡지인 《제삼의 눈》은 “별들이 밀로세비치에게 우호적으로 움직이고 있다. (……) 그는 최고의 리더이며 권력을 장악하려고 틈을 노리는 많은 사람들과는 다른 인물이다. 그는 사자좌이고, 유고슬라비아는 황소좌이다. 그것은 밀로세비치와 유고슬라비아가 서로 떨어질 수 없는 운명을 타고났다는 의미이다.”[36]

미라는 공식적인 개입을 하기 시작하자마자, 새로운 지도자인 남편 주위로 지식인들을 불러모았다. 대통령 선거를 겨우 15일 남겨둔 1990년 11월 19일, 그녀는 5,000명 이상의 공산주의자들을 베오그라드 컨퍼런스 센터에 소집해 그들에게 남편의 새로운 정치적 사상을 심어주는 임무를 완수했다. 공식적으로 ‘사상가’라는 호칭을 얻은 그녀는 자신과 신념을 같이하는 좌파의 재력가들을 남편에게 몰아주는 데에 성공했다. 첫 번째 단계는 무사히 통과되었다. 미라의 개입 덕분에 밀로세비치는 65%의 표를 얻으며 당당하게 새로운 세르비아 공화국의 대통령으로 당선되었다.

밀로세비치 부부

투르크의 수장

미라 마르코비치 동지는 세르비아의 깃발 아래 다민족을 합병한 새로운 유고연방을 꿈꾸었다. "유고슬라비아 국민들이 함께 하는 것을 역사적 숙명이라고 말하는 것은 옳지 않다."[38] 유고연방 곳곳에서 유혈사태가 일어날 위험이 있다는 것도 그녀는 이미 알고 있었다. 1991년 6월 25일, 크로아티아가 독립을 선언하면서 평화로 하나된 유고슬라비아라는 개념은 산산조각이 났다. 다음 해 봄, 해체된 연방 곳곳에 퍼진 소수 세르비아계의 불만이 불씨가 되어 세르비아와 보스니아 사이에 전쟁이 일어났다.

전쟁 중에 타협을 모르는 미라에게 대항하는 불순한 정치적 동맹이 맺어졌다. 세르비아 급진당의 보이슬라브 셰셸리 당수는 정치적으로는 밀로세비치와 대치하고, 이념적으로는 미라와 완전 반대의 입장을 취하는 반체제 인사였다. 발칸 반도의 여러 지역에서 분쟁의 기미가 보이기 시작하자마자, 셰셸리는 반감을 가진 사람들을 선동했다. "알바니아 사람들은 알바니아에서 살아야 한다. 세르비아의 권위를 인정하는 사람들만이 코소보에 살 권리가 있다." 그러나 세셸리는 가장 선명한 색깔의 표현을 미라 마르코비치 동지를 위해 남겨두었다. "점점 더 심한 모욕을 가하던 그가 마침내는 나에게 '붉은 마녀' 라는 별명을 붙였다." 미라는 이렇게 말했다. 슬로보단은 발칸 지역의 다양한 민족을 포용하려고 애썼으나, 세셸리는 전쟁 기간 동안 그를 이용해 '인종청소' 를 감행하기로 결심했다. 세셸리에 대한 개인적인 반감을 표시하는 아내 앞에서 슬로보단은 그를 옹호하는 발언을 했다. "세셸리는 그나마 가장 믿을 만한 사람이야. 적어도 정치적인 관점만큼은 흔들리지 않고 표현하기 때문이지." 크로아티아와 보스니아로부터 살인마라는 평가를 받는 세셸리에 대한 기회주의적인 지지는 민중들의 분노를 잠재우기는커녕 전쟁의 불길을 활활 타오르게 만들었다.

　미라는 세셸리가 고수하는 극단적 노선을 공식적으로 규탄하지는 않았다. 그렇게 하면 남편과 반대 입장을 취하게 되는 꼴이 되기 때문이었다. 그녀는 한 사람의 적을 한꺼번에 공격하는 것이 정치의 법칙에 위배된다는 사실을 잘 알고 있었다. "세셸리를 공격할 필요는 없었다. 당시, 우리는 부크 드라스코비치(유고슬라비아의 야당 정치인. '세르비아 혁신운동' 을 이끌었다. 밀로세비치는 1999년 측근을 이용, 교통사고를 위장해 그를 죽이려 했다는 혐의를 받았다―역주)를 공격하는 것만으로도 충분했다."[39] 민족주의를 주창한 것 이외에도, 드라스코비치는 미라가 보기에 돌이킬 수 없는 오류를 범했다. 반 공산당적인 입장을 취했던 것이다. 밀로세비치가 대통령에 당선된 직후인 1990년, 드라스코비치는 권력을 장악한 밀로세비치 부부의 '신공산주의' 를 전복시키려는 목적으로 숙적인 크로아티아와 타협을 하기에 이르렀다. 3년 후인 1993년, 결국 그는 아내인 다니카와 함께 숙청되었다. 격렬하게 저항하던 두 사람은 경비가 삼엄한 감옥에 수감되었다. 그들을 지지하던 사람들도 손을 쓸 수 없었다. 그러나 그에 대한 이의가 제기되었고 밀로세비치 부부는 스탈린주의자로 비판받았다. 언론에서는 이 판결이 너무 무거운 것이었다고 비난했다. 미라는 이렇게 회상했다. "이삼 년 전 파리 여행 때, 시위를 목격할 기회가 있었다. 경찰의 강경진압이 너무나 심해서 몇몇 장면에서는 나는 눈을 가렸다. 그런 일이 있었는데도 외국의 그 누구도 미테랑에게 '뭘 하고 있는 거냐'고 묻지 않았다." 부크 드라스코비치는 아주 특별한 방법으로 보스니아로 떠나는 젊은 전투원 부대의 사기를 진작시켰다는 이야기를 먼저 해 두어야겠다. 광장에서 지원자들에게 인사를 하며, 그는 이렇게 부르짖었다. "여러분이 만나는 모든 무슬림들의 가운뎃손가락과 새끼손가락을 자르시오. 그렇게 하면 그들은 평생 동안 세르비아식 인사를 해야만 할 것입니다." 세 손가락을 활짝 벌리는 것은 삼위일체를 의미했다.

3주간의 독방 감금은 그의 입을 막을 수는 있었으나 결심을 막지는 못해서 부크 드라스코비치는 단식투쟁을 시작했다. 아내를 석방시키지 않으면 굶어 죽겠다고 고집을 부린 것이었다. 그는 과거를 후회하며 미라 마르코비치에게 도움을 청했다. "나에게 아내는 아내인 동시에 자식이며 나의 유일한 가족입니다. 그녀가 감옥에 있다는 것은 내 가족 전체가 감옥에 있는 것과 같습니다. 아내를 도와주십시오, 마르코비치 부인. 그것이 나를 도와주는 것입니다. 아내를 도와주신다면 내 남은 평생 동안 당신에게 감사하며 살겠습니다."

다니카는 곧 석방되었지만 부크 드라스코비치는 잔혹했던 전쟁 기간 내내 창살 뒤에 갇혀 있어야 했다.

서로의 머리를 쥐어뜯는 여자들끼리의 싸움은 절정에 이르렀다. 1990년 가을, 보스니아헤르체고비나 사회공화국의 빌랴나 플라브시치 역시 주민 다수가 무슬림인 그 땅 위에 순수한 세르비아 정교회 공화국을 세우겠다는 주장을 펼치며 대통령에 당선되었다. 이로써 그녀는 그 지역에서 가장 영향력이 강한 여성으로 등극했고 미라의 자리는 위태롭게 되었다. 그녀의 극단적인 견해는 군중의 환영을 받았다. "우리 세르비아에는 1천 2백만 명이 살고 있습니다. 6백만은 죽고 남은 6백만은 자유롭게 살 수 있습니다." 그녀는 자신을 지지하는 군중들에게 이렇게 외쳤다.

세르비아계가 40%를 차지하는 이 땅에서 그녀는 인종청소를 자행하는 한편 보스니아 이슬람교도들에 대한 세르비아 정교도들의 우월성을 내세워 자신의 행위를 '자연스러운 현상'이라고 합리화했다. "나는 생물학자이므로(……) 이슬람을 선택한 것은 변형된 유전적 요소라는 것을 안다. 그리고 세대에서 세대로 이어질수록 그 유전자는 점점 강해진다. 점점 더 나빠지는 것이다. (……) 몇 세기가 지나며 그들의 유전자는 더욱 질이 떨어진다."[40] 빌랴나는 미라와 어깨를 견줄 정도로 고집이 셌던 동시에 지나친 민족주의를 주장해 그녀와 정반대의 입장에 섰다. 영부인 마르코비치는 공식석상에서 빌랴나 플라브시치를 겨냥해 '닥터 멩겔레[41](나치 SS 전 친위대의 의사 요제프 멩겔레를 빗대어 붙인 호칭. 멩겔레는 아우슈비츠 수용소에서 유대인 생체실험을 자행한 의사들 중에서도 가장 악명이 높았고 '죽음의 천사'로 불렸던 인물—역주)' 혹은 '세르비아의 여제'라고 불렀다.

미라는 자신의 개인적인 적이자 이념적 반대자인 셰셸리를 잊지 않았다. 1993년 9월 28일, 셰셸리가 범법자임이 선포되었다. 그는 '파시스트 전쟁의 범죄자', '정치의 괴물' 혹은 '원천적 민족주의자'로 낙인찍혀 무자비하게 체포되었다. 유죄판결을 피할 수는 없었다. 과거의 동지였던 그가 이제 '베오그라드의 관용을 남용한 사라예보의 조악한 정치인'으로 전락했다.

관계자의 반응은 거셌다. 그의 측근들은 언론을 통해 미라 마르코비치를 공격했다. 텔레비전 채널 폴리티카에서는 미라의 영향력을 비난하며 시청자들에게 일종의 슬로건을 통해 슬로보단이 그녀에게 주도권을 빼앗겼다는 암시를 했다. "밀로셰비치는 한 가정의 가장일지는 몰라도 공화국의 수장은 아니다." 이런 모욕적인 방송 이후, 셰셸리가 대표로 있던 세르비아 급진당은 무력으로 의회에서 축출되었다. 눈에는 눈, 모욕에는 모욕으로 갚아주겠다는 각오로 미라는 언론을 통해 자신을 비방한 셰셸리가 "남자답게 싸우는 대신 다른 남자들의 아내를 모욕하는 무식한 터키인"이라고 비난했다. 무모한 셰셸리는 그녀에 대한 모욕을 멈추지 않았으나…… 국립교도소에 갇힌 채로 목소리를 높일 수밖에 없었다.

승승장구한 미라는 남편 주위의 정치적 인물들에 대한 소탕작전을 계속해 나갔다. 그해 말, 밀로셰비치가 집에서 세르비아의 공영방송국 사장이 된 미라의 삼촌, 두잔 미테비치와 이야기를 나누고 있을 때, 갑자기 전화벨이 울렸다. 수화기를 든 미라는 고함을 지르더니 전화를 뚝 끊어버렸다. "집으로 전화하지 말고, 남편 사무실로 전화하세요." 그리고는 남편을 보고 이렇게 말했다. "체트니크 카라드지치야. 이 사람 전화는 절대로 받지 마."

미라는 자신이 배신자로 간주하는 사람들이 집에 오는 것을 허락하지 않았다. "부부가 같이 아는 친구나 미라의 친구들만이 그들의 집을 방문할 수 있었고 슬로보단의 친구는 절대 그 집에 갈 수 없었다."[42] 미테비치는 이렇게 회상했다.

이런 이유로 밀로셰비치는 베오그라드 톨스토이 가에 위치한 자신의 저택 식탁이 아닌 교섭 테이블에서 보스니아의 지도자들을 만났다. 그만하면 되었다는 생각에 누군가를 집으로 불렀는데 미라가 또다시 아내로서의 거부권을 들고 나섰다. "그 야만인을 집에 데려오지 마!" 슬로보단은 그녀의 말에 따를 수밖에 없었다. 여자로서, 더 나아가 사회학자로서 그녀가 보기에 카라드지치는 보기 드물게 난폭한 사람이었다. 보스니아에 사창가가 다시 생겨나자, 미라는 유서 깊은 매춘이라는 행위에서 새로운 특징을 발견했다며 쓸쓸하게 말했다. "매춘굴에는 반대편 인종의 여자들만 있기 때문에 매춘굴이 모두 '인종청소' 가 되었다. 이것은 어쩌면 상대편 민족주의를 소멸시키고자 하는 가장 무시무시한 방법인지도 모른다."

다음 해, 미라는 공식적으로 카라드지치와 그의 추종자들을 비난하며 그들의 사상을 '정신병적인 생각' 이라고 몰아세웠다. 그녀의 의견에 따르면 그들의 선전선동이 국가들 간의 대립을 고조시켜 급기야 전쟁이 발발했다는 것이다. "전투가 시작되기 훨씬 전부터, 나는 전쟁을 피하기 위해 민족주의와 싸워왔다. 민족주의는 한 나라의 국민을 다치게 할 수 있는 최악의 사상이다."[43] 어느 날, 미라는 이와 관련하여 어느 미국 정부당국자에게 자신의 남편은 사실상 민족주의자가 될 수 없다고 선언했다. 슬로보단이 민족주의자였다면, 자기는 그런 '파시스트' 와 절대 결혼할 수 없었을 것이라는 설명이었다.

미라는 크로아티아, 슬로베니아, 마케도니아, 세르비아와 무슬림들이 모두 미래의 국가의 일원들이라고 확신했다. 사회학 박사로서, 그녀는 그런 부조리한 꿈을 위해 치러야 할 대가를 두려워하지 않았다. "유고슬라비아는 모든 사상가들과 유고 국가들의 파괴를 주도하는 자들을 태워 버리는 불꽃에서 태어날 것이다."

문제의 사상가들 중 한 사람이 바로 이 거대한 연방국가에서 세속적인 기쁨의 가능성밖에 보지 못하는 카라드지치였다. 카라드지치의 어릴 적 친구는 그가 여성들로부터 큰 인기를 끌었으며 '인종을 넘나드는 난봉꾼' 이라는 외설적인 별명을 얻었다고 회상했다.[45] 그는 정치에서는 폐쇄적이었으나 여성들을 정복하는 데에 있어서는 인종적으로 대단히 개방적이었다. "그는 크로아티아계, 세르비아계, 무슬림계 애인을 두었다. 그에게 성관계는 하나의 강박증이었다."

미라의 말에 의하면, 전쟁 기간 동안 민족주의자이자 약간 여성혐오증 경향이 있는 이 관리 패거리들이 슬로보단의 정신을 망쳐놓았다. 그가 그 거친 남자들이 주최하는 술잔치에 자주 불려 다녔다는 것이다. 그녀는 당시 유럽을 갈라놓는 갈등의 책임은 남편이 아니라 카라드지치와 믈라디치에게 있다고 확신했다. "국가에서 그들을 기소해야 한다. 모든 국민들이 그 범죄자들을 상대로 기소를 해야 한다. (……) 보스니아의 세르비아인들이 겪는 고통의 책임은 카라드지치에게 있다." 미라는 밀로셰비치의 곁에서 이념과 관련된 직무를 충실히 이행했지만, 전략적인 관점에서 보면 고삐를 쥔 사람은 카라드지치였다. 그는 실제 활동에서 그녀를 철저히 배제했다.

여자 대통령

밀로셰비치는 여러 방면으로 아내를 지원해 주었다. 전국의 엘리트들이 그녀를 환영했고 그녀의 말에 귀를 기울였다. 미라는 수많은 매체의 인터뷰에 응하는 동시에 여러 신문에 사설을 발표했으며 여러 권의 책을 출간했다. 국민들은 마치 생필품을 사듯 그 책을 샀다. 발표한 책들 중 『밤과 낮』이라는 책은 클린턴 대통령이 즐겨 읽는다는 평을 받았다.

미라는 국제정치에서부터 꽃, 인기몰이 중인 텔레비전 시리즈 등에 이르기까지 정말로 다양한 주제에 대한 글을 썼다. 잡지 《두가》에 연재한 그녀의 칼럼 중 일부이다. "내 주위 어디에든 꽃이 있다. 카펫 위, 샹들리에, 램프, 신발, 치마, 담배에도 꽃그림이 있고 머리에도 꽃을 꽂으며 정원에도 꽃들이 있다…… 나는 꽃을 한 해의 특정 계절에만 볼 수 있는 것이라고 생각하지 않는다. 그랬다면, 봄이나 여름에 꽃을 꽂았을 것이다. 꽃들은 영원한 것

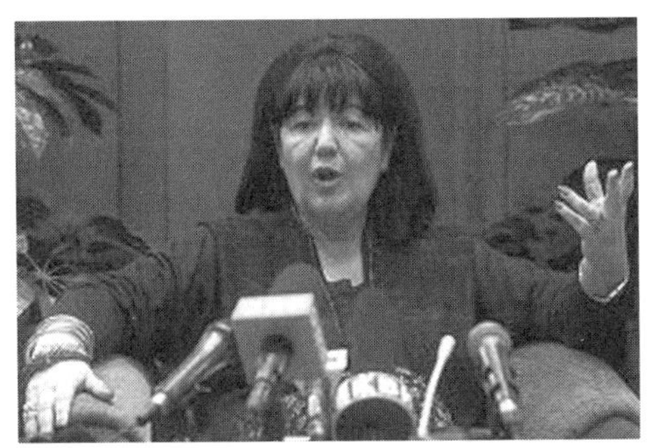

'세르비아의 여제' 라고 불린 미라 마르코비치.

같다. 나는 가을이 되면 꽃이 죽는다고는 생각해 본 적이 없다. 아니, 꽃들이 죽을 것이라고 한 번도 생각해 본 적이 없다. 어쩌면 꽃들은 꿈에서처럼 그냥 사라져 버리는 것인지도 모른다." 1990년대 코소보에서 이런 부류의 글을 읽는다는 것이 어떤 느낌인지는 쉽게 상상할 수 있을 것이다. 최악의 잔인한 행위들이 자행되는 전쟁 시기에, 미라는 정원의 꽃들이 사라져 가는 모습을 묘사했다.

보스니아 지역이 혼란에 빠진 이후, 밀로셰비치의 연설이 더 이상 즉각적인 지지를 얻지 못하자 미라는 남편을 돕기로 결심했다. 《두가》에 실는 시평에서, 그녀는 대통령이 내린 정치적 결정 뒤에는 어떤 이유가 있으며 그것이 정당하다는 점을 설명했다. 밀로셰비치의 반대파는 물론 지지자들도 밀로셰비치의 다음 행보를 예측하기 위해 일주일에 한 번씩 발표되는 그녀의 글을 유심히 관찰했다.

그러나 미라 마르코비치는 1993년 국회의원 선거에 처음으로 자신의 이름을 내걸고 출마했다가 실패를 맛보았다. 그녀는 자신을 인정하지 않은 선거 따위에 신경을 쓰지 않았다. "국회 민주주의는 쇠퇴하고 있는 중이다. 우리는 반드시 부르주아 사회의 국회 시스템보다 더 민주적인 정치 기구를 찾아야 한다."[46] 아무도 그런 쪽으로 신경을 쓰지 않는다면, 직접 만들면 되었다. 미라는 어떤 변혁을 따르는 여자가 아니라 변혁 운동 그 자체였다.

다음 해, 그녀는 원하는 바를 이루었다. 1994년 7월 23일, 미라 마르코비치는 유고 좌파 연합당 JUL을 창설하고 공식적인 총재를 맡아 성대한 발족 행사를 벌였다. 변혁 운동을 주도할 당의 이름을 그렇게 가볍게 지었다고 비난할 수 있는 사람은 없었고 그 이름이 상징하는 바를 무시할 수 있는 사람도 없었다. "JUL은 제2차 세계대전 중 유고슬라비아가 항쟁을 벌였던 역사적인 달 7월(July)을 상징하기도 한다. (……) 7월은 또한 1년 중 낮이 가장 길고 태양이 천정점에 이르는 달이며 자유의 달이기도 하다. (……) 게다가 물리학에서의 JUL은 에너지의 측정 단위이다."

유고 좌파 연합당은 스물세 개 당을 연합한 새로운 정치 조직이었다. 미라는 불만분자들을 하나로 뭉치게 할 수 있는 논거를 찾아냈다. '좌익도 우익도 아닌' 이라는, 영원히 사라지지 않을 상투적인 언사에 도전장을 던진 것이다. 이로써 미라는 실질적인 권력을 잡았다. 10여 년간, 무분별한 사람들 사이에 그녀가 티토의 사생아라는 소문이 돌았다. 미라가 유고슬라비아 국민을 다시 한 번 해방시킬 티토 사령관의 후계자라는 것이었다.

JUL은 경찰, 군대, 행정 등 사회의 모든 면에 뿌리를 내렸다. 미라의 이념은 이제 사방에 영향을 미쳤으며 20만 명의 당원들의 활동으로 확산 효과가 가중되었다. 그녀는 성공에 걸맞게 전 공산당 당사였던 20층짜리 건물을 사무실로 이용했다. JUL이 모든 기업과 행정기관에 관여를 하면서, 당에 입당하는 것이야말로 세르비아 사회에서 출세를 하는 지름길이 되었다. JUL에 동조하지 않는 것은 위대한 유고슬라비아와 혁명에 반대하는 것이며 경찰이나 국가 요원과 매일 마찰을 일으키겠다는 뜻이었다.

당에는 자금도 넘쳐났다. 미라는 타고난 경영자처럼 맡은 바 역할을 훌륭하게 해냈다. 모든 당원들은 수입의 일부를 공제당했고 당의 원조 덕분에 얻은 이익의 1%를 내놓아야 했다. 국유기업의 사장들은 협박을 받았다. 할당액을 바칠 것이냐 아니면 공개적으로 명예 훼손을 당할 것이냐. 모두가 유능한 마르코비치 동지의 뜻을 따랐고 그녀는 곧 '모리배, 열렬한 지지자, 겁쟁이들의 테레사 수녀'라는 별명을 새로 얻었다.

JUL의 당수인 미라는 당 이념의 순수성을 대담하게 강조했다. "좌익은 정치 자체보다 더 역사가 오래되었고 좌파는 과학보다 더 유서가 깊다." 또한 그녀는 "좌파들은 최고의 인물들이며 겸손하고 용감하다"며 좌파 투사들의 우월성을 확신했다. 뿐만 아니라 여학생들에게 다음과 같은 연설을 하면서 서정적인 도약을 시도하기도 했다. "로마나 파리의 유명 브랜드 옷을 입고 베오그라드를 거니는 사람들에게는 정이 가지 않는다."[47] 패션에 관한 한 로맨틱하고도 세련된 눈을 가졌다고 자부하는 그녀는 "어머니가 지어주신 드레스보다 더 아름다운 옷은 없으며 별이 총총한 5월의 하늘 아래 색이 예쁜 담요를 깔고 낡은 신발을 신은 채 강가 공원에 앉아 보내는 하룻밤보다 더 로맨틱한 것은 없다."[48]라고 덧붙였다.

JUL의 수장인 그녀는 정치판과 상관없는 인물들까지도 공략해 자기편으로 만들었다. 그 중 한 사람이 바로 배우인 류비자 리스티치였다. 그때까지 각종 영화제에서 유고슬라비아의 권력자들을 강하게 비판해 온 그가 한 기자회견에서 미라 마르코비치와 나란히 등장해 지식인 계급을 깜짝 놀라게 했다. "아직까지 나는 특정 당에 입당하기를 거부해 왔다. 그러나 자신의 목표가 평화와 반민족주의라는 것을 밝히는 미라의 전화를 받고, 나는 그녀를 따르기로 결심했다." 어느 날 아침 걸려온 전화를 받기까지, 리스티치는 미라를 한 번도 만나 본 적이 없었다. 목소리는 가녀리지만 확고한 신념을 가진 그녀에게 리스티치는 저항할 수 없었다.

"내 도움이 필요한 겁니까?"

"그래요. 남편이 대통령이다 보니 내가 당을 직접 지휘하는 게 힘들어요."
[40] 그녀는 그에게 이렇게 고백하며 넌지시 직함을 권했다.

리스티치는 수시로 밀로세비치의 집에 초대를 받았고 매일 미라를 만났다. "그렇게 일심동체인 부부는 처음 보았다. 두 사람은 누구도 보지 못했던 조화를 이루어냈다. 그들이 서로의 이야기를 듣는 방식, 서로를 칭찬하는 모습, 상대를 쳐다보며 감탄하는 표정은…… 정말 예외적인 것이었다." 그들은 서로를 완벽하게 보완해 주는 존재였다. 밀로세비치가 아내의 손님을 위해 '맛있는 샌드위치'를 준비하고 손자들을 목욕시키고 시를 읽어주고 노래를 불러주며 놀아주는 동안 미라는 옆에서 자기가 읽은 책 이야기를 했다. "그 집의 주부는 밀로세비치였고 미라는 사상가였다."

문어발식 연합당의 수장으로서 첫 해를 보내며 미라는 확실한 성공의 도장을 찍었다. 언론에서는 그녀의 해외 방문을 이슈로 삼았고 가는 곳마다 그녀는 정부 최고 관리에 걸맞은 대우를 받았다. 헝가리 사회당 당수의 환영을 받은 후, 미라는 러시아로 날아가 그녀를 기다리는 명예로운 리셉션에 참가하기로 되어 있었다. 미라 마르코비치가 비 러시아 여성으로는 최초로 과학 학술원 회원으로 선출되었던 것이다. 미라가 자신의 어머니의 수호성인이 니콜라스라고 이야기하자 알렉시스 II세 러시아 정교회 총주교는 금박종이에 그린 성 니콜라스의 성화를 선물했다. 그러나 그녀가 이런 명망 높은 소모임에 합류하는 데에 있어 모두가 찬성을 했던 것은 아니다.

모스크바 주재 세르비아 대사가 미라의 학술원 회원 선출에 반대하고 나섰다. 그는 니스 대학에서 그녀의 박사 논문을 지도했던 교수였다. 당시 미라를 격려하고 가르침을 주던 진정한 멘토였던 그는 후에 대사 자리를 마련해 준 그녀에게 감사를 표했다. 그러나 관용을 베풀었다고 해서 상대가 반드시 동지가 되는 것은 아니었다. 제자가 러시아 학술원 회원으로 뽑힐 것이라는 소식을 접한 그는 학술원 원장에게 그 결정이 '부정적인 결과를 가져올 수도 있다.'는 내용의 메모를 보냈다.[50]

그의 경고는 심각하게 받아들여졌고 모스크바로 떠나기 이틀 전, 미라는 학술회 회원 자격 수여가 이후로 미루어졌다는 전갈을 받았다. 밀로셰비치가 직접 대사에게 전화를 걸었다. 이틀 후, 대사는 모스크바 공항에서 눈물을 흘리며 영부인에게 용서를 구했다. 자신을 지도해준 은사의 당황한 모습을 본 미라는 깊은 감명을 받았다. 그러나 그녀와 함께 모스크바에 갔던 삼촌 두잔 미테비치는 다시 생각해 볼 것을 권했다. "우리가 우는 것보다는 저자가 우는 것이 낫지 않겠니." 얼마 후, 대사는 해직되었다. "어쩌면 교수님은 그저 내가 모스크바에서 받은 큰 명예에 감동했던 것인지도 모른다." 미라는 이런 말을 남겼다.

두 사람을 위한 한 자리

1995년 12월. 미국 오하이오주 데이턴.

빌 클린턴 미국 대통령이 늙은 유럽 대륙의 한 부분을 분열시키는 내전 유발자들을 미국으로 불러모았다. 밀로셰비치는 비장의 카드를 쥐고 있었다. 협상 테이블에서 그는 상대를 압박하고 협박해 궁지로 몰아넣었다. 각국 대표들은 그의 태도에 적잖이 놀랐다. 협의가 진행될 때마다, 밀로셰비치는 아내에게 전화를 걸어 자신이 상대방에게 너무 많은 양보를 한 것이 아닌지 확인을 했다. 클린턴 대통령은 조정안을 내놓았고 휴전협정이 체결되었다. 세르비아가 주장하는 영토권은 거부되었으며 지정학적으로 분할된 새로운 정치구도가 확립되었다. 최후의 순간에 간신히 확보된 평화는 밀로셰비치에 대한 신뢰도에 치명타를 입혔고 강한 지도자로서의 그의 이미지

도 타격을 받았다.

다음해에 실시된 시의회 선거에서 그는 승부수를 던져야 했다. 1996년 11월, 결혼한 지 30년 만에, 미라와 슬로보단은 선거를 위해 정치적으로 뭉친 모습을 대중 앞에 선보이기로 결심했다. 부부의 역할은 확실하게 구분되었다. 밀로셰비치와 그가 이끄는 세르비아 사회당은 민중에게 호소했고 미라는 그녀를 통해 나라의 요직을 차지하고자 하는 공무원들과 지식인들의 집단을 상대했다. 다시 한 번 사회당이 압박을 받으면서, 밀로셰비치는 패배의 위험에 처하게 되었다. 1차 선거 직후, 미라는 《두가》 잡지에 '역사를 통해 세르비아의 정신을 구현한 세 인물'에 관한 칼럼을 발표했다. 신 삼위일체를 구성하는 그 인물들은 니콜라스 성인, 자신의 어머니 베라 밀레티치, 그리고 아들 마르코였다.

11월 3일 아침, 밀로셰비치 부부는 각자가 이끌던 당을 연합한 결과를 중간점검하기 위해 투표소로 향했다. 방송국 카메라는 대통령이 신분증 제시를 요구받는 순간을 놓치지 않았다. 미라는 재미있다는 표정으로 한 마디를 던졌다. "대통령이라고 봐주는 게 없다는 걸 확인한 셈이네요."

밀로셰비치의 사회당과 마르코비치의 유고 좌파 연합당의 합당은 189개

도시 중 154개 도시에서 승리를 거두었다. 그들을 거부한 도시는 얼마 되지 않았지만, 그 중에는 유고에서 가장 중요한 도시가 포함되어 있었다. 베오그라드는 몇 달 전 석방되어 정치계에 다시 뛰어든 부크 드라스코비치의 손을 들어주었다. 방해자의 등장으로 승리의 기쁨은 반감이 되었다. 밀로셰비치 부부는 14개 도시에서의 선거를 무효화했다.[51] 반대파들에 의해 미라의 역할이 과도하다는 것이 확인된 그 선거 이후, 유머잡지 《크르마카》는 밀로셰비치의 연설 중 한 대목을 인용하며 연설자에 대한 소개란에 '슬로보단 밀로셰비치, 미르야나 마르코비치의 남편.' 이라고 표기했다.

이의를 외치는 학생들이 겨울 추위에 얼어붙은 베오그라드 거리를 가득 메웠다. 그들의 목표는 미라 마르코비치였다. 몇몇 시위자들은 미라가 늘 입는 검은 옷을 입고 머리에 꽃을 꽂은 여자로 분장했다. 플래카드에는 "나는 러시아 학술회 회원들 중에서 가장 예쁜 여자"[52]라는 문구가 적혀 있었다. 구호는 'JUL의 할머니' 라는 뜻의 "바바 줄라" 였다. 시위는 곧 무력진압되었다. 백여 명의 학생들이 부상을 당했다. 시위자들은 미라가 아무런 해도 끼치지 않는 철학자들을 공격했다고 비난했다. 그러니 그녀는 베오그라드를 공포로 몰아넣은 폭력적인 분위기를 견디지 못하는 것 같았다. "베오그라드는 완전히 파괴되었다. 두 명의 사망자가 발생했고 유리창이 깨졌으며 꽃 화분이 넘어졌다. 여기가 바로 정신병자 수용소이다! 시위자들의 절반은 술에 취했다. 그들은 경찰견들을 죽이고 말을 공격한다! 끔찍하다!"[53]

타협을 모르는 드라스코비치는 체제의 몰락이 자신의 소원이라고 계속 외쳤다. 밀로셰비치의 아내와 드라스코비치의 아내는 저마다 캠페인을 벌이기 시작했다. 미라는 자신이 석방한 드라스코비치의 아내 다니카의 흠을 여러 차례 잡다가 결국에는 그녀를 "잘 팔리지도 않는 가십 주간지의 표지에 어울리는 여자의 얼굴을 한 인조인간" 이며 "가축 치는 사람의 버릇과 야만스러운 산적의 습관을 가진 덜떨어진 여자"라고 표현했다. 상대의 응수는 가차 없었다. 미라는 "몽고증 환자의 얼굴, 흉한 얼굴, 미친 사람의 얼굴"로 표현된 팸플릿이 배포되는 것을 보아야 했다. 다니카는 미라를 개인적인 적으로 삼아 터키의 배신자인 '다히아'에 빗대었다. "모두가 자신의 다히아를 죽이길." 그녀는 이에 그치지 않고 밀로셰비치를 반드시 제거해야 하는 집안의 적이라고 비난했다. 극렬 민족주의자인 그가 제거되면 "세르비아는 깨끗해지고 우리는 기뻐할 수 있을 것이다."[54]

이런 즉흥적인 태도를 취했던 미라는 1997년 초, 새로운 영감을 얻어 보고자 유력한 공산주의자들을 찾아다니기 시작했다. 그녀는 혼자서 쿠바와 북한을 방문했다. 그녀가 외국으로 떠날 때마다 슬로보단은 비행기 계류장까지 나와 아내를 포옹했다. 미라가 머나먼 중화인민공화국을 방문했을 때에는 이별이 특히 힘들었다. 미라 마르코비치는 오래 전부터 덩샤오핑이 이끄는 체제가 이루어낸 변혁을 높이 샀다. 중국 고위관리들이 그녀를 환영하며 대학교와 언론의 체계를 소개하자, 미라는 마침내 자신의 메시지를 이해하는 사람을 만났다며 눈물을 쏟았고 그 모습에 세르비아 대표단들은 당황한 기색을 감추지 못했다.

귀국 이후, 그녀는 앞장서서 중국 정부의 기법을 적용하기 시작했다. 즉, 대학 강사들을 교육부 장관이 직접 임명해야 한다는 것이었다. 교수들이 거세게 반발하고 나섰다. 그에 대한 답변은 프랑스나 스웨덴과 유사한 운영방식을 채택하겠다는 것뿐이었다.

마침내 영부인 미라는 자신을 인신공격하는 언론인들의 입을 막겠다고 결심했다. 언론의 표현의 자유는 강력하게 제한되었다. 슬라브코 쿠루이바는 국가에 소속된 모든 정치 관련 기사의 교정필 인쇄본을 검열하는 영향력 있는 편집자였다. 밀로셰비치가 권력을 잡자마자, 그는 미라와 친구가 되었고 여러 가지로 노력한 끝에 현대 국가에는 독립적인 언론기관이 있어야 한다고 그녀를 설득하는 데에 성공했다. 국가 정상과의 우정은 50여 년 만에 세르비아 최초의 사설 일간지로《데일리 텔레그래프》와 유사한《드네브니 텔레그라프》를 탄생시켰다. 곧이어 독일의《포커스》지를 모델로 주 2회 발간되는《유러피언》지를 창간해 유고 최고의 에세이 작가들의 글을 실었다.

잡지들을 창간하며 미라와 쿠루이바는 각자의 이익을 챙겼다. 미라 마르코비치는 체제를 보다 개방적으로 선전할 수 있었다. 대통령 부부를 자유롭게 비판할 수 있는 독립 언론사를 만든 것 자체가 자신들의 아량을 뽐낼 수 있는 기회로 작용했다. 쿠루이바는 정부의 부패를 마음껏 폭로할 수 있는 권력을 쥐게 되었다. 규칙은 분명했다. 미라는 나라의 개방을 가장하는 대가로 자신을 직접 공격하지 않는 한 잡지의 기사 내용을 참아 넘겼다. 그러나 암묵적인 계약조건을 먼저 어긴 쪽은 쿠루이바였다. "미라에게서 특이할 만한 점은 감정적으로 허약하다는 것이다." 그는 이렇게 폭로했다.

1998년 10월, 미군이 신 유고 연방을 공습하려는 움직임을 보였다.《드네브니 텔레그라프》는 발간 금지되었고 독립 언론을 없애는 법령이 선포되었다. 쿠루이바는 미라에게 마지막으로 한 번만 자신을 만나달라고 부탁했다. 만남은 JUL 본부에서 이루어졌다.

"지금 당신이 무슨 짓을 하고 있는지 압니까? 이런 터무니 없는 일을 계속한다면 사람들이 테라지예(베오그라드의 중심 지구) 지구의 가로등에 당신을 목매달 거예요." 그는 미라를 설득하려고 애썼다. 그녀는 그의 분별없음을 이해할 수 없었다.

"남편에게 대신 인사를 전해 주세요." 그가 이런 말을 남기며 떠나려고 했다. "인사는 전하지 않을 거예요. 당신이 한 말은 모두 전하겠지만."

슬라브코 쿠루이바는 이듬해, 자택에서 복면을 한 괴한에게 살해되었다.

총과 장미

1998년 11월, 베오그라드 톨스토이 가.

슬로보단은 이제 전쟁 중인 나라를 이끄는 입장이 되었고 페미니즘과 마르크스주의에 입각한 사회를 탄생시키겠다는 미라의 열망은 더 이상 설 자리가 없었다. 카라드지치, 믈라디치를 비롯한 냉혹한 지도자들이 견제를 늦추지 않았다. 미라는 자신의 저택이 위치한 데디네 언덕의 부촌, 톨스토이 가를 몹시 싫어했다. "여기에 있으면 도시에서 멀리 떠나 있는 것 같다. 전차 소리도, 아침에 빵집이 문을 여는 소리도 들리지 않는다." 아들 마르코 역시 깔끔한 그 지역을 싫어해 차츰 부모 집 방문 횟수를 줄였다. 일본에서 돌아와 친구들과 함께 소규모 라디오 방송국을 차린 딸 마리야는 발칸 반도에 락을 소개하느라 분주한 나날을 보냈다.

밀로세비치 부부의 다루기 힘든 자식들은 어머니로부터 공산주의라는 젖과 화약이라는 분유를 받아먹으며 자랐다. 이제 모두 이십대에 접어든 남매는 어머니의 이념을 열성적으로 지지했다. 어렸을 적, 마르코와 마리야는 어머니가 쓴 칼럼을 규칙적으로 읽었고 아내가 자랑스러워 못 견디는 아버지의 권유로 논평을 했다.

마르코는 자신이 운영하는 포자레바크 마을의 허름한 디스코텍 '마돈나 디스코' 출입구 아래에 공산주의 깃발을 매달았다. 당국의 감독을 받는 경영주라는 지위에 만족하지 못한 그는 초보 마피아로서 활동을 시작해 온갖 종류의 밀매매에 손을 대고 폭력에도 개입하게 되었다. 어느 날 그가 베오그라드 시내 카페에 들어갔다가 부엌 문 뒤에서 낄낄거리며 자신을 비웃는 어떤 젊은이를 언뜻 본 것 같다는 생각을 하게 되었다. 순간적으로 그는 반

자동 소총을 뽑아들고 카페 사장에게 무릎 사이에 고개를 박고 땅에 엎드리라고 위협을 했다. 카페 안의 전원이 꼼짝없이 엎드리자, 마르코는 가게 뒤에서 잘못을 저지른 장본인을 끌고 나왔다. 알고 보니 그가 비죽거리는 표정을 지었던 것은 자동차 사고 때문에 얼굴이 일그러졌기 때문이었다.

이런 종류의 사고가 몇 개 더 발생하자, '밀로셰비치 2세'의 돌출행동에 진력이 난 세르비아 사회당에서는 당수이자 대통령인 밀로셰비치에게 아들을 진정시킬 것과 자식들이 법을 지키도록 해 달라는 내용의 공개편지를 보냈다. 미라는 분노했다. 자신과 자식들은 일반적인 세르비아 사람들이 이해하기에는 너무 앞서가는 존재라는 것이 그녀의 주장이었다. 마르코의 대답에는 반성의 기미가 전혀 없었다. "나는 아버지와는 상관없이 젊고 재능이 많고 똑똑하며 완벽하다."[55]

20세 초반에 마르코는 아테네에 기반을 둔 수출입 회사의 대표 자리에 올랐고 그곳에서 사교계와 도박에 입문했다. 자동차 경주에 대한 그의 열정 때문에 희생된 자동차가 몇 대인지는 셀 수가 없을 정도였다. "열다섯 대까지는 아빠가 엄청나게 화를 내셨지만 그 다음부터는 신경도 쓰지 않으시더라고."[56] 마르코는 한 친구에게 이렇게 털어놓았다. 그리스 외무부 장관은 그의 몰지각한 언동을 지적하며 그리스를 방문할 때에는 행동을 조심해 달라고 부탁했다. 그가 구입한 물건들은 사람들의 입방아에 오르내리기에 충분했다. 한 예로, 이탈리아에서 제작된 25미터 길이의 요트는 가격이 약 3백만 달러로 추정되었다.[57]

본거지인 포자레바크로 돌아온 그는 작은 마을이 너무 심심하다며 미니 놀이공원을 건설하기로 결정했다. 이리하여 스케이트보드장, 회전목마, 그네 그리고 기타 시골 장터 축제에서 만날 수 있었던 놀이기구가 구비된 "밤비랜드"가 지어졌다. 곧 그는 사람들의 관심을 별로 끌지 못하는 회전목마

를 타는 것에 싫증을 내고 보다 빠른 속도로 돌아가는 담배밀수에 착수했
다. 1992년 미국에서 담배판매금지 조치를 취한 이후, 유고에는 담배가 잔
인하리만치 부족했다. 마르코는 전 자동차경주 선수인 블라단 코바체비치
와 어울렸고 그는 경마장 운영권을 손에 넣으려는 목적으로 대통령의 아들
에게 자금을 지원했다. 그들의 사업은 날로 번창해 면세점에 체인점을 두었
고 두 사람은 상당한 부를 축척했다.

미라는 친구들에게 아들의 사업능력에 감탄했다는 자랑을 했다. 그러나
얼마 후 블라단 코바체비치는 대낮에 불량배의 습격을 받아 사망했다. 대통
령의 가족들은 큰 충격을 받았다. 마르코는 친구를 묻은 다음 날 그리스행
비행기에 몸을 실었다. 마리야는 당분간 부모님 집에 머물면서 비극을 딛고
기력을 회복하려고 애썼다.

그 일이 있은 지 몇 주 후, 이번에는 경무장관 라도반 스토이치치가 베오
그라드의 한 레스토랑에서 복면을 한 괴한들에게 살해당했다. 그는 마르코
의 절친한 친구였던 동시에 밀로셰비치 부부를 경호하는 보안 팀의 대장이
었다. 그 사건으로 가족 모두는 정신적으로 큰 상처를 입었다. 자식들과 함
께 장례식에 참석한 밀로셰비치의 표정은 침통했다. 미라는 모습을 드러내
지 않았다. 아마 그녀의 묘지 혐오증 때문이었으리라. 더 이상 안전을 보장
받을 수 없다고 느낀 미라는 수많은 경호원들을 고용하고 연재하는《두가》
지 칼럼에 칠레 대통령 살바도르 아옌데처럼 생을 마감하게 될까 봐 두렵다
는 내용의 글을 썼다.

딸 마리야가 자신의 뒤를 이어 페미니즘의 선구자가 되는 것을 보고 미라
는 안도했다. 그녀의 소규모 라디오 방송국은 비중이 큰 텔레비전 채널인
'코사바'로 발전했다. 전쟁이 발발한 이후 방송국으로 협박이 들어왔으나,
마리야는 권총을 구입해 몸에 지니고 다니면서 흔들림 없이 대응해 나갔다.

어머니의 선거 캠프에 관여하기 시작한 그녀는 서구에서 유행 중인 새로운 장르의 음악을 소개했다. '댄스 음악'이 널리 퍼지면서 세르비아의 젊은이들은 나이트클럽에 도입된 신세대 뮤직 박스와 신시사이저를 접할 수 있었다.[58] 미라는 아버지밖에 모르는 딸에게 모든 희망을 걸었다. "아버지는 내가 가장 사랑하는 분이자 내게는 전부인 존재이다." 어머니로부터 소련이 붕괴되었다는 이야기를 전해 들은 마리야는 눈물을 쏟으며 탄식했다. "이제 남은 건 중국뿐이군요." 결혼을 위해 일본으로 갔던 그녀는 세르비아로 돌아온 이후 에밀 쿠스투리차 감독의 〈언더그라운드〉 시사회장에서 내용이 '반공'적이라는 이유로 갑자기 자리를 뜨면서 카메라의 주목을 받았다.

세르비아와 크로아티아 사이에 평화가 찾아왔다. 그러나 코소보는 옛 모습을 찾을 수 있을 것 같지 않았다. 데이턴 평화 협정이 맺어진 지 4년이 지났으나, 코소보 지역에는 총과 피가 사라지지 않았고 미국측은 다시 한 번 개입을 하기로 결정했다. 1999년, 베오그라드에 군인들의 군화소리가 울려 퍼지자 미라는 단독으로 언론에 나서 남편을 옹호했다. 나토의 베오그라드 공습이 한창이던 때, 그녀는 국제 언론에 모습을 드러내고 세르비아 민족의 무죄를 다시 한 번 강조했다. 특히 CBS 방송국 앵커 댄 래더와의 인터뷰는 기억에 남을 만한 것이었다.

"서유럽과 미국이 코소보의 상황을 이해하지 못한다고 하셨는데, 코소보에서 인종청소가 일어난 것이 아닙니까?"

"아니에요."

"전혀 아니라는 말씀입니까?"

"그래요."

"세르비아계가 코소보에서 잔인한 행위를 아무것도 하지 않았다고요?"

"안 했어요. 세르비아 민족은 영토를 지키려고 했을 뿐이에요."

미라는 언론을 통해 밀로셰비치를 방어하는 것만으로는 만족할 수 없었다. 그녀는 수도의 다리를 보호해야 한다고 주장했다. JUL 총재회의 때, 그녀의 머리를 번개처럼 스치는 아이디어가 있었다. 다리 위에서 록 콘서트를 열어 전국의 평화주의자들을 다리 위로 불러 모으자는 아이디어였다. "내 체질에 딱 맞는 아이디어였다. 미군의 폭격으로부터 다리를 보호하기 위해 다리 위로 모여든 사람들 속에서, 나는 언론을 통한 도발이 아닌 조국을 위한 희생을 보았다. 그리고 그것은 효과가 있었다."[59]

밀로셰비치는 매일 아침 경호를 받으며 집무실로 나갔고 마르코는 군에 지원을 하겠다고 했다. 미라는 코소보 전쟁 지역에서는 그가 최우선적으로 적의 목표가 될 것이라는 생각에 아들을 말리려고 했다. 처음으로 아이 아버지가 된 마르코는 매일 밤 아내와 갓 태어난 아이를 이끌고 집을 옮겨 다녀야 했다. 코사바 방송국 역시 공격 대상이었다. 경찰들은 또한 밀로셰비치 부부가 티토 전 대통령의 관저였던 '백색의 성'에서 나와야 한다고 주장했다. 슬로보단과 미라는 불쾌한 투로 이를 거절했다.

밀로셰비치 부부는 모든 면에서 유럽 이웃국가들로부터 지탄을 받았다. 영국 외무부 장관 로빈 쿡이 미라를 향해 조국을 버리고 외국에 있는 사유지로 도망쳤다고 공격하자 그녀는 신랄한 답장으로 맞대응했다. "전 세계를 상대로 나와 내 아이들이 파렴치하고 겁쟁이라는 메시지를 보내려 하는군요. 안된 일이지만 당신의 의도는 성공을 거두지 못할 겁니다. 나의 가족, 혹은 나의 조국이 걸린 문제에 관한 한 절대 그럴 수 없을 것입니다."[60] 미라의 가족을 공격하는 것은 그녀에게 개인적으로 도전하는 것이었다.

3월 21일, 나토의 폭탄이 베오그라드의 하늘을 갈라놓았다. 미라의 선견지명과 고집으로 부부는 목숨을 건졌다. 전날 밤, 러시아 밀사를 만나 협상을 벌인 후, 밀로셰비치는 언제나처럼 베오그라드를 떠나 다른 곳으로 가는 대신 집에 가서 자겠다고 했다. "그러나 미라의 반대로 그는 그 생각을 접었다."[61] 친구 류비자 리스티치는 이렇게 회상했다. 그 전날에 그들은 대통령궁을 떠나라는 최후통첩을 받았다. 요원들로부터 입수한 정보와 예감을 바탕으로 미라는 남편을 강력하게 설득했고 두 사람은 소지품을 챙겨 나왔다. 그러나 도망자 신분으로 전락한다는 것은 생각조차 할 수 없는 일이었다. 미라는 우아한 드레스를, 밀로셰비치는 턱시도를 차려입었다. 그날 밤, 대통령 궁에 폭격이 가해졌다.

다음 날 아침, 눈을 뜬 미라는 악몽 같은 광경을 목격했다. "미사일이 뚫고 지나간 침실과 역시 미사일로 황폐해진 서재의 모습을 보았다." 소나무에 걸린 잠옷과 풀밭 위에 나뒹구는 부서진 침대와 신발을 본 그녀는 공포를 느꼈다. 미라는 눈물을 쏟으며 울부짖었다. "봤지? 이게 바로 당신이 손잡은 미국인들의 본색이야. 대통령이 사는 집을 폭격할 리가 없다며? 그들이 한 짓을 봐…… 내일 무슨 신발을 신어야 하지? 내일 어떻게 옷을 입으라는 말이야!' 밀로셰비치는 그녀를 품에 안고 어린아이를 달래듯 위로했다. "걱정 마, 다 되찾을 수 있어. 그러고도 필요한 게 있으면, 내가 사 줄게."

이후 열린 JUL 회의에서, 친구 류비자 리스티치는 미라가 울음을 터뜨린 일화를 재미있다는 듯 언급하며 회의장으로 들어오는 그녀를 맞이했다. "공산주의의 신데렐라가 오셨군요! 마르코비치 동지에게 신발 한 켤레 빌려주실 분 없습니까?'

그러나 미라는 남편을 구하기 위해 밀사로서의 역할을 도맡았고 모든 권력자들과 협상을 벌일 마음의 준비를 하고 있었다. 베오그라드에 집중 포격이 시작된 지 3주 만에, 미라는 JUL 당사에서 미국인 의사 론 해체트를 만났다. 해체트는 세르비아 군대에 체포되어 비밀리에 억류된 미군병사 세 명의 석방을 원했다. 유럽의 열강들과 세르비아 고위 군 관계자들과 여러 차례 만나고도 성과를 얻지 못했던 그는 미군 세 명의 운명을 좌우할 수 있는 사람이 바로 미라라는 결론에 도달했다. "분위기는 대단히 딱딱했고 마르코비치는 세르비아에서 가장 영향력 강한 정당의 대표다웠다."[62] 닥터 해체트가 처음으로 밝힌 내용이다.

대담은 팽팽한 긴장 속에서 시작되었다. 처음부터 미라는 나토의 공습을 허용한 미국에 대한 적개심을 감추지 않았다. "그녀는 미국과 나토가 그런 식으로 반응했다는 것에 대단히 분노했다. 그러나 다른 국가들도 세르비아의 소수민족들이 국경지역에서 '영토분리주의'적인 행동을 보인 것에 대해 같은 방식으로 대응했을 것이다."[63] 한 시간 동안 미라는 공습은 부당한 행동이고 수많은 민간인들이 목숨을 잃었다고 상대를 비난했다. "내가 그 마음을 충분히 이해하며 나토의 대응방식에 부당한 면이 있다는 점도 일부 공감한다고 말하자, 그녀는 훨씬 친절한 태도를 취하기 시작했다. 그러나 두려움을 감추지는 못했다."

정치적인 문제 외에도, 미라는 목을 졸라오는 공포에 사로잡혀 있었다. "그녀는 특히 보안과 남편의 미래에 대해 두려워했다. 남편에 대한 애정이 정말 각별한 것 같았다. 그녀는 냉전 이후 살아남은 서구 열강들이 유럽에서 마르크스주의의 마지막 유산을 제거하려는 목적으로 감행한 부당한 공격으로부터 조국과 국민을 온전히 지키기 위해 최선을 다하는 애국자처럼 말을 했으나 그 이면에는 개인적인 두려움이 도사리고 있었다."

밀로세비치를 만나게 해달라고 요구하는 의사 앞에서 미라는 수화기를 들었다. 은신처에 피해 있던 밀로세비치가 곧 전화를 받았다. 그녀는 남편에게 다음 날 의사를 만나라고 압력을 가했다. "굉장히 다정했지만 공식적인 말투였다." 닥터 해체트는 또 이렇게 전했다. 그는 서방세계에서 그들에 대해 상당히 좋지 않은 이미지를 가지고 있다고 충고했다. "미라 마르코비치는 내 말을 그대로 전달했고, 밀로셰비치는 유능한 정치 고문을 대하듯 아내의 의견을 존중했다."

다음 날, 미라와 합의한 대로 밀로셰비치는 대통령 궁에서 닥터 해체트를 맞이했다. 카메라 녹화 속에서 대담을 마친 후, 두 남자는 좀더 사적인 대화의 시간을 가졌다. "그는 절대 아내를 직접 언급하지 않았다. 그러나 내가 첫 질문을 던지자마자, 그는 전날 내 앞에서 미라 마르코비치가 전화로 했던 말을 그대로 반복했다." 닥터 해체트의 회상이다. 밀로셰비치는 닥터 해체트가 미군의 현실에 관한 이야기를 꺼내자 수긍하는 모습을 보였다. 그는 지금 클린턴이 파견한 군대는 극히 소규모에 지나지 않으니, 미 대통령이 공군 전체를 투입하기로 결정하기 전에 알바니아게 난민을 그들의 땅으로 돌려보내고 코소보의 자치권을 다시 인정하라고 조언했다. 밀로셰비치는 협정 조건을 받아들였다. 다음 날 닥터 해체트는 미국으로 돌아가 대통령에게 방문 결과를 보고했다.

그러나 베오그라드 위로 퍼붓는 폭격은 멈추지 않았다. 시위자들은 비난의 뜻을 담은 플래카드를 치켜들었다. "우리의 아들들을 돌려 달라. 우리가 원하는 것은 관이 아니다!' 10년간 계속되어 온 대통령 부부를 향한 격렬한 비난은 미라를 거의 마비시켰다. 대통령 궁의 벽이 흔들리는 이유는 그녀의 동요하는 정신 상태 때문이었다. 의사들은 심각한 신경쇠약이라는 진단을 내렸다.

미라는 몇 년 전 인도에서 들었던 굉장히 상세한 예언을 떠올렸다. "남편이 중요한 일을 맡겠지만 2000년에는 그 자리에서 떠나게 될 겁니다." 놀라운 예지력을 가졌던 인도의 점쟁이는 밀로셰비치가 자유의지에 의해 임무를 그만둘 것이라고 예언했을 뿐이었다.

몰락

2000년 8월 25일.

밀로세비치의 보호자였던 이반 스탐볼리치가 아침 조깅 도중 실종되었다. 대통령 선거 운동이 한창인 때였다. 밀로세비치는 두 차례에 걸친 처참한 전쟁 이후 국민들의 지지를 잃었음을 실감했다. 스탐볼리치는 정치 활동을 접고 세르비아 최대 금융사의 수장직을 맡고 있어서 유권자들 앞에는 나서지도 않는 상황이었다. 밀로세비치에게 거치적거리는 존재가 된 전 세르비아 대통령의 실종은 3막으로 구성된 비극의 마지막 장면이 되었다.

제1막. 1988년 4월. 새로운 권력자 밀로세비치의 아내 미라가 타고 가던 자동차가 타이어 펑크 사고로 도로에서 이탈해 어느 지붕 위에 멈추어 섰다. 자동차에 타고 있던 사람들은 부상을 입지 않았지만 두려움에 사로잡혔다. 누군가가 고의로 자동차를 고장낸 것은 아니라는 경찰 보고서로 사고 원인에 대한 모든 의심은 일소되는 것 같았다. 며칠 후인 1988년 4월 28일, 이번에는 이반 스탐볼리치의 딸 보야나가 자동차를 몰고 가던 중에 사고로 목숨을 잃었다. 장례식장에 나타난 밀로세비치를 쳐다보는 눈길에는 의심이 서려 있었다. 그가 스탐볼리치의 아내에게 악수를 청하자 그녀는 냉정하게 밀쳐내 버렸다. 옆에 있던 여비서는 밀로세비치가 일을 꾸몄음을 확신했던 스탐볼리치 부인의 행동을 목격하고 깜짝 놀랐다. 비서와는 달리 밀로세비치의 얼굴에는 아무런 표정이 나타나지 않았다. 언론들 역시 그 사건에 대해 침묵했다.

제2막. 1991년 3월. 비탄에 빠진 스탐볼리치가 과거의 동지에게 편지를 보냈다. "자네는 나를 침묵의 벽 뒤에 가두어버렸네. 내가 내 손으로 자네를 내 어깨 위에 앉혀놓았다는 죄책감과 함께. (……) 내가 자네에게 칼을 들이대지 않았던 것이 안타깝네. 대신, 난 그 칼을 자네에게 주었지. 자네는 한 순간도 망설이지 않았어. 우리 세르비아인들에게는 다른 역사가 없다는 생각에서였을까, 자네는 최악의 사태를 재현했네. 가끔은 자네가 사랑하는 것이 세르비아의 가장 어두운 면이 아닌가 하는 생각이 든다네."

제3막. 2000년 8월 이반 스탐볼리치는 대선을 앞두고 베오그라드의 한 공원으로 조깅을 하러 나갔다가 실종되었다. 국민들은 그의 실종에 분노했지만, 경찰 조사는 아무런 수확 없이 끝났다. 사람들은 의용대 '붉은 베레모'의 일원이었던 그를 제거하기 위한 밀로셰비치의 음모라고 생각했고, 그 일은 반 밀로셰비치적인 움직임의 발단이 되었다. 실종된 지 3년 만에 방치된 이반 스탐볼리치의 시신이 베오그라드 북부에서 발견되었다.

국민들은 투표를 통해 즉각적인 반응을 보였다. 밀로셰비치는 9월 24일 치러진 선거를 통해 간접적인 유죄판결을 받았다. 37%의 저조한 지지율을 얻은 그는 대통령직에서 물러나야 했다. 그러나 그들 부부는 권력을 포기하지 않겠다고 선언했다. 비난의 외침은 거대한 시위로 이어졌고 결국 봉기한 민중들은 의회건물을 장악하기에 이르렀다. 가장 자주 들을 수 있었던 슬로건은 미라에 반대하는 내용으로 구성되었다. "정부를 선택하는 것은 국민이지 미라가 아니다."

마르코가 경영하던 '마돈나' 디스코텍은 화재로 소실되었다. 화재가 나던 날 저녁, 미라는 외국으로 도망치기에는 시기가 좋지 않다고 아들을 설득했다. "엄마, 세르비아의 다당제는 이런 거예요. 한 정당이 이기면, 반대파는 나라를 떠나야 하는 거예요. 재료가 너무 많아서 우리까지 냄비에 넣고 끓일 수는 없는 거라고요." 체념한 마르코는 어디로 가야 할지조차 알지 못한 채 급하게 소지품을 챙겼다. "내 가슴이 갈가리 찢어졌다." 미라는 이렇게 회상했다. 10월 5일, 밀로셰비치 부부는 항복했다. UN은 즉각적으로 그들 부부를 체포하라고 요구했다. 4월 1일, 최후통첩이 전달되었다.

우지카 가의 전투

모든 일은 2001년 3월 31일, 우지카 가 15번지에서 일어났다.

밀로셰비치는 순순히 생포될 수는 없다고 고집을 피우며 마지막 허세를 부렸다. 그는 아직 국민이나 체제의 지지를 받을 수 있고 다시 권력을 잡을 수 있을 것이라 믿었다.

3년 전, 밀로셰비치 부부는 20세기 초에 지어진 화려한 저택 '백색의 성' 이 당당히 자리 잡은 데디녜 언덕 지구에 위치한 거대한 주택단지로 이사했다. 그곳은 제2차 세계대전 당시 독일군 총사령관이 베오그라드 고급 주택 지역 중에서 선택한 곳이었다. 이어 티토가 눈부시게 하얀 현대적 저택을 추가로 건설했고 그 외에도 여러 채의 작은 오두막집을 짓도록 명령을 내린 후 그 안에서 야금술 등의 취미생활을 즐겼다. 그는 두 개의 저택을 둘러싼 화려한 정원에 매장되었다.

미라는 이곳으로 입주할 당시 모든 것이 완벽하도록 세세하게 신경을 썼고 세균이 숨어 있을까 봐 모든 가구를 없애라는 명령을 내렸다. 목재 그랜드피아노며 훌륭한 페르시아산 카펫들을 정원에 내다놓고 불에 태우는 장면이 목격되었다. 어떤 노동자가 가구를 하나 집어가도 되겠느냐고 물었지만 경호원들의 대답은 단호했다. 미라의 명령에는 타협의 여지가 없었다. 새 정부의 경찰력이 장악하려는 곳은 이런 역사를 가진 소규모 성채였다.

밀로셰비치 부부와 타협을 해야 하는 임무를 맡은 중재인은 그리 수완이 좋은 편이 아니었다. "아, 슬로보단 밀로셰비치! 항복하십시오, 아니면 죽음을 면치 못할 것입니다." 경찰들이 정원으로 침입해 창문에서 몇 미터밖에 떨어지지 않은 지점에 정렬했다. 집안에서는 아무 소리도 들리지 않았다. 그들은 밀로셰비치가 항복하기를 기다렸다. 마리야가 반발했다. "그냥 내버려 두세요. 저 개들이 우리를 죽일 만한 용기가 있는지 두고 보자고요." 미라는 남편이 결정을 내릴 수 있도록 딸을 데리고 2층으로 올라갔다.

새벽 2시 30분, 복면을 한 침투조가 저택에 대한 공격을 개시했다. 시가전이 시작되어 총격이 오갔다. 밀로셰비치의 경호원들이 두 번에 걸친 공격을 막아내자 정부는 인질구출작전에 투입되는 정예부대를 투입했다.

정예부대가 저택을 포위하자 밀로셰비치가 체포되었다는 소문이 퍼져 나갔고 국민들은 크게 동요했다. 옛 시대를 그리워하는 사람들이 저택 앞에 모여 전 대통령에 대한 충성을 외치며 작전을 방해했다.

베오그라드의 열 개 텔레비전 채널과 라디오 방송에서는 이 사건을 일제히 보도했다. 전화벨이 울렸다. 외국에 머물던 마르코도 텔레비전을 통해 전투장면을 보고 있었다.

"엄마, 저 사람들이 하는 말이 사실이에요?"

"그렇단다."

"제 아내와 아들을 잘 돌봐주세요. 사랑해요."

남편이 이대로 죽지는 않으리라고 확신한 그녀는 짐을 챙기기 시작했다. 마리야는 이성을 잃었다. "어디로 가려는 거예요? 항복해서는 안 돼요! 죽는 게 차라리 나아요! 다 같이 죽는 게 낫단 말이에요!" 밀로셰비치는 눈물을 흘리는 두 여자를 돌아다보았다. 결정은 내려졌다. 그는 항복하기로 결심했다. 집 앞에 모인 군중은 마지막 공격을 시도하기로 한 특수부대들에 의해 해산되었다.

4월 1일 새벽 4시, 포위 26시간 만에 집 안으로 침투한 부대원들은 손에 총을 든 밀로셰비치와 마주쳤다. 그는 순순히 체포되었고 미라는 공포에 질린 표정으로 그 장면을 지켜보았다. 마음을 추스른 밀로셰비치는 비옷을 입고 정원으로 나갔으며 미라는 아무 말 없이 그를 따랐다.

아버지가 끌려가던 그 때, 수면제 한 통과 코냑 한 병을 비운 마리야는 권총 세 자루를 들고 상황을 바꾸어보려고 기를 썼다. "내가 다 봤어, 얼굴에 복면을 쓴 자들이었어. 아버지를 해치려고 온 인간 사냥꾼들이었어."[64] 그녀는 공황상태에서 자동차를 향해 총을 쏘며 아버지에게 애원했다. "자살해버려요!' 부대원들이 다치지는 않았다. 마리야는 후에 "너무나 절망한 나머지 허공에 총을 쏘고 싶었을 뿐."이라고 말했다. 특공대원들은 그녀가 엄청난 양의 술을 마신 덕분에 총알이 빗나갔던 것을 다행으로 생각했다. 그들이 현장에서 발견한 것은 무기창고에 다름없었다. 방탄차 세 대, 자동소총 30자루, 수류탄 두 상자, 그리고 여러 대의 권총. 밀로셰비치는 차분했다. "남편은 나에게 입을 맞추고 자동차에 올라탔다. 그는 나에게 도움을 청하지 않았다. 남편은 그런 사람이었다." 자동차 다섯 대로 이루어진 호송행렬이 삼엄한 경비 속에 밀로셰비치를 베오그라드 중앙 교도소로 데리고 갔다. 26시간 동안의 격렬한 저항은 미라의 세계에 종말을 고했다. 패배한 발칸반도의 안티고네는 권력의 비극 속에 유폐되었다.

헤이그로 호송된 밀로셰비치는 무죄를 주장하며 홀로 변론을 준비했다. 남편의 생명이 달린 일이라는 생각에, 미라는 냉정을 유지할 수 없었다. "미라는 격노했다. 자신들이 당한 부당함과 그 일로 조국에 미칠 결과에 대해 분노를 감추지 못했다. 조국을 지킨 사람들이 배반자로 취급받는 반면 범죄자들과 변절자들은 찬양을 받는 현실을 개탄했다."[65] 류비자 리스티치는 이렇게 말했다. 그녀는 '그들'이 남편을 단죄할 증거가 없는데도 불구하고 그를 죽일까 봐 전전긍긍했다. 미라의 여권은 압수되었고 남편에 대한 면회도 거부되었다.[66] '발칸의 안티고네' 는 혼자 러시아로 몸을 피했다. "밀로셰비치가 그녀의 행방을 아는지 모르는지는 알 수 없었다." 밀로셰비치와 자주 통화하는 리스티치는 이렇게 전했다.

헤이그 감옥에 갇힌 지 5년, 낙담한 채로 하루 종일 침대에 누워 프랭크 시나트라의 노래를 듣던 그가 인권 재판을 앞두고 심장마비로 사망했다. 미라와 슬로보단은 탈출 계획도 미래의 계획도 세우지 못했다. 부부가 함께 하지 못하는 삶, 조국을 떠난 삶은 상상할 수도 없었다. 언젠가, 은퇴 후의 꿈을 묻는 질문에 그녀는 머리에 꽃을 꽂고 남편과 함께 루가노에서 아이스크림을 먹는 모습을 상상한다고 대답했다.[67] 그러나 "사람이 실제로 어느 수준까지 자기 인생을 결정할 수 있을까?" 라는 말을 덧붙였다.

"위대한 남자들의 뒤에는 애인이 있다고들 하지요. 그렇다면 나는 위대한 지도자가 될 수 없다는 이야기로군요." 어느 날 밀로셰비치는 미국의 발칸 특파원 리처드 홀부르크에게 이렇게 말했다. 평범한 남자로서의 고백에 한 여자에 대한 변함없는 사랑이 그대로 나타나 있었다. 슬로보단 밀로셰비치와 미라 마르코비치는 한 존재처럼 살아왔다. 남편이 곁에 없는 미라는 상상이 불가능했다. 묘지를 혐오하는 그녀는 슬로보단에게 마지막 인사를 하는 자리에 참석할 수 없었다. 그렇지만 유일한 동반자였던 그가 안식할 자리만큼은 직접 선택해 주었다. 밀로셰비치는 두 사람이 영원한 사랑을 약속했던 고향 포자레바크의 보리수나무 아래에 묻혔다. 장례식날, 모습을 드러내지 않은 미라는 찢어지는 가슴을 안고 지인에게 메모를 전하며 낭독을 부탁했다. "나는 보리수나무 아래에서 당신을 오랫동안 기다리곤 했지. 이제 당신이 그곳에서 나를 기다릴 차례야."[68]

참고문헌

1. 피델 카스트로, 쿠바의 반항아

1. 세르주 라피, 『카스트로 인피델』, 파야드, 2003. Serge Raffy, *Castro l'infidèle*, Paris, Fayard, 2003.

2. 후아니타 카스트로, 『나의 오빠 피델과 라울, 비밀 이야기』, 플롱, 2011. Juanita Castro, *Fidel et Raúl, mes frères. L'histoire secrète*, Paris, Plon, 2011.

3. 앤 루이즈 바르다크, 『쿠바 컨피덴셜 : 마이애미와 아바나의 사랑과 복수』, 빈티지 북스, 2003. 맥스 레스니크, 앤 루이즈 바르다크와의 인터뷰. Ann Louise Bardach, *Cuba Confidential : Love and Vengeance in Miami and Havana*, New York, Vintage Books, 2003. Max Lesnik, Ann Louise Bardach.

4. 앤 루이즈 바르다크, 『쿠바 컨피덴셜』 중 잭 스켈리, op. cit. Jack Skelly.

5. 카를로스 프랑키, 『피델 카스트로라는 남자의 삶, 사랑, 그리고 파멸』, 벨퐁, 1989. 카를로스 프랑키와의 인터뷰. Carlos Franqui, *Vie, aventures et désastres d'un certain Fidel Castro*, Paris, Belfond, 1989.

6. 라파엘 디아즈 발라르트, 『쿠바 컨피덴셜』 중 인터뷰, op. cit. Rafael Diaz Balart.

7. 바바라 워커 고든 인터뷰, Ibid. Barbara Walker Gordon.

8. Ibid.

9. 카를로스 프랑키, 『피델 카스트로라는 남자의 삶, 사랑, 그리고 파멸』, op. cit.

10. 쿠파 컨피덴셜 중 펠리페 미라발 중위, 베인 부대장, op. cit. Lieutenant Felipe Mirabal. Bane.

11. 카를로스 프랑키, 『피델 카스트로라는 남자의 삶, 사랑, 그리고 파멸』, op. cit.

12. 맥스 레스니크의 회상, 『쿠바 컨피덴셜』 중, op. cit.

13. 후아니타 카스트로, 『나의 오빠 피델과 라울, 비밀 이야기』, op. cit.

14. 마르타 프레이드, 『들어봐, 피델』, 드노엘, 1978. Martha Frayde, *Ecoute, Fidel,*

Paris, Denoël, 1987.

15. 마르타 프레이드, Ibid.

16. 태드 줄크와의 인터뷰, 1985년 4월 24일, 마이애미 대학교 도서관 쿠바 유산 전집. Tad Szulc, Cuban Heritage Collection of the University of Miami Libraries.

17. 바바라 워커 고든, 『쿠바 컨피덴셜』을 위한 인터뷰, op. cit.

18. 벳시 맥린, 『아이데 산타마리아, 저항의 일생』, 요션 프레스, 2003. Betsy Maclean, *Haydée Santamaria, Rebel Lives*, New York, Ocean Press, 2003.

19. 태드 줄크와의 인터뷰, 1985년 5월 2일, op. cit.

20. 안토니오 라파엘 드 라 코바, 『몬카다 습격 : 쿠바 혁명의 탄생』, 사우스 캐롤라이나 대학교 출판부, 2007, 중 멜바 에르난데스, 「그란마 호에서의 72시간」. Melba Hernandez, "Setenta y dos horas, Granma", Antonio Rafael De la Cova, *The Moncada Attack : Birth of the Cuban Revolution*, Columbia, University of South Carolina Press, 2007.

21. 피델 카스트로, 『역사가 나에게 무죄를 선고할 것이다』, 1953년 10월 10일 재판 변론, 프랑스어 본, 1953년 10월 16일 산티아고 특별법정 변호 연설문. 쿠바 아바나 국립출판, s.d.

22. 벳시 맥린, 「몬카다의 개인적인 이야기」, 『아이데 산타마리아, 저항의 일생』, op.cit.

23. 안토니오 라파엘 드 라 코바, 『몬카다 습격 : 쿠바 혁명의 탄생』, op. cit.

24. 후아니타 카스트로, 『나의 오빠 피델과 라울, 비밀 이야기』, op. cit.

25. 웬디 김벨, 『아바나의 꿈 : 어느 쿠바 가족의 이야기』, 크노프 더블데이 퍼블리싱 그룹, 1999. Wendy Gimbel, *Havana Dreams : A Story of a Cuban Family*, Knopf Doubleday Publishing Group, 1999.

26. 알리나 페르난데스, 『나의 아버지 피델. 카스트로의 딸 알리나의 고백』, 플롱, 1998. Alina Fernández, *Fidel, mon père. Confessions de la fille de Castro*, Paris, Plon, 1998.

27. 페르난도 가르치, 나티 레부엘타와의 인터뷰, 라 아바나, 2009년 2월 2일. La Havane.

28. 「사랑의 편지」, 피노스 섬의 감옥에서 쓴 편지들, ABC 컬처럴 제277호, 마드리드, 1997년 2월 21일. "Cartas de amor", ABC cultural, n°277.

29. Ibid.

30. 잭 스켈리의 회상, 『쿠바 컨피덴셜』, op. cit.

31. 조셉 하트, 『체 : 혁명가의 삶, 죽음, 그리고 그 이후』 중에서 미르나 토레스의 회상, 선더스 마우스 프레스, 2003. Joseph Hart, *Che : Life, Death, and Afterlife of a*

Revolutionary, Myrna Torres, New York, Thunder's Mouth Press, 2003.

32. 에르네스토 게바라, 『다시 길 위로 : 라틴 아메리카 여행일기』(체의 개인 문헌고) 중에서 미르나 토레스와의 우정에 관한 부분, 더 하빌 프레스, 2001. Ernesto Guevara, *Back on the Road: A Journey to Latin America*, London, The Harvill Press, 2001.

33. 힐다 가데아, 『체와 함께한 나의 인생』, 더블데이&컴퍼니, 1972. Hilda Gadea, *My Life with Che*, New York, Doubleday&Company, 1972.

34. 피에르 바이시에르, 『피델 카스트로, 영원한 저항자』, 파이요, 2011. Pierre Vayssière, *Fidel Castro, l'éternel révolté*, Paris, Payot, 2011.

35. 후아니타 카스트로, 『나의 오빠 피델과 라울, 비밀 이야기』, op. cit.

36. 페르난도 가르치, 나티 레부엘타와의 인터뷰, 라 아바나, 2009년 2월 2일.

37. 잭 스켈리의 기사, 「피델은 어떻게 미르타로부터 피델리토를 빼앗아 왔는가」, 인사이트 언 더 뉴스. Jack Skelly, Insight on the News, 2000년 2월 14일.

38. 테레사 카수소, 『쿠바와 카스트로』, 랜덤하우스, 1961. Teresa Casuso, *Cuba and Castro*, New York, Random House, 1961.

39. 조셉 하트, 『체 : 혁명가의 삶, 죽음, 그리고 그 이후』 중에서 미르나 토레스의 회상, 미르나 토레스, 『에르네스토 체 게바라 회고록』, op. cit.

40. 후아니타 카스트로, 『나의 오빠 피델과 라울, 비밀 이야기』, op. cit.

41. 리처드 하니, 존 반 후텐 디펠, 『셀리아 산체스 : 쿠바 혁명 정신의 전설』, 알고라 퍼블리싱, 2005. Richard Haney, John Van Houten Dippel, *Celia Sánchez : The Legend of Cuba's Revolutionary Heart*, New York, Algora Publishing, 2005.

42. 셀리아 산체스가 노라 피터스에게 보낸 편지, Ibid.

43. 익명, 『쿠바 컨피덴셜』을 위한 인터뷰, op. cit.

44. 카를로스 프랑키, 『피델 카스트로라는 남자의 삶, 사랑, 그리고 파멸』, op. cit.

45. 「한 미국인 어머니의 무서운 이야기」, 『쿠바 컨피덴셜』, 1960년 5월, p.18.

46. 마리타 로렌츠와 윌프리드 휘스먼, 『소중한 피델』, 락쉬펠, 2001. Marita Lorenz, Wilfried Huismann, *Cher Fidel*, Paris, L'Archipel, 2001.

47. 저자와의 인터뷰, 2011년 11월.

48. 리 서버, 『아바 가드너 : 사랑은 아무것도 아니다』 중 베티 시크레 참조, 세인트 마틴스 프레스, 2006. Lee Server, *Ava Gardner : Love is Nothing*, Betty Sicre, New York, St. Martin's Press, 2006.

49. 마리타 로렌츠, 테드 슈왈츠, 『마리타 : 한 여인의 놀라운 사랑과 첩보 이야기, 카스트로에서 케네디까지』, 선더스 마우스 프레스, 1993. Marita Lorenz, Ted Schwarz,

Marita : One Woman's Extraordinary Tale of Love and Espionage from Castro to Kennedy, New York, Thunder's Mouth Press, 1993.

50. 작가와의 인터뷰.

51. 실바나 팜파니니,『놀랍도록 품위 있는』, 그레메스 출판, 2004. Silvana Pampanini, *Scandalosamente perbene*, Rome, Gremese Editore, 2004.

52. 작가와의 인터뷰.

53. 게이톤 폰지(미국 상원 조사위원회 최고 조사관),『마지막 수사』, 선더스 마우스 프레스, 1994. Gaeton Fonzi, *The Last Investigation*, New York, Thunder's Mouth Press, 1994.

54. 폴 메스킬과의 인터뷰, 뉴욕 데일리 뉴스, 1977년 11월 3일. Paul Meskil, New York Daily News.

55. 게이톤 폰지,『마지막 수사』, op. cit.

56. 작가와의 인터뷰.

57. 벳시 맥린,『아이데 산타마리아, 저항의 일생』, op. cit.

58. 셀리아 마리아 하트 산타마리아,「예예의 승리」, 트리콘티넨탈 매거진, 2004. Celia Maria Hart Santamaria, "Yeye's Victory", Tricontinental Magazine, 2004.

59. 셀리아 마리아 하트 산타마리아,「스탈린을 거역한 나비」, 2005년 1월 14일, 셀리아 산체스 만둘레의 사망 25주년 기념. Celia Maria Hart Santamaria, "A butterfly against Stalin".

60. 리처드 하니, 존 반 후텐 디펠,『셀리아 산체스 : 쿠바 혁명 정신의 전설』 중 셀리아 산체스가 노라 피터스에게 보낸 편지, op. cit.

61. 앤 루이즈 바르다크,『쿠바 컨피덴셜』, op. cit.

62. 작가와의 인터뷰, 2011년 11월.

63. 라자로 아센시오의 회상, 앤 루이즈 바르다크와의 인터뷰,『쿠바 컨피덴셜』, op. cit. Lazaro Ascencio.

2. 김정일, 수많은 '기쁨조'를 거느린 위대한 지도자

1. 김옥순,『김정숙 : 항일운동의 영웅』, 조선 외국문종합출판사, 평양, 주체 86년 (1997).

2. 김정숙,『전기』, 탄생 85주년 기념, 주체 91년 (2002년 12월).

3. 김옥순, 『김정숙 : 항일운동의 영웅』, op. cit.

4. 브래들리 K. 마틴, 『아버지 수령님의 따뜻한 보살핌 아래에서 : 북한과 김씨 왕조』, 세인트 마틴스 프레스, 2006. 1940년대 당시 김일성 부부의 지인이었던 리민 여사 인터뷰. Bradley K. Martin, *Under the Loving Care of the Fatherly Leader : North Korea and the Kim Dynasty*, New York, Saint. Martin's Press. 2006.

5. 김일성, 『세기와 더불어』, 제5권, 평양, 조선로동당출판사, 1992/1996.

6. 김일성, 『세기와 더불어』, 제8권, op. cit.

7. 김옥순, 『김정숙 : 항일운동의 영웅』, op. cit.

8. Ibid.

9. 김일성, 『세기와 더불어』, 제5권, op. cit.

10. 『김정일 전기』, 평양, 조선로동당출판사, 주체 94년 (2005).

11. 김일성, 『세기와 더불어』, 제5권, op. cit.

12. 오영진, 『소군정하의 북한 : 하나의 증언』, 부산, 1952.

13. 야스퍼 벡커, 『붉은 체제 : 김정일과 떠오르는 북한의 위협』, 옥스퍼드 대학교 출판부, 2005. Jasper Becker, *Kim Jong Il and the Looming Threat of North Korea*, Oxford University Press, 2005.

14. 김일성, 『세기와 더불어』, 제8권, op. cit.

15. 『김정일 전기』, op. cit.

16. 강명도, 『평양은 망명을 꿈꾼다』, 중앙일보사, 1995.

17. 익명, 브래들리 마틴의 질문에 대답, 브래들리 K. 마틴, 『아버지 수령님의 따뜻한 보살핌 아래에서 : 북한과 김씨 왕조』 중에서, op. cit.

18. 백봉, 『민족의 태양 김일성』, 제3권, 도쿄, 미라이사, 1969-1970.

19. 김정민, 브래들리 마틴 인터뷰, op. cit.

20. 원태손, 브래들리 마틴에게 보낸 편지, op. cit.

21. 루이제 린저, 『또 하나의 조국』, 북한여행기, 피셔 타첸부흐 베를락, 1981. Luise Rinser, Frankfurt, Fischer Taschenbuch Verlag, 1981.

22. 김일성, 『세기와 더불어』, 제2권, op. cit.

23. 김일성, 『세기와 더불어』, 제3권, op. cit.

24. 『북한 전집 : 김정일 총비서』, 미국 국제비즈니스 출판, 2011. *North Korea : General Secretary Kim Jong Il*, USA International Business Publications, Washington, 2011.

25. 김성철, 『김정일 지배하의 북한 : 통합에서 체제적 충돌까지』, 뉴욕주립대학교 출

판부, 2006. *North Korea under Kim Jong Il : from Consolidation to Systemic Dissonance*, Albany, State University of New York Press, 2006.

26. 이모젠 오닐, 「황금새장 : 김정일과 함께 한 삶, 이모젠 오닐이 들려준 이남옥의 이야기」 미출간, 이 증언은 인터넷 www.imogenoneil.com에서 접할 수 있게 될 것이다. Imogen O' Neil, "The Golden Cage : Life with Kim Jong Il, a Daughter' s Story as told to Imogen O' Neil by Li Nam-ok".

27. 이한영, 『대동강 로열패밀리』, 서울, 동아일보사, 1996. 김정일의 처조카 이일남의 에세이(한국어), 책이 출간된 이듬해 정체 모를 괴한에게 살해당했다. 하서린이 작가를 위해 불어로 번역. 번역가 하서린의 노력과 인내와 재능 덕분에 작가는 책에 언급한 체제의 측근들에 대한 정보를 얻을 수 있었다.

28. 『등나무집』, 성혜랑 자서전, 서울, 지식나라, 2000. 하서린이 불어로 번역. 절판. 한국 내 도서관에서 대출 가능.

29. 재능 있는 공동저자 이모젠 오닐의 배려로 열람 가능했던 에세이.

30. 『등나무집』, 성혜랑 자서전, op. cit.

31. 김영순, 「한국으로 망명」, 남한 연합뉴스에 고백한 내용, 2009년 8월.

32. 이영국, 『나는 김정일 경호원이었다』, 서울, 시대정신, 2002. 작가를 위해 하서린이 번역.

33. 이한영, 『대동강 로열패밀리』, op. cit.

34. 『등나무집』, 성혜랑 자서전, op. cit.

35. 이영국, 『나는 김정일 경호원이었다』, op. cit.

36. 김영호, 「북한 외교정책에서 : 안전의 딜레마와 세습」, 렉싱턴 북스, 2001. Yongho Kim, *In North Korean Foreign Policy : Security Dilemma and Succession*, Lexington Books, 2001.

37. 이한영, 『대동강 로열패밀리』, op. cit.

38. 손광주, 『김정일 리포트』, 서울, 바다출판사, 2003. 임재천이 불어로 번역.

39. 『황장엽 에세이』, 서울, 시대정신, 2006.

40. 이한영, 『대동강 로열패밀리』, op. cit.

41. 김영숙, 김정일의 마지막 부인.

42. 황장엽, 『인간중심 철학의 몇 가지 문제』, 서울, 시대정신, 2000.

43. 최은희, 신상옥, 『내레 김정일입네다』, 서울, 행림출판사, 1994. 하서린이 작가를 위해 불어로 번역.

44. Ibid.

45. 『등나무집』, 성혜랑 자서전, op. cit.

46. 신영희, 『진달래꽃 필 때까지』, 서울, 문예당, 1996. 하서린이 작가를 위해 불어로 번역.

47. 아사히 신문 고기타 기요히토 앞으로 익명의 누군가가 보낸 증언, 2010년 12월 1일.

48. 후지모토 겐지, 『김정일의 요리사 : 친애하는 지도자 동지의 요리사가 전하는 진실』, 일본, 2003. 하서린이 작가를 위해 불어로 번역. (국내에서는 월간조선사에서 출간-역주)

49. 김영순, 앞과 동일, 2009년 8월 9일 더 선데이 타임스에 게재.

50. 켄 E. 가우스, 『김정일 통치하의 북한 : 권력, 정치, 그리고 변화의 전망』, ABC-클리오, 2011. Ken E. Gause, *Korea under Kim Jong Il : Power, Politics, and Prospect for Change*, ABC-CLIO, 2011.

51. "우리는 위대한 수령 김정일 동지께서 이끄시는 혁명의 드높은 과업을 죽을 때까지 지켜갈 것입니다."

52. 후지모토 겐지, 『김정일의 요리사』, op. cit.

53. 신영희, 『진달래꽃 필 때까지』, op. cit.

54. 후지모토 겐지, 『김정일의 요리사』, op. cit.

55. 이한영, 『대동강 로열패밀리』, op. cit.

56. 신영희, 『진달래꽃 필 때까지』, op. cit.

57. 매들린 코벨 올브라이트, 윌리엄 우드워드, 『매들린 올브라이트(마담 세크레터리)』, 미라맥스 북스, 2005. Madeleine Korbel Albright, William Woodward, *Madam Secretary : a Memoir*, Miramax Books, 2005. (국내 번역본 황금가지 2003년 출간-역주)

58. 북한 전 통일전선부 소속, 탈북시인 장진성, 『김정일의 마지막 여자』, 서울, 강남지성사, 2009. 하서린이 작가를 위해 불어로 번역.

59. 신영희, 『진달래꽃 필 때까지』, op. cit.

60. 콘스탄틴 풀리코브스키, 『동방특급열차 : 김정일과 함께한 24일간의 러시아 여행』, 2002. 이바나 듀셴이 작가를 위해 러시아에서 불어로 번역. Konstantin Poulikovski, *L'Orient Express*, Moscow, 2002. Yvana Duchêne.

61. 장진성, 『김정일의 마지막 여자』, op. cit.

62. 김정일의 네 번째 부인에 관한 진실, 신동아, 2006년 9월 1일.

63. 「김정일의 배우자, 북한의 중심인물」, 연합프레스 칼리 피테치, 로버트 시베이(뉴욕), 진 H. 이(서울), 2008년 9월 18일. "Kim's consort, a key player in North Korea",

Carley Petesch, Robert Seavey, Jean H. Lee.

3. 사담 후세인, 이라크의 카사노바

1. 알라 바쉬르, 『사담의 의사』, J.-C. 라테, 2004. Ala Bashir, *Le Médecin de Saddam*, Paris, J.-C. Lattès, 2004.

2. 칼릴 알 둘라이미, 『사담, 죽음의 비밀』, 상드 출판, 2010. Khalil al-Dulaimi, *Saddam, les secrets d'une mise à mort*, Paris, éditions Sand, 2010.

3. 하이담 라쉬드 위하입, 『사담의 그늘 안에서』, 미셸 라퐁, 2004. Haitham Rashid Wihaib, *Dans l'ombre de Saddam*, Paris, Michel Lafon, 2004.

4. 자이납 살비, 로리에 벡룬드, 『두 세계 사이에서 : 압제와 사담의 그늘 속에서 자란 소녀의 탈출기』 중 알리아 살비의 증언, 고담 북스, 2005. Zainab Salbi, Laurie Becklund, *Between two Worlds : Escape from Tyranny, Growing up in the Shadow of Saddam*, New York, Gotham Books, 2005.

5. 이 운동은 당시 이라크에 망명했던 예루살렘의 대 교전이론가 무하마드 아민 알 후세이니의 지지를 받았고, 이후 그는 독일로 가서 히틀러에게 프랑스와 영국의 지배하에 있던 아랍 국가들의 독립을 알렸다.

6. 무하마드 알 자비리의 아내 셀마 마손이 전한 남편의 회상, 작가와의 인터뷰, 2011년 3월. Mohamed al-Jabiri.

7. 아미르 이스칸데르의 대단히 공식적인 전기, 『사담 후세인, 전사, 사색가, 그리고 인간』, 아셰트, 1980. Amir Iskander, *Saddam Hussein, le militant, le penseur et l'homme*, Paris, Hachette, 1980.

8. 시리아의 반체제 인사이자 바트당 측근인 아흐메드 알 사바, 작가와의 인터뷰 2011년 5월. Ahmed al-Sabah.

9. 압델 카림 샤이크할리, 『망명한 반체제 인사들의 지도자, 사담 후세인, 복수의 정치』, 블룸스베리 퍼블리싱, 2000. Abdel Karim Shaikhally, *Saddam Hussein, the Politics of Revenge*, London, Bloomsbury Publishing, 2000.

10. 알라 바쉬르, 『사담의 의사』, op. cit.

11. 무하마드 알 자비리의 아내 셀마 마손이 전한 남편의 회상, 작가와의 인터뷰, 2011년 3월.

12. 작가와의 인터뷰, 2011년 3월.

13. 자이납 살비, 로리에 벡룬드, 『두 세계 사이에서 : 압제와 사담의 그늘 속에서 자란 소녀의 탈출기』 중 알리아 살비의 증언, op. cit.

14. 1971년 4월 17일 제3회 이라크 여성 총연합회의 연설문.

15. 버나드 A. 쿡, 『여성과 전쟁 : 고대에서 현재까지 역사백과사전』, 제1권, ABC 클리오, 2006. Bernard A. Cook, *Women and War : A Historical Encyclopedia from Antiquity to the Present*, vol. 1, ABC-CLIO, 2006.

16. 시리아의 반체제 인사이자 바트당 측근인 아흐메드 알 사바, 작가와의 인터뷰.

17. 아슈티 마르벤, 『독재자의 그늘 속에서 : 이라크에서의 나의 삶』, 울슈타인, 2003. Ashti Marben, *Im Schatten des Diktators : mein Leben im Irak*, Berlin, Ullstein, 2003.

18. 사이드 아부리시, 『사담 후세인의 진정한 모습』, 생 시몽, 2003. Said Aburish, *Le Vrai Saddam Hussein*, Paris, Saint-Simon, 2003.

19. 작가와의 인터뷰. 좀더 자세한 정보를 원한다면 미셸 맥도널드, 『사담의 키스』, 발랑, 2010 참조. Michelle McDonald, *Le Baiser de Saddam*, Paris, Balland, 2010.

20. 작가와의 인터뷰.

21. 작가와의 인터뷰.

22. 사담이 알라 바쉬르에게 했던 말, 작가와의 인터뷰.

23. 시리아의 반체제 인사이자 바트당 측근인 아흐메드 알 사바, 아내 아부 후다 알 코베이시와 작가와의 인터뷰. Huda al-Kobeissi.

24. 작가와의 인터뷰.

25. 작가와의 인터뷰, 2011년 3월.

26. 알라 바쉬르, 『사담의 의사』, op. cit.

27. 알 코르크 알 나무타지야 학교. al-khorkh al-Namouthajiya.

28. 라티프 야히아, 『칼 웬들, 나는 사담의 '아들'이었다』, 아케이드 퍼블리싱, 1994. Latif Yahia, Karl Wendl, *I Was Saddam's Son*, New York, Arcade Publishing, 1994.

29. 하산 오마르 엘 알리, 현재 반대파 지도자. Hassan Omar el-Ali.

30. 알라 바쉬르, 『사담의 의사』, op. cit.

31. 사이드 아부리시, 『사담 후세인의 진정한 모습』 중에서 아흐메드 알라위, op. cit. Ahmed Allawi.

32. Ibid.

33. 사상가, 바트당 공동창설자 미셸 아프락의 아들 이야드 아프락과 작가와의 인터뷰. Michel Aflak, Iyad Aflak.

34. 아바스 알 자나비, 알 하야트, 1998년 10월 18일. Abbas Al-Janabi, Al-Hayat.

35. 알 하야트 신문 인터뷰, 2003년 6월 1일. 우아실라 아이사가 작가를 위해 번역. Ouassila Aissa.

36. 알라 바쉬르, 『사담의 의사』, op. cit.

37. 1983년부터 1989년까지 무카바라트 국장을 역임한 파드힐 바락. Fadhil Barak.

38. 알라 바쉬르, 『사담의 의사』, op. cit.

39. 이야드 아프락과 작가와의 인터뷰.

40. 사이드 아부리시, 『사담 후세인의 진정한 모습』. op. cit.

41. 자이납 살비, 로리에 벡룬드, 『두 세계 사이에서 : 압제와 사담의 그늘 속에서 자란 소녀의 탈출기』, op. cit.

42. 사미라 샤반다르, 선데이 타임스 인터뷰, 2003년 12월 15일. Samira Shahbandar, Sunday Times.

43. 자이납 살비, 로리에 벡룬드, 『두 세계 사이에서 : 압제와 사담의 그늘 속에서 자란 소녀의 탈출기』, op. cit.

44. 아흐메드 사바, 이야드 아프락, 작가와의 인터뷰.

45. 2003년 미군이 발견한 내용, 제7연대 제3전투 A 부대장 크리스 카터의 보고. Chris Carter.

46. 사이드 아부리시, 『사담 후세인의 진정한 모습』, op. cit.

47. 인터뷰, 「나는 누군가의 꼭두각시이고 싶지 않다」, 텔레그라프, 2004년 10월 12일. "I don't want to be anyone's puppet", Telegraf.

48. 「사담의 폭탄제조가 : 이라크 핵무기의 공포……」, 피터 보몽과의 인터뷰 중 사비하의 시누이 아말 알 무다리스의 발언, 더 옵저버, 2004년 6월 13일. "Saddam's bombmaker : the terrifying of the iraki nuclear……", Amal al-Mudarris, Peter Beaumont, The Observer.

49. 그의 동상들은 아직도 후세인의 동상과 함께 훼손되지 않은 채 바그다드의 거리를 장식하고 있다.

50. 라티프 야히아, 칼 웬들, 『나는 사담의 아들이었다』, op. cit.

51. 오프라 벤지오, 『걸프 지역 위기에 대한 사담의 발언』, 텔아비브 대학, 실로아 연구소, 중동 및 아프리카 연구를 위한 모슈 다이얀 센터, 1992. Ofra Bengio, *Saddam Speaks on the Gulf Crisis*, collection of documents, Moshe Dayan Center for Middle Eastern and African Studies, Shiloah Institute, Tel-Aviv University, 1992.

52. 『자비바와 왕』, 질 뮈니에 번역, 로셰 출판, 2003. *Zabiba et le roi*, Gilles Munier, Paris, Editions du Rocher, 2003.

53. 작가와의 인터뷰.

54. 라나 후세인, 할라 자베르와의 인터뷰, 「사담은 나의 아버지였다」, 더 선데이 타임스, 2007년 1월 7일. Rana Hussein, Hala Jaber, "Saddam was my father", The Sunday Times.

55. 파리술라 람소스, 레나 카타리나 스완베르그, 『사담과 나의 인생』, 포럼 복포르라그, 2010. 나탈리아 클레르자우가 러시아어를 번역, 작가와의 인터뷰. Parisoula Lampsos, Lena Katarina Swanberg, *Mitt lev met Saddam*, Forum Bokförlag, Sweden.

56. 작가와의 인터뷰.

57. 미 국방부 통치이사회 위원 리처드 펄, 2003년 9월 23일, 뉴스위크 기사 인용. Richard Perle, Newsweek.

58. 작가와의 인터뷰.

59. 가명으로 스웨덴에 망명 중인 파리술라 람소스의 작가 인터뷰.

60. 작가와의 인터뷰.

61. 로버트 엘리스의 작가 인터뷰. 로버트 엘리스, 마리아나 릴레이, 『빅터를 보살피며』, 리디 프레스, 2009 참조. Robert Ellis, Marianna Riley, *Caring for Victor*, Reedy Press, Saint Louis, 2009.

62. 로버트 엘리스의 배려로 작가가 번역.

63. 칼릴 알 둘라이미, 『사담, 죽음의 비밀』, op. cit.

64. 2011년 5월, 로버트 엘리스의 도움을 받은 작가와의 인터뷰.

65. 베이루트에서 선데이 타임스 인터뷰.

66. 칼릴 알 둘라이미, 『사담, 죽음의 비밀』, op. cit.

67. 지도자 아흐메드 아세딕이 전함. Ahmed Assedik.

4. 오사마 빈 라덴, 아내들의 전쟁과 평화

1. 말리카 엘 아루드, 『빛의 전사들』, 라 랑테른느 출판, 2004. Malika el-Aroud, *Les Soldats de lumière*, Paris, éditions La Lanterne, 2004.

2. 제니 그로엔, 아니케 크라넨버그, 로버트 네이번, 『알라를 위한 여전사들, 네덜란드의 이슬람주의자 네트워크』, 펜실베니아 대학교 출판부, 2010. Janny Groen, Annieke Kranenberg, Robert Naborn, *Women Warriors for Allah, an Islamist Network in the Netherlands*, Philadelphia, University of Pennsylvania Press, 2010.

3. 압둘 반 데 벤, 「우편폭탄」, 제니 그로엔, 아니케 크라넨버그, 로버트 네이번, 『알라를 위한 여전사들, 네덜란드의 이슬람주의자 네트워크』 중에서. Abdul Van de Ven.

4. 나지와 빈 라덴, 진 세슨, 오마르 빈 라덴, 『빈 라덴으로 자라나기 : 오사마의 아내와 아들이 초대하는 비밀의 세계』, 세인트 마틴스 프레스, 2009. 빈 라덴의 첫 부인의 증언을 직접 들은 유일한 기자, 진 세슨의 작품은 놀라운 내용으로 구성되어 있다. Najwa Ben Laden, Jean Sasson, Omar Ben Laden, *Growing up Bin Laden : Osama's Wife and Son Take Us Inside Their Secret World*, New York, St. Martin's Press, 2009.

5. 솔리만 가넴, 2001년 11월 15일, 프랑스 보도국. Soliman Ghanem.

6. 조 애쉬커 인터뷰, 스티브 콜, 『빈 라덴 가족 : 아메리카 시대의 아라비아 가족』, 펭귄, 2006 중에서. Joe Ashkar, Steve Coll, *The Bin Ladens : an Arabian Family in the American Century*, New York, Penguin, 2006.

7. Ibid.

8. CNN의 데이빗 엔서가 오사마의 이복형제 아흐메드 알 아타를 인터뷰, 2002년 3월 19일. David Ensor, Ahmed al-Atta.

9. 할레드 바타르피, 「오사마 빈 라덴 어머니와의 인터뷰」, 더 메일 온 선데이, 2001년 12월 23일. Khaled Batarfi, The Mail on Sunday.

10. 술레이만 알 카텝과의 인터뷰, 2001년 11월 15일, 프랑스 보도국. Suleiman Al-Kateb.

11. 알-아흐람, 카이로, 2001년 11월 28일. Al-Ahram.

12. 알-카바스에 실린 솔리만 가넴의 회상, 2001년 11월 14일. Al-Qabas, Soliman Ghanem.

13. 스티브 콜, 『빈 라덴 가족 : 아메리카 시대의 아라비아 가족』, op. cit.

14. 마이클 슬랙맨, 「빈 라덴 친족들의 기다림 & 근심」, LA 타임스, 2001년 11월 13일. Michael Slackman, "Bin Laden Kin Wait & Worry", LA Times.

15. 카르멘 빈 라덴, 『찢어진 베일』, 미셸 라퐁, 2004. Carmen Ben Laden, *Le Voile déchiré*, Paris, Michel Lafon, 2004.

16. Ibid.

17. 인터뷰, 「그 누구의 섬도 아닌」, 알-아흐람, 카이로, 2001년 11월 28일. "No man's an island".

18. 피터 L. 버겐, 『내가 아는 오사마 빈 라덴』, 프리 프레스, 2006. Peter L. Bergen, *The Osama Bin Laden I Know*, New York, Free Press, 2006.

19. 로렌스 라이트, 『떠오르는 타워 : 알카에다와 9 · 11로 가는 길』, 크노프, 2006.

Lawrence Wright, *Looming Tower : al-Qaeda and the Road to 9/11*, New York, Knopf, 2006.

20. 할레드 바타르피, 토머스 R. 모카이티스, 『오사마 빈 라덴 : 전기』, ABC 클리오, 2009 중에서. Khaled Batarfi, Thomas R. Mockaitis, *Osama Bin Laden : A Biography*, ABC-CLIO, 2009.

21. 오사마 빈 라덴의 성명, 2004년 12월 16일.

22. 피터 L. 버겐, 『빈 라덴, 알 수 없는 사람』, 미셸 라퐁, 2006. Peter L. Bergen, *Ben Laden, l'insaisissable*, Paris, Michel Lafon, 2006.

23. 마이클 슬랙맨, 「빈 라덴 친족들의 기다림 & 근심」, art. cit.

24. 자말 할리파, 로렌스 라이트와의 인터뷰, 『떠오르는 타워 : 알카에다와 9 · 11로 가는 길』 중에서, op. cit. Jamal Khalifah.

25. 아흐메드 하드의 아내 마하 엘 삼네, 로렌스 라이트와의 인터뷰, 『떠오르는 타워 : 알카에다와 9 · 11로 가는 길』 중에서, op. cit.

26. 압둘라 아잠, 『로프티 산』, 아잠 출판, 2003. Abdullah Azzam, *The Lofty Mountain*, London, Azzam Publications, 2003.

27. 빈 라덴의 정신적 스승의 아내, 움 무하마드와의 인터뷰, 나힐 샤루리, 아샤칼-아우사트, 2006년 4월 30일. Umm Muhammed, Naheel Sharhuri, Arshaqal-Awsat.

28. 에삼 데라즈, 「알 자와히리, 알카에다의 전략가」 중에서, 쿠리에 엥테르나시오날, 2002년 12월 26일. Essam Deraz, "Al-Zawahiri, le stratège d'al-Qaida", Courrier international.

29. Ibid.

30. 샤나 로스톰, 「알 자와히리의 최근 희생자들」, 아크허 사, 2001년 12월 12일, Chanaa Rostom, "Al-Zawahiri's latest victims", Akher Sa'a.

31. 압둘 아나스, 피터 베르겐과의 인터뷰, 피터 L. 버겐, 『빈 라덴, 알 수 없는 사람』 중에서, op. cit.

32. 할리드 알 하마디, 「알 카에다의 내부 이야기」 3부, 알 쿠즈 알 아라비, 2005년 3월 22일. Khalid Al-Hammadi, "The inside story of al-Qa'ida", part3, Al-Quds al-Arabi.

33. 나세르 알 바흐리, 조르쥬 말브루노, 『빈 라덴의 그림자 안에서 : 회개한 그의 경호원의 폭로』, 미셸 라퐁, 2010. Nasser al-Bahri, Georges Malbrunot, *Dans l'ombre de Ben Laden : révélations de son garde du corps repenti*, Paris, Michel Lafon, 2010.

34. 샘 딜리와의 인터뷰, 2005년 7월. Sam Dealey.

35. 「빈 라덴의 처남이 말한다」, 닉 로버트슨, 헨리 슈스터, CNN, 2004년 11월 24일.

Nic Robertson, Henri Schuster.

36. 2011년 10월 바시르 알 모할레의 중재로 작가를 위한 인터뷰가 진행되었다. 예멘 전쟁 중이라, 작가가 빈 라덴의 측근들을 만나기는 불가능했다. 바시르 알 모할레의 인내가 아니었다면 이러한 증언을 확보할 수 없었을 것이다. Bachir al-Mohalleh.

37. 타이시르 알루니의 오사마 빈 라덴 인터뷰, 알 자지라, 2001년 10월. Taysir Aluni, Al Jazeera.

38. 피터 버겐의 할레드 바타르피 인터뷰, 피터 L. 버겐, 『빈 라덴, 알 수 없는 사람』, op. cit.

39. 할리드 미르가 전함, 피터 버겐의 인터뷰, ibid.

40. 로버트 피스크, 「사우디 반란자가 위험한 추방 중에 찾은 작은 위안」, 더 인디펜던트, 1996년.7월 11일. Robert Fisk, "Small comfort in Saudi rebel's dangerous exile", The Independant.

41. 「아프가니스탄 입국 때부터 탈레반과 함께 떠날 때까지, 아랍 아프가니스탄 사람들의 이야기」, 3부, 알-샤르크, 알-아후자트, 2004년 12월 10일. "The story of the Arab Afghans from the time of arrival in Afghanistan until their departure with the talibans", Al-Sharq, al-Ahuzat.

42. 마하 엘 삼나, 자이납 하드르 인터뷰, 2004년 2월 22일, PBS.com. Maha el-Samna, Zaynab Khadr.

43. 미셸 셰퍼드, 『관타나모의 아이 : 오마르 하드르의 알려지지 않은 이야기』, 존 윌리&선즈(캐나다), 2008. Michelle Schephard, *Guantanamo's Child : the Untold Story of Omar Khadr*, John Wiley&Sons(Canada), 2008.

44. 로렌스 라이트의 마하 엘 삼나 인터뷰, 로렌스 라이트, 『떠오르는 타워 : 알카에다와 9·11로 가는 길』 중에서, op. cit.

45. 압델 바리 아트완 인터뷰, 피터 L. 버겐, 『빈 라덴, 알 수 없는 사람』, op. cit.

46. 나세르 알 바흐리, 조르쥬 말브루노, 『빈 라덴의 그림자 안에서 : 회개한 그의 경호원의 폭로』, op. cit.

47. 바시르 알 모할레의 도움으로 작가가 단독 입수한 회상 내용.

48. 작가가 단독으로 입수한 회상 내용.

49. 샐리 네이버, 『무하마드의 어머니 : 한 호주 여성의 놀라운 지하드 여행』, 멜버른 대학교 출판부, 2010. Salley Neighbour, *The Mother of Mohammed : An Australian Woman's Extraordinary Journey into Jihad*, Melbourne University Press, 2010.

50. 작가가 단독으로 입수한 회상 내용.

51. 바시르 알 모할레의 도움으로 작가가 단독 입수한 회상 내용, 2011년 11월.

52. 톰 핀의 인터뷰, 더 가디언, 2011년 5월 11일. Tom Finn, The Guardian.

53. 세이크 부인의 회상, 바시르 알 모할레의 도움으로 작가가 단독 입수한 내용, 2011년 11월.

54. 할리드 알 하마디, 알카에다의 내부 이야기, 6부, 2005년 3월 24일.

55. 왈리드 하셈 압델 파타 알 사하 인터뷰, 데일리 메일 리포터, 2011년 5월 12일. Waleed Hashem, Abdel Fatah al-Sadah, Daily Mail Reporter.

56. 아말 알 사다 인터뷰, 알 마자라 2002년 3월 15일에 게재. Amal al-Sadah, Al-Majalah.

57. 브래드 K. 베르너, 『지하드 : 빈 라덴 어록 : 선언』, 인터뷰, 연설, 피코크 북스, 2007. Brad K. Berner, *Jihad : Bin Laden in his Own Words : Declarations*, Interviews and Speeches, New Delhi, Peacock Books, 2007.

5. 호메이니, 이란의 완고한 낭만주의자

1. 아미르 타헤리, 『알라의 정신 : 호메이니와 이슬람 혁명』, 베데스다, 앨더&앨더, 1986. Amir Taheri, *The Spirit of Allah : Khomeini and the Islamic Revolution*, Bethesda, Alder&Alder, 1986.

2. 카디제 사카피의 증언, 네다 지 제3권. 1993 (페르시아어). Khadije Saqafi, Neda vol. III.

3. 타라 바람푸르, 『다시 보기 : 이란과 미국에서의 삶』, 파라르, 스트라우스 & 지루, 1999. 숙모 암준의 증언. Tara Bahrampour, *To see and See Again : a Life in Iran and Amerca*, New York, Farrar, Straus and Giroux, Ammejun.

4. 1979년 이란 외무부 장관을 역임한 아흐마드 살라마티안을 작가가 인터뷰. Ahmad Salamatian.

5. 바커 모인, 『호메이니 : 아야톨라의 일생』, I.B. 타우리스, 1999. Baqer Moin, *Khomeini : Life of the Ayatollah*, New York, I.B. Tauris, 1999.

6. 제8대 이맘의 묘소.

7. 카디제 사카피의 생년월일은 정확하게 알려져 있지 않다. 일부 자료에 의하면 그녀는 1913부터 1916년 사이에 태어났다고 한다. 카디제의 사망소식을 알리던 당시, 이란 공식 기구는 그녀가 1916년생이라고 밝혔다. 즉, 15세에 결혼을 했다는 추정이 가능하

다.

8. 무하마드 헤이칼, 『이란, 알려지지 않은 이야기』, 판테온 북스, 1982. Mohamed Heikal, *Iran, The Untold Story*, New York, Pantheon Books, 1982.

9. 가족 일원이 전한 카디제의 인터뷰. (imam-khomeini.org 참조)

10. 호메이니의 이란 귀환 15주년을 기념하여 레살라 지에서 진행한 카디제의 인터뷰, 1994년 2월 1일(페르시아어). Resalat.

11. 작가 인터뷰, 런던, 2011년 6월.

12. 아미르 타헤리, 『알라의 정신 : 호메이니와 이슬람 혁명』, op. cit.

13. 『이맘 호메이니 : 완전한 사람』, 성도 콤, 2005년 7월, S. 메랄리, M. 라자 번역, *Imam Khomeini : The Complete Man*, Qom, S. Merali, M. Raza.

14. 카디제 사카피, 네다 지 인터뷰, op. cit.

15. 메흐디 하이리, 타임 지 인터뷰, 1979년 7월 16일. Mehdi Ha'iri, Time.

16. 아들 모스타파 사망 후 7일째 되던 날을 기리며, 나자프, 이라크. Nadjaf, Irak.

17. 브루스 마즈리쉬, 「숨겨진 호메이니」, 뉴욕 매거진, 1979년 12월 24일. Bruce Mazlish, "The Hidden Khomeini", New York Magazine.

18. 루홀라 호메이니, 『이슬람 정부를 위하여』, 파욜, 1979. Ruhollah Khomeini, *Pour un gouvernement islamique*, Paris, Fayolle, 1979.

19. 『이맘 호메이니 : 완전한 사람』, op. cit. 아야톨라 바니 파드히가 들려준 일화.

20. 제랄딘 브룩스, 『욕망에 관한 아홉 개의 장, 이슬람 여성들의 숨겨진 세계』, 앵커, 1995 (국내 번역서 제목 : 『이슬람 여성의 숨겨진 욕망』). Geraldine Brooks, *Nine Parts of Desire, The Hidden World of Islamic Women*, New York, Anchor, 1995.

21. 『이맘 알 부하리의 사히흐 전집』, 하디스 제62호. *Sahih Al-Bukhari*, Hadith, n°62.

22. 엘레인 시롤리노, 『페르시아의 거울 : 찾기 힘든 이란의 얼굴』, 더 프리 프레스, 2001. Elaine Sciolino, *Persian Mirrors : The Elusive Face of Iran*, New York, The Free Press, 2001.

23. 무하메드 헤이칼, 『이란, 알려지지 않은 이야기』, op. cit.

24. 파흐랑 라자에, 『이슬람주의와 모더니즘 : 이란 내의 변화하는 담론』, 텍사스 대학 출판부, 2007. Fahrang Rajaee, *Islamism and Modernism : The changing Discourse in Iran*, Austin, Texas University Press, 2007.

25. 타바타바이 부인을 아들 아드난 타바타바이와 함께 작가가 인터뷰, 런던, 2011. Mme. Tabatabai, Adnan Tabatabai.

26. 산드라 맥케이, 『이란 사람들 : 페르시아, 이슬람, 그리고 한 국가의 정신』, 펭귄

그룹, 1996. Sandra Mackey, *The Iranians : Persia, Islam and the Soul of a Nation*, New York, Penguin Group, 1996.

27. 아볼 하산 바니 사드르 대통령, 작가와의 인터뷰, 2011년 4월. Abol Hassan Bani Sadr.

28. 『이맘 호메이니 : 완전한 사람』, op. cit. 아티프 에스라기가 들려준 일화. Atife Esraghi.

29. 이맘 호메이니의 편지, 타바타바이 가족이 호메이니의 친서임을 확인.

30. 프랑스의 루르드와 비슷한 이란의 성지.

31. 『이맘 호메이니 : 완전한 사람』, op. cit. 이슬람 푸르카니가 들려준 일화. Islam Fourqani.

32. 델핀 조도가 감독한 다큐멘터리 「이란과 서방세계 : 세계를 바꾼 남자」를 촬영할 당시, 이란 혁명으로 폐위된 왕비 파라 디바를 인터뷰한 내용. *Iran and the West : the Man who Changed the World*, Delphine Jaudeau, Fara Diba.

33. 사담 후세인의 건축가 파우지 샬후브를 작가가 인터뷰, 2011년 3월. Fawzi Chalhoub.

34. 모하제라니와 작가 인터뷰, 런던, 2011. Mohajerani.

35. 자바드 비쉐타브, 『렉시』, 질 베른 출판, 1996. Javad Bishetab, *Rexy*, Paris, Gil Wern Editions, 1996.

36. 테헤란, 1982년 2월 6일.

37. 아미르 타헤리, 『알라의 정신 : 호메이니와 이슬람 혁명』, op. cit.

38. 아볼 하산 바니 사드르 대통령, 작가와의 인터뷰, 2011년 5월.

39. 제라르 보피스, 『호메이니의 볼모들』, 세귀에, 1987. Gérard Beaufils, *Tous otages de Khomeini*, Paris, Séguier, 1987.

40. 바커 모인, 『호메이니 : 아야톨라의 일생』 중 지바 힌디의 이야기, op. cit. Ziba Hindi.

41. 작가와의 인터뷰.

42. 작가가 피루즈 바니 사드르 부인을 전화로 인터뷰, 2011년 11월. Mme. Firouze Bani Sadr.

43. 아흐마드 살라마티안, 작가와의 인터뷰.

44. 캐럴 제롬, 『거울 속의 남자 : 이란의 혁명, 사랑과 배신에 관한 내면의 진실된 이야기』, 언윈 하이먼, 1988. 호메이니의 이란 망명 생활 당시 가깝게 지냈던 사데그 고츠자데그. Carol Jerome, *The Man in the Mirror : A True Inside Story of Revolution, Love* and

Treachery in Iran, Unwin Hyman, 1988. Sadegh Ghotbzadegh.

45. Ibid.

46. 타바타바이 부인을 아들 아드난과 함께 작가가 인터뷰, 런던, 2011.

47. 파르나즈 파시히, 『평범한 날을 기다리며』, 퍼블릭 어페어스, 2008. Farnaz Fassihi, *Waiting for an Ordinary day*, New York, Public Affaires, 2008.

48. 『이맘 호메이니 : 완전한 사람』 중에서 모호센 라피그히두스트의 회상, op. cit.

49. 작가와의 인터뷰.

50. 캐럴 제롬, 『거울 속의 남자 : 이란의 혁명, 사랑과 배신에 관한 내면의 진실된 이야기』, op. cit.

51. 피루즈 바니 사드르 부인과 작가와의 인터뷰, 파리, 2011.

52. 아볼 하산 바니 사드르 대통령의 발언. 하버드대학교 이란 구전 역사 프로젝트 21.05.1984 참조, 지아 세드기 오디오 인터뷰. Zia Sedghi.

53. 아볼 하산 바니 사드르 대통령과 작가와의 인터뷰.

54. 1980년 6월 연설을 내용으로 1981년 바니 사드르 지지자들에 의해 발간된 전단. 아미르 타헤리 번역.

55. 피루즈 바니 사드르 부인과 작가와의 인터뷰, 파리, 2011.

56. 피루즈 바니 사드르 부인에게 한 지인이 한 이야기, 작가 인터뷰, 2011.

57. 엘레인 시롤리노, 『페르시아의 거울 : 찾기 힘든 이란의 얼굴』, op. cit.

58. 제랄딘 브룩스, 『욕망에 관한 아홉 개의 장, 이슬람 여성들의 숨겨진 세계』, op. cit.

59. 『이맘 호메이니 : 완전한 사람』, op. cit.

60. 1980년 2월 10일.

61. 석간통신, 1979년 9월 26일. Corriere della Sera.

62. 이맘 호메이니, 『사히페 에 이맘』, 제7권, p.341, 1979. Imam Khomeiny, *Sahifeh-ye Imam*, vol. 7, p.341, 1979.

63. Ibid.

64. 「호메이니의 아내 카디제 사카피, 93세로 별세」, 뉴욕 타임스, 2009년 3월 23일. The New York Times.

65. 작가와의 인터뷰, 런던, 2011년 6월.

66. 사이드 아부리시, 『사담 후세인의 진정한 모습』, op. cit.

67. 제랄딘 브룩스, 『욕망에 관한 아홉 개의 장, 이슬람 여성들의 숨겨진 세계』, op. cit.

68. 피루즈 바니 사드르 부인과 작가와의 인터뷰.

69. 『이맘의 시집』, p.88, 라잡, 1409. *Divân de l' Imam*, p.88, Radjab, 1409.

6. 슬로보단 밀로셰비치, 유고슬라비아의 악몽

1. 아담 르보르, 『밀로셰비치 전기』, 블룸스베리, 2003. 작가와의 인터뷰. Adam Lebor, *Milosevic, a Biography*, London, Bloomsbury, 2003.

2. 주제페 자카리아, 『미라 마르코비치, 붉은 마녀의 추억』, 잠본 출판, 2005. 미라 마르코비치에게 환심을 사려는 태도 없이 긴 질문을 할 수 있었던 유일한 작가. Giuseppe Zaccaria, *Mira Markovic, Erinnerungen einer roten Hexe*, Frankfurt, Zambon Editore, 2005.

3. 아담 르보르의 미라 마르코비치 인터뷰, 베오그라드, 2002. 아담 르보르의 『밀로셰비치 전기』 중에서, op. cit. Belgrade.

4. 아담 르보르의 리주비카 마르코비치 인터뷰, 베오그라드, 2001년 8월. 아담 르보르의 『밀로셰비치 전기』 중에서, op. cit.

5. 아담 르보르와의 인터뷰, 아담 르보르의 『밀로셰비치 전기』 중에서, op. cit.

6. 아담 르보르의 드라자 마르코비치 인터뷰, 베오그라드, 2001. 아담 르보르의 『밀로셰비치 전기』 중에서, op. cit.

7. 아담 르보르, 네보이샤 프포프, 베스냐 페리치-짐요니치와 함께 인터뷰, 베오그라드, 2002년 4월. 아담 르보르의 『밀로셰비치 전기』 중에서, op. cit. Nebojsa Popov, Vesna Peric-Zimjonic.

8. 제냐 지 인터뷰, 1993년 6월. Zhena.

9. 플로랑스 아트만, 『밀로셰비치 : 비뚤어진 광기』, 드노엘, 2002. Florence Hartmann, *Milosevic : la diagonale du fou*, Paris, Denoël. 2002.

10. 비도샤프 스테바노비치, 『밀로셰비치, 묘비명』, 파야르, 2000. Vidosav Stevanovic, *Milosevic, une épitaphe*, Paris, Fayard, 2000.

11. 릴리야나 하비야노비치-듀로비치, 친구이자 전기 작가. Ljiljana Habjanovic-Djurovic.

12. 슬라보류브 듀키치, 『마르코비치와 밀로셰비치 : 권력에 대한 욕정』, 맥길 퀸스 대학교 출판부, 2001. Slavoljub Djukic, *Markovic and Milosevic : a Lust for Power*, McGill-Queen' s University Press, 2001.

13. 「그, 그녀, 그리고 우리」(세르비아어), 슬라보류브 듀키치, 라디오 B92, 베오그라드, 1997. Slavoljub Djukic, Radio B92, 1997.

14. 밀리카 코바치, 베스나 페리치-짐보니치, 보자레바크와 함께 인터뷰, 2002년 3월. 밀리카 고바치는 가명. Milica Kovac, Vesna Peric-Zimjonic, Pozarevac.

15. 「밀로셰비치 가족의 가치들」, 더 뉴 리퍼블릭, 1999년 8월 30일. The New Republic.

16. 두잔 미테비치, 아담 르보르와의 인터뷰, 2001-2002. 아담 르보르의『밀로셰비치 전기』중에서, op. cit. Dusan Mitevic, Budapest.

17. 미라 마르코비치,『대답들』, 쿼리 프레스(1995)에서 발췌, 알렉산다르 니야니치와의 인터뷰, 일간지 스타트, 1988년 11월 26일. Mira Markovic, *Answers*, Quarry Press, 1995, Aleksandar Tijanic, Start.

18. 슬라보류브 듀키치,『마르코비치와 밀로셰비치 : 권력에 대한 욕정』, op. cit.

19. 고르다나 사마르지스키와의 인터뷰, 노보스티 플러스 1990년 11월에 실림. Gordana Samardziski, Novosti Plus.

20. 아담 르보르의 미라 마르코비치 인터뷰, 베오그라드, 2002. 아담 르보르의『밀로셰비치 전기』중에서, op. cit.

21. 미라 마르코비치,『대답들』, op. cit.

22. 작가를 위해 파트릭 바리오가 브랑코 라크치를 인터뷰함, 베오그라드, 2011년 10월. Patrick Barriot, Branko Rakic.

23. BBC 방송국, 브라이언 래핑이 감독한 다큐멘터리 영화「유고슬라비아, 한 국가의 자살」에서 미라의 선언. Brian Lapping.

24. 미할리오 그르노브르냐의 회상, 아담 르보르의 인터뷰, 베오그라드, 2002년 3월, 아담 르보르의『밀로셰비치 전기』중에서, op. cit.

25. 아담 르보르와 데사 트레비산의 인터뷰, 런던, 2001. 아담 르보르의『밀로셰비치 전기』중에서, op. cit. Dessa Trevisan.

26. 몸실로 셀리치의 회상, 두스코 도더, 루이즈 브랜슨,『밀로셰비치, 독재자의 초상』중에서, 뉴욕, 더 프리 프레스, 1999. Momsilo Selic, Dusko Doder, Louise Branson, *Milosevic Portrait of a Tyrant*, New York, The Free Press, 1999.

27. 아담 르보르와의 인터뷰, 아담 르보르의『밀로셰비치 전기』중에서, op. cit.

28. 마시모 나바,『밀로셰비치 : 민족의 비극』, 리졸리, 1999. Massimo Nava, *Milosevic : la tragedia di un popolo*, Rizzoli, 1999.

29. 루이스 셀,『슬로보단 밀로셰비치와 유고슬라비아의 파멸』, 듀크 대학교 출판부, 2002. Louis Sell, *Slobodan Milosevic and the Destruction of Yugoslavia*, Duke University Press, 2002.

30. 「세르비아의 최종 결정권은 대부분 영부인에게 있다」, 더 뉴욕 타임스, 1999년 5월 31일. "The First Lady of Serbia often has the Last Word", The New York Times.

31. 미라 마르코비치의 일기, 『밤과 낮』, 미네르바 프레스, 1996. Mira Markovic, *Night and Day : a Diary*, Minerva Press, 1996.

32. 작가를 위해 파트릭 바리오가 브랑코 라크치를 인터뷰함, 베오그라드, 2011년 10월.

33. 주제페 자카리아, 『미라 마르코비치, 붉은 마녀의 추억』, op. cit.

34. 비도샤프 스테바노비치, 『밀로셰비치, 묘비명』, op. cit.

35. 폴리티카 인터내셔널 1992년 6월호에서 발췌. Politika International.

36. 「밀로셰비치 부부의 직접적인 영향」, 전 유고슬라비아 전범재판을 위한 헤이그 특별법정에서 르노 드 라 브로스가 작성한 문건. 헤이그 국제형사법정 인터넷 사이트에서 열람 가능. "Direct implication of the Milosevic couple", Renaud de la Brosse.

37. 헤이그 국제형사법정 문서, 2003년 1월. 더 자세한 사항은 젤레나 그루지치, 「초심리학적 무기로 위협하는 밀로셰비치」 참조, 전쟁과 평화 협회, 2000년 6월 6일. Jelena Grujic, The Institute for War and Peace.

38. 믈라디나, 1991년 2월. Mladina.

39. 로버트 토머스, 『밀로셰비치 통치하의 세르비아 : 1990년대의 정치』, 헐스트, 1999, p.138. Robert Thomas, *Serbia under Milosevic : Politics in the 1990s*, London, Hurst, 1999.

40. 마야 샤츠밀러, 『이슬람과 보스니아 : 다민족 국가의 갈등 해결과 외교정책』, 맥길-[illegible]인스 프레스, 2002. Maya Shatzmiller, *Islam and Bosnia : Conflict Resolution and Foreign Policy in Multi-Ethnic States*, McGill-Queen's Press, 2002.

41. 자닌 디 지오바니, 『눈에 보이는 광기 : 전쟁 체험기』, 크노프, 2003. Janine di Giovnanni, *Madness Visible : a Memoir of War*, Knopf, 2003.

42. 아담 르보르, 『밀로셰비치 전기』, op. cit.

43. 마시모 나바의 미라와의 인터뷰, 『밀로셰비치 : 민족의 비극』, op. cit.

44. NATO 영국 교섭가 데이빗 A. 오웬 경. Lord David A. Owen.

45. 마시모 나바, 『밀로셰비치 : 민족의 비극』, op. cit.

46. 로버트 토머스, 『밀로셰비치 통치하의 세르비아 : 1990년대의 정치』, op. cit. p. 229.

47. 1989년 6월 28일 연설.

48. 슬라보류브 듀키치, 『마르코비치와 밀로셰비치 : 권력에 대한 욕정』, op. cit.

49. 아스네 세이에르스타드,『세상을 등지고 : 세르비아의 초상』, 비라고 프레스, 2005. Äsne Seierstad, *With their Backs on the World : Portraits from Serbia*, London, Virago Press, 2005.

50. 슬라보류브 듀키치,『마르코비치와 밀로셰비치 : 권력에 대한 욕정』, op. cit.

51. 유럽 평의회 의원총회, 회의록.

52. 믈라덴 라지치,『베오그라드의 저항 : 불만의 겨울』, 유럽 중앙 대학교 출판부, 1999. Mladen Lazic, *Protest in Belgrade : Winter of Discontent*, Central European University Press, 1999.

53. 비도사브 스테베노비치, 트루드 요한슨,『밀로셰비치, 민족의 독재자』, I.B. 타우리스, 2004. Vidosav Stevenovic, Trude Johanson, *Milosevic, the People's Tyrant*, London, I.B. Tauris, 2004.

54. 마르코 지브코비치,『세르비아의 꿈 해몽서 : 밀로셰비치 시대의 국가적 상상』, 인디애나 대학교 출판부, 2011. Marko Zivkovic, *Serbian Dreambook : National Imaginary in the Time of Milosevic*, Bloomington, Indiana University Press, 2011.

55. 슬라보류브 듀키치,『마르코비치와 밀로셰비치 : 권력에 대한 욕정』, op. cit.

56. 루이스 셀,『슬로보단 밀로셰비치와 유고슬라비아의 파멸』, op. cit.

57. 스테판 T. 호스머,『코소보 분쟁 : 왜 밀로셰비치는 분쟁 해결을 결심했는가』, 랜드, 2001. Stephen T. Hosmer, *The Conflict over Kosovo : why Milosevic Decided to Settle When He Did*, Santa Monica, Rand, 2001.

58. 캐서린 베이커,『국경지방의 소리 : 1991년 이후 크로아티아의 대중음악, 전쟁, 그리고 민족주의』, 애슈게이트, 2010. Catherine Baker, *Sounds of the Borderland : Popular Music, War and Nationalism in Croatia since 1991*, Surrey, Ashgate, 2010.

59. 주제페 자카리아,『미라 마르코비치, 붉은 마녀의 추억』, op. cit.

60.「세르비아의 최종 결정권은 대부분 영부인에게 있다」, art. cit.

61. BBC 라디오 4채널에서 류비자 리스티치의 회상, 2002년 1월 17일. Ljubisa Ristic.

62. 작가와의 인터뷰, 2011년 11월.

63. 작가와의 인터뷰, 2011년 11월.

64. 더 인디펜던트, 2001년 12월 29일. The Independant.

65. BBC 라디오 4채널에서 류비자 리스티치의 회상. 2002년 1월 17일.

66. 이안 트레이너,「사라진 백만을 찾아」, 더 가디언, 2001년 3월 29일. 트레이너는 유고슬라비아 정부와 서구 외교관들에게서 입수한 정보들을 인용하고 있다. Ian Traynor, "Search for the Missing Millions", The Guardian.

67. 애드 불리아미, 「프로필 : 미라 마르코비치」, 더 옵저버, 2001년 7월 8일. Ed
Vulliamy, The Observer.

68. 닥터 파트릭 바리오의 회상, 작가와의 인터뷰.

독재자의 또 다른 얼굴

『독재자를 사랑한 여인들』에서는 우리와 동시대를 살았던, 혹은 아직도 살고 있는 독재자들의 이야기가 펼쳐진다.

피델 카스트로 전 쿠바 국가평의회 의장, 슬로보단 밀로셰비치 전 유고 대통령, 사담 후세인 전 이라크 대통령, 아야톨라 루홀라 호메이니 전 이란 최고지도자, 고 김정일 북한 국방위원장, 오사마 빈 라덴 전 알카에다 지도자 등이 다루어진다. 이런 위험한 남자들을 사랑했고, 그들의 사랑을 받았다는 이유로 이 책에 다루어진 여인들 대부분은 뒤로 숨은 삶을 살거나 왜곡된 이미지를 견뎌야 했다. 디안 뒤크레는 방대한 자료와 직접 진행한 인터뷰를 토대로 이 여인들의 이야기를 엮어냈고 이를 통해 냉혹하게만 비추어지던 독재자들의 인간적인 면을 부각시켰다.

원서의 표지를 장식한 인물은 고 김정일 북한 국방위원장이다. 숱한 추측과 소문을 낳은 세칭 '기쁨조' 여인들이 그의 뒤를 따르고 있다. 번역을 하면서 가장 공을 들인 부분이 바로 김정일 국방위원장의 이야기였는데, 작가가 밝히듯 이 책의 성격이 픽션이 아닌 역사기록이기 때문이라는 이유에서였다. 한국어로 된 자료들을 프랑스어로 옮겨 재구성한 내용을 다시 한국어로 옮기는 작업을 해야 했기에, 혹시라도 국내 독자들에게 원문과 다른 내용을 전하게 될까 봐 절판된 저작물을 비롯, 원문에 거론된 원 기록들을 구해 참고했다. 그 중에서 특히 많이 참고한 책은 고 김정일 국방위원장의 첫 번째 여인이자 김정남의 어머니인 성혜림의 언니 성혜랑의 『등나무집』이었다. 문인으로도 활동했던 성혜랑 씨가 명료하면서도 절제된 문장으로 시대적 비극을 고스란히 겪은 가족들의 이야기를 기록한 이 작품은 안타깝게도 현재 절판되어 도서관에서 빌려볼 수밖에 없었다. 끝내 인정받지 못한 황태자인 김정남의 어머니 성혜림의 이야기가 특히 애잔했다. 김정일과의 삶을 가장 가까이에서 지켜본 성혜랑 씨는 숨겨진 여인으로서의 불안과 강박을 이기지 못해 정신병에 걸린 동생을 두고 자유세계로 탈출했다. 그 전에, 먼저 남한으로 탈출한 아들 이일남(이한영으로 개명)이 북한 공작원으로 추정되는 괴한들의 손에 죽임을 당하는 일을 겪어야 했다. 그러나 가슴에 피멍이 들다 못해 속이 시커멓게 타버렸을 성혜랑 씨의 책 속 한 문장이 아직까지 뇌리에서 떠나지 않는다.

"그러나 정남아, 왜 나는 죽은 일남이보다 네가 더 불쌍한 것일까……."

이 책에서 다루어지는 인물들은 분명 세계 안보를 위협하고 여러 사람의 목숨을 앗아간 독재자들이었다. 하지만, 독자들께서 이 책을 통해 한 인간으로서의 그들의 모습을 만나보실 수 있는 기회를 가져보셨으면 하는 바람이다. 권력에 눈이 멀지 않았다면, 혹은 다른 상황에서 태어났더라면 보통 사람들처럼 사랑하며 평범한 삶을 살았을지도 모를 그들의 모습을.